삼시세끼 아빠의 제철집밥

삼시세끼 아빠의 제철집밥
ⓒ송영섭 2015

초판　1쇄 발행일 2015년 7월 30일

지 은 이　송영섭
펴 낸 이　이정원

출판책임　박성규
기획실장　선우미정
편　　집　김상진 · 유예림 · 구소연
디 자 인　김세린 · 김지연
마 케 팅　석철호 · 나다연
경영지원　김은주 · 이순복
제　　작　송세언
관　　리　구법모 · 엄철용

펴 낸 곳　도서출판 들녘
등록일자　1987년 12월 12일
등록번호　10-156
주　　소　경기도 파주시 회동길 198번지
전　　화　마케팅 031-955-7374　편집 031-955-7381
팩시밀리　031-955-7393
홈페이지　www.ddd21.co.kr

I S B N　978-89-7527-711-5 (14590)
I S B N　978-89-7527-160-1 (세트)

값은 뒤표지에 있습니다. 잘못된 책은 구입하신 곳에서 바꿔드립니다.

「이 도서의 국립중앙도서관 출판예정도서목록(CIP)은 서지정보유통지원시스템 홈페이지(http://seoji.nl.go.kr)와 국가자료공동목록
시스템(http://www.nl.go.kr/kolisnet)에서 이용하실 수 있습니다.(CIP제어번호: CIP2015019851)」

삼시세끼 아빠의 제철집밥

송영섭 지음

들녘

아이의 몸이 아우성인데
아빠가 가만있을 순 없지!

처음엔 그냥 열두 살짜리 아들을 인스턴트식품과 정크푸드가 주는 고통에서 구해주자는 생각에서 시작됐다. 맞벌이 집안의 아이들이 흔히 그렇듯 늦둥이 아들도 아침 점심이야 집과 학교에서 인스턴트 음식을 피할 수 있었지만 그 이후론 그냥 무방비 상태였다. 먹고 돌아서면 금세 배고플 나이에 학교를 파하는 순간부터 정크푸드의 유혹에서 자유롭지 못했다. 집에 돌아오면 냉장고에 간식거리와 과일이 없지 않지만 텅 빈 집안에서 제 스스로 냉장고를 뒤져 간식을 챙겨 먹을 나이가 아니었다. 혼자 두는 게 미안해서 쥐어준 돈으로 달콤한 과자나 빵, 음료수를 사서 먹게 되는 게 그 또래 사내아이들의 당연한 선택이었다. 학원에서 돌아온 저녁 또한 크게 다르지 않아 떡볶이, 라면, 짜장면, 피자가 주식이었다.

정크푸드로 끼니를 때우는 아이의 몸과 마음에 뭔가 이상이 생기고 있다는 걸 깨달은 것은 그로부터 수년이나 지나서였다. 어찌 보면 참 둔감한 부모고, 어찌 보면 경쟁에 떠밀려 일밖에 생각할 수 없는 우리 시대 부모들의 민낯이기도 했다. 어느 날 문득 찬찬히 아이를 뜯어보니 아이 얼굴의 뚜렷하던 이목구비가 넙데데해져 있었다. 배는 올챙이처럼 불룩해져 내 아이가 아닌 것처럼 낯설었다.

우리 부부를 더 당혹케 한 것은 담임선생으로부터 하루가 멀다고 걸려 오는 전화였다. 아이가 산만하게 굴어 수업을 진행하기 어렵고 급우들과도 잦은 충돌을 일으킨다고 했다. 다음 날 누가 아이 담임과 면담을 갈지를 두고 부부 간 갈등을 빚는 일이 잦아졌다. 학교에서 생긴 애들끼리의 충돌을 제어하지 못하고 부모의 힘을 빌려 해결하려는 담임에 대한 불만도 쌓여갔다. 커가면서 점점 거칠어질 아이를 통제할 수 없을 것이라는 걱정도 우리 부부에게 적지 않은 스트레스였다.

  초등학교를 졸업하기 전에 정크푸드 의존에서 비롯된 몸과 마음의 병을 고쳐줘야만 아이가 정상적인 청소년기를 맞을 수 있겠다는 판단이 들었다. 답을 모르는 것은 아니지만 우리 부부 중 누구도 먼저 말을 꺼내기가 어려운 문제였다. 결국 한 사람이 직장을 그만두고 아이 돌봄이로 들어앉아야 근본적인 해결이 가능했기에. 오랜 고민과 갈등 끝에 하루라도 빨리 누군가가 붙박이 아이 돌봄이가 돼야 한다는 결론을 내리지 않을 수 없었다.

  누가 그만두어야 할지에 대한 결정은 그리 어려울 게 없었다. 둘 다 일터에 나갈 때도 아빠가 주로 가족의 음식을 챙겨왔었다. 주말에 늦잠이라도 잘라치면 아이들이 쪼르르 안방으로 달려와서 엄마 배고파, 대신 아빠 배고파, 했었으니까. 그리고 가정의 재정 기여도와 5~6년이나 먼저 겪게 될 정년 문제 등을 고려하면 결론은 빨랐다.

  직장을 그만두고 제일 처음 시도한 것은 아들과의 소통이었다. 아들의 문제를 정확히 이해해야만 합당한 해결책도 나올 수 있을 터였다. 그러나 아이와의 소통은 아직도 내게 버거운 문제다. 내 스스로에게 그래 왔던 것처럼 아이들의 작은 잘못에 대해서도 관대하지 못하니 아이들은 아빠가 부담스러울 것이다. 크고 작은 세상사에 조금씩 둔감해지고 관대해져야 할 나이에 아이들 문제에 대해서만은 그렇지 못한 건 순전히 내 욕심 탓이다. 그것이 저급하고 사적인 욕심은 아닐지언정 그마저 내려놓아야 진정한 소통이 시작되는 줄 이제 조금씩 깨달아가고 있다.

  아이와의 소통 강화를 위한 노력과 함께 정크푸드, 인스턴트식품을 대체할 먹거리에 대한 고민도 시작됐다. 당시에는 그저 아이에게 따뜻한 사랑과 정성이 담긴 음식을 먹이고 싶다는 소박한 생각밖에 없었다. 날마다 각종 식품첨가물이 뒤범벅된 정크푸드에 갇혀 살았으니 아이의 심신이 얼마나 상처를 입었을까. 과잉 섭취된 식품첨가물과 당류가 아이들의 행동과잉장애나 집중력 저하의 한 원인이라는 것은 이미 여러 연구에서 밝혀진 사실이 아니던가. 인스턴트식품과 정크푸드에서 아이를 떼어놓고 건강한 식재료로 사랑과 정성을 담아 만든 음식을 먹이는 게 급선무였다. 그것이 바로 아이의 정신적 육체적 문제를 풀어줄 최고의 힐링푸드일 터였다.

  사랑과 정성을 담아 조리를 하는 것은 결국 나의 주관적인 문제다. 여기서 핵심은 아이에게 먹일 건강한 식재료가 무엇인지가 된다. 당시 내가 알 수 있는 건강 식재료에 대한 일반적 기준과 잣대가 하나씩 제시되었다. 유해하지 않은 안전한 먹거리여야 한다. 신선하고 오염되지 않아야 한다. 맛과 영양이 절정에 이른 것이어야 한다. 나아가 조상 대대로 섭취한 것으로 우리 민족의 체질과 잘 맞는 식재료라면 더 좋다. 등등.

그저 보편적인 건강 식재료 기준 몇 가지만 떠올렸을 뿐인데 바로 답이 나왔다. '우리 땅에서 난 제철식재료'만큼 제시된 기준을 충족시키는 개념이 없었다. 그중에서 재배나 유통 과정에서 농약이나 세균에 오염되지 않고 갓 수확했거나 유통 관리가 잘된 식재료를 고르면 아이에게 먹일 수 있는 최고의 식재료가 되지 않을까 싶었다.

그런데 정작 문제는 이때부터였다. 모두 이구동성으로 제철음식, 제철밥상을 이야기할 뿐 제철의 기준에 관한 언급은 어디에도 없었다. 철과 관계없이 늘 먹는 쌀 등의 곡물과 육류는 제외하더라도 우리 밥상에서 빠질 수 없는 채소나 과일, 어패류, 해조류는 다 제철이 있을 터인데 진짜 제철이 언제인지 혼란스럽기 그지없었다. 방송과 신문 등의 매스컴에서는 그저 많이 나오는 때가 모두 제철로 치부되는 상황이었다. 하다못해 하우스 딸기가 겨울에 많이 나온다고 딸기의 제철이 겨울이라고 이야기하는 게 당시의 현주소였으니까.

결국 내 스스로 제철의 개념을 명확히 하고 우리 밥상에 자주 오르는 식재료부터 하나하나 진짜 제철을 찾아내는 수밖에 없었다. '제철'의 사전적 의미는 '옷이나 음식 따위가 알맞은 시절'이라고 돼 있다. 음식이나 식재료로 국한하여 좀 더 엄격한 잣대를 들이대면 제철은 '맛과 영양이 절정인 시기'라고 할 수 있지 않을까. 땅에서 나건, 바다에서 나건 각각의 식재료는 맛과 영양이 최고조에 이르는 시기가 있으니 이때가 바로 제철인 것이다.

제철에 대한 나름대로의 정의를 내리고 나니 날마다 접하게 되는 식재료들의 진짜 제철이 언제인지 어슴푸레하게나마 보이기 시작했다. 그러나 모든 식재료의 정확한 제철을 가리는 문제가 책상 앞에서 해결될 수는 없었다. 우선 땅에서 나는 작물들의 특성을 확인하기 위해 서울에서 그리 멀지 않은 강화의 한 농장 공동체에 가입을 했다. 그리고 주말이면 강화로 들어가 농약과 화학비료, 비닐멀칭조차 하지 않고 가장 자연적인 조건에서 작물을 재배했다. 작물의 수확시기를 앞당기기 위해 별도의 에너지를 쓰는 시설재배를 배제하고 노지에서 자연의 힘만으로 재배한 작물의 수확시기가 곧 제철일 것이기 때문이었다. 그렇다고 강화의 작은 땅뙈기에서 모든 작물을 재배할 순 없는 노릇이었다. 직접 재배하지 않는 대다수의 작물들에 대해서는 강원도 깊은 산골부터 제주까지 직접 발품을 팔아 알아가는 수밖에 없었다.

바다에서 나는 식재료 또한 마찬가지였다. 주말이면 텃밭을 찾는 도시농부처럼 '도시어부'가 될 수 없으니 어패류부터 갑각류, 각종 해조류까지 바다에서 나는 모든 식재료는 산지를 직접 찾아 확인을 해야 했다. 멸치에 대해 알기 위해서는 부산의 기장과 경남 남해, 제주 등 주요 산지를 찾아 작업 과정을 일일이 눈으로 확인하고 경험 많은 어부들과 직접 대화를 통하는 것만큼 좋은 방법이 없다. 고등어는 부산, 갈치는 제주와 목포, 아귀는 마산을 찾아가는 수밖에 없었다.

이렇게 속초와 주문진 등 동해 북단부터 울진, 구룡포, 기장 등 동해 남단까지 철마다 한 번씩 발길을 이어갔다. 부산과 남해, 창원, 통영, 삼천포, 순천과 목포 등의 남쪽 바다 주요 어항과 보령, 서천, 안면도, 서산, 인천 등 서쪽 바다의 어항들도 참 많이 돌아다녔다. 방어 취재를 위해 모슬포항에서 방어잡이 배를 타기도 했고, 좋은 김과 매생이를 찾기 위해 멀리 전남 장흥과 해남의 황산마을, 강진의 마량마을까지 알음알음 찾아가기도 했다.

아들에게 먹일 건강한 제철식재료를 찾아다니면서 식재료를 보는 안목도 자연스레 깊어졌다. 그러다 보니 누가 어떤 환경에서 재배, 혹은 채취하고 유통한 것인지를 모르는 식재료 구입이 하나씩 줄어들었다. 말 그대로 근본을 모르는 식재료를 차츰 멀리하게 된 것이다. 대신 전국에서 내로라하는 농부와 어부, 혹은 농수산물 직거래 중개인들을 찾게 됐다.

죽변에서 문어를 잡는 어부와 제주에서 감귤 맛있게 재배하기로 이름난 농부, 눈썰미 좋아서 새벽마다 신선한 해물만 낙찰 받아 전국의 소비자들에게 공급해주는 목포 어판장의 중개인도 그들 중의 일부다. 모두 스스로에게 가혹하리만치 투철한 직업윤리를 들이대는 분들이었다. 만나서 그들이 일하는 과정을 지켜보고 이야기를 들어보고 직접 거래한 세월이 쌓이면서 그분들이 공급한 식재료라면 우리 가족의 밥상에 무조건 올려도 될 정도로 무한 신뢰하게 됐다.

이렇게 '우리 땅 제철식재료로 사랑을 녹여 만든 집밥'이 아이에게 최고의 힐링푸드가 될 것이란 결론을 내리고 하나둘 실행에 옮긴 지 어느새 6년의 세월이 흘렀다. 그동안 아빠가 차려준 제철집밥과 친해진 아이는 체형이 완전히 바뀌고 키도 훌쩍 커서 이제 외모로만 보면 상남자라 불러도 손색없을 만큼 자랐다. 아직 속까지 여물려면 한참을 더 기다려야겠지만 그럴 수 있는 신체적 토대를 만들어준 것만으로도 지금은 만족스럽다. 덤으로 다른 가족들도 이전보다 훨씬 건강한 삶을 누리고 있으니.

이 책은 이처럼 늦둥이 아들의 힐링푸드를 찾다가 차리게 된 제철식재료와 집밥 이야기다. 그렇다고 계절마다 매끼 밥상을 차리는 음식 레시피를 상세하게 소개하지는 않는다. 그런 레시피는 저마다 황금 레시피라 주장하는 내용들이 인터넷에 널렸다. 굳이 아까운 지면을 할애해 입맛 따라 조금씩 다를 수밖에 없는 레시피를 재생산해내고 싶지는 않다. 우리 집 밥상에 올라온 음식의 조리법은 핵심 포인트만 한 번씩 언급한다. 다만 장아찌나 샐러드의 소스처럼 재료의 비율이 맛에 민감하게 영향을 미치는 경우는 비교적 소상하게 밝히기도 했다.

대신 매달마다 제철인 식재료의 특성과 왜 제철인지의 이유는 상세하게 다뤘다. 식재료에 대한 이해가 깊어지면 더 맛있고 건강하게 음식을 조리하는 노하우에 가까워질 수 있다. 뿐만 아니라 다양한 조리방법의 응용도 가능해진다.

나아가 제철식재료가 우리 집 밥상에 어떻게 조리되어 올라가는지에 대해서도 많은 지면을 할애했다. 비록 화려한 상차림은 아니지만 다른 집 제철밥상을 엿봄으로써 철 따라 가족을 위해 어떤 밥상을 준비해야 할지 영감을 얻을 수 있을 것이기 때문이다.

따라서 이 책은 사랑하는 가족을 위해 건강한 밥상을 차리려는 분들에게 우선 도움이 될 것으로 믿는다. 필자가 그랬던 것처럼 어떤 게 진짜 제철인지 산과 들, 바다를 직접 찾아 일일이 확인하는 과정을 거치지 않아도 되기 때문이다. 또한 소박하지만 맛나고 건강한 밥상을 어떤 음식으로 채워야 할지에 대한 고민이 많이 녹아 있으니 말이다. 필자가 제철집밥을 고민하면서 겪어야 했던 온갖 시행착오를 반복하지 않아도 되는 것만으로도 큰 도움이 되지 않을까 싶다.

마지막으로 시작하는 글의 말미에서나마 이 책이 나오기까지 도움을 주신 분들에게 감사의 인사를 전하고 싶다. 우선 지난 수년 동안 강화고인돌농장에서 텃밭을 함께 경작하며 좋은 식재료에 대한 고민을 함께 풀어왔던 지우도농 김재광 님을 비롯해 여러 회원 분들께 진심으로 감사를 드린다. 가장 자연친화적이고 건강한 식재료가 무엇일까에 대한 고민과 해답을 그분들과 함께하는 과정을 통해 얻을 수 있었다.

또한 초창기부터 최고의 식재료를 제공해왔음은 물론, 양심적인 농민과 어민, 식재료 중개인들과의 관계 형성에 직간접적으로 도움을 준 어부현종 김광진 님과 경빈마마 윤광미 님께 특별히 감사를 드린다. 이분들은 특히 필자가 미처 준비하지 못한 귀한 사진

자료를 사용하도록 흔쾌히 허락해주셨다. 강원 삼척의 두메산골 찰스 김철수 님, 통영의 굴 키우는 남자 최성진 님, 동심결농원 방문수 님께도 사진 사용 협조에 감사드린다. 더불어 식재료 취재차 내려갔을 때 아무런 대가 없이 환대와 협조를 아끼지 않으신 많은 분들과 좋은 식재료로 우리 집밥을 완성할 수 있게 해주신 전국의 모든 분들께 감사의 인사를 드린다.

그리고 이 책이 나오기까지는 누구보다 아내의 공이 컸다. 홀로 우리 집 모든 재정을 책임지는 일이 결코 만만할 수 없건만 지난 6년 동안 단 한 번도 힘든 내색 없이 그 일을 감당해왔다. 되레 늘 웃는 얼굴로 가족들에게 용기와 힘을 북돋아줬다. 내게는 평생 감사와 사랑으로 갚아야 할 빚이다. 사랑하는 딸 민하와 아들 치현이에게는 그동안 무탈하게 커준 것만으로도 고맙다는 인사를 전한다. 아빠의 애정을 듬뿍 담은 제철집밥이 우리 아이들의 미래에 작은 자양분이라도 되기를 간절히 소망한다.

2015년 여름
송 영 섭

차례

삼시세끼
아빠의
10월 집밥

삼시세끼
아빠의
11월 집밥

삼시세끼
아빠의
12월 집밥

1월의
들과
바다

양력으로 새해가 시작되는 달이다. 하지만 음력으로는 한 해 24절기 중 마지막 두절기인 소한과 대한이 걸친 달이다. 대략 양력 1월 초중순에 소한이 있고, 소한으로부터 보름 후가 대한이다. 원래 절기대로라면 대한(大寒)이 소한(小寒)보다 추워야 하지만, 우리나라에서는 소한이 대한보다 더 춥다. 음력 24절기는 중국 화북지방을 기준으로 정한 것이라서 우리나라 기후에 꼭 맞는 것은 아니다. 오죽했으면 '대한이 소한에 놀러 왔다가 얼어 죽었다.'는 우스개 속담이 있을까. 그 만큼 모진 추위가 기승을 부리는 달이다.

1월에는 꽁꽁 얼어붙은 문밖으로 나갈 엄두를 못 내고 자꾸 따뜻하고 밀폐된 공간을 찾게 된다. 자연스레 활동량이 줄어들고, 운동 부족으로 몸은 무겁고 비대해진다. 소화기 장애도 뒤따라온다. 이런 상황에 먹는 음식은 어떤가? 새해를 시작한다고 각종 모임이 계속되고, 모임 뒤에는 음주가 빠지지 않는다. 과도한 알코올 섭취에 안주마저 기름진 경우가 대부분이다.

집에서도 추위를 핑계로 쉽고 편한 음식만 찾게 된다. 가장 쉽고 편한 음식인 인스턴트식품이나 패스트푸드는 달고 맵고 짜고 자극적인 것이 대세다. 강렬한 맛의 자극이 없이는 자본주의 상품으로서의 가치도 없다. 현란하게 강렬한 맛, 마약처럼 중독성 있는 맛을 내기 위해 엄청난 양의 설탕과 염화나트륨, 흔히 엠에스지(MSG)라 부르는 L-글루탐산나트륨 등의 첨가물로 범벅이 되어 있다. 이래저래 문밖의 추위와 섭취하는 음식으로부터 우리 몸이 가장 고생하는 달이다.

그렇다고 새해 첫 달부터 추위에 움츠러들어 몸이 망가지게 방치해둘 수는 없다. 건강한 1월을 보내야 한 해를 활기차게 보낼 수 있다. 의식적으로 몸에 좋은 제철음식을 찾아 먹고 가족들의 밥상에도 올릴 일이다. 그런데 온 세상이 얼어붙은 1월에 제철식재료가 있을까? 물론 있다. 한겨울에도 의외로 많은 제철푸성귀가 난다. 비록 우리가 발붙이고 사는 땅이 넓지는 않지만 남과 북의 위도 차가 제법 있어서 한겨울에도 남부지방에서는 제철 노지채소들이 난다.

중부이북이나 산간지방은 땅이 꽁꽁 얼어붙었지만 쿠로시오난류의 영향을 받는 제주 등의 섬지방과 전남, 경남 해안지방에서는 1월부터 본격적으로 노지 겨울작물이 쏟아져 나온다. 대표적인 것이 차가운 날씨에서도 성장을 멈추지 않는 겨울시금치다. 전남 신안 에서는 '섬초'라는 브랜드로 출하되고 경남 남해에서는 '보물섬 남해초'라는 이름을 달고 나온다. 포항의 해안지대에서도 겨울시금치 재배가 많은데 익숙한 이름 '포항초'가 그 것이다.

모두 남부지방의 겨울 기온에 견디도록 개량한 시금치 품종들이다. 아무리 따뜻한 남 쪽 지방이라 해도 겨울에 한데서 자라다 보니 못난이 시금치가 됐지만 맛은 생긴 것과 정반대다. 기존 시설재배 시금치의 배릿한 풀 맛이 없어진 대신 단맛이 월등히 높아졌 다. 수분 대신 섬유질이 많아서 씹는 맛도 좋아졌다. 녹황색 채소가 절대적으로 부족한 한겨울에 비타민과 칼슘, 철분 등 무기질을 섭취하기에 이만큼 좋은 식재료도 찾기 힘 들다.

진도, 완도, 해남, 신안이 주산지인 봄동도 1월부터 본격 출하된다. 봄동은 이름 그대 로 늦겨울과 초봄이 제철이지만 파종시기를 앞당겨 한겨울에도 수확을 하는 것이다. 늦 겨울만은 못해도 1월의 봄동도 맛있다. 겉절이로, 쌈채소로, 된장국으로 집밥의 어엿한 주연이 될 수도 있다.

우리 밥상에 빼놓을 수 없는 무, 배추는 늦가을부터 시작해 아직 제철이다. 지난가을 저장해두었던 무, 배추가 아직 싱싱하다. 제주를 비롯한 남녘의 월동무, 배추도 저장 무 와 배추가 떨어질 즈음부터 시장에 깔리기 시작한다. 초겨울 담가놓은 김장이 한껏 맛 있게 익었을 때지만 가끔 월동무와 배추를 사다가 나박물김치 담가내면 신선한 맛이 새롭다. 제철 무밥에 배추된장국도 잘 어울리는 달이다.

시래기와 우거지도 1월부터 먹기 시작한다. 사전적 의미로는 시래기가 무청과 배추를 말린 것을 통칭하지만, 보통은 무청 말린 것은 시래기, 배추를 삶아 냉동 저장하거나 말 려서 다시 물에 불린 것은 우거지라 부른다. 무청은 말려서, 배추는 삶아서 저장하는 게 일반적이기 때문이다. 무쇠솥이나 두꺼운 냄비에 시래기밥을 짓고 시래기된장국에 김장 김치만 있어도 한겨울 구수한 건강 밥상이 된다. 고등어와 삼치 같은 겨울생선들의 맛 이 좋을 때니 우거지나 시래기 깔고 얼큰한 조림을 해도 추운 날씨와 잘 어울린다.

늦가을 된서리 내리기 직전 캐놓은 고구마도 긴 숙성 과정을 지나 맛이 절정에 오를 때다. 굽거나 쪄서 시원한 동치미 한 사발과 상에 올리면 그것만으로도 훌륭한 한 끼 식사가 된다. 출출한 겨울밤, 그냥 껍질만 벗겨서 먹어도 단맛이 그득하다. 족발이나 치킨처럼 기름 범벅의 야식보다 소박하지만 건강한 밤참이다. 유일한 겨울 제철과일 감귤도 한창일 때니 긴긴 겨울밤 배고프다고 야식집 전화 돌리지 말고 고구마와 동치미, 감귤 몇 알 꺼내놓을 일이다.

꽁꽁 얼어붙은 땅보다 바다의 사정은 훨씬 나은 편이다. 농어와 민어, 부시리 등 여름이 제철인 몇몇 어류를 제외한 많은 해산물들이 찬바람이 불 때부터 제맛을 내기 시작한다. 우리 바다의 많은 해산물들이 봄에 주로 산란을 하기 때문에 산란 직전인 겨울에 맛과 영양이 제일 좋아지기 때문이다. 산란을 앞둔 시기에는 지방이 잔뜩 오르는데 이 지방의 양이 어류의 맛과 영양을 좌우한다. 어류의 지방은 대부분 불포화지방산으로 이루어져 있어 겨울철 우리 건강에도 많은 도움이 된다. 그리고 적당한 기름기가 있어야 살도 푸석하지 않고 고소하다.

한겨울 산란을 위해 우리 바다를 찾는 대표적 생선으로는 대구를 꼽지 않을 수 없다. 멀리 북극해에서 부산 가덕도와 경남 거제 사이의 진해만으로 찾아든다. 1월은 대구의 주산란기여서 대구 조업을 할 수 없는 금어기인데 호망 허가를 받은 어선들만 예외다. 거제의 외포항과 진해의 용원항에서 이 대구들을 만날 수 있다. 물 좋은 대구로는 시원한 대구맑은탕이 제격이고 제철 대구를 꾸덕꾸덕 말려놓으면 탕으로 찜으로 으뜸 식재료가 된다. 차가운 계절 밥상에 오른 대구탕 한 그릇이 식구들의 배 속부터 가슴까지 따뜻하게 해준다.

대구 말고도 꼼치와 물메기, 도치, 삼세기 등도 겨울 산란을 위해 우리 연안으로 찾아드는 생선들이다. 모두 최고의 탕감이다. 서남해안에서는 물메기맑은탕이 인기고, 동해에서는 신김치를 송송 썰어 넣은 곰치국이 대접을 받는다. 삼세기는 벌겋게 매운탕을 끓여 추운 겨울 땀을 뻘뻘 흘리며 먹어야 제격이다. 동해에서만 나는 도치는 알을 잔뜩 넣어 김치와 함께 얼큰하게 끓인 탕이 일품이다.

산란기 친어 보호를 위한 금어기만 빼고 사철 어획하지만 1월에 맛과 영양이 절정에 오르는 생선으로는 참조기와 홍어가 있다. 참조기는 봄이 무르익는 4월부터 본격 산란기에 접어드는데 1월에는 알집이 조금씩 자라고 살은 탱탱하다. 알맞게 간하고 겨울 찬바람에 꾸덕꾸덕 말려 굽거나 생물로 조기매운탕을 끓이면 제철 참조기의 진가가 드러난다.

홍어는 한여름만 빼고는 사철 산란을 하는데 가장 왕성하게 산란이 이루어지는 시기가 4월부터 두어 달 동안이다. 그래서 홍어의 제철도 겨울에 해당하는데 한겨울 홍어는 얼마나 살이 차진지 이에 쩍쩍 달라붙을 정도다. 홍어처럼 호불호가 가장 뚜렷한 식재료가 없지만 홍어 맛을 아는 사람들에겐 겨울이 홍어의 제철이라는 사실만으로도 반갑다.

패류로는 순천만의 참꼬막과 새꼬막, 피꼬막이 아직 제철이고 천수만 일대가 최대 산지인 새조개가 새롭게 제철을 맞는다. 새조개는 산란을 마친 가을부터 다시 살이 올라 겨울이 깊어가면서 더 좋아진다. 보통은 4월까지 새조개를 잡지만 일이월이 새조개 철의 절정이다. 조업 상황에 따라 해마다 조금씩 차이가 있긴 해도 그 맛과 식감만큼이나 값비싼 조개다. 그러나 그 달큰한 감칠맛과 생것의 아삭한 식감은 주머니가 더 가벼워질 각오를 하고라도 한 번쯤은 제철밥상에 올릴 만한 가치가 있다.

육지의 식물들이 생장을 멈춘 계절 차가운 바다에서 오히려 무럭무럭 자라는 해조류도 있다. 김과 매생이, 감태 등의 해조류는 바다의 수온이 낮을수록 맛이 찬다. 그리고 수온이 올라가면 생장을 멈추고 흔적도 없이 녹아 없어진다. 겨울, 그중에서도 1월에 가장 맛있는 해조류들이다. 제철 굴과 함께 끓인 매생이굴국이 으뜸이고 된장을 가볍게 풀어 끓인 물김국도 1월의 국으로 일품이다.

원래 시금치의 제철은 봄이다. 시금치는 서늘한 기후의 알칼리성이나 중성 토양에서 잘 자란다. 그래서 가을에 파종하여 이른 봄 수확한 시금치를 최고로 친다. 늦가을 파종한 토종시금치는 차가운 겨울을 한데서 견디고 봄부터 먹을 만큼 자란다. 남부는 2월부터 시금치를 먹기 시작하고, 중부이북지방은 4월이 제철이다.

하지만 지금은 품종 개량을 통해 남부의 섬과 해안지방에서 한겨울에도 시금치가 쑥쑥 자란다. 냉해에 잘 견디도록 개량한 이런 시금치는 10~11월에 파종, 한겨울에 수확을 한다. 원래는 봄이 시금치의 제철이었지만, 품종 개량으로 제철을 겨울까지 확대한 것이다. 포항의 포항초, 남해의 보물섬 남해초, 신안의 섬초가 대표적인 겨울시금치다. 보통 1월부터 3월까지 출하된다.

대부분의 시금치들은 온실이나 따뜻한 계절에 재배하는 시금치와는 모양부터 다르다. 따뜻한 계절의 식물들은 위로 쭉쭉 곧게 자라지만 겨울시금치는 지열과 태양열을 최대한 받아들여야만 살 수 있기 때문에 땅바닥에 바싹 붙은 모양새를 하고 있다. 쭉쭉 빵빵 시설재배 시금치에 비해 생긴 것은 정말 보잘것없다. 그러나 맛은 생긴 것과 정반대다. 비교할 수 없을 만큼 달달한 맛이 정말 시금치가 맞나 싶을 정도다.

겨울 노지 시금치가 맛있는 데는 다 나름의 이유가 있다. 겨울시금치는 남부 도서나 해안지방의 소금기를 머금은 해풍과 함께 자란다. 낮에 햇살이 내리쬐면 광합성을 통해 몸집을 조금씩 키우고 기온이 내려가는 밤에는 얼어 죽지 않으려 줄기와 잎으로 당분을 올린다. 추운 겨울밤 동사하지 않으려는 시금치의 방어기제인데 겨울시금치가 특별히 달달한 이유다. 품종과 생육환경에 따라 다르기는 하지만 겨울시금치들의 당도는 15~18브릭스까지 올라간다고 한다. 웬만한 과일보다 더 달다.

이런 시금치로는 뭘 해도 맛있다. 그저 살짝 데쳐 소금이나 간장으로 간하고 참기름 한 방울과 함께 조물조물 무쳐서 밥상에 올리면 된다. 다진 파, 마늘과 통깨, 혹은 깨소금은 기호에 따라 넣어도 그만 안 넣어도 그만이다. 시설재배 시금치의 배릿한 풀 맛이 없어 한번 먹어본 아이들의 젓가락도 슬금슬금 따라 나온다.

철이 지난 아욱이나 근대 대신 된장국을 끓여도 달달 구수하니 맛있다. 건새우로 국물을 내면 더 좋지만 멸치다시마육수로도 훌륭하다. 육수에 된장을 가볍게 풀어 끓어 오르면 다진 마늘과 어슷 썬 대파, 시금치 넉넉히 넣어주고 한소끔 끓여주면 끝이다. 칼칼한 맛이 당기면 청양고추 하나 썰어 넣고, 가무락조개를 넣으면 시원한 감칠맛이 그만이다. 끓이기가 쉽고 조리시간이 짧아서 겨울이면 종종 해 먹게 되는 국이다.

언젠가 한 유명 맛 칼럼니스트의 블로그를 보고 필이 꽂혀 시금치설치라는 음식도 자주 해 먹는다. 설치는 원래 부산 기장을 비롯해 경남 해안지방의 향토음식으로, 생미역과 삶은 콩나물을 무쳐 콩나물 삶은 국물을 부어 먹는 미역설치국이라고도 한다. 그런데 시금치설치는 또 뭘까. 그 블로그에는 남해의 시금치 농가에서 처음 맛을 보았고

한겨울 남해의 겨울시금치를 하나씩 따서 담는 노부부. 두런두런 시금치 수확하는 풍경이 정겹다.

시금치나물에 홍합 삶은 국물을 부어 먹는 음식이
란다. 그래서 남해에 내려갔을 때 여기저기 확
인해봤는데 남해 사람들 중에도 시금치설
치를 아는 사람이 없었다. 아마 그 농가에
서 경남의 향토음식 미역설치를 응용해 조
리한 음식이 아닐까 싶다.

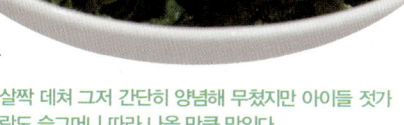

살짝 데쳐 그저 간단히 양념해 무쳤지만 아이들 젓가
락도 슬그머니 따라 나올 만큼 맛있다.

　남해에서 올라온 이후로도 시금치설치에 대한 궁
금증이 풀리지 않아 결국 그 블로그에 묘사된 모
양과 맛을 상상하며 재현을 해봤다. 어, 그런데 이
게 의외로 맛있다. 뜨끈한 국물을 부어 바로 먹
어도 맛있고, 국물이 식어도 시원하니 먹을
만했다. 월동시금치와 홍합의 철이 같고
부족한 영양을 서로 보완해줄 수 있으니
한겨울에 어울리는 음식으로 이만한 게
또 어디 있을까 싶었다. 그래서 지금도 제
철 시금치와 한창 맛이 들어가고 있는 홍
합이 만나 시금치설치라는 이름으로 밥상에
놓이고 있다.

땅과 바다의 영양을 모두 담은
영양 만점의 건강식, 시금치설치국

　만드는 방법은 간단하다. 우선 시금치를 깨끗이 손
질하여 살짝 데친다. 홍합은 흐르는 물에 하나씩 씻
어가며 이물질을 제거한다. 그리고 냄비에 넣어 홍합이 잠길 만큼만 물을 붓고 끓여준
다. 이때 청양고추와 어슷 썬 대파, 편 썬 마늘을 조금 넣어주면 비린내를 없애주고 잡맛
을 덮어 풍미가 높아진다. 홍합이 익으면 살점만 발라내서 시금치와 함께 무친다. 그냥
시금치나물 무치듯 다진 파, 마늘, 집간장, 참기름으로 양념한다. 간을 안 한 홍합국물을
부을 것이므로 참기름은 조금만 넣고 약간 짭짤하게 무치면 간이 맞다. 마지막으로 시
금치와 홍합 위에 뜨거운 홍합국물을 넣어주면 시금치설치 완성이다. 국그릇에 1인분씩
담아 밥과 함께 국 대신 먹으면 된다.

　홍합과 시금치가 의외로 맛 궁합이 좋다. 거기다 바다와 땅의 영양을 고루 담은 건강
만점의 음식이다. 뜨거운 밥에 시금치설치국 한 그릇, 잘 익은 김치만 있으면 소박하지

만 건강한 1월 밥상이 차려진다.

　실제로 시금치는 칼슘과 철분, 비타민 등 우리 몸에 필요한 영양소가 골고루 들어 있는 슈퍼 푸드다. 또한 사포닌과 양질의 섬유소가 들어 있고, 철분과 엽산도 풍부하다. 특히 시금치 뿌리에 들어 있는 구리와 망간은 인체에 유독한 요산을 분해하고 배설시키는 작용을 한다. 최근 동물실험에서는 시금치가 혈중 콜레스테롤 수치를 낮추며 소화기능을 강화시키는 것으로 나타났다.

　시금치는 겨우내 부족한 무기질과 비타민 등의 영양을 듬뿍 섭취할 수 있는 확실한 대안 채소다. 온 땅이 얼어붙어 노지 제철채소가 아주 빈약한 시기에 시금치가 있다는 게 얼마나 다행인지 모른다. 따라서 시장에 가더라도 값이 조금 싸고 보드라우니 예쁘게 생겼다고 하우스 시금치를 덥석 집을 것이 아니다. 조금 억세고 볼품이 없는데 가격만 세 보이더라도 시금치를 쇼핑백에 담을 일이다. 먹어보면 왜 값이 비싼 줄을 알게 된다.

겨울이 한창 깊어가는 1월, 우리 바다 연안은 차가운 물을 좋아하는 한류성 어종의 집합소다. 연안으로부터 멀리 떨어진 깊고 차가운 바다에서 산란을 위해 비교적 수심이 얕은 육지 근처로 몰려드는 것이다. 이런 냉수성 어종의 대표 주자가 바로 대구다.

입이 커서 대구(大口)라 이름 붙은 이 물고기는 12월부터 이듬해 2월 사이에 부산 가덕도와 경남 거제도 사이의 진해만에서 산란을 한다. 산란은 1월에 절정을 이룬다. 포항 구룡포 일대의 영일만에서도 일부 산란을 하는 것으로 알려져 있지만, 대구의 주산란지는 진해만이다.

산란이 절정에 이르는 1월 대구는 암컷의 알집과 이리라고 부르는 수컷의 정소가 한껏 발달해 있다. 예전에는 알을 선호해서 암컷 대구가 비싼 값에 팔렸지만 지금은 정반대. 산란기 암컷은 알집만 비대하고 살은 많지 않아 인기가 없다. 대신 수컷은 이 시기 정소와 살이 골고루 발달해 있어 암컷보다 훨씬 비싸다. 대구잡이 어부들도 그물에 수컷이 잔뜩 들었을 때 얼굴이 더 밝아진다.

정소나 알이 가득 들어 배가 볼록한 산란기 대구

1월이 절정의 산란기라면 사실 대구의 제철은 알과 정소가 발달하기 시작하는 11월쯤이 맞다. 모든 물고기는 산란기가 아니라 산란을 준비하는 때에 맛과 영양이 절정에 오르기 때문이다. 산란기가 되면 종족 보존의 본능에 따라 살보다는 알로 영양이 집중된다. 그러나 산란을 위해 연안으로 몰려드는 대구는 이제 그 개체가 많지도 않거니와 진해만까지 오는 동안 많이 잡히지도 않는다. 산란을 위해 진해만에 한꺼번에 몰려 있는 1월에 가장 많이 잡히기 때문에 1월을 제철로 보는 것이다.

과거 한겨울 진해만은 물 반 대구 반이었던 시절도 있었다고 한다. 하지만 생선들과 마찬가지로 대구도 남획 및 바다오염 등으로 우리 바다에서 씨가 말랐던 적이 있다. 이땐 커다란 대구 한 마리가 수십만 원씩 호가하고는 했다. 그런 일이 있은 다음에야 위기의식을 느낀 어민과 지자체, 정부가 나서 금어기를 정하고 치어를 방류하는 등의 노력을 통해 지금만큼이라도 대구를 잡을 수 있게 된 것이다.

멸종을 걱정하거나 개체수가 현저히 줄어들 것으로 예측되는 주요 어종에 대해 정부는 금어기를 정해 일정 기간 동안 법적으로 조업을 못 하게 하고 있다. 주로 산란기의 친어, 즉 어미 물고기를 보호해서 종족을 이어나가게 하기 위한 조치다. 오랫동안 우리 바다에서 자취를 감췄던 대구도 1월 한 달이 금어기로 정해져 있다. 산란이 집중적으로 이루어지는 1월에는 대구를 잡을 수 없다. 다만 일부 예외를 둬서 거제를 비롯한 진해만 인근 어부들 중 호망(壺網)으로 조업허가를 받은 사람들은 이때에도 대구를 잡을 수 있다.

거제 외포항의 대구 경매 광경. 대구가 많이 날 때는 몇 시간이고 경매가 진행된다.

외포항 매운 겨울바람에 제철 대구가
꾸덕꾸덕 말라가고 있다.

이렇게 잡힌 대구는 전량 거제 외포항이나 진해의 용원항에서 경매로 판매된다. 따라서 1월 제철 대구를 구경하려면 외포나 용원항까지 가야 한다. 여건이 된다면 가족이나 지인들과 함께 거제나 진해로 1월의 미식여행을 떠나는 것이 가장 좋은 방법이다. 그럴 형편이 안 돼도 걱정할 일은 아니다. 요즘은 웬만한 인터넷 쇼핑몰에서 어렵지 않게 제철 생대구를 구할 수 있다. 현지 식당이나 중도매인들도 전화주문을 받아 택배로 보내주기도 한다.

대구도 방어처럼 클수록 맛있는 생선이다. 그렇다고 일반 가정에서 맛만 생각해서 무턱대고 큰 대구를 살 수는 없다. 보통 3~5킬로그램 정도 나가는 것이 적당하다. 3, 4인 가족이라면 3~5킬로그램짜리 대구 한 마리로 탕과 전, 구이 등의 럭셔리한 제철밥상을 두어 번 차릴 수 있다.

그리고 탕이나 찜만 할 요량이라면 굳이 비싼 생대구가 아니어도 된다. 대구가 많이 잡힌 날이나 살려 오지 못해 저렴한 가격에 경매를 받아 해풍에 말린 반건대구의 탕 맛이 훨씬 좋기 때문이다. 바닷바람에 건조한 대구의 단백질이 아미노산으로 분해되면서 감칠맛이 높아지고 수분도 적당히 빠져 육질이 단단해진다. 말린 대구는 탕을 끓여도 생대구처럼 살이 풀어질 걱정을 하지 않아도 된다. 맛 오른 무와 콩나물, 파, 마늘, 소금만으로도 시원한 맛이 일품인 대구탕을 끓여낼 수 있다.

우리 집에도 1월에 한두 번쯤 거제 외포항에서 올라온 대구가 밥상에 오른다. 딱 한 번만 대구를 주문하게 되면 생대구를 주문하고, 두어 번쯤 기회가 되면 생대구 한 번, 말린 대구 한 번 사게 된다. 굳이 생대구를 빼놓지 않는 이유는 아이들은 물론 아내까지 대구전에 대한 사랑을 감추지 않기 때문이다. 흔히 먹는 동태전과는 비교할 수 없는 풍미가 식구들의 입맛을 완전히 사로잡았다. 적당한 크기로 포를 떠서 밀가루 가볍게 묻히고 달걀옷을 입혀 노릇하게 부쳐내서 초간장에 찍어 먹는다.

대구전을 부쳐 푸짐하고 행복하게 저녁을 먹고 난 다음 날에는 공식처럼 생대구맑은탕이 밥상의 메인이다. 나박 썬 무와 콩나물 적당히 깔고 그 위에 손질한 대구를 얹고 육수를 부어 펄펄 끓여낸다. 육수는 멸치와 다시마로 내는데 그냥 맹물을 써도 대구에서 우러난 감칠맛이 좋아 시원한 탕 맛을 낼 수 있다.

생대구로 탕을 끓일 때 제일 신경 써야 할 점이 조리시간이다. 센 불에 재빠르게 익혀내야 살이 풀어지지 않기 때문이다. 화력이 약한 가정에서는 재료를 충분히 익히려다가 자칫 대구 살이 다 풀어지는 낭패를 볼 수도 있다. 대구와 무가 속까지 익을 정도로 끓

생대구를 적당한 크기로 포를 떠서 노릇하게 부쳐낸 대구전. 흔한 동태전과는 비교할 수 없는 풍미에 젓가락질이 끊이지 않는다.

으면 어슷 썬 대파와 다진 마늘, 또는 미나리를 넣고 한소끔 더 끓여내면 된다. 우리는 어간장과 소금을 반반씩 넣어 간을 한다.

대구가 올라오면 한 번쯤 빠뜨리지 않고 해 먹는 요리가 대구떡국이다. 몇 해 전 아내와 함께 거제 외포항에서 먹어본 이후로 그 맛에 폭 빠져 해마다 빼놓지 않게 된다. 끓이는 방법도 어렵지 않다. 대구맑은탕을 끓이듯 해서 다른 재료들이 충분히 익어갈 때 떡국 떡과 파, 마늘을 넣고 한소끔 더 끓여주면 된다. 대구떡국을 끓일 때는 콩나물이나 미나리 양을 조금 적게 잡아야 깔끔하다. 마지막으로 그릇에 담아 후추만 살짝 뿌려 올리면 된다.

떡국의 지평을 하나 더 넓혀준
거제 향토음식, 대구떡국

물
메
기,

꼼
치,

삼
세
기

1월이 제철인 어류로는 대구 말고도 우리의 모든 바다에서 잡히는 꼼치와 물메기, 서남해에 주로 서식하는 삼세기가 있다. 꼼치와 물메기는 주로 맑은탕으로 끓여 먹고, 삼세기는 쏨뱅이와 함께 우리 바다에서 나는 최고의 매운탕감 중 하나다. 한파가 몰아치는 계절에 뜨끈한 탕감 생선이 제철을 맞으니 자연의 이치도 참 절묘하다.

꼼치와 물메기는 모두 쏨뱅이목 꼼칫과 물고기로 분홍물메기, 아가씨물메기, 미거지, 물미거지 등의 사촌격 생선들이 우리 바다에 서식한다. 꼼치와 물메기 이야기만 나오면 생선깨나 안다 하는 나도 정말 헷갈린다. 얼마 전까지만 해도 서해와 남해에서 잡히는 꼼칫과 생선은 대부분 물메기, 동해에서 잡히는 것은 꼼치나 미거지로 알았다. 서남해의 어민들도 그렇게 부르고 현지 상인들은 물메기라며 팔고 있다.

그런데 우리 바다 식용 물고기에 대해 누구보다 해박하다는 국립수산과학원의 황선도 박사는 우리 바다에서 잡히는 꼼칫과 생선 대부분이 꼼치란다. 그 내용을 보는 순간 머리에 쥐가 나는 것 같았다. 내가 알고 있는 서해의 물메기가 꼼치라면 원래 꼼치라고 알고 있는 동해의 꼼칫과 생선은 도대체 뭐란 말인가. 서남해의 물메기탕이나 동해의 곰치국의 재료가 모두 꼼치라는 말인데 조만간 동해 주문진이나 삼척항을 찾아 곰치국에 들어가는 물고기가 어떤 종인지 다시 한 번 확인해야 할 것 같다.

어쨌든 꼼치나 물메기는 서로 사촌격 생선으로 생김새도 그렇고 맛도 유사하다. 둘 다 살이 물러 제 모양을 유지하기도 힘들 정도다. 차가운 물을 좋아해 더운 여름에는 동해 먼바다나 동중국해에 머무는 것으로 알려져 있다. 그러다 산란기가 시작되는 초겨울부터 우리 연안으로 몰려든다. 이때부터 2월 말 산란이 끝날 때까지가 꼼치와 물메기의 제철이다.

물메기와 꼼치는 수분이 워낙 많아 살이 흐물흐물할 정도다 보니 아주 신선할 때 회로 먹기도 하지만 생물은 주로 탕으로 쓰인다. 강원도 삼척과 속초 등 동해안에서는 묵은지를 송송 썰어 넣어 얼큰하고 시원하게 탕을 끓여내는데 이를 곰치국이라고 한다. 꼼치를 동해에서 곰치라고 부르기 때문인데 실상 곰치는 뱀장어과의 바닷물고기로 식용으로 쓰이지는 않는다. 반면 서해나 남해안지방에서는 무와 대파, 마늘 등 부재료를 최소화해 담백하게 끓인 맑은물메기탕을 선호한다. 제철에 잡은 것을 꾸덕꾸덕 말려서 찜으로 조리해도 맛있다.

물메기와 꼼치가 조금 생소한 사람들도 있겠지만 꼭 현지 유명 식당에 가야만 맛을 볼 수 있는 것은 아니다. 생선 맑은탕을 끓여본 사람이라면 가정에서도 어렵지 않게 물메기탕이나 곰치국을 끓여낼 수 있다. 물메기는 지방이 거의 없는 단백질의 보고이므로 다이어트를 하고 있는 사람들에게 특히 권장할 만한 탕거리다. 속을 확 풀어줄 만큼 시원한 맛이 일품이어서 해장용 아침밥상에도 그만이다.

시원한 물메기탕 맛이 그립다면 근처 수산시장에 가서 몸집이 둔하고 흐물흐물하게 생긴 꼼치 작은 거 한 마리 사보자. 물론 시장에서는 꼼치라고 하면 알아듣지 못한다.

지금껏 물메기로 알고 먹은 꼼치. 살이 흐물거려 제 형태를 유지하기조차 힘든 모양새지만 탕으로 조리하면 시원한 맛이 그만인 생선이다.

물메기라고 해야 꼼치를 준다. 살이 너무 흐물거려 가정에서 손질하기 어려우므로 주인장에게 손질까지 부탁하자. 손질한 물메기를 흐르는 물에 한 번 깨끗이 씻으면 물메기 맑은탕 주재료 준비가 끝난다.

물메기맑은탕의 국물은 멸치와 다시마를 우려낸 육수로 하면 좋다. 준비된 육수에 적당한 크기로 나박 썬 무를 넣어 시원한 맛이 우러나게 5분 이상 끓여낸다. 무가 어느 정도 익었다 싶을 때 손질한 물메기를 넣고 다시 한소끔 끓여준다. 콩나물이 있으면 같이 넣어도 좋다. 너무 푹 끓이면 그렇지 않아도 무른 살이 다 풀어져버린다.

마지막으로 파, 마늘, 미나리, 쑥갓 등의 채소를 넣고 다시 한소끔 끓으면 끝이다. 기호에 따라 청양고추나 고춧가루를 조금 넣어도 칼칼한 맛이 좋다. 천일염만으로 간을 해도 좋고, 집간장이나 액젓을 조금 넣으면 감칠맛이 높아진다. 흐물흐물 물컹한 식감 때문에 코를 들이마시는 것 같다고 질겁을 하는 사람들도 있지만 의외로 시원한 감칠맛이 뛰어난 별미다. 후룩후룩 살이 풀어진 뜨거운 국물을 떠먹으며 뼈에 붙은 살도 알뜰하게 발라 먹게 된다. 살과 달리 뼈와 가시가 억세므로 살짝 신경 써야 한다.

강원도식 곰치국도 어렵지 않다. 물메기탕에 시큼한 김칫국을 추가한 버전쯤으로 생

시원한 감칠맛이 일품인 물메기맑은탕.
흐물흐물 풀어진 살까지 후룩후룩 떠먹으면 한겨울 추위를 단박에 날려준다.

울퉁불퉁 시커멓고 못생긴 물고기 삼세기. 회로 먹으면 탱글탱글한 탄성으로 식감이 뛰어나고 달며, 우럭이나 쏨뱅이 등 쏨뱅이목의 다른 생선들처럼 최고의 탕감으로 꼽힌다.

각하면 쉽다. 먼저 푹 익은 김장김치를 송송 썰어 멸치, 다시마 우린 물에 넣고 한소끔 끓여준다. 여기에 손질한 물메기를 넣고 다시 한소끔 끓으면 어슷 썬 파와 다진 마늘을 넣어준다. 그리고 마지막으로 한 번 더 후르르 끓여주면 끝이다. 집간장이나 액젓 조금만 넣고 소금으로 간한다. 칼칼하게 매운 맛을 즐기고 싶으면 파, 마늘과 함께 청양고추를 하나 썰어 넣으면 된다. 잘 익은 묵은지가 주는 시큼하고 시원한 맛이 꼼치와도 잘 어울린다.

꼼치와 물메기가 주로 시원하고 깔끔한 맛의 탕으로 인기라면 1월 제철 얼큰한 매운탕의 최고봉으로 삼세기가 있다. 쏨뱅이와 함께 최고의 매운탕감으로 꼽히지만 산 것은 회로 먹기도 한다. 살이 아주 차져서 탱글탱글 씹는 맛이 일품이다. 경기도와 전라도에서는 삼식이, 강원도에서는 삼숙이, 경남에서는 탱수, 포항에서는 수베기 등 여러 이름으로 불린다. 물메기나 꼼치와 마찬가지로 봄부터 가을까지 깊은 바다에 머물다가 겨울이 되면 산란을 위해 연안을 찾는다.

삼세기는 마치 아귀처럼 울퉁불퉁 못생기고 크기도 20~30센티미터 급이 주로 잡히지만, 매운탕으로 끓여놓으면 달큰하고 구수한 것이 그만이다. 삼세기매운탕을 강릉에서 고추장으로 기본 간을 해서 끓은 삼세기매운탕. 얼큰하고 달달한 맛이 한 겨울 추위를 단박에 날려준다.

는 삼숙이탕이라 부르는데, 강릉의 전래음식이다. 멸치 다시마육수에 고추장을 풀고 나박 썬 무와 적당한 크기로 손질한 삼세기를 넣고 팔팔 끓이다가 파, 마늘을 넣고 한소끔 더 끓여낸다. 기호에 따라 고춧가루나 후추를 넣는다. 쑥갓, 들깻잎 등의 채소를 넣으면 풍미가 깊어진다. 된장을 약간 풀어주면 구수한 맛을 내고, 마지막 간은 소금으로 한다.

바지락을 비롯해 우리가 흔히 접할 수 있는 조개들은 보통 초여름 산란을 앞둔 봄철에 맛과 영양이 가장 풍부하다. 봄이 되면 맛이 절정에 오른 봄 조개를 맛보려고 조개구이 집이 문전성시를 이루는 것도 이런 까닭이다. 반면 우리 바다에는 겨울이 깊을수록 맛도 깊어지는 조개가 있다. 여수의 가막만, 고흥 득량만, 충남 서산과 태안, 홍성 등 천수만 일대에서 주로 잡히는 새조개가 바로 그것이다. 맛과 영양이 빼어나 일본의 고급 초밥용으로 상당 부분 수출되기 때문에 시중에 많이 나오지 않는다. 뿐만 아니라 특유의 감칠맛이 높아서 일반 조개들보다 격이 높은 귀족 조개라 불려도 손색이 없다. 귀족 조개답게 제철 새조개는 가격도 만만치 않다.

새조개는 서남해안 일대에서 두루 잡히지만 해방 직후에는 수년 동안 경남 연안에 대량 서식하여 인근 어민들의 주소득원이었다고 한다. 이 때문에 새조개를 해방조개라 불렀다. 속살이 마치 새의 부리처럼 생겨서 새조개라 부르는데, 지역에 따라 갈매기조개(통영), 갈망조개(남해), 오리조개(거제) 등으로 부르기도 한다. 모두 새 이름을 따서 붙인 것이 재미있다.

주로 남서해안 인근에서 잡히던 새조개가 충남 천수만까지 올라온 것은 1983년 천수만에 방조제가 들어선 이후부터다. 방조제가 들어서면서 새조개 서식환경이 자연스럽게 조성된 것으로 보인다. 뒤늦게 새조개 서식지로 각광을 받고 있지만, 천수만 일대의 새조개는 서남해안의 다른 지역에서 잡은 것보다 알이 훨씬 굵다. 뿐만 아니라 단백질과 필수아미노산, 철분 등의 영양분도 더 많이 함유하고 있는 것으로 알려져 있다. 지금

속살이 마치 새의 부리처럼 생겼다 하여 새조개라 부른다.
부리 모양의 다리를 이용해 물속에서 몇 미터는 거뜬히 날아다닌다.

은 천수만이 새조개의 대표 산지로 떠올랐다.

새조개는 보통 12월에서 4월까지 잡는다. '형망'이라고 해서 쇠갈퀴가 달린 자루그물을 배에 매달고 바닥을 훑어 6센티미터 이상 자란 것을 주로 잡는다. 이 시기에 새조개 조업이 본격적으로 이루어지는 것은 여름부터 가을까지 산란을 마친 새조개에 새살이 돋아 제맛이 들기 시작하기 때문이다. 겨울이 한창 깊어가는 일이월에 새조개의 맛이 최고조에 달한다.

12월부터 새조개 철이 시작되면 산지 식당에서 새조개샤브샤브가 주요 메뉴로 오른다. 그리고 1월 중하순에는 천수만 인근 홍성의 남당리 일대에서 새조개축제도 열린다. 새조개 철이 절정으로 치닫고 있다는 소리다. 서울을 비롯한 수도권 대도시에도 몇 해 전부터 새조개를 취급하는 식당이 생겨서 겨울이면 새조개샤브샤브와 새조개회를 낸다. 마음만 먹는다면 제철 새조개를 맛보기가 어려울 것도 없다.

그리고 굳이 전문식당을 찾거나 멀리 새조개축제에 가야만 제철 새조개 맛을 볼 수 있는 것은 아니다. 잘 발달된 우리나라의 택배 시스템은 제철식재료 구입도 매우 수월하게 해주었다. 제철이 되면 산지로부터 채취한 신선한 새조개를 이틀이면 받아볼 수 있다. 온라인 쇼핑몰에서도 어렵지 않게 새조개를 구할 수 있다. 대도시에서도 규모가 웬만한 수산시장이라면 제철 새조개를 취급한다.

필수아미노산, 칼슘, 철분, 타우린 등 영양 만점의 제철 새조개는 식구들을 위한 겨울 제철밥상의 백미다. 다만 가격이 만만치 않아 자주 올릴 수 없다는 점이 흠이다. 집밥의 계절별미로 새조개를 전화나 온라인으로 구입할 경우 택배배송 중 변질될 우려가 있으므로 가급적 손질된 것보다는 통째로 구입하는 것이 좋다. 손질하지 않을 경우 가격도 조금 싸게 해줄 뿐만 아니라 덤으로 더 얹어주기도 한다.

가정에서 새조개를 손질하는 것이 번거롭기는 하지만 그리 어려운 일은 아니다. 살아 있는 새조개의 껍질은 다른 패류와 달리 손으로 쉽게 벌릴 수 있다. 껍질을 벌려서 새부리 모양의 속살을 깨끗이 들어낸다. 그런 다음 몸통을 칼로 살짝 갈라 검은 개펄 모양의 배설물을 씻어내면 끝이다.

날것에 거부감이 없다면 깨끗이 손질한 새조개 속살에 초장을 살짝 발라 입에 넣어보자. 그러면 부드럽게 살캉거리며 씹히는 식감이 먼저 우리를 맞는다. 그리고 착착 감기는 단맛이 새조개를 먹는 내내 입안을 감돈다. 제철 새조개의 부드럽고 달달한 회 맛이 둘러앉은 가족들을 행복하게 하기에 부족함이 없다.

날것에 물린다면 본격적으로 새조개샤브샤브를 준비해보자. 우선 전골용 냄비나 팬에 육수를 낸다. 멸치와 다시마, 표고버섯 등을 넣어 끓인 육수면 충분하다. 여기에 집간장 한 술 넣어 색깔과 감칠맛을 더하고 최종 간은 소금으로 맞추면 된다. 육수

부드럽고 살캉거리며 씹히는 새조개의 속살이 착착 감기는 단맛을 낸다.

가 준비되면 새조개와 함께 먹을 채소와 버섯 등을 준비하자. 월동배추 노란 속대를 알맞은 길이로 썰어 육수에 넣어 익히면 국물 맛이 달짝지근 좋아진다. 여기에 쑥갓이나 미나리 등을 살짝 담갔다 건져 먹으면 좋다. 생표고와 팽이버섯도 새조개샤브샤브와 잘 어울린다.

채소와 버섯이 한소끔 끓으면 본격 새조개샤브샤브 타임이다. 팔팔 끓고 있는 육수에 손질해놓은 새조개를 살짝 담갔다가 채소나 버섯 등과 함께 건져 먹으면 된다. 이때 주의할 것은 타이밍이다. 어떤 사람은 5초 이하만 담갔다 건지라 하고, 어떤 블로거는 10초를 넘기지 말라고 충고한다. 입맛의 차이에 따라 나름대로 새조개 익힘 적정시간을 정했을 텐데 요지는 너무 익히지 말라는 것이다. 모든 샤브샤브 재료가 다 그렇듯이 살짝 익혔을 때 제맛이 난다. 너무 익히면 육즙이 모두 빠져 질겨지고 제맛이 달아난다. 특히 새조개는 살짝 익혀 살캉거리는 치감을 즐겨야 제대로 먹었다는 소리를 듣는다.

가족이나 지인들끼리 둘러앉아 정담을 나누며 다 먹고 남은 샤브샤브 국물은 라면사리를 넣어 마무리해야 제격이다.

    귀한 새조개샤브샤브가 끝나면 남은 국물로 새조개칼국수나 새조개라면으로 마무리해야 제격이다. 생면을 다른 냄비에 살짝 삶아서 새조개샤브샤브 국물에 넣어 끓인 새조개칼국수나 생면 대신 라면사리를 투하한 새조개라면도 안 먹으면 서운하다. 면이 싫으면 미나리, 당근, 쪽파 등 남은 야채를 송송 썰어 넣고 참기름을 살짝 둘러 볶음밥으로 마무리하면 된다.

우리가 발붙인 땅에서 멀리 떨어진 겨울 바다는 거칠고 사납다. 쉴 새 없이 몰아치는 강풍에 집채만 한 파도가 끊이지 않는다. 하지만 천연방파제 역할을 하는 섬들로 둘러싸인 우리 남해 연안은 차가운 호수다. 이 차가운 남해의 청정바다에서 겨울철 영양의 보고, 매생이와 파래, 김 등의 해조류가 자란다. 신기하게도 매생이와 김은 육지 식물들이 차가운 날씨 탓에 생장을 멈춘 시기에 자란다. 그러다가 날이 서서히 더워져 바닷물의 온도가 올라가면 성장을 멈추고 아예 녹아 없어진다.

지금은 귀한 대접을 받고 있지만 예전에는 매생이가 김 양식 어민들에게 그야말로 천덕꾸러기였다. 김과 매생이는 자라는 시기가 거의 일치한다. 11월부터 나타나기 시작하는 매생이가 일단 김발에 붙으면 원주인인 김을 몰아내서 그해 김 농사를 완전히 포기해야 할 만큼 생명력이 왕성하다. 김 양식 어민들은 매생이를 단순 천덕꾸러기가 아니라 원수처럼 미워했다고 한다.

하지만 지금은 상황이 완전히 역전됐다. 매생이가 김발에 붙으면 김 양식 어민들 얼굴에 웃음꽃이 핀다. 매생이가 김보다 훨씬 귀하고 가격 또한 높기 때문이다. 겨울 한 철 산지 주민들만 먹던 매생이의 맛과 영양이 알려지면서 이제는 없어서 못 파는 귀한 몸이 됐다. 물론 매생이가 널리 알려지기 전에도 남해안 바닷가 인근 사람들은 매생이국을 즐겨 먹었었다. 조선후기의 실학자 정약전 선생이 역작 『자산어보』에서 매생이를 일러 '국을 끓이면 연하고 미끄러우며 서로 엉켜서 풀어지지 않는다. 그 맛은 매우 달고 향기롭다.'고 한 것으로 보아 매생이 식용의 역사가 매우 오래됐음을 알 수 있다.

현지인들만 숨겨 놓고 먹던 매생이의 깊고 향기로운 맛이 알음알음 전국에 알려지면서 이제는 대형 마트의 제철식품 코너에도 빠지지 않고 진열되어 주부들의 손길을 기다린다. 특히 매생이가 지닌 영양성분에 주목하여 웰빙을 추구하는 가정의 식탁에도 자주 오른다. 매생이는 강알칼리성 식품으로 산성화되기 쉬운 현대인들의 체질을 중화시켜주어 성인병 예방에 도움이 된다고 한다. 특히 철분, 칼슘, 요오드 등의 무기염류와 비타민 A, C 등의 함유량이 높아 골다공증 예방, 피부미용에도 효능이 있는 것으로 알려져 있다. 또한 겨울철 부족하기 쉬운 엽록소와 식이섬유를 다량 함유하고 있고 칼로리가 낮은 데다 소화흡수까지 잘된다고 하니 제철 다이어트 식품으로도 최고가 아닐까 싶다.

매생이는 겨울이 절정인 1월에 난 것을 최고로 친다. 그리고 냉동 보관을 하면 오랫동안 맛의 변화가 크지 않으므로 가급적 1월 매생이를 구입해 냉동 보관했다가 사철 먹으면 된다. 여인의 머릿단처럼 한 덩이씩 뭉쳐놓은 것을 한 재기라는 단위로 쓰는데 보통 무게가 400~450그램가량 된다. 매생이 한 덩이면 5~6인 분량의 국을 끓일 수 있다. 한

거울처럼 잔잔한 남해의 청정바다를 빼곡히 메운 매생이밭.

매생이를 발에서 훑어 바닷물에 마지막으로 씻어낼 때 요렇게 한 뭉치씩 뭉쳐놓는다.
이를 한 재기라 하는데 대략 400~450그램 정도 나간다.

재기씩 나눠 포장해서 냉동실에 보관했다가 필요할 때마다 상온에서 녹여 조리할 때 쓰면 좋다.

맛과 영양이 탁월하여 최고의 겨울 제철음식으로 손꼽히는 매생이는 국이나 전으로 조리해 먹는데 조리법도 비교적 간단하고 시간도 별로 안 걸린다. 매생이굴국은 매생이와 굴, 국간장, 소금, 다진 마늘만 있으면 끓일 수 있다.

우선 매생이는 가는 체에 넣고 물에 담가 깨끗이 두 번 정도 씻어낸다. 가는 체를 이용하지 않으면 매생이 손실이 크다. 이미 산지에서 깨끗한 바닷물에 세척을 마쳤지만 미세한 펄과 염분을 마저 제거하기 위해 두어 번 헹궈낸다. 매생이 양은 4인 가족 기준 한 재기 정도면 족하다.

굴도 마찬가지로 씻어 준비한다. 매생이 한 재기에 굴은 300그램 정도가 적당하다. 묽은 소금물에 담가 흔들어 두어 번 씻고 물기를 빼준다. 봉지 굴 등 이미 충분히 세척된 것은 물기만 빼고 바로 조리해도 괜찮다.

매생이국의 조리 포인트는 오래, 혹은 여러 번 끓이지 않는다는 것이다. 그리고 매생이와 물의 양도 조절을 잘해야 한다. 오래 끓이거나 여러 번 끓일 경우 다 풀어져 맛이 없어지고, 물의 양을 잘 맞추지 못하면 너무 묽거나 되직해져서 맛이 떨어진다. 매생이 한 재기에 물은 1.2리터 정도가 적당하다. 그러면 젓가락으로 매생이를 건져 먹을 수 있을 정도의 농도가 된다. 보통 현지에서는 조금 더 되직하게 끓이고, 서울에서는 물을 더 부어 묽게 끓인다.

그리고 매생이굴국을 끓이는 방식에서 굴이나 매생이를 참기름 및 다진 마늘과 함께 미리 볶아 끓이라고 소개하는 레시피가 많다. 그러나 매생이 고유의 담백하고 시원한 맛을 즐기려면 가급적 참기름은 쓰지 않는 것이 좋다. 굴이 들어가므로 따로 멸치다시마 육수를 내지 않아도 된다. 맹물에 간장 간만 살짝 해서 물이 끓어오르면 굴과 매생이, 다진 마늘을 함께 넣고 한소끔 끓여준다. 굴이나 매생이 모두 오래 끓이지 않아야 좋은 맛을 낸다. 모자란 간은 소금으로 조절해준다.

굴을 넣어 끓인 매생이굴국뿐 아니라 여기에 떡국 떡을 넣은 매생이굴떡국도 색다른 별미다. 단백질과 탄수화물, 각종 미네랄 등 고른 영양을 섭취할 수 있는 한 끼 식사로 손색이 없다. 매생이굴국과 같은 방식으로 끓여낸다. 굴과 매생이, 떡을 함께 넣고 떡이 익어 떠오를 정도만 끓여주면 된다. 혹한이 몰아치는 1월, 매생이굴떡국 한 그릇에 잘 익은 김장김치만 있으면 온몸이 따뜻해지고 배 속이 든든하다. 게다가 균형 잡힌 건강식

한 술 듬뿍 떠올린 매생이굴떡국. 물의 양을 잘 맞추고 한 번 먹을 양만큼만 끓여야 제맛을 즐길 수 있다.

이기까지 하다. 겨울엔 일주일에 한 번씩은 매생이굴국을 끓여 밥상에 올려볼 일이다.

아이나 어르신의 영양간식으로도 좋은 매생이전은 냉장고에 있는 식재료를 활용하여 다양한 응용이 가능하다. 오징어나 문어, 새우, 굴 등의 해물이나 당근, 청양고추 등을 함께 다져 넣으면 된다. 밀가루나 부침가루에 깨끗이 씻은 매생이와 냉장고에 남은 부재료를 다져 넣고 적당량의 물을 부어 되직하게 반죽을 한다. 그리고 먹기 좋은 크기로 팬에 부쳐내면 된다. 소금 간을 조금 하거나 별도의 간을 하지 않고 초간장에 살짝 찍어서 먹으면 된다.

조기면 조기지 참조기는 또 뭘까. 예전에는 그냥 조기로 불렀고, 조기를 말린 것은 굴비라 했다. 그런데 언제부터인지 참조기라 부르고 『어류도감』에 표기된 표준명도 참조기다. 부세나 보구치 등의 백조기, 수조기 등과 진짜 조기를 구분하기 위해 어류학자들이 참조기라 이름 붙인 것으로 보인다. 간재미를 홍어과로 분류하여 홍어라 부르고, 흑산도 홍어를 이와 구분하기 위해 참홍어라 명명한 것과 같은 이유다.

참조기를 비롯해 부세나 보구치, 수조기 등은 모두 농어목 민어과 생선으로 생김새가 참 많이 닮았다. 그래서 예전에는 귀한 참조기 대신 부세나 수조기를 참조기라 속여 파는 일도 흔했다. 물론 지금은 남획으로 부세가 귀해져서 참조기보다 더 비싼 가격에 팔린다. 우리에게는 별 인기가 없지만 몸에 옅은 황금색이 나서 복을 가져다준다는 믿음 때문에 중국인들이 가장 귀하게 여기는 물고기 중 하나다. 제주나 목포 경매장에서 큼직한 씨알 부세 두 마리가 수십만 원을 호가하는 일이 비일비재하다. 이제 더 이상 부세가 참조기 행세를 하는 일은 없을 것이다.

아무튼 참조기는 민어과 생선으로 민어보다 크기가 작을 뿐 생김새나 서식지, 생태 등이 매우 유사하다. 모두 제주 남쪽의 동중국해에서 겨울을 나고 산란철이 되면 서남해를 거쳐 북상하는 산란회유를 한다. 다만 민어는 여름 산란을 위해 칠팔월 신안의 임자도 인근 바다로 몰려오고, 참조기는 봄에 산란하는 물고기라 봄이 되면 영광의 칠산 앞바다를 향해 올라온다. 민어나 참조기나 한때는 임자도와 칠산 앞바다를 거쳐 인천과 연평도 인근 바다까지 산란을 위한 회유를 했었다.

하지만 지금은 인천 앞바다까지 올라올 민어도 참조기도 없다. 민어는 그나마 신안 앞바다까지 올라오지만 참조기는 칠산 앞바다까지 올라오지 못하고 겨울철 제주와 추자도 인근 바다에서 다 잡힌다. 차가운 겨울을 따뜻한 제주 남쪽의 따뜻한 바다에서 지내거나 산란을 위해 북상하는 도중에 다 포획되어버리는 것이다. 이렇게 잡힌 참조기는 제주 한림항과 추자항, 목포 어판장에서 경매로 넘겨진다.

그러니 이제는 산란철이 돼도 영광굴비로 유명한 영광의 칠산 바다에서 참조기를 찾아볼 수 없다. 그리고 예전 인천 인근 바다에서 산란을 할 때처럼 씨알이 굵은 참조기는 어쩌다 몇 마리씩 잡힐 뿐 종적을 감췄다. 참조기가 산란을 할 정도의 크기가 되려면 4~5년 자라야 하는데 이제는 그렇게 씨알 좋은 것이 없으니 대신 어린 것들이 알을 밴다. 불과 2년도 안 되는 어린 참조기들도 산란을 하는 것으로 알려졌다. 산란을 할 성어들이 자취를 감춰가자 종족 보존을 위해 어린 물고기들이 이를 대신하는 것으로 보고 있다.

전남 영광이 굴비로 유명해질 수 있었던 것은 칠산 바다로 산란을 하러 몰려오는 참조기가 있었기 때문이다. 한때는 산란기에 서로 짝을 찾기 위한 울음소리로 칠산 바다 인근 주민들이 잠을 이룰 수 없을 정도로 참조기가 많이 몰려왔었다고 한다. 그러나 지금은 산란철이 돼도 칠산 앞바다에는 참조기가 눈을 씻고 찾아도 없다. 이유야 여럿이겠지만 남획이 제일 큰 이유지 싶다.

그런데도 아직 굴비 하면 영광이다. 어째 그럴까? 굴비로 유명한 곳은 전남 영광군에서도 법성포라는 항구마을이다. 한때 참조기 파시를 이루기도 했던 법성포항은 참조기를 말려 굴비로 가공하기에 딱 좋은 자연환경을 갖추고 있다. 참조기는 물론 생선을 건조하는 데 가장 중요한 요인이 바람인데 법성포에서는 봄부터 여름 사이 바다 쪽에서 서북풍이 불어온다. 적당한 해풍에 참조기를 말릴 수 있는 천혜의 조건을 갖춘 셈이다.

거기다 법성포에는 오랫동안 참조기를 건조해온 전통기법이 전해 내려오기 때문이다. 참조기를 굴비로 가공하려면 건조 전에 소금 간을 해야 한다. 마르는 과정에서 부패가 일어나지 않고 짭짤한 맛이 속까지 고르게 배어야 맛있는 굴비가 만들어지기 때문이다. 법성포에서는 간수를 싹 뺀 천일염과 참조기를 겹겹이 쌓아 간을 하는 방식을 쓴다. 이때 생선의 크기와 살이 찬 정도에 따라 소금의 양 및 절이는 시간을 달리하는데 최적의 양과 시간을 맞추는 것이 바로 노하우다. 법성포의 이런 참조기 염장방식을 섶장이라고 하는데 섶장을 거쳐 바닷바람에 보름 가까이 바싹 말리면 비로소 법성포굴비로 탄생하는 것이다.

그러나 요즘은 이렇게 바싹 말린 굴비가 없다. 소금물로 염장을 해서 물기만 말리거나 꾸덕꾸덕할 정도로만 말려서 굴비라 판다. 법성포에서는 이를 물굴비, 혹은 간조기라 해서 하품 취급을 했는데 지금은 법성포 내에서도 이런 굴비가 많다. 섶장을 해서 해풍에 바싹 말리려면 시간과 노력이 많이 드는데 냉장 유통과 저장시설이 발달한 지금 굳이 그래야 할 필요를 느끼지 못하기 때문이다. 덕분에 옛날 참조기를 바싹 말린 진짜 굴비 맛이 잊혀가고 있다. 한여름 냉수에 밥 말아서 쭉쭉 찢은 굴비를 고추장에 살짝 찍어 먹는 맛. 또는 바싹 마른 굴비를 쌀뜨물에 불렸다가 쪄내는 간간하고 보들보들한 맛.

법성포굴비 중에서도 최고는 오사리굴비를 꼽는다. 오사리란 음력 정월 사리 이후 다섯 번째 사리라는 의미로 대략 4월 20일 전후 곡우 무렵이다. 이 시기 칠산 바다에는 알을 잔뜩 밴 참조기들이 몰려들었는데 이 알배기참조기를 잡아 가공한 것이 오사리굴비다. 오사리굴비는 과거 임금에게 진상했다고도 하며, 지금도 칠산 바다 참조기는 아니어도 제주나 추자에서 잡은 알배기참조기를 말려 오사리굴비라 판다. 살보다 알 골라 먹

기를 좋아하는 사람들이 선호할 만한 굴비다.

이 오사리굴비 덕분에 참조기의 제철이 봄으로 알려졌다. 볼록하게 알이 들어차고 살이 통통하게 쪄서 그야말로 참조기의 맛과 영양이 최고일 시기라고 생각한다. 그러나 엄밀히 말하면 생선의 제철은 산란 직전이라 해서 바로 직전이 아니라 산란을 위해 알이 들어차기 시작할 때다. 이미 알이 들어차기 시작하면 영양이 알로 간다. 살은 알을 위해 존재하는 것이다. 산란을 마친 물고기의 살이 쏙 빠지고 푸석한 이유가 그것이다.

그래서 참조기의 진짜 제철은 알이 들어차기 시작할 무렵인 겨울이 맞다. 12월이면 참조기의 알이 조금씩 보이기 시작해서 1월에는 알도 살짝 먹을 만큼 들어찬다. 알을 살보다 더 좋아하는 사람들은 예외지만 알과 살이 적당해 가장 맛있을 때가 이 무렵이다. 참조기를 사서 직접 간을 하고 건조시키려면 이때 잡힌 것이 제일 좋다.

대도시 공동주택은 생선을 건조시키는 데 최악의 환경이다. 우리도 어쩔 수 없이 베란다에다 늦가을부터 초봄 사이 한시적으로 꾸덕꾸덕이라도 건조시켜야 맛이 드는 생선만 조금씩 말려서 먹는다. 제철 참조기를 왕창 사서 말려 저장했다가 먹을 엄두는 내지

참조기에 소금 간을 해서 바싹 말린 것이 옛날식 굴비다.

못한다. 참조기는 고사리 철에 생조기고사리찌개가 간절할 때 조금 구입하는 정도다.

대신 간조기나 굴비는 영광 인근의 고창이 처가인 관계로 거의 장모님이 올려 보내신 것으로 충당한다. 간조기나 굴비는 간이 제일 중요한데 처가에서 올라온 간조기가 내 입맛에 딱 맞는다. 간조기를 사다가 늘 처마에 하루 이틀 더 말려 보내시는데 말린 정도도 맞춤하다. 덕분에 옛날 굴비의 진짜 맛을 잊고 살았어도 크게 서운치 않다. 막내사위가 조기 좋아하는 것을 아시고 다니러 갈 때마다 간조기 챙기는 걸 잊지 않으시는 장모님이 계시니.

처가에서 올려 보낸 간조기는 서너 마리씩 소분해서 냉동실로 직행한다. 냉동실의 간조기가 제일 고마울 때는 식구들 없이 혼자 끼니를 때워야 하는 날이다. 혼자 먹는 밥상 차리기도 귀찮을 때 조기를 한 마리 꺼내 굽는다. 그리고 날이 추운 겨울에는 뜨거운 물에 밥을 말고 여름에는 얼음물에 밥을 말아 잘 구워진 조기 살과 함께 입에 넣는다. 굳이 차가운 녹차물이 아니더라도 꿀맛이다. 가끔 입맛을 개운하게 해줄 김치 한 조각만 있으면 된다.

밥

우리 집밥은 늘 한결같다. 현미와 찰현미를 4 대 1 정도의 비율로 섞고 여기에 찰수수나 기장, 불린 검정콩 한 줌 넣어 짓는다. 때로는 제철채소나 견과류, 해물 등을 넣어 별미밥을 짓기도 하는데 이때는 잡곡류를 빼고 현미와 찰현미만 넣는다.

1월은 저장 무건, 월동무건 무가 한창 맛있을 때다. 굵게 채 썰어 함께 밥을 지으면 한겨울 입맛을 자극하는 달큰한 무밥이 된다. 제철 굴이 좋으니 신선한 굴 사다가 뜸들일 때 넉넉히 넣으면 1월 굴무밥으로 격이 높아진다.

무밥을 짓다 보면 콩나물밥도 생각나게 된다. 무나 콩나물처럼 조직이 연한 식재료로 밥을 지을 때는 무쇠솥을 꺼낸다. 무쇠솥이 없으면 두꺼운 냄비라도 괜찮다. 압력솥에 이런 밥을 지으려면 처음부터 쌀과 함께 넣어야 하는데 밥이 다 될 때면 무와 콩나물이 다 풀어져 맛이 없다. 냄비에 쌀을 안쳐 밥물이 끓을 때 무나 콩나물을 넣고 약불에 뜸을 들이면 맛있는 무밥, 콩나물밥이 된다. 콩나물밥에는 송송 썬 대파나 쪽파, 고춧가루, 깨소금, 참기름을 넣은 양념장도 잘 어울린다.

가을에 무청을 잘라 그늘에 걸어둔 시래기도 잘 말라 1월부터 먹을 수 있다. 푹 삶아 충분히 우려낸 시래기를 넣은 시래기밥은 구수하기가 그만이다. 참기름보다 들기름 양념간장이 잘 어울린다. 시래기밥을 하는 날은 시래기된장국도 끓이고 된장과 들기름을 넣고 조린 시래기나물도 곁들인다. 요맘때 시래기 한 상 차림처럼 잘 어울리는 밥상도 없다.

김장김치가 잘 익으면 가끔 배추김치 숭숭 썰어 넣은 김치밥도 맛있고 찬바람 부는 겨울 저녁에 얼큰한 김치수제비 한 그릇도 한 번씩 밥상에 오른다. 아이들은 썩 내켜하지 않지만 어릴 적 먹었던 김치죽이 생각날 때도 있다. 아내와 내 차지지만 뜨끈한 김치죽 한 그릇이 헛헛한 속을 넉넉히 채워주고 유년의 맛으로 그리움조차 채워준다.

반찬

김장김치 맛이 제대로 들어가는 달이다. 초겨울에 김장을 했으니 대략 한 달여 시간이 흘렀을 즈음이다. 잘 숙성된 배추김치, 총각김치, 깍두기에 소금장으로 담근 동치미 한 그릇이면 상이 그득하다. 동치미는 떨어질 때까지 늘 내고 무김치, 배추김치 한 가지씩 집밥의 밥상을 차지한다.

풋풋한 김치가 당기는 날은 좀 이르기는 하지만 봄동 넉넉히 사다가 봄동겉절이를 담그면 된다. 배추 막김치 담그듯 봄동김치를 담가도 아삭하니 맛있다. 동치미 떨어질 즈음에는 커다란 무 한 개, 알배추 한 통 사서 나박물김치를 담그기도 한다. 밥상에서도 인기 만점이고 군고구마가 나오는 겨울 밤참에 곁들이면 환상이다.

김장김치 넉넉할 땐 밑반찬에 크게 신경 쓰지 않아도 된다. 그래도 날마다 김치만 내놓을 수 없으니 연근과 우엉 등 제철뿌리채소로 밑반찬을 조금씩 만들어놓는다. 우엉은 어슷 썰어 팔팔 끓는 식초 물에 반쯤 익힌 다음 고추장양념의 멸치와 함께 볶아내면 어른 아이 할 것 없이 잘 먹는다. 연근은 간장조림을 하거나 얇게 나박 썰어 식초 물에 데친 다음 유자청에 버무려놓는다. 새콤달콤 유자 향이 물씬하고 아삭한 식감이 훌륭하다.

1월의 나물로는 겨울시금치만 한 것도 없다. 소금 한 순가락 넣어 팔팔 끓인 물에 살짝 데쳐 무쳐놓으면 어찌나 달달한지 정말 시금치가 맞나 싶다. 남쪽 지방에서 월동하는 시금치만 가질 수 있는 맛이다. 무채 살짝 절여 바다 향 그윽한 파래와 함께 새콤하게 무쳐낸 파래무침도 겨울철 입맛을 돋우는 데 으뜸이다. 시래기 먹기 좋게 썰어 된장과 들기름, 다진 마늘에 조물조물 버무렸다가 자작한 멸치육수에 은근히 지져놓은 시래기 나물도 우리 집 겨울밥상에 인기 메뉴다.

달콤한 고추장양념으로 볶아낸 우엉멸치볶음

국 · 탕 /

시래기와 월동시금치는 삼삼하게 끓이는 된장국의 주재료이기도 하다. 멸치와 다시마로
육수 내고 된장은 슬쩍 풀어 맛을 낸다. 모자란 간은 소금이나 어간장으로 낸다. 시래기
나 시금칫국은 건더기를 넉넉히 넣어 국물 반 건더기 반 끓인다. 필연적으로 국물에 녹
아나는 나트륨 섭취를 조금이라도 줄이려는 고육지책이다.

매생이가 가장 좋은 달이니 며칠 걸러 한 번씩 매생이굴국이 밥상의 주인공이 되기도
한다. 밥 대신 매생이굴떡국으로 아침상을 차리면 속까지 뜨끈해서 차가운 출근길도 거
뜬하다. 거제에서 대구가 올라오는 날은 대구맑은탕이 오르고, 별미로 대구떡국을 즐기
기도 한다. 물메기, 꼼치, 삼세기 등 겨울생선의 맛이 절정에 이를 때니 돌아가며 한 번
씩 탕을 끓이면 1월이 짧다.

새해가 시작되는 달이라 신정도 설이라고 이래저래 떡국 먹을 일이 많다. 시간 여유가
있으면 아내와 함께 잘 익은 김치소를 듬뿍 넣고 만두를 빚는다. 커다란 찜기에 한 솥
쪄놓으면 마음은 부자다. 찬이 마땅치 않을 때는 쇠고기육수에 떡만둣국을 끓여 아침
밥상에 올려도 훌륭하다. 어떤 때는 거제 사람들의 새해 첫날 별미 대구떡국이 우리 집
밥상에 오르기도 한다. 그래도 제일 자주 우리 밥상을 점령하는 떡국은 매생이굴떡국이
다. 끓이기도 쉽고 조리시간이 얼마 안 걸리는 데다 맛과 영양은 어느 떡국에도 뒤지지
않으니까.

		제철식재료로 만든 제철음식
땅	겨울시금치(포항초, 섬초, 남해초)	시금치나물무침
		시금치된장국
		시금치설치국
바다	대구	대구맑은탕
		대구떡국
		대구전
	참조기	참조기구이
		참조기매운탕
	삼세기	삼세기매운탕
	꼼치	꼼치국
	물메기	물메기맑은탕
	새조개	새조개샤브샤브
		새조개회와 회무침
	매생이	매생이굴국
		매생이굴떡국
		매생이전

1월 밥상이 풍성해지는 기타 식재료	아빠의 1월 밥상	
봄동, 저장 무와 배추, 시래기와 우거지, 고구마, 감귤, 참꼬막, 새꼬막, 피꼬막, 김, 감태, 고등어, 갈치, 방어, 과메기, 참홍어, 아귀, 꼬막	밥	무밥, 굴무밥, 콩나물밥, 시래기밥, 김치밥, 김치수제비, 김치죽
	반찬	김장김치, 동치미, 과메기무침과 구이, 연근간장조림, 연근유자샐러드, 우엉조림, 우엉멸치볶음, 파래무침, 시래기나물, 봄동겉절이, 나박물김치, 시래기나 우거지를 넣은 고등어/삼치조림, 저장무 갈치조림, 아귀찜(수육), 꼬막무침
	국/탕	시래기된장국, 방어매운탕, 물김국, 떡만둣국, 봄동된장국, 배추된장국, 쇠고기뭇국

2월의
들과
바다

절기로는 봄이 일어선다는 입춘(立春)이 든 달이다. 봄비가 내린다는 우수(雨水)도 2월에 있다. 대략 양력 2월 4일경에 입춘이 있고, 이날로부터 보름 뒤인 19일경이 우수다. 그러나 우리 땅에서는 남쪽 지방 일부를 제외하고는 아직 봄이라 이르기 이른 철이다. 수도권을 비롯한 중부 이북지방에는 입춘이 돼도 아직 겨울이 물러갈 기미를 보이지 않는다. 우수에도 봄비는커녕 눈보라가 씽씽 날리기 일쑤다. 특히 영동 산간지방에는 2월 말까지도 겨울 눈이 녹지 않고 되레 폭설이나 내리지 않으면 다행이다.

그래도 멀리 남쪽 지방으로부터 봄이 살금살금 영역을 넓히는 달이기도 하다. 우수가 지나면 중부 이남의 양지바른 땅에서 냉이도 캘 수 있고, 쑥도 하나둘 고개를 내민다. 생명력 질긴 수영도 눈에 띄고 월동한 식물들에 파릇한 물이 들기 시작한다. 제주와 거문도, 남해안 일대에서는 동백 잎이 조금씩 제 색을 찾아가고 부끄러운 듯 꽃잎을 살짝 벌리기 시작한다.

하지만 아직 본격적인 봄은 멀었다. 모진 겨울을 땅속에서 웅크리고 버티며 겨울의 정기를 한껏 머금은 봄나물로 몸의 활력을 불어넣으려면 한참을 더 기다려야 한다. 그래서 2월은 봄 제철식재료가 나올 때까지 지난해 저장한 농작물을 박박 긁어서 먹어 치우는 달이다.

일주일에 한두 번은 시래기 폭폭 삶아 시래기밥과 시래기된장국만 끓여도 한 끼 반찬 걱정 필요 없다. 아침 밥상에 올라온 시래기된장국은 구수하고 시원한 맛으로 온몸에 듬뿍 따뜻한 기운을 준다. 잘 삶은 시래기를 먹기 좋은 크기로 썰어서 된장에 조물조물 무치고 다진 파와 마늘, 들기름 살짝 둘러 지글지글 볶아놓아도 밥도둑이다.

김장하고 남은 배추 겉잎을 삶거나 소금에 절여 보관한 우거지는 감자탕에 제격이다. 고기가 두툼하게 붙은 돼지등뼈와 감자를 함께 넣고 폭폭 끓이면 간이 잘 밴 우거지에 가장 먼저 손이 갈 만큼 맛있다. 우거지와 시래기는 철분과 칼슘, 비타민 등의 필수 영양성분과 식이섬유를 풍부하게 함유하고 있어서 추운 날씨에 잘 어울리는 영양 만점 식재료다.

　지난봄에 삶아 말려놓은 참취며 고사리, 곤드레 등의 산나물과 가지, 호박, 고구마순 등 가을에 말린 작물들도 봄이 오면 곧 푸대접 신세가 된다. 신선한 나물과 푸성귀들 때문에 묵나물에 손길이 안 가는 까닭이다. 하루 한 가지씩 묵나물 반찬으로 올리고 곤드레와 참취는 밥을 지을 때 얹어서 나물밥을 지어도 맛있다. 그래도 남은 묵나물은 정월 대보름을 위해 아껴두자.

　그렇다고 날마다 김장김치와 묵나물, 우거지, 시래기만 상에 올릴 수 없다. 제주를 비롯한 남부지방에는 추운 겨울에도 먹을 수 있는 작물들이 제법 나온다. 가을에 파종하여 겨울에 채취하는 경북의 포항초, 남해의 남해초, 신안의 섬초 등 시금치가 대표적이다. 여기에 제주의 월동무와 배추, 당근, 양배추도 나온다. 진도와 해남의 봄동과 대파도 한창 맛이 있을 때다. 묵은 것들에 질릴 때 이런 신선한 식재료들을 하루씩 번갈아가며 밥상에 올리면 된다.

　2월 중순을 넘어서면 봄기운이 조금씩 서리기 시작한다. 이때 하루쯤 냉이무침과 냉이된장찌개로 봄 마중을 해보는 것도 괜찮다. 시장에 나가보면 겨울냉이를 한 줌 캐다 좌판에 벌려놓은 할머니도 눈에 띄고, 비닐집에서 자생한 봄냉이를 캐 온 아낙들도 있다. 물론 대형 마트에 가면 이미 철보다 앞서 나오는 봄나물이 지천이다.

계절에 앞서 오감으로 봄을 느끼게 해주는 맛, 냉이무침

　육지에는 서서히 봄소식이 들리는 시기지만 바다는 아직 수온이 한창 찰 때다. 2월 중순은 훌쩍 지나야 겨울 제철 해산물과 봄 제철 해산물의 임무 교대가 하나둘 이루어진다. 그러니 2월 중순까지는 대구가 아직 제철이고, 물메기, 꼼치, 삼세기, 도치의 철도 완전히 지난 것은 아니다. 매생이처럼 한겨울이 제철인 해조류도 2월 중순 무렵까지 채취한다.

　그러나 2월 중하순이 되면 겨울 산란을 위해 우리 연안을 찾았던 겨울생선들이 조금씩 제맛을 잃어가거나 깊고 먼 바다로 이동을 시작한다. 그 대신 봄이 제철인 해산물이 차츰 맛있어진다. 완연한 봄 어느 날의 산란을 앞두고 참조기도 가장 맛있을 때다. 살이 통통 찌고 알도 적당히 커서 알배기참조기를 선호하는 사람들에게 최적의 구매 시기다.

못생겼지만 맛은 천상인 아귀도 봄 산란을 앞두고 2월까지 한껏 맛이 들었다. 찜으로, 탕으로, 수육으로 늦겨울 추위를 날려버리기 맞춤한 생선이다.

한겨울이 제철이라고 알려진 홍합도 정작 가장 맛있을 때는 2월이다. 이 무렵에는 4월 산란을 앞두고 얇은 조가비 안에 붉은 속살이 탐스럽게 차 있다. 초겨울의 홍합은 아직 살이 덜 찼고 산란기에 접어들면 패류독소 때문에 먹을 수 없다. 2월에는 그 어떤 식재료보다 감칠맛이 좋은 데다 가격까지 착하니 제철밥상에 올리기에 제격이다. 뜨끈한 국물이 생각나는 날은 홍합만 듬뿍 넣어 탕으로 끓여내고, 살이 꽉 찬 홍합파스타는 아이들에게도 인기 짱이다.

동해의 삼척, 울진, 영덕, 포항 앞바다에서 잡히는 대게도 홍합이 맛있는 시기와 거의

알이 꽉 들어찬 홍합으로 끓인 뜨끈한 홍합탕.
초봄 꽃샘추위도 한 방에 날려준다.

일치한다. 겨울이 시작되자마자 매스컴에서 동해 대게의 제철이 돌아왔다고 호들갑을 떨지만 12월에 잡히는 대게는 살이 절반도 안 찬 것이 대부분이다. 1월에는 60~70퍼센트 정도까지 살이 오르고 2월이나 돼야 80~90퍼센트 정도 살이 찬다. 물론 동해에서 잡히는 모든 대게가 다 그렇다는 것은 아니다. 같은 시기 같은 바다에서 잡혀 온 것이라도 살이 거의 없는 게도 수두룩하다. 대충 2월이나 돼야 어느 정도 살이 차서 먹을 만하다는 뜻이다.

그리고 이제는 우리 동해에서 종적을 완전히 감춰버린 명태가 꽁꽁 얼린 동태로 겨우내 시장에 깔렸다가 살짝 말린 코다리로 돌아오는 때가 2월이다. 대부분 러시아 수입산 명태지만 한때 우리 동해에서 지천으로 잡히던 것과 같은 종이다. 한겨울이 제철인데 제철 명태를 얼말린 황태를 덕장에서 거두는 시기 또한 2월이다. 그렇다고 덕장에서 막 거둔 햇황태를 2월에 바로 먹을 수 있는 것은 아니다. 저온숙성창고에서 서너 달은 더 숙성시켜 6월 무렵부터 그해 말린 황태가 선을 보인다.

얼말린 황태를 덕장에서 거두는 시기는 2월이지만 시장에 선을 보이는 시기는 6월이다.

음력 정월 대보름이 되면 예전만큼은 아니지만 아직도 많은 가정에서 절기음식으로 오곡밥과 묵나물을 준비한다. 우리 집도 예외가 아니다. 다른 절기들은 챙기지 못하지만 동지 팥죽이나 대보름 오곡밥은 빼놓지 않는다. 뭐 특별한 의미가 있어서라기보다는 오랫동안 몸에 익은 관습이어서가 아닐까 싶다. 거기다 대보름 절기음식인 묵나물은 2월이 딱 제철인 식재료로 이루어져 있어서 내가 더 관심을 갖게 되었을 수도 있다.

아무튼 대보름 오곡밥의 오곡은 특정한 곡식 다섯 가지만을 의미하는 것이 아니라 여러 곡식을 총칭하는 말이다. 그리고 지방마다 조금씩 차이가 있다. 각 지방마다 많이 나는 곡식이 다르기 때문이다. 보통은 찹쌀, 기장, 수수, 팥, 콩, 차조 등 다섯 가지 이상의 곡식이 들어간다. 모든 곡식의 풍년을 기원하는 의미에서 이것저것 여러 곡식을 섞어 밥을 지었다고 하니 예전에는 마을마다 그 마을에서 재배하는 곡식을 넣어 밥을 지었지 싶다.

특히 오곡밥은 다른 성(姓)을 가진 세 집 이상과 나누어 먹어야 운이 좋다고 하여 이웃들과 오곡밥을 나누어 먹었다. 우리 어릴 때만 해도 대보름 전날이면 동네 아이들이 빈집을 찾아 오곡밥 서리를 다니기도 했다. 오곡밥을 얻으러 많은 사람들이 와야 일꾼이 많아서 농사를 잘 지을 수 있다고 믿은 주인은 일부러 이를 모른 체했지만 들키지 않으려는 은근한 스릴도 있었다. 이 모두 지금은 완전히 잊힌 풍습이다. 먹을 게 쎄고 쎘는데 누가 남의 집 담을 넘어 오곡밥을 훔쳐 먹을까. 대신 먼저 조금 부지런을 떨면 대보름날 오곡밥을 넉넉하게 지어 직장 동료들, 혹은 이웃들과 나누어 먹으며 정을 돈독히

할 수 있다.

　요즘은 예전처럼 다섯 가지 이상의 곡식을 넣어 밥을 짓지도 않으니 지인들과 함께 나눔을 하기도 편하다. 찹쌀과 팥, 또는 콩 등만 넣고 찰밥을 지어 오곡밥을 대신하기도 한다. 팥은 미리 충분히 삶고 소금 간만 약간 해서 밥을 지으면 식었을 때 더 맛있다. 다른 반찬이 없어도 밥만으로도 맛나니 동료들과 함께 먹을 도시락용 밥으로는 딱이다. 또 다양한 곡식이 모두 들어가는 것은 아니지만 이날만이라도 흰쌀밥의 유혹을 벗어나 영양을 고루 섭취할 수 있으므로 더 권장할 일이다.

　원래 오곡밥은 보통 아홉 가지의 나물과 함께 먹었다 한다. 전통이 그렇다고 요새 같은 세상에 오곡밥과 나물 아홉 가지를 다 볶아내야 한다면 누구라도 머리부터 흔들 것이다. 요즘은 대보름에 묵나물을 많이 하는 집안이라도 네댓 가지를 넘지 않는다. 서너 가지 묵나물에 시금치, 콩나물, 혹은 무나물 정도 곁들이면 적당하다. 인기 있는 묵나물로는 고사리, 취나물, 고구마순, 시래기 등을 꼽을 수 있고 가지나물과 애호박 말린 나물도 인기다.

　지금이야 한겨울에도 신선한 채소들이 넘쳐나지만 묵나물은 과거 우리 선조들에게 겨울철 부족한 영양분을 보충해주었던 귀중한 식재료였다. 우리가 흔히 먹는 묵나물에는 식이섬유는 물론 비타민과 칼슘, 칼륨, 철분 등 미네랄 성분이 풍부하다. 뿐만 아니라 대부분의 묵나물은 열량이 매우 낮다. 오곡밥과 함께 포만감이 들게 먹어도 묵나물 자체로는 웬만한 과자 한 쪽 정도의 열량밖에 나지 않을 테니 비만 사회에 맞춤한 건강식이 아닐까 싶다.

　이렇게 건강에 도움이 되고 맛도 좋지만 묵나물을 만드는 과정은 그리 단순하지 않다. 시장에서 말린 나물을 사다가 직접 삶고 불리고 볶는 과정을 다 거치려면 시간도 많이 필요하다. 묵나물은 불리는 일부터 시작된다. 삶아서 바싹 말린 나물을 부드럽게 불려 먹을 수 있도록 하는 데만 이틀은 걸린다. 그래도 시장이나 마트에서 파는 불린 나물이 못 미더우면 불리는 일부터 직접 시작하는 수밖에 없다.

　고사리, 취나물, 고구마순 등 미리 한

대보름 오곡밥이라고 요즘은 꼭 5곡을 다 넣지 않는다. 삶은 팥만 넉넉히 넣어 찰밥을 지어도 맛있다.

번 삶아서 말린 나물은 다시 삶지 않고 물에 충분히 불려 볶는다. 보통은 하루 두어 번 물을 갈아가면서 48시간 이상 불려줘야 한다. 중간중간 손으로 조물조물 뭉쳐진 나물을 펴주면 불리는 시간을 단축할 수 있다. 특히 쌀뜨물에 불리면 건나물 특유의 묵은 냄새를 잡을 수 있다. 충분히 불릴 시간이 없을 경우 식용소다를 쓰기도 하는데, 묵나물에 풍부한 비타민 등의 미네랄을 녹여내므로 권장할 방법은 아니다. 사실 이런 걱정 때문에 불린 나물을 사지 않고 건나물 불리기부터 시작하는 것 아닌가.

반면 밭에서 채취하여 곧장 그늘에 말린 시래기는 한두 시간 이상 중불에서 충분히 삶아 불려주어야 부드러운 시래기나물을 먹을 수 있다. 다만 양구 펀치볼마을 등 고랭지 시래기는 중불에서 20분 이상 삶으면 너무 퍼져서 못 쓴다. 15~20분 정도 삶는 게 적당하다. 고랭지 시래기는 말랐다 얼었다를 반복하며 조직이 스펀지처럼 부드럽게 변해 있기 때문이다. 나무처럼 단단한 북어는 충분히 두들겨서 조직을 부드럽게 해줘야 먹을 수 있지만 황태는 물에만 적셔 바로 조리할 수 있는 것과 같은 이치다. 시래기 삶은 물은 버리지 않고 식을 때까지 그대로 불린 다음 깨끗한 물이 될 때까지 서너 차례 헹궈 주면 조리할 준비가 끝난다.

서너 가지 묵나물에 시금치나 무나물, 혹은 콩나물 정도 곁들이면 대보름 묵나물 밥상으로 그럴 듯하다.

애호박을 썰어서 말린 호박고지는 오래 불릴 경우 다 풀어져서 흐물흐물해진다. 이걸 다시 불에 볶으면 보기에도 안 좋게 다 퍼질 뿐만 아니라 식감도 영 아니다. 따라서 애호박고지는 상태를 보아가며 한 시간 이하만 불려서 볶는 게 좋다. 가지나물도 마찬가지인데 껍질은 단단하지만 속은 아주 무른 게 가지의 속성이다. 취향에 따라 다르겠지만 우리는 무르고 퍼진 식감이 싫어 가지도 꼬들꼬들하게 씹힐 정도만 불려서 볶는다.

삶거나 불린 묵나물은 손으로 꼭 짜서 물기를 빼준다. 그리고 국간장과 들기름, 다진 파, 마늘을 넣고 바락바락 주물러 간이 충분히 배게 한 다음 약한 불에 은근히 볶아준다. 이때 멸치, 다시마, 표고, 무 등을 푹 우려낸 육수를 부어가며 충분히 조려주면 촉촉하고 보드라운 묵나물을 맛볼 수 있다.

커다란 접시에 묵나물을 종류별로 올려 담고 오곡밥 한 그릇이면 훌륭한 대보름 절기음식 차림상이 된다. 뭔가 부족한 듯싶으면 시금치나 무나물 등 생나물 두어 가지 더 올리면 좋다. 또 이런 상차림에는 배추김치보다 시원한 나박물김치가 잘 어울린다. 몇 끼 두고 먹다가 남은 묵나물은 묵나물볶음밥을 해 먹어도 맛있다. 커다란 팬에 남은 묵나물과 밥을 함께 올리고 들기름에 간장만 살짝 넣어 볶으면 된다.

밥
상
에
●
먼
저
올
라
온
봄 , 봄
동

경기 북부 내륙에서 유년을 보낸 나의 기억창고에 봄동의 맛은 들어 있지 않다. 농사밖에 없던 시골이지만 겨울에는 한데서 자랄 수 있는 작물이 없었다. 배추가 저온에서 더 맛있게 자라는 채소기는 해도 중부 이북지방의 차가운 겨울 날씨를 이겨낼 수는 없었다. 그래서 겨울에는 깊이 땅을 파서 묻은 저장 무와 배추가 채소의 전부였다.

그나마 무는 넉넉히 묻어놨다가 늦도록 먹을 수 있었지만 무보다 저장성이 떨어지는 배추는 구정 무렵 마지막 나박물김치를 담그고 나면 끝이었다. 날이 풀리고 땅에서 뭔가 나기 전까지는 김장김치와 시래기, 우거지, 묵나물이 우리가 먹던 채소의 전부였다. 가끔 시루에 검은 보자기를 씌워 윗방에서 키우던 콩나물이 상에 오르기도 했다.

그러니 내 기억창고 어디에도 고소하고 달큰한 봄동의 신선한 맛이 들어 있지 않은 게 당연하다. 봄동에 대한 추억 한 자락이라도 가지고 있으려면 적어도 남부 해안지방이나 섬에서 유년을 보냈어야 한다. 봄동은 텃밭 양지바른 곳에 조금 심어 채소가 필요할 때마다 몇 포기씩 뽑아 식구들 밥상에 올랐던 남부 해안지방의 겨울 식재료였기 때문이다. 그럼에도 봄동은 왜 아주 오래전부터 먹어왔던 식재료처럼 친근하게 여겨질까. 아마도 모진 기후에 한데서 자라는 작물 특유의 투박한 모양과 어떤 사람이라도 거부감을 갖지 않을 보편적인 맛 때문이 아닐까 싶다.

봄동이 투박스럽게 보이는 이유는 잎사귀가 산발한 여인처럼 제멋대로 자라는 불결구배추인 탓이다. 결구가 되지 않는 데다 한겨울 노지에서 살아남으려면 태양열과 지열을 모두 받아들여야 하기 때문에 땅바닥에 바싹 붙어 웅크린 모양으로 자란다. 둥글넓

적하게 쫙 펼쳐져 아래위의 크고 작은 잎이 번갈아 엇갈려 나면서 동심원으로 켜켜이 포개진다. 냉이나 달맞이꽃, 봄동 등 한데서 겨울을 나는 식물들이 다 이런 모양을 가졌는데 마치 장미꽃 모양을 닮았다 하여 로제트형(rosette形)이라 한다. 그야말로 하늘과 땅의 기운을 하나도 헛되이 쓰지 않고 자라도록 모양새를 갖췄다.

봄동은 속이 차며 크는 결구배추에 비해 못생겨 보이기는 하지만 고소한 감칠맛이 높고 조직이 치밀해서 아삭한 식감도 좋다. 신선한 푸성귀가 부족한 계절에 한창 제철을 맞은 맛있는 봄동이 있으니 쌈채소로, 겉절이용으로, 국거리로 밥상에서 떨어질 날이 없다. 그러니 자연스레 아주 오랫동안 먹어온 식재료처럼 여기게 되지 않았나 싶다.

쿠로시오난류 덕분에 겨울에도 비교적 따스한 기후를 가진 남부지방의 봄동이 전 국민의 식재료가 된 것은 그리 오래지 않은 1990년대의 일이다. 겨울채소로서 봄동의 가

늦겨울 재래시장에서 만난 봄동. 추운 계절에 땅과 하늘의 기운을 모두 받아 저만큼이나마 자랄 수 있었다.

치를 가장 먼저 알아본 진도 농민들이 이때 처음으로 봄동의 대규모 상업적 재배를 시도한 것이다. 노지에서 나는 값싸고 마땅한 식재료가 드문 계절에 봄동은 맛과 영양 그리고 가격 경쟁력까지 높아 바로 대표적인 늦겨울 식재료로 도약하게 된다. 전 국민의 입맛을 사로잡으면서 말이다.

이렇게 대규모 상업적 재배를 처음 시작한 곳이 진도이다 보니 지금도 많은 사람들이 봄동 하면 다 진도 것인 줄 안다. 하지만 지금은 봄동 재배지역이 원조 진도는 물론 인근의 완도와 해남, 신안까지 확산되었다. 모두 기후가 비슷한 지역이어서 맛도 크게 틀리지 않다. 소금기를 품은 바닷바람과 해무 탓에 다른 지역의 봄동보다 미네랄 함량이 높고 단맛과 고소한 맛도 더 진하다. 요즘은 전국 봄동 생산량의 90% 가까이가 이 지역에서 나온다.

봄동의 제철은 그 이름에서 드러나듯 초봄 무렵이다. 겨우내 한데서 조금씩 자라 늦겨울부터 초봄 사이에 채취해 먹던 푸성귀다. 하지만 지금은 겨울이 시작되기 무섭게 봄동이 시장에 깔린다. 파종시기를 앞당겨 초겨울부터 수확하는 무늬만 봄동이 많아졌기 때문이다. 이 시기에 나오는 봄동이란 이름의 배추는 상대적으로 따뜻한 날씨 탓에 웃자라 맛이 싱겁고 모자란다.

제철인 늦겨울부터 초봄에 먹는 봄동은 아삭하고 달짝지근하며 고소한 맛이 일품이다. 늦가을이나 초겨울 무렵에 불결구배추를 심어 겨우내 자연의 기운을 농축해놓은 덕분이다. 맛만 아니라 우리 몸에 좋은 영양성분도 아주 풍부하게 함유하고 있다. 비타민 B, C와 칼슘, 칼륨 등의 미네랄은 물론 식유섬유가 많고 열량은 낮은 채소여서 이 계절에 이만한 식재료가 또 어디 있을까 싶을 정도다.

봄동은 생으로 겉절이를 했을 때 제일 맛있다. 아삭하게 씹히는 상큼한 봄 냄새가 일품이다. 이파리를 하나씩 떼어내서 깨끗이 씻고 먹기 좋은 크기로 잘라 일반 겉절이 하듯 무쳐내면 된다. 우리는 액젓과 고춧가루, 다진 마늘, 송송 썬 쪽파를 넣고 단맛은 매실액으로 낸다. 깨 범벅이 싫어서 당장 사진을 찍어야 하는 경우가 아니라면 통깨를 뿌리지 않고, 참기름은 바로 먹을 것에만 살짝 떨궈서 버무린다.

봄동겉절이뿐만 아니라 소금에 살짝 절여서 무쳐낸 봄동김치도 김장김치에 지친 입맛을 달래기에 부족함이 없다. 버무려서 바로 먹어도 맛있고, 상온에서 조금만 숙성시켜 먹는 맛도 풋풋하다. 이렇게 겉절이나 김치뿐만 아니라 겨울철 쌈채소로도 봄동만 한 것이 없다. 저장이나 월동배추 노란 속도 부드럽고 고소하지만 싱그럽고 고소하기로 봄동을 따

봄동은 된장국을 끓이거나 샤브샤브용 채소로도 쓰이지만 나는 생으로 겉절이를 했을 때 제일 맛있게 먹는다.

라가지 못한다. 과메기 쌈에는 노란 쌈배추보다 왠지 봄동이 더 어울리는 것 같다.

마땅한 국거리가 없을 때에는 봄동된장국도 2월 밥상에 자주 오른다. 멸치다시마육수 내서 봄동 큰 잎은 반씩 쭉쭉 찢고 작은 것은 통째로 넣어 끓인다. 여기에 된장 삼삼하게 풀어주고 청양고추 하나 썰어 넣으면 칼칼하고 구수한 맛이 늦겨울 날씨와 잘 어울린다. 늦은 겨울비가 촉촉한 날 고소한 기름 맛이 당기면 봄동전만큼 계절친화적인 것도 없다. 밀가루나 부침가루 묽게 개서 봄동에 슬쩍 묻힌 다음 기름 두른 팬에 부쳐내면 된다.

감칠맛의 최고봉, 제철 홍합

우리에게 가장 친숙하고 맛난 겨울 국물이 뭘까? 아마 대부분의 사람들은 가장 먼저 홍합탕을 떠올리지 않을까 싶다. 값 착하고 맛 좋은 데다 조리마저 쉬워서 겨울철 뜨끈한 국물의 대명사로 손색이 없다. 사실 홍합탕은 조리라고 말하기조차 쑥스러울 만큼 간단하다. 그저 홍합을 바락바락 문질러 닦아서 껍질의 이물질을 잘 제거하고 물을 부어 끓여주면 된다. 대파는 큼직하게 어슷어슷, 제대로 약 오른 땡초는 송송 썰어 함께 끓여내면 달달하고 칼칼한 감칠맛이 혀에 착착 감긴다. 가히 감칠맛의 최고봉이라 해도 과장은 아니다.

누구나 홍합은 차가운 겨울에 먹어야 제맛인 줄 안다. 매스컴에서는 11월 찬바람만 불어도 홍합 철이 돌아왔다고 법석을 떤다. 찬바람이 불면 홍합의 알이 차고 맛이 들어가는 것은 맞다. 이때부터 맛이 차기 시작해 겨울이 깊어갈수록 맛과 영양이 높아지는 것이다. 홍합을 조금 안다고 하는 사람들은 늦겨울부터 이른 봄 사이가 가장 맛있는 때라고 입을 모은다. 이때가 바로 홍합의 산란기 직전이기 때문이다. 홍합은 4월 중하순 봄이 완연해지면서부터 여름까지 산란을 하는데 산란을 앞두고 맛과 영양이 절정에 오른다.

그러다 산란기에 접어들면 홍합에 색시톡신(saxitoxin)이라는 신경독이 생겨난다. 색시톡신은 마비성 패류독소인데 특정 플랑크톤이나 조류를 먹은 홍합 등의 패류에 발생한다. 맹독은 아니지만 경우에 따라 약한 마비, 언어장애, 입 마름 증세를 일으키기도 한다.

아무튼 늦겨울부터 초봄 사이에 가장 맛이 좋은 홍합(紅蛤)은 붉은 조개라는 뜻을 가졌다. 조선시대에는 담채라 부르고, 속명을 홍합이라 했다는 기록이 있다. 서유구의 『난

참담치라고도 부르는 토종홍합.
씨알이 좋은 것은 몇 마리만 먹어도 배부를 만큼 크다.

호어목지』를 보면 채소처럼 달고 짜지 않다고 해서 짜지 않은 채소, 즉 담채(淡菜)라 부른다고 어원을 설명하고 있다. 지금도 말린 홍합을 담채라고 하는데, 홍합의 또 다른 이름인 담치는 담채에서 변형된 것이 아닐까 싶다.

홍합류는 전 세계적으로 250여 종에 이르는데, 우리 연안에는 홍합과 지중해담치 2종이 주로 서식하고 있다. 홍합은 우리 근해에 원래 서식했던 토종으로 양식이 되지 않아 대부분 자연산이다. 강원지방에서는 이를 섭이라 부른다. 지중해담치는 지중해와 서대서양에 서식하다가 선박의 이동에 따라 전 세계로 퍼져나간 종이다. 토종홍합보다 껍데기가 얇고 씨알도 작다. 우리가 대형 마트나 재래시장에서 구입하는 대부분의 홍합은 지중해담치다. 사실상 지중해담치가 토종홍합의 자리를 빼앗은 격이다.

그렇다고 토종홍합이 전혀 안 잡히는 것은 아니다. 겨울이면 동해안 전역과 서해 태안 일대, 남해의 거제 앞바다에서 꽤 많은 토종홍합이 채취된다. 양식 지중해담치와 값을 비교할 수는 없지만 토종홍합에 맛들인 사람들은 바다 기상이 좋아 제철 토종홍합을 넉넉히 따오기만을 기다린다. 우리도 큼직한 토종홍합의 달큰한 감칠맛을 한 번쯤은 느껴야 2월이 간다. 씨알이 좋은 것들은 몇 마리만 먹어도 배가 찬다.

양식 지중해담치의 최대 산지는 경남 창원이다. 창원 앞바다가 바로 청정해역 진해만인데 7월과 9월 두 차례에 걸쳐 매년 양식에 들어간다. 그리고 찬바람이 부는 11월부터 채취를 시작하는데 9월에 종패를 부착시켜 2월에 채취하는 홍합이 살이 실하고 맛과 영양에서 제일 뛰어나다. 채취한 홍합은 양식장 인근 작업장에서 세척과 분류 작업을 거

달달한 대파와 청양고추만 썰어 넣고 한 솥 가득 끓인 홍합탕. 칼칼하면서도 입에 착착 달라붙는 감칠맛이 그만이다.

친 뒤 소비자에게 전달된다.

외래종 지중해담치가 토종홍합의 맛은 따라갈 수 없지만 영양성분은 대체로 비슷한 것으로 알려져 있다. 홍합에는 타우린과 글리신, 글루탐산, 알기닌 등의 아미노산과 유기산이 많이 들어 있어 독특한 풍미와 뛰어난 감칠맛을 낸다. 해산물에 많이 들어 있는 타우린은 시력 회복, 당뇨병 예방, 콜레스테롤 상승 억제에 효과가 있는 영양성분이다. 뿐만 아니라 홍합은 비타민 B12와 철분, 아연 등의 미네랄도 많이 지니고 있는 저렴한 자연 영양제다. 맛과 영양 어느 하나 빠지지 않으니 제철집밥 식탁에 되도록 자주 올릴 일이다.

자연산 토종홍합이야 어쩌다 한 번 밥상에 오르지만 값이 저렴하고 조리도 간편한 양식 홍합은 수시로 우리 밥상과 술상의 주인공이 된다. 제철 홍합은 아무것도 넣지 않고 한 솥 끓여도 빼어난 감칠맛을 낸다. 달달한 봄대파와 알싸하게 매운 청양고추 두어 개 썰어 넣으면 칼칼하면서도 입에 착 감기는 감칠맛이 그만이다. 출출한 겨울밤 뜨끈하게 한 냄비 끓여놓으면 붉은 속살을 내보이며 쩍쩍 벌어진 홍합으로 가는 손길이 분주하다. 숟가락도 필요

이것저것 차리기 귀찮을 땐 이렇게 홍합을 듬뿍 넣어 끓인 홍합라면으로 한 끼를 때우기도 한다.

없다. 국물이 필요하면 홍합 껍데기로 퍼먹거나 그릇째 들이마셔야 홍합국물 좀 먹어봤다는 소리를 듣는다.

홍합은 짬뽕, 해물탕, 칼국수 등 해물 베이스의 다양한 탕 음식에 들어가 맛을 내기도 한다. 이상하게 어묵탕을 끓일 때에도 홍합이 안 들어가면 뭔가 서운하다. 그리고 탕은 아니지만 홍합이 잘 어울리는 요리로 파스타도 빼놓을 수 없다. 봉골레파스타에 들어가는 가무락조개 대신 홍합을 넣는다고 생각하면 된다.

편으로 썬 마늘을 올리브유에 볶아서 마늘향이 충분히 올라오면 여기에 홍합을 넣어 익혀준다. 홍합이 입을 벌리면 화이트 와인이나 청주, 면 삶은 물을 넣어 흥건히 국물을 내준다. 여기에 매운 고추, 홍고추 등을 썰어 넣고, 미리 삶아놓은 파스타 면에 간이 배도록 한 번 더 볶아준다. 토마토소스를 넣어도 맛이 잘 어울린다. 종종 스파게티 타령을 하는 아이들이나 있거나 홍합탕만 먹다 질릴 때 시도해볼 수 있는 훌륭한 대안이다.

겨울이 제철인 해산물 가운데 2월이 돼서야 비로소 살이 꽉 차고 맛이 절정에 달하는 해산물이 하나 더 있으니 바로 동해 대게다. 대게는 12월부터 제철이라고 하지만, 이때 는 아직 살이 덜 차 있을 시기다. 울진, 영덕, 포항 등 대게의 주산지에서 대게를 좀 안다 고 하는 사람들은 한결같이 음력 정월 초하루, 즉 구정을 전후해서야 비로소 대게 살이 찬다고 한다. 따라서 계절 별미로 대게를 한 번쯤 먹어야겠다고 한다면 겨울이 시작되 자마자 대게 타령을 할 일이 아니다. 느긋이 기다렸다가 구정이 지나 다리에 살이 제대 로 올랐을 때 먹어야 현명하다.

제철이라지만 대게 값은 늘 금값이다. 특히 3월 중순 이후에 열리는 영덕, 울진 대게축 제 기간이 가까워지면 값이 천정부지로 뛴다. 어쩌다 한 번 별식으로 먹을 일이지 제철 음식이라고 밥상에 자주 올릴 수 있는 식재료는 아니다. 대게가 이리 비싼 데는 당연히 수요는 많은데 공급이 부족하기 때문이다. 매해 겨울만 되면 신문과 방송, 그리고 블로 그를 비롯한 각종 인터넷 매체에 대게 관련 기사가 넘쳐난다. 겨울에 대게 한 번 먹어보 지 못하면 찌질이로 취급할 기세다.

제철에 대게 한 번 먹어보려는 사람들은 계속 늘어나지만 우리 바다의 대게 자원이 무한할 수는 없다. 강원 삼척과 경북 울진, 영덕, 포항이 서로 자기 지명을 붙여 영덕대 게, 울진대게 하는 국내산 대게는 대부분 울진 후포에서 동쪽 바다로 23킬로미터쯤 떨 어져 있는 왕돌초 부근에서 잡힌다. 왕돌초는 동서로 21킬로미터, 남북으로 54킬로미터 나 되는 거대한 수중 바위산이다. 왕돌초 인근은 바다 생물의 서식환경이 아주 뛰어나 울진이나 영덕의 어부들도 대부분 여기서 대게를 잡는다.

그러나 이제 왕돌초 부근의 대게 자원도 점점 고갈돼가고 있다. 중앙정부와 지자체가 대게 자원 보호를 위해 여러 규제를 하고 있지만 뚜렷한 자원의 감소를 되돌리기 어려운 상황이다. 6월부터 10월까지 금어기를 정하고, 둥그런 찐빵처럼 생겼다 하여 빵게라 부르는 암컷 대게를 잡지 못하게 돼 있다. 그리고 등딱지가 9센티미터 이하인 어린 개체의 포획도 법으로 엄격히 금지된다.

하지만 찾는 사람이 많아 가격이 오르면 어떤 방식으로든 불법이 없을 수 없다. 9센티미터 이하의 어린 개체나 암게를 암거래하는 현장이 산지에서 종종 목격된다. 불법은 아니지만 예전에는 불가능했던 첨단 조업 도구를 이용해 마구잡이로 대게를 잡는 것도 자원 고갈에 한몫하고 있다. 마구 버린 쓰레기와 폐그물로 인한 바다환경의 황폐화, 지

다리가 대나무처럼 길고 곧다고 해서 대게라 부르는데 기품 있고 아름답다.
(사진 제공: 어부현종 김광진 님_ http://badaro.in)

기다란 다리 살을 쏙 빼내 입안에 넣으면 정갈한 감칠맛이 일품이다.

구의 온난화도 대게 감소의 큰 원인 중 하나다.

대게는 1년에 고작 1센티미터 정도밖에 자라지 못한다. 그러니 합법 조업이 가능한 9센티미터까지 자라려면 최소 8년은 걸려야 한다. 지금과 같은 겨울철 대게 열풍이라면 9년이나 돼야 먹을 수 있는 대게의 씨가 마를 날이 얼마 남지 않았다. 우리 바다에서 나는 대게를 앞으로도 계속 먹을 수 있으려면 불법 남획한 빵게와 어린 대게를 사 먹지 말아야 한다.

그리고 국내산 대게만 고집할 것이 아니라 수입 대게로 눈을 돌릴 필요도 있다. 우리의 동해 바다와 베링해로 이어지는 북태평양에서 서식하는 대게는 모두 같은 종이다. 서식환경에 따라 체색이나 모양이 조금 다를 수는 있지만, 기본적인 맛은 같다. 현지에서나 쇼핑몰에서나 다 국내산 대게라고 판매를 하는데, 국내산 대게가 그리 많이 잡히지는 않는다. 괜히 비싼 돈 내고 수입 대게를 국내산 대게로 알고 먹을 일이 아니다. 처음부터 아예 수입 대게 전문판매처에서 조금이라도 저렴한 가격에 대게를 사면 속고 나서 울분을 삭혀야 할 일도 없다.

우리는 다리가 대나무처럼 길고 곧다고 해서 대게라고 부르는데 영어권에서는 스노크랩(snow crab)이라 한다. 속살이 눈처럼 하얗다 하여 붙은 이름이다. 하얗지 않은 게살을 본 바 없지만, 유독 대게의 속살이 희다는 느낌은 단순히 이름 때문만은 아닌 듯싶다. 살이 꽉 찬 대게를 알맞게 쪄서 기다란 다리 살을 쏙 빼서 드러나는 속살은 순백의 정갈함이 있다.

이렇게 정갈하고 바닷물의 간이 알맞게 배어 있는 식재료는 구태여 복잡하게 조리할 필요가 없다. 그저 깨끗이 씻어서 쪄 먹는 게 최고다. 알맞게 쪄놓은 대게는 냄새부터 침샘을 자극한다. 싫지 않게 비릿한 바다 냄새에 아마노산의 감칠맛이 향으로 어우러져 코에 스며든다.

시각과 후각이 자극을 받으면 일단 가위로 다리부터 잘라 살만 쏙 빼서 입안에 넣어보자. 별로 씹을 것도 없이 목젖을 타고 내려가지만 입안에 넣고 우물거리기만 해도 달큰한 감칠맛이 아우성이다. 집게발까지 다리 살을 다 발라 먹고 나면 몸통에 든 게장이 흐르지 않도록 조심스럽게 등껍질을 벗기고 몸통을 4등분해서 나머지 살을 발라 먹는다.

등딱지의 게장은 큰 그릇에 따로 모아서 게장비빔밥으로 마무리를 해야 대게 한 번 제대로 먹었단 소리를 듣는다. 모아놓은 게장에 뜨거운 밥만 넣어 비벼야 대게의 참맛을 느낄 수 있다. 비릿한 맛이 거슬린다면 참기름과 통깨, 조미김을 조금 넣어 비비면 비

등딱지의 게장만 따로 모아 뜨거운 밥에 비벼놓으면 가족끼리도 숟가락 경쟁이 요란하다.

릿한 맛을 감춰 비위가 약한 사람들도 잘 먹는다. 여기에 잘 익은 김치 한 쪽이면 서로 경쟁하듯 숟가락이 들락거린다.

대게를 집에서 식구들과 즐기기 위해서는 약간의 손질법과 찌는 요령을 알아야 한다. 현지에서 택배로 배송되거나 인근 수산시장에서 구입한 생물대게는 일단 뒤집어서 꼬리 부분을 꾹꾹 눌러 남아 있는 배설물을 빼준다. 생생하게 살아서 물릴까 봐 걱정이라면 민물에 잠깐만 담궈 기절시킨 후 손질한다. 그런 다음 흐르는 물에 솔로 박박 문질러 이물질을 제거한다. 이것으로 대게 손질은 끝이다.

대게를 찔 때 포인트는 대게의 배가 위로 오도록 뒤집어 쪄야 한다는 점이다. 그렇지 않으면 찌는 과정에 아까운 게장이 다 흘러버린다. 또 하나, 찜기에 뒤집어 놓았을 때 아직 살아서 꿈틀거리면 입 주위에 뜨거운 물을 부어 기절시키는 것이 좋다. 살아 있을 경우 찜기의 온도가 올라가면 발버둥을 쳐서 다리가 떨어져 나가기 십상이기 때문이다. 그대로 찔 경우 떨어져 나간 부위가 검게 변색되거나 그리로 게장이 흐를 수가 있다.

대게 찌는 시간은 살이 얼마나 찼는지에 따라 다르지만 물이 끓고 나서 대략 5분 정도 더 쪄주고 5분간 뜸을 들이면 된다. 불이 너무 셀 경우 게장이 넘쳐흐르므로 물이 끓으면 중불로 줄여준다. 찌는 중간에 아무리 궁금해도 찜기의 뚜껑을 열지는 말자. 뚜껑을 여는 순간 게장이 살로 파고들어 시커멓게 비호감 색깔로 변색된다.

우리 바다에서 나는 가장 못생긴 물고기를 꼽으라면 아마 대부분 아귀를 들지 않을까 싶다. 색깔은 칙칙하고 입은 제 덩치만 한 먹이를 삼킬 수 있을 만큼 큰 데다 날카로운 이빨까지 가지고 있어 참 흉측스럽게도 생겼다. 피부에는 다른 물고기들이 가지고 있는 멋진 비늘이 없고 퇴화된 피부조직이 겹겹이 눌어붙은 모양이고 끈적한 점액질까지 뒤덮여 있다. 생긴 것만 봐서는 영 먹고 싶은 마음이 생기지 않는다.

우리 바다에는 아귀만큼은 아니지만 못생겼거나 살이 흐물거려, 식용 가능한 바닷물고기라 보기 힘든 생선들이 몇 종 더 있다. 꼼치나 물메기, 동해의 도치와 서남해의 삼세기 등이 그렇다. 도치를 제외하고 아귀를 비롯해 이렇게 못생긴 물고기들은 대체로 '물텀벙'이라는 별명도 함께 가지고 있다. 그물에 걸린 이런 생선들을 쓸모없다 여겨 바다에 다시 텀벙 집어 던졌다는 유래에서 생긴 이름이다. 아귀를 물텀벙이라고 부르는 인천의 아귀 전문식당에 가면 예외 없이 물텀벙의 유래에 대한 친절한 설명이 붙어 있다.

하지만 따져보면 우리 조상들이 그렇게 풍족한 삶을 누리지는 못했다. 일부 세도가를 제외하고는 늘 배고픈 삶이었다. 적어도 60~70년대까지는 삼시세끼 밥을 먹는 것조차 쉽지 않았다. 그런데 바다에서 올라온 귀중한 단백질을 못생겼다는 이유로 다시 던져버렸을까? 내 생각에는 아닐 것 같다. 아마도 누군가가 그 생김새와 맛의 불일치를 더 강조하기 위해 만든 스토리가 아닐까 싶다.

실제로 물텀벙이라는 별명을 가진 물고기치고 맛이 없는 게 없다. 동해에서 물텀벙이라는 별명이 붙은 꼼치나 물메기는 비록 살이 코처럼 흐물흐물해도 그 맛이 시원하고

아귀는 이름만큼이나 흉측하게 생겼지만 맛 하나는 일품이다.

순해서 해장국으로는 그만이다. 그리고 아귀는 부위마다 아주 특색 있는 맛을 지니고 있다. 하얀 속살은 보들보들 달큰하고 껍질은 쫀득 담백하다. 내장의 거의 전부를 차지하는 위는 포유류의 위를 씹는 듯한 쫄깃한 느낌이 으뜸이고, 주먹만 한 간은 그 크리미한 고소함이 푸아그라를 능가한다.

이처럼 못생겼어도 맛만은 일품인 아귀는 우리 서남해와 남해, 동남해에서 두루 잡힌다. 수심 50미터 이상의 깊은 바다 해저에 서식하며 그 큰 입으로 작은 새우부터 조기, 병어, 오징어 등을 닥치는 대로 잡아먹는다. 아귀는 입만 큰 게 아니라 위도 잘 발달해 있는데 아직 소화 안 된 물고기들이 그 위에 잔뜩 들어 있는 놈이 잡히기도 한다. 아귀보다 아귀가 잡아먹은 고급 어종의 먹잇감들이 더 돈이 되는 경우도 있다고 한다.

그런데 재밌는 것은 아귀가 낚시로 먹잇감을 유인해 잡아먹는 흔치 않은 물고기라는 사실이다. 아귀는 덩치가 크다 보니 빠른 속도로 도망치는 물고기들을 따라잡을 수 없다. 그래서 오랜 진화과정을 통해 등지느러미의 첫 번째 가시가 마치 낚싯대처럼 변형됐다. 그리고 낚싯대 맨 끝부분의 피부가 늘어져 물고기들이 좋아하는 지렁이처럼 생겼다. 아귀는 바다 밑바닥의 모래 속이나 돌 틈에 숨어 지렁이가 살아 움직이는 것처럼 낚싯대를 끄덕이다가 이를 먹이인 줄 알고 찾아온 물고기를 그 큰 입으로 재빨리 흡입한다.

아무튼 아귀는 이렇게 그 생김새부터 먹잇감을 유인하는 방식까지 풍성한 이야깃거리를 가지고 있는데 봄이 무르익어가는 4월부터 두어 달 동안 산란기에 접어든다. 그러니 2월이면 아귀가 가장 맛있고 살집도 넉넉할 때다. 3월부터는 살보다 알이나 정소가 발달한 놈들이 잡히기 시작한다. 2월이 아귀 철의 절정이다.

아귀찜의 본고장 마산에서는 말린 아귀를 찜에 넣는다. 겨울부터 초봄까지 제철에 잡힌 아귀를 말려 1년을 쓴다. 제철이 아닌 것은 맛과 영양이 떨어지고 날이 포근해지면 파리가 끼고 썩어서 아귀를 말릴 수 없다. 그래서 이 무렵 마산에는 바람이 잘 통하는 건물 옥상이나 크고 작은 덕장마다 배를 갈라 깨끗이 손질한 아귀가 널려 있다. 마산 아귀찜의 진가를 아는 사람들은 이렇게 꾸덕꾸덕 말라가는 아귀의 비릿하고 콤콤한 냄새에도 부러운 입맛을 다시게 된다.

아귀찜에 말린 아귀를 쓰는 것은 생아귀는 살이 너무 연해 조리할 때 살이 다 부스러지기 때문이다. 모든 생선이 마찬가지지만 아귀

제철 아귀찜이 먹고 싶을 때는 생아귀를 살짝이라도 말려서 조리한다.

도 말리면 살이 단단해져서 조리를 해놔도 흐트러지지 않고 제 모양을 유지한다. 그리고 생선을 말리면 맛도 더 좋아진다. 단백질이 자체 효소에 의해 분해되면서 감칠맛이 높아지는 것이다. 건조 과정에서 말린 생선 특유의 콤콤한 냄새가 나서 싫어하는 사람도 있지만 이 냄새조차도 아귀찜의 맛을 완성하는 한 요인이 되는 것이다.

그래서 우리도 제철 아귀찜이 먹고 싶을 때 생아귀를 사다가 살짝이라도 말려서 조리한다. 도시 공동주택에서도 바람이 잘 통하도록 베란다 창문을 조금 열어놓고 말리면 된다. 한 이틀만 꾸덕꾸덕 말려도 식감은 물론 맛도 한층 높일 수 있다. 제철이 다 가기 전에 잘 말린 아귀로 콩나물과 미나리 넉넉히 넣고 매콤달콤하게 찜을 해 가족들의 밥상에 올려보자. 추위가 아직 가시지 않은 늦겨울 저녁 집밥의 품격을 높여줄 일품요리로 손색이 없다.

찜과 달리 탕은 생아귀를 쓴다. 아귀는 맑은탕도 매운탕도 다 맛있는데 신선한 아귀라면 맑은탕이 더 어울린다. 양념을 잔뜩 풀어 아귀 본연의 맛을 가리지 않는 게 싱싱

아귀 맛을 제대로 느끼려면 양념 범벅의 찜보다 담백한 수육이 제격이다.

한 식재료에 대한 조리사의 최고 예의지 싶다. 먼저 나박나박 썬 무를 깔고 손질한 아귀와 콩나물 넉넉히 얹어 재료가 충분히 익도록 끓여준다. 마지막에 미나리와 다진 마늘, 어슷 썬 대파를 넣어 한소끔 더 끓여주면 아귀맑은탕도 뚝딱 완성이다. 간은 소금이면 충분하지만 질 좋은 어간장을 조금 넣으면 맛이 한결 좋아진다.

싱싱한 아귀가 올라오면 우리 집 밥상에 계절 별미 아귀수육이 한 번쯤 오른다. 온 식구가 함께한 주말 저녁상일 때도 있고 아내와 마주한 가벼운 술상의 안주로 오르기도 한다. 사실 우리는 온갖 양념 범벅인 찜보다 담백하고 깔끔한 아귀수육을 더 좋아한다. 아귀만 신선하면 특별한 양념이나 곁들임 부재료 없이도 뚝딱 만들어낼 수 있는 요리여서 더 그렇다.

아귀 요리를 할 때는 깨끗이 손질한 아귀를 뜨거운 물에 살짝 튀겨 끈적한 점액질을 제거해주면 좋다. 끓기 직전의 뜨거운 물에 살짝 담갔다 휘휘 저어주고 바로 꺼내면 된다. 그리고 물기를 충분히 제거한 다음 탕이나 찜, 혹은 수육으로 조리한다.

우리가 최근 맛을 들인 아귀수육 조리법은 서남해의 신선한 해산물을 직구하는 '목포 순희의 생선카페'에서 가져온 것이다. 원래는 단순히 된장육수에 튀겨내는 방식을 선

호했는데 한 오너쉐프가 공개한 레시피대로 해보니 말 그대로 일류 레스토랑 맛의 아귀 수육이 탄생했다. 아내와 아이들은 물론 집에 들른 지인들도 좋아해서 최근 자주 쓰는 조리법이다.

우선 물에 데쳐 물기를 제거한 아귀를 참기름을 두른 팬에 버터도 조금 넣고 볶아준 다. 다진 마늘과 간을 맞출 국간장도 이때 넣는다. 기름과 마늘, 간장의 맛이 아귀 살에 밸 정도로만 살짝 익힌다. 젓가락이나 주걱으로 뒤적이며 볶다 보면 부드러운 아귀 살 이 뭉개질 수 있으므로 팬을 흔들어 골고루 간과 맛이 배도록 해준다.

여기에 멸치다시마육수를 아귀가 70~80퍼센트 정도 잠기게 붓고 센 불로 5분 정도 재료가 충분히 익도록 끓여준다. 그런 다음 중불로 줄이고 어슷 썬 대파와 홍고추를 넣 고 한소끔 더 끓인다. 마지막으로 먹기 좋은 크기로 자른 미나리와 식초를 조금 넣고 한 번 뒤적인 다음 접시에 담아내면 된다. 매운맛을 원하면 홍고추 대신 베트남고추 두 어 개 칼로 부숴 넣으면 좋다.

아마 우리 음식 중에 홍어만큼 호불호가 명확한 것도 없지 않을까 싶다. 누런 때가 덕지덕지 앉은 공중화장실 소변기의 코를 찌르는 듯한 역한 냄새가 진동해야 맛있게 삭았다는 음식이니 말이다. 홍어를 좋아하는 사람들은 이 자극적 냄새에 대한 예찬을 숨기지 않고 다른 진영의 사람들은 코를 움켜쥐며 진저리를 친다. 삭힌 홍어에 대한 평만큼 극단적인 경우도 많지 않다.

그러나 홍어가 처음부터 이런 냄새와 맛을 내는 것은 아니다. 삭혔을 경우에만 이런 고약한 지린내를 풍기는 것이다. 오래 삭힐수록 그 냄새가 진해지고 마니아들은 더 열광한다. 홍어를 좋아하는 어떤 시인은 그 냄새를 사타구니에서 나는 냄새에 비유했는데 오줌의 지린내, 즉 암모니아 냄새가 바로 그것이다.

홍어가 지독한 암모니아 냄새를 내게 된 이유는 짜디짠 바닷물에서 생존하기 위한 진화의 결과다. 바닷물은 대략 3.5퍼센트 정도의 염도를 지니고 있는데 이보다 낮은 염도를 지닌 바다 생물들은 체내의 수분이 다 빠져 쭈글쭈글하게 변하게 된다. 무나 배추를 소금에 절였을 때와 같은 삼투압현상 때문이다. 이를 극복하고 바닷물에서 살아남기 위해 어류들은 두 가지 방식으로 진화하여 삼투압을 조절하고 생존해왔다.

우선 일반 경골어류들은 짠물을 많이 마시고 오줌을 적게 싸서 바닷물과 삼투압을 같게 하는 방식으로 진화해왔다. 과잉 염분들은 아가미에 있는 염세포를 통해 배출한다. 반면 홍어와 가오리, 상어 등의 연골어류는 혈액 속에 요소가 들어 있어 바닷물과 같거나 높은 삼투농도를 유지한다. 그럼으로써 수분이 빠져나가는 것을 막아 짠물에서

78

도 살아남을 수 있었던 것이다. 홍어가 죽으면 이 요소가 트리메탈아민과 암모니아로 분해되면서 특유의 지독한 냄새를 풍기게 된다.

요소가 분해되면서 나오는 트리메탈아민과 암모니아는 역한 냄새를 풍기는 대신 음식을 상하지 않게 하는 순기능도 있다. 암모니아의 살균작용을 통해 부패 미생물의 번식을 막음으로써 음식이 썩지 않도록 해주는 것이다. 홍어를 오랜 시간 숙성시켜 코를 틀어막고 싶을 만큼 지독한 냄새가 나지만 먹어도 아무런 탈이 나지 않는 것은 이런 순기능 덕분이다. 홍어뿐만 아니라 같은 연골어류인 가오리와 상어류도 핏속에 요소가 들어 있어 홍어처럼 삭혀서 먹기도 한다. 삭힌 가오리찜이나 상어를 숙성시켜 만든 경북지방의 돔베기가 그것이다.

아무튼 삭힌 홍어가 마니아들로부터 열광과 혐오를 동시에 받다 보니 많은 사람들이 홍어 하면 삭힌 홍어만 있는 줄 안다. 그러나 정작 홍어의 최대 산지인 전남 흑산도와 인천 대청도에서는 삭히지 않은 신선한 홍어를 선호한다. 외지 사람들은 삭힌 맛에 열광하고 산지 주민들은 홍어의 신선하고 차진 맛을 더 좋아하는 것이다. 그리고 초여름 금어기를 제외하고 사철 잡히는 홍어지만 쫄깃쫄깃 차진 맛이 일품인 겨울 홍어를 최고로 친다.

겨울에 잡힌 홍어가 맛있는 이유는 홍어의 제철이 겨울이기 때문이다. 홍어는 한여름만 빼고 사철 산란을 하는 물고기다. 그러나 산란 개체가 가장 많은 시기는 연중 두 차

겨울 참홍어는 쫄깃쫄깃 차진 맛이 일품이다.

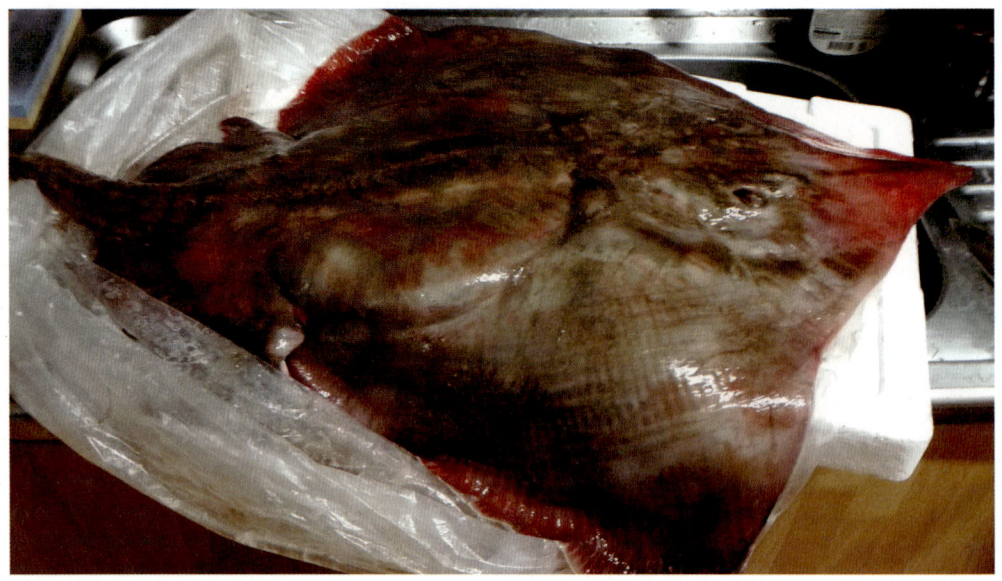

대청도에서 주낙으로 잡은 암컷 참홍어. 8킬로그램 이상이면 크기가 어마어마해서 손질하기가 만만치 않지만 직접 삭혀 먹는 묘미에 미리 삭힌 홍어를 사게 안 된다.

례로 4월~6월, 11월~12월 사이인 것으로 알려진다. 따라서 2월이면 대부분의 홍어들이 가을 산란을 마치고 다시 살이 붙어가거나 봄 산란을 앞두고 몸집을 최대한 불리는 시기인 것이다. 그러니 이 시기 홍어는 살이 꽉 차서 쫄깃쫄깃 차지고 영양도 절정에 이른다.

제철 홍어 중에서도 참홍어라 부르는 흑산도 홍어를 최고로 친다. 가격도 다른 지역이나 중국산 홍어보다 갑절 이상은 비싸다. 같은 바다에서 잡히는 중국산 홍어는 그렇다 쳐도 대청도 인근 바다에서 잡히는 국내산 홍어는 조금 억울할 수도 있다. 그리고 우리 바다에서 잡히고 우리가 흔히 홍어라고 부르는 물고기는 모두 참홍어. 표준명이 그렇다는 것이다. 원래 그냥 홍어라 불렀지만 간재미라 불리는 상어가오리가 홍어과로 분류되면서 홍어라는 이름을 얻고 원래의 홍어는 참홍어라 명명되었다.

같은 종의 참홍어고 서해 중부 대청도 앞바다냐 서해 남부 흑산도 앞바다냐의 차이만 있을 뿐인데 맛과 가격에 차이가 있다니 억울할 만도 하다. 뿐만 아니다. 흑산도 홍어와 대청도 홍어가 서로 서식지를 달리해서 정착해 사는 것도 아니다. 참홍어 무리는 서해의 50미터 이상 깊은 바다 밑바닥에 서식하는데 수온에 따라 남부와 중부를 오가며 생활한다. 수온이 내려가는 겨울에는 서해 남부 흑산도 앞바다로 내려가고 여름에는 대청도 인근까지 올라오는 계절회유를 하는 것이다. 그러니 흑산도에서 잡힌 것이나 대청도에서 잡힌 것이나 다 같은 무리의 참홍어인 것이다.

그럼에도 흑산도 근해서 잡힌 참홍어가 더 대접을 받는 데는 나름의 이유가 있다. 무엇보다 설득력 있는 이유는 조업방식의 차이다. 흑산도에서는 그물이 아니라 미끼를 끼우지 않은 주낙으로 참홍어를 잡는다. 낚싯바늘을 촘촘히 매단 주낙을 바다 밑바닥까지 내려놓는데 해저생활을 하는 참홍어가 주변을 오가다 몸이 꿰어 걸리는 것이다. 주낙으로 낚은 참홍어는 그물 참홍어보다 선도가 높고 맛 또한 좋다. 홍어 맛 좀 안다는 사람들이 흑산 참홍어라면 사족을 못 쓰는 이유가 그 맛 때문이다.

우리는 흑산 홍어 소리만 들어도 군침을 흘리는 열광적 홍어 마니아는 못 된다. 삭힌 것이든 삭히지 않은 신선한 홍어든 그저 맛있게 먹어줄 줄 아는 정도의 수준이다. 푹 삭힌 홍어 한 점에 고소한 제육, 묵은지 한 쪽 올린 홍어삼합 그 냄새까지 맛있게 여길 줄 안다. 신선한 생홍어 붉은 살점을 초장에 슬쩍 찍어 꼭꼭 씹어가며 쫄깃하고 차진 맛을 느낄 줄도 안다. 그리고 기왕이면 국내산, 그것도 흑산 참홍어를 먹고 싶어 한다.

하지만 흑산 참홍어는 귀해도 너무 귀하다. 가격도 만만치 않아서 얇은 주머니 사정으로는 감당키 어렵다. 같은 바다에서 잡은 중국산 홍어는 물론이고 대청도 참홍어보다도 두 배가량 비싼데도 없어서 못 파는 실정이다. 매일매일 어획량에 따라 다르기는 하지만 흑산 참홍어 암컷 8킬로그램 이상 되는 것이 순수경매가로 50만 원을 훌쩍 넘기기도 한다. 암놈보다 크기와 맛이 떨어지는 수놈이나 이보다 작은 암컷 홍어는 킬로그램 당 경매가가 조금 낮기는 해도 만만치 않기는 마찬가지다.

그래도 다행인 건 흑산도뿐 아니라 대청도에서도 같은 참홍어가 잡힌다는 사실이다. 거기다 더 다행인 건 대청도에도 흑산도와 마찬가지로 주낙으로 참홍어를 잡는 어민이 있다는 사실이다. 가격도 착해서 흑산 참홍어의 절반 정도면 살 수 있다. 그러니 홍어 맛을 제대로 아는 고창 처가의 주요한 행사가 있으면 한 달여쯤 전에 미리 대청도산 커다란 암컷 홍어를 한 마리 사다가 숙성을 시키게 된다.

참홍어를 직접 구매해 삭혀 먹는 게 생각보다 어렵지 않다. 뿐만 아니라 홍어가 발효 숙성되는 중간중간 숙성 정도에 따른 맛의 변화를 직접 확인하는 재미도 쏠쏠하다. 주문한 홍어가 올라오면 우선 지느러미살 한 쪽을 썰어 삭히지 않은 생홍어 맛을 보는 것으로 시작한다. 나머지는 부위별로 구분해서 해동지로 싸

잘 삭힌 홍어에 고소한 제육 한 점, 묵은지 함께 올려 먹는 홍어삼합은 홍어 초보자라도 쉽게 빠질 만큼 맛나다.

맨 다음 밀폐용기에 넣어서 여름에는 하루나 이틀, 봄가을에는 사나흘 정도 상온에서 숙성시킨다. 그런 다음 온도 변화가 크지 않은 김치냉장고에 보관하면 한 달 이상은 너끈히 먹을 수 있다. 중간중간 숙성 정도를 체크한다는 핑계로 한 덩이씩 썰어 먹으면서. 이때마다 홍어에서 나온 물기로 젖은 해동지를 갈아주면 더 오랜 보관이 가능하다.

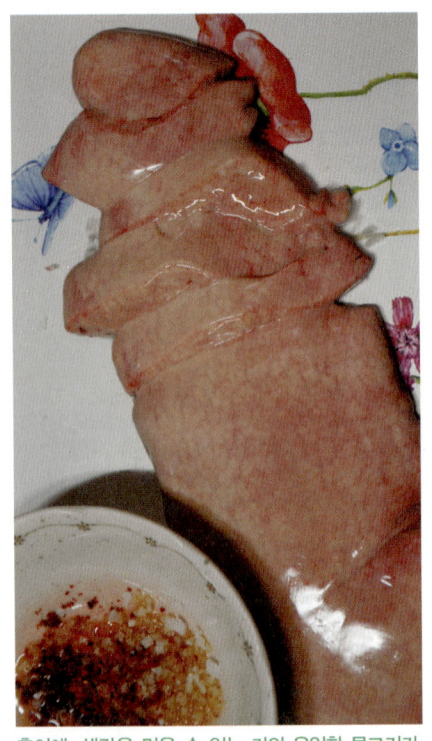
홍어애. 생간을 먹을 수 있는 거의 유일한 물고기가 참홍어다.

참홍어를 통으로 구매하면 또 좋은 점은 신선한 애가 딸려 온다는 것이다. 홍어 간을 일컫는 홍어애는 싱싱한 상태가 아니면 맛볼 수 없다. 먹을 만한 크기로 한 쪽 썰어서 참기름과 소금, 고춧가루 조금 섞어 찍어 먹으면 크리미한 맛이 일품이다. 생간을 먹을 수 있는 거의 유일한 물고기가 참홍어다. 먹다 남은 홍어애는 탕을 끓이면 또 별미다. 된장 베이스에 보리순을 넣으면 제일이고, 묵은지나 말린 파래와 함께 끓여도 좋다. 2월은 쿰쿰한 홍어애탕이 그리운 달이다.

겨울에서 봄으로 계절이 옮겨가는 환절기가 되면 우리 동해에는 참송어라 부르는 바다송어가 제법 잡힌다. 보통 2월 중순에서 3월 중순까지다. 동해 특산물 중 하나인 바다송어는 우리에게 잘 알려져 있지 않다. 우리가 일반적으로 송어라고 아는 민물송어와 전혀 다른 종이다. 민물송어는 무지개송어라고도 부르는데 60년대 중반 미국에서 수정란을 들여와 70년 국내 부화 및 양식에 성공한 종이다. 지금은 강원도 일대에서 많이 양식되어 흔하게 볼 수 있으며 주로 활어회와 매운탕으로 인기를 끌고 있다.

반면 바다송어는 우리의 토종 물고기 산천어와 같은 종이다. 영동지역 깊은 계곡에 서

시마연어라 부르는 바다송어. 연어과 물고기답게 선홍색 속살을 가졌다.

식하는 산천어는 알에서 부화하여 1년 정도 민물에서 자란다. 이때부터 신비롭게도 일부는 산천어로 민물에 적응하여 살고, 일부는 바다송어로 오호츠크해로 떠난다. 어류학자들도 호르몬의 변화에 따라 변이된다고만 알고 있을 뿐, 왜 그러는지는 설명하지 못하고 있다.

그리고 민물에 적응한 산천어는 전부 수컷이고 바다로 나간 송어는 70퍼센트 정도가 암컷으로 알려져 있다. 초봄에 돌아온 암컷 송어는 수량이 풍부해지는 장마철에 계곡으로 올라와 단풍이 절정을 이루는 가을에 20센티미터 안팎의 산천어 수컷과 사랑을 나눈다고 한다. 자연의 이치가 참으로 신비롭다.

우리 동해에서 잡히는 바다송어는 대부분 30~40센티미터 이상의 성어다. 바다송어를 시마연어라고도 부르는데 연어과 어류답게 속살이 붉고 생김새마저 연어와 많이 닮았다. 송어(松魚)라는 이름도 선홍색 속살과 소나무 줄기의 붉은 색깔이 비슷하다고 해서 생겨났다. 속살의 색깔이 유난히 붉어 소나무 송(松)자의 송어라 한다지만, 어떤 소나무가 저리 선명한 붉은색을 낼 수 있을까 싶다. 참 맛있는 색깔이다.

제철 바다송어라지만 회 자체의 맛에 대한 평가는 호불호가 갈린다. 바다송어회를 맛보려면 바다낚시꾼이나 가능한데 관련 블로그나 동호회 등에 올라온 글에도 맛 평가가 크게 엇갈린다. 어떤 사람들은 직접 낚아서 뜬 회가 제법 맛있다고 하는 반면, 무슨 맛

천일염만 솔솔 뿌려 구워내면 부드럽고 담백한 맛에 젓가락을 멈출 수 없다.

인지 전혀 모르겠다는 낚시인들도 꽤 된다. 아마 흰살생선 중심의 우리 활어회 문화와 관련이 있지 않을까 싶다. 탱탱한 질감의 흰살생선 회를 즐기는 사람들에게 씹을 게 별로 없는 붉은살생선 회가 크게 맛있다고 생각되지 않을 것 같다.

반면 구이나 찜에 대한 평가는 매우 좋다. 실제로 기름 두른 팬에 천일염만 알맞게 솔솔 뿌려 구워내면 부드럽고 담백한 맛이 일품이다. 특히 봄바람에 살짝 말린 반건바다송어는 구이나 찜으로 제격이다. 건조 과정에서 단백질이 아미노산으로 분해되면서 감칠맛이 한층 높아진다. 소금만 슬쩍 뿌려 굽거나 된장 소스를 가볍게 발라 쪄내면 바다송어의 참맛을 느낄 수 있다. 잔가시가 별로 없는 데다 부드럽고 담백해서 아이들이나 어르신들께도 부담이 없는 훌륭한 식재료다.

밥

겨울에는 밥을 지을 때 늘 들어가는 곡식 말고도 시래기나 무, 콩나물 등을 함께 넣어 밥을 짓는 빈도가 잦다. 아무래도 다른 계절에 비해 신선한 채소가 부족한 때여서 밥에도 이런 채소류를 넣어야 영양의 균형이 맞춰질 것 같은 무의식의 소산이 아닌가 싶다. 따뜻한 집밥이 그리워지는 추운 계절에 김이 무럭무럭 나는 뜨거운 상태라야 맛있는 음식인 탓도 있을 것이다.

겨울이 막바지 기승을 부리는 2월에는 시래기를 넉넉히 넣어 지은 밥이 가장 자주 오른다. 전에는 텃밭에 직접 김장무를 길러 무청을 따로 말려서 썼는데 요즘은 조금 비싸기는 해도 강원도 양구 펀치볼마을의 시래기를 구입해서 쓴다. 낮에는 마르고 밤에는 어는 과정을 반복해 폭신폭신 부드럽고 맛있는 시래기를 만들어내기 때문이다. 같은 명태를 쓰더라도 그냥 말리면 딱딱한 북어가 되고 추운 지역에서 얼말리면 부드러운 황태가 되는 이치와 같다.

그래서 이곳 시래기는 다른 지역에서 말린 시래기처럼 오래 삶지 않는다. 그저 한 15분 정도 삶아서 쓰면 된다. 적당히 잘라 쌀과 함께 넣고 밥을 지으면 부드럽고 구수한 맛이 일품인 시래기밥이 된다. 들기름 양념간장에 잘 익은 김장김치만 있어도 밥 한 그릇 뚝딱이다. 이런 날 맛있는 된장 삼삼하게 풀어 시래기된장국이라도 끓이면 금상첨화다.

달큰한 무밥도 2월의 집밥으로 빠질 수 없다. 이 무렵에는 저장 무보다 제주 등지의 월동무가

월동무가 한참 맛있고 굴 또한 맛이 절정일 때니
굴무밥 한 번 짓지 않고 넘어가기 어렵다.

맛있을 때다. 굴 맛이 한창 올랐을 때니 마지막 뜸을 들일 때 굴 한 줌 얹으면 한 차원 높은 맛의 굴무밥으로 업그레이드된다.

시래기나 월동무 말고도 콩나물을 듬뿍 얹은 콩나물밥도 맛있다. 어느 날은 봄 마중이라도 하는 기분으로 냉이밥을 짓기도 한다. 이런 날은 송송 썬 대파 대신 달래를 넣어 양념장을 만들면 더 어울린다. 꼭 냉이밥이 아니어도 시래기나 무, 혹은 콩나물밥에도 달래양념간장이 잘 어울린다. 물론 아직 제철이라고 하기엔 조금 일러서 달래의 맛과 향이 조금 못하다는 흠은 있다.

반찬

2월은 아직 김장김치가 맛있는 달이다. 배추김치 농익은 맛을 내고 비늘김치도 굵은 무의 속까지 맛이 찼을 때다. 그래도 김장김치에 질리면 월동무, 배추 사다가 무생채, 배추 겉절이를 제철밥상에 올리면 신선하다. 깍두기와 나박김치를 조금씩 담가 잘 익혀 내놓으면 김치만으로도 상이 푸짐하다. 아직 제철인 파래를 살짝 데쳐서 소금에 잠깐 절여둔 무채와 함께 새콤달콤 무쳐놓아도 계절반찬으로 손색이 없다.

진도의 봄동도 한창 제철이니 속이 꽉 찬 월동배추 대신 겉절이를 담그면 계절의 맛이 더 물씬하다. 추운 계절에 자라느라 부드럽고 아삭한 맛은 모자라도 배추 고유의 들큰하고 고소한 맛이 제법이다. 이 무렵에는 값도 아주 싸서 천 원짜리 두어 장이면 한 봉지 두둑하게 사 들고 올 수 있다. 살짝 절인 겉절이를 해도 맛있고, 미리 절이지 않고 즉석에서 양념만 넣어 버무려도 맛있다. 남은 봄동은 이파리를 하나씩 따서 전을 부치면 또 별미다.

나물류로는 정월 대보름 전후로 남은 묵나물들 하나씩 볶아서 밥상에 올린다. 겨울시금치가 한창 제철이니 시금치무침으로, 된장국으로 밥상에 올라 보기에도 건강한 녹색 밥상에 일조한다. 세발나물도 그냥 깨끗이 씻거나 혹은 살짝 데쳐서 그날그날 기분에 따라 된장이나 초고추장에 버무려

깍두기나 나박김치 조금 담가 신선한 맛으로 먹거나 조금 이르지만 돌나물김치도 싱그럽고 좋다.

내놓기도 한다. 세발나물은 밥반찬으로만이 아니라 고기와 함께 먹어도 맛있는데 이럴 때는 생으로 된장무침을 해야 어울린다. 제철 톳도 두부와 함께 무쳐놓으면 영양 만점의 계절반찬이 된다. 보들보들 맛난 시래기는 밥이나 국 말고도 들기름 넉넉히 두르고 된장 간해서 볶으면 아이들 젓가락도 절로 간다.

국·탕

2월의 국물 음식으로는 역시 시래기된장국만 한 것이 없다. 삼삼하게 된장 간해서 청양 고추라도 두어 개 썰어 넣으면 구수하고 칼칼한 것이 늦겨울 국거리로 으뜸이다. 아직 한창 제철인 굴과 무를 넣은 굴무국도 단골로 오르고 2월의 별미 자연산 생미역으로 끓인 미역국도 빠지지 않는다. 아이들이 썩 달가워하지는 않지만 시금치된장국도 종종 오른다.

이미 한 달여 전부터 시작됐지만 봄동된장국도 이때가 피크다. 3월부터는 월동한 노지 작물보다 긴 겨울을 땅 밑에서 보내고 봄에 올린 새싹들에 우선 눈길이 간다. 그러니 묵은 것, 월동한 것은 이 달에 싹싹 먹어 치워야 아깝지 않다. 워낙 좋아하기도 하지만 봄동은 정작 봄이 오면 시장에서 자취를 감추기 때문에 2월 우리 집 대표 국거리가 된다.

이 달이 지나면 또 먹을 수 없는 식재료가 하나 더 있다. 바로 장흥, 완도 일대에서 양식하는 매생이다. 넉넉히 주문해서 냉동실에 저장해둔 매생이도 남기지 않고 끓여 밥상에 올려야 한다. 가끔 다른 계절에도 매생이국 생각이 간절할 때도 있지만 먹어보면 한겨울에 먹던 맛이 안 난다. 뭐든 제철에 먹어야 맛과 영양은 물론 계절의 궁합도 맞는 것이다.

겨울이 지나기 전 물김국도 한 번씩 끓여 먹는다. 서울과 같은 대도시에서는 물김을 구할 수 없으니 김을 양식하는 곳에 직접 주문해야 한다. 우리는 강진군 마량면의 수제 김을 만드는 곳에서 구입한다. 아직 이르기는 하지만 어느새 쑥국도 생각난다. 거문도 해풍쑥은 이미 채취가 한창이므로 철 이른 쑥국 생각이 간절할 때는 거문도 해풍쑥 영농조합에 전화를 걸게 된다.

		제철식재료로 만든 제철음식	
땅	묵나물	묵나물(가지, 애호박, 참취, 고사리, 고구마대, 토란대, 뽕잎, 시래기)	
바다	봄동	봄동된장국	
		봄동겉절이	
		봄동김치	
		봄동전	
	홍합	홍합탕	
		홍합파스타	
		홍합라면	
	대게	대게찜 + 게장비빔밥	
	아귀	아귀찜	
		아귀탕(맑은탕과 매운탕)	
		아귀수육	
	참홍어	홍어삼합	
		홍어애탕	
	바다송어(참송어)	송어구이	
		송어찜	

2월 밥상이 풍성해지는 기타 식재료		아빠의 2월 밥상	
냉이, 쑥, 시래기와 우거지, 겨울시금치(포항초, 남해초, 섬초), 저장 무 배추, 당근, 양배추, 월동대파, 대구, 물메기, 꼼치, 삼세기, 도치, 매생이, (알배기)참조기, 코다리, 물미역	밥	시래기밥, 묵나물밥(곤드레, 참취), 무밥, 콩나물밥, 굴무밥, 냉이밥+달래양념장	
	반찬	시래기나물, 냉이무침, 저장 무생채, 배추겉절이, 깍두기, 파래무침, 겨울시금치무침, 세발나물무침, 톳두부무침	
	국/탕	시래기된장국, 우거지감자탕, 냉이된장찌개, 시금치된장국, 굴무국, 미역국	

3월

- 3월의 들과 바다
- 밥상 위 봄의 전령, 달래와 냉이
- 쌉싸름한 봄맛, 거문도 해풍쑥
- 초봄의 녹색 밥상, 금오도 방풍
- 도다리쑥국의 주인공, 문치가자미
- 상어가오리에서 홍어가 된 물고기, 간재미
- 우럭도 제철밥상에, 우럭젓국과 우럭찜
- 초봄 딱 한 철만 먹을 수 있는 장고항 실치
- 물미역, 톳 등 해조류가 맛있는 달
- 아빠의 3월 집밥

3월의
들과
바다

3월은 우리 땅에 봄이 시작되는 달이다. 남쪽 끝 섬들에서는 이미 2월 말만 돼도 봄소식으로 술렁인다. 봄은 제주로부터 시작해 추자, 거문도를 거치고 북으로 조금씩 걸음을 내딛는다. 이 시기 때론 강원 산간지방에 겨울보다 더 혹독한 꽃샘추위가 기승을 부리기도 하지만 오는 봄을 멈추게 할 수는 없다. 그리고 마침내 한 달여의 여정 끝에 3월 말이 되면 중부 이북지방에까지도 봄이 제 색을 드러낸다.

봄이 오면 겨우내 얼어붙었던 대지에 새로운 생명이 깃들기 시작한다. 언 땅에 온기가 스미면서 땅이 풀리고 온갖 생명들이 속속 겨울잠에서 깨어난다. 땅속에 묻혀 있던 씨앗들이 하나씩 싹을 틔우고 물기를 빨아들인 나무는 새순을 내밀 준비를 한다. 동면하던 개구리가 깨어난다는 경칩도 이 무렵이다. 봄이 성큼성큼 제 영역을 넓혀 우리 땅 곳곳에 생명을 뿌리는 달이 바로 3월이다.

대기의 변화는 우리에게 한 계절의 지루함에서 벗어나 새로운 계절에 대한 기대와 희망을 심어준다. 하지만 겨울에서 봄으로 바뀌는 환절기에는 하루가 다르게 짧아지는 밤 탓에 우리 몸이 충분한 휴식을 취할 수 없게 된다. 거기다 급격한 기온 변화와 일교차는 우리의 신체가 적응할 틈을 주지 않아 몸이 늘 무겁게 느껴지고 감기에도 쉬 걸리게 된다. 오후만 되면 나른해지고 힘이 빠지며 스르르 눈이 감기는 춘곤증도 환절기에 걸리는 계절병의 가벼운 증세다.

이럴 때는 떨어진 입맛을 탓하며 끼니를 거르지 말고 제철음식을 통해 고른 영양을 섭취해야 건강하게 환절기를 날 수 있다. 특히 우리 몸의 면역력을 높여주고 항산화기능을 하는 비타민과 각종 무기질이 풍부한 음식을 먹어줘야 한다. 그게 그리 어려운 일은 아니다. 겨우내 먹었던 묵나물 대신 새봄의 생나물을 하나씩 번갈아 밥상에 올리면 된다. 그러면 계절밥상의 품격이 달라지고 잃었던 입맛도 되돌아온다.

3월 초순 남녘에서나 볼 수 있었던 달래와 냉이가 말경이면 경기 북부와 강원 산간지방에서도 먹을 수 있다. 쑥도 새순을 뜯어 국 한 번 끓여 먹을 수 있을 만큼 자란다. 돌나물은 아직 김치 담글 만큼의 양은 아니나 한 줌씩 뜯어다 샐러드로 봄의 맛을 느끼기에는 부족함이 없다. 양지바른 곳에 올라온 망초와 꽃다지도 보들보들한 새순을 살짝 데쳐 나물로 밥상에 올리기 좋은 달이다.

봄이 되면 가장 먼저 잎을 올리는 쑥이나 냉이 등의 야생초 말고도 남녘에서는 자연의 기운을 그대로 품고 있는 자연재배 나물이 조금씩 나오기 시작한다. 대표적인 것이 여수에 속한 섬 금오도의 방풍나물이다. 금오도와 인근 안도는 온 섬이 방풍으로 뒤덮여 있는데 3월 초면 노지 방풍을 채취하기 시작한다. 이 무렵의 방풍은 자신을 키워준 봄볕을 닮아 질감이 보드랍기 짝이 없다. 살짝만 데쳐 된장이나 초고추장에 조물조물 무쳐내면 초봄에 먹을 수 있는 봄나물로 이만한 게 또 어디 있을까 싶다. 방풍은 3월부터 시작해 5월까지 먹을 수 있다.

2월부터 조금씩 뜯기 시작하는 거문도 해풍쑥은 3월에 제철의 절정에 오른다. 쑥은 비타민 A와 C가 풍부해서 춘곤증을 날려주고 환절기 감기 예방에 딱 좋은 식재료다. 그러다 보니 3월의 우리 집에는 쑥이 떨어지지 않는다. 추억의 쑥개떡은 쌀 반 말쯤 해서 냉동실에 쟁여놓고 먹는다. 가끔은 쑥버무리나 인절미로 끼니를 대신하기도 한다. 마땅한 국거리가 없는 날에는 날콩가루와 된장을 살짝 풀어 구수한 쑥국으로 밥상에 올리기도 한다.

금오도 방풍이나 거문도 해풍쑥처럼 완전 노지는 아니지만 최소한의 보온시설만 이용해 3월에 먹을 수 있는 재배작물도 꽤 있다. 청도와 경산의 미나리가 그렇고, 서산의 달래도 3월이 한창이다. 초겨울부터 시작해 늦봄까지 채취하는 해남의 세발나물은 이 무렵에도 아직 부드럽고 맛있다.

이런 작물들은 굳이 비싼 석유 에너지를 들여가며 재배할 필요가 없다. 눈과 비 그리고 아직 차가운 바람을 막아줄 비닐집만 지어 3월의 햇살 아래 자라도록 한다. 완전 노지재배 곡물이나 채소만큼 자연친화적이지는 못하지만 철을 완전히 무시한 시설재배 작물들이 판을 치는 마당에 이만한 것도 다행이다. 비가림 재배는 나름의 장점도 많다. 제철보다 조금 일찍 수확이 가능하고, 철을 크게 거스르지 않으면서 수확량도 많고 비바람에 의한 상처도 막을 수 있어서 외관상 상품성이 높다. 완전 노지재배 작물과 함께 비가림 시설재배 작물까지 제철식재료의 범주에 넣는 이유도 이런 장점 때문이다.

남해초, 포항초, 섬초 등 경상 전라도 바닷가나 섬지방의 노지 시금치들도 3월까지 제철이다. 겨울을 완전히 한데서 나도록 품종 개량을 통해 추위에도 잘 견디기 때문에 특

금오도 곳곳에서 볼 수 있는 가파른 바닷가 방풍 밭.
3월 초순의 방풍은 봄볕을 닮은 질감이 보드랍기 그지없다.

별한 시설을 이용하지 않고 재배한다. 날이 몹시 추울 때에만 보온을 위해 살짝 덮개를 덮어주는 정도다. 건강하게 봄을 나는 데 이런 시금치가 들어간 녹색 밥상만큼 도움이 되는 것도 많지 않다. 그냥 시금치만 무쳐도 맛있고, 맛 궁합이 좋은 홍합과 함께 무쳐 영양의 균형을 잡아주면 더 좋다.

3월은 땅에서뿐 아니라 바다에서도 계절이 바뀌는 달이다. 겨우내 엄동설한에 숨을 죽이고 있던 생명들이 파릇하게 자신의 존재를 뽐낼 때 조금씩 따스해지는 바닷물이 봄 제철어류들을 불러들인다. 차가운 물을 좋아하는 한류성 물고기들이 깊고 먼 바다로 떠날 채비를 하고 그 대신 난류성 물고기들이 연안을 찾기 시작하는 것이다. 하지만 겨울 제철어류와 봄 제철어류들의 본격적인 임무 교대가 시작되려면 조금 더 기다려야 한다. 남쪽 바다는 이미 봄이 시작됐지만 충청 이북의 서해와 강원도 앞바다는 아직 물이 얼음장처럼 차갑다. 4월은 돼야 바닷물에 살짝 온기가 돈다.

이처럼 비록 크지 않은 영토지만 우리 땅은 물론 바다도 제주 등 남녘과 중부 이북지방의 계절차가 한 달 가까이 난다. 그러니 3월이 되면 남쪽 바다에는 농어와 꽃게 등 따뜻한 물을 좋아하는 해산물들이 조금씩 등장하기 시작한다. 산란 직전 알배기참조기들의 금어기 전 조업이 활발하게 이루어지고 일이월 금어기가 끝난 도다리(문치가자미)의 조업이 새롭게 시작된다. 굴과 홍합 등 수온이 더 올라가면 먹을 수 없는 패류들의 마지막 채취가 이루어지는 것도 이 즈음이다.

그러나 경기, 충청, 강원 앞바다는 아직 차가운 겨울이다. 꽃게와 대하 등 난류성 해산물들이 연안으로 찾아들려면 조금 더 있어야 한다. 대신 서해에서는 주꾸미가 조금씩 잡히고 간재미나 우럭처럼 차가운 바다에서 더 맛있는 어류들이 아직 대세다. 충청 장고항에는 딱 이맘때만 먹을 수 있는 실치가 제철을 맞기도 한다. 삼척과 울진, 영덕 등 동해 남부에서는 살이 오를 대로 오른 대게 조업이 절정을 이룬다.

조금 따스해진 기온 탓에 한겨울 차가운 물속에서 자란 해조류들의 채취도 가능해진다. 김과 매생이의 제철이 끝나가는 대신 미역과 곰피, 톳, 다시마 등의 해조류들이 제철에 접어든다. 완도와 기장 앞바다가 주산지인 양식 물미역은 겨우내 시장에서 흔히 볼 수 있지만 동해 남부의 질 좋은 자연산 미역은 이삼월에만 만날 수 있다. 해녀들이 직접 바닷물에 뛰어들어 채취하기 때문에 봄기운이 조금 이라도 비쳐야 자연산 미역의 채취가 가능하다. 때문에 같은 생미역이라도 양식 물미역에 비해 값이 비싸지만 맛은 그만큼 좋다. 굵은 소금에 바락바락 문질러 미끈거리는 점액질을 제거한 다음 생으로 먹거나 살짝 데쳐서 내놓으면 봄 바다의 맛이 이런 게 아닐까 싶을 만큼 입이 호강을 한다.

3월이면 흔히 도다리라 부르는 문치가자미의 조업이 재개되고 통영 등 남녘 해안지방에서는 도다리쑥국이 절정을 맞는다.

비닐집을 이용한 시설농업이 일반화되면서 작물의 제철도 그 의미를 잃어가고 있다. 상추나 깻잎 등의 쌈채소는 사시사철 나오고 딸기와 토마토를 한겨울에도 먹을 수 있으니 내가 먹는 작물의 제철이 언제인지도 잊고 살게 된다. 겨울에도 싱싱한 푸성귀가 밥상에 오르고 늦봄에나 먹을 수 있었던 참나물, 미나리, 참취 따위가 한겨울에도 나오니 3월 제철 냉이와 달래가 귀한 줄 알 까닭이 없다.

그러나 비닐집으로 보온을 해주고 에너지를 태워 기른 작물과 오로지 자연의 힘만으

텃밭에서 겨울을 난 제법 굵은 냉이를 캐 왔다. 한데서 겨울을 나면서 아주 천천히 하늘과 땅의 기운을 농축하여 자란다.

로 자란 작물이 같을 수 없다. 같은 냉이라고 하지만 시설재배 냉이와 노지 냉이는 맛과 향의 깊이가 다르다. 시설재배 냉이가 싱싱하고 푸른 잎으로 무장하여 꾀죄죄하고 볼품 없는 노지 냉이보다 맛있어는 보인다. 하지만 세상의 모든 이치가 그렇듯 보이는 게 다가 아니다. 노지 냉이의 강렬한 향과 맛을 비닐집 재배 냉이가 따라오지 못한다.

3월 초쯤 재래시장에 가보면 재배 냉이와 노지 냉이를 함께 만날 수 있다. 줄기와 잎이 푸르며 뿌리가 곧고 깨끗하면 무조건 시설재배 냉이라 보면 된다. 노지 냉이는 정말 볼품이 없다. 추운 겨울을 견디느라 잎은 퇴색되어 낙엽색에 가깝다. 냉이의 속성을 잘 모르는 사람이라면 필경 저걸 누가 사 먹나 싶을 것이다.

하지만 가을에 뿌리를 내리기 시작하여 한데서 겨울을 나면서 아주 천천히 땅과 하늘의 기운을 농축하여 자란 것이 노지 냉이다. 비닐집을 이용해 인위적으로 보온을 해주고 거름의 힘으로 속성 재배한 냉이가 그 향과 맛을 따라올 수는 없다. 그러니 시장에 갔다가 할머니들이 한 움큼씩 팔고 있는 노지 냉이를 볼라치면 우선 한 봉지 사고 볼 일이다. 잘 다듬고 씻어서 된장찌개에 넣거나 살짝 데쳐 나물로 무쳐 상에 올리면 비로소 노지 냉이의 진가를 깨닫게 된다. 그런 날 냉이를 듬뿍 얹어 냉이밥까지 지으면 금상첨화다.

노지 냉이는 재래시장에서 어쩌다 눈에 띄기도 하지만 냉이와 함께 제일 먼저 봄을 반겨 나오는 달래는 그렇지 못하다. 봄이 오기 무섭게 득달같이 나오는 달래를 텃밭에서 뽑아 시장까지 들고 나오는 할머니도 없다. 자가 소비할 것도 모자라기 때문이다. 재래시장이건 대형 마트건 이 무렵 달래는 대부분 시설재배한 것들이다. 육쪽마늘로 유명한 서산 일대가 달래의 최대 산지다.

시설재배라고는 해도 제철에 나오는 작물들은 따로 난방을 해서 키우지는 않는다. 비닐집으로 비와 눈, 바람을 막고 보온만 해서 키운다. 따라서 한겨울에 따로 난방을 해서 키우는 달래보다는 제철 달래의 맛과 향이 더 깊다. 그래서 우리도 봄이면 이런 비가림 시설재배 달래를 구입해서 노지 봄달래에 대한 향수를 달랜다. 냉이밥을 짓는 날은 달래가 빠질 수 없다. 달래 한 줌 송송 썰어 달래양념장도 만들고, 냉이된장찌개에도 넣는다. 액젓과 고춧가루, 참기름 한 방울 넣고 슬슬 무쳐 밥상에 올리기도 한다. 달래와 냉이의 알싸한 봄맛이 잠자던 미각을 일깨운다.

봄을 알리는 밥상 위의 전령이 달래와 냉이만 있는 것은 아니다. 양지바른 곳에서 일찍감치 싹을 올려 샛노란 꽃을 피우는 꽃다지와 망초, 벌금자리라고도 부르는 벼룩나물 등도 있다. 모두 이른 봄에만 먹을 수 있는 훌륭한 식용식물들이다. 하지만 초봄은 물론 한겨울에도 온갖 푸성귀가 나오는 요즘 누구도 그걸 나물로 여기지 않는다. 그러니 대도시는 물론이고 외딴 읍내의 시골 장을 가도 이런 나물들을 구할 수 없다. 그저 아는 사람들만 직접 들에서 채취하여 봄맛을 즐길 수 있을 뿐이다.

다행히 우리는 몇몇 지인들과 어울려 강화도에 조그마한 텃밭을 하나 일구고 있다. 작물에 인위적 간섭을 않고 자연 그대로 자라기를 기다릴 줄 아는 작은 도시농부 공동체다. 그러다 보니 넉넉한 소출에 욕심을 내지도 않는다. 그저 주어진 환경만큼만 자라서 계절별로 건강한 먹거리를 맛볼 수 있기만 하면 된다.

함께 가꾸는 이 작은 땅뙈기에도 봄이 되면 온갖 생명들이 기지개를 켜며 올라온다. 냉이가 올라와 한두 차례 냉이된장국과 냉이무침으로 입이 호사를 하고 나면 망초, 개망초가 연하고 부드러운 싹을 내밀고 기다린다. 꽃잎이 노란 서양민들레도 이맘때 뿌리를 캐서 삶아 무치면 쌉싸름한 맛이 잃었던 봄날의 입맛을 되찾게 해준다. 이제 막 겨울

달래가 나올 무렵부터는 모든 비빔장에 알싸한 봄맛의 달래가 들어간다.

에서 벗어난 3월의 대지는 아직 풍요로울 순 없다. 하지만 모진 겨울을 견디며 맛과 영양이 농축된 귀한 생명을 우리에게 선사한다.

봄이 오기만 하면 온갖 나물들이 제철을 맞을 것 같지만 사실 3월의 봄은 나물들이 그리 흔한 시기가 아니다. 대개의 산나물과 들나물들은 4월은 돼야 남녘에서 먹을 수 있을 만큼 자란다. 강원 산간지대를 비롯한 중부 이북지방에서는 5월이나 돼야 산나물들을 먹을 수 있다. 참취와 곰취, 곤드레 등은 죄다 5월의 나물들이다. 고사리가 제주에서는 3월 말경부터 올라오지만 또 다른 최대 산지 중 하나인 지리산, 백암산에서는 4월 중순 이후가 채취 절정기다. 그러니 3월의 들판에서는 이른 봄 보드라운 싹을 올리거나 뿌리를 먹을 수 있는 자생식물을 찾을 수밖에 없다.

이른 봄 양지바른 곳에 올라온 망초와 꽃다지, 냉이를 함께 슬쩍 데쳐 된장에 조물조물 무쳐내면 꽤 먹을 만하다.

쌉싸름한 봄맛, 거문도 해풍쑥

달래, 냉이와 더불어 이맘때 차릴 수 있는 녹색 밥상의 주인공 중 하나가 바로 쑥이다. 중부 이북지방이나 강원 산간지방에는 3월에도 아직 쑥이 나오기는 이르다. 이런 데서는 3월 말이 다 돼갈 쯤에야 비로소 양지바른 곳에 쑥이 돋아난다. 하지만 쿠로시오난류 덕분에 온화한 해양성 기후를 가진 제주나 거문도 등 남쪽 먼 섬들은 다르다. 살짝 보온용 비닐덮개만 덮어놓으면 한겨울에도 쑥을 뜯을 수 있다.

거문도 서도리마을 언덕은 온통 쑥밭이다.
노모의 일손을 도우러 내려온 도회지 딸과 두런두런 정담에 노동의 고단함도 비껴간다.

바다 일이 한가한 겨울철을 이용해 본격 쑥 재배를 하고 있는 거문도에서는 1월 하순이면 쑥을 뜯기 시작한다. 겨울 한파가 혹독하고 긴 해에는 채취가 조금 늦어지기도 한다. 그래도 2월 중순이면 쑥을 뜯기 시작해 3월 초순에 절정을 이룬다. 이맘때 쑥밭이 몰려 있는 서도리마을 언덕 위 쑥밭에는 옹기종기 앉아서 쑥을 뜯는 어르신들의 손놀림이 바쁘다. 아직 매서운 바닷바람을 맞으며 쑥을 뜯어야 하는 노모가 안쓰러워 도회지로 출가한 딸이 내려와 일손을 돕기도 한다. 쑥 채취가 생각보다 고된 노동이지만 두런두런 모녀의 정담에 노동의 고단함도 비껴간다.

이곳에서 2월 중순 본격 채취가 시작된 쑥은 '거문도 해풍쑥'이라는 브랜드로 전국으로 팔려 나간다. 이 무렵부터 대도시 농산물 전문시장이나 백화점 등에서 쑥이 조금씩 선을 보이기 시작한다. 거문도영농조합법인을 통해 직접 구매할 수도 있다. 전화 한 통이면 우체국 택배를 통해 남도의 봄이 담겨 온다.

아직 겨울이 물러가지 않은 간절기에 쑥처럼 건강에 좋은 식재료도 드물다. 약초의 왕이라고까지 불리는 쑥에는 비타민 A와 C가 매우 많이 들어 있다. 질병에 대한 저항력을 높여 환절기 감기 예방과 치료에 큰 도움이 되는 영양소들이다. 또한 한방에서는 쑥이 위장을 튼튼하게 하고 피를 맑게 해주는 정화작용도 있다고 한다. 봄철 지독한 황사를 비롯해 각종 공해에 시달리는 현대인들에게 보약과 다름없는 식재료인 셈이다.

이맘때 해쑥은 보드랍고 연한 데다 향이 너무 진하지도 않아 밥상에 올리기에 부담이 없다. 쓴맛도 이제 막 오를 때여서 우리 입맛에는 쌉싸름한 맛이 그만이다. 치네올이라는 성분이 내는 특유의 향과 쓴맛에 대한 거부감으로 쑥을 밥상에 올리지 못했다면 초봄의 생쑥을 한 잎 씹어보자. 그야말로 너무 진하지도 않은 향과 쌉싸름한 뒷맛이 쑥에 대한 편견을 단번에 날려줄 것이다. 우리는 해마다 이맘때 시작해서 쑥국을 몇 번은 끓여야 봄이 끝난다.

초봄 식재료 쑥을 집밥 계절밥상에 올려야 할 때 가장 먼저 떠오르는 것이 쑥국이다. 변덕스러운 날씨로 건강을 잃기 쉬운 때 쑥국만큼 잘 어울리는 음식도 없지 싶다. 추운 날 아침이면 으레 따뜻한 국 한 그릇으로 몸을 데웠던 우리네 음식문화의 영향을 받은 탓에 쑥국 생각이 먼저 날 수도 있다. 또한 이른 봄 해쑥의 향과 맛을 가장 잘

이맘때 쑥은 보드랍고 연한 데다 쓴맛도 지나치지 않아 제철집밥 식재료로 으뜸이다.

드러내줄 수 있는 음식이 쑥국인 탓도 있을 것이다.

쑥국은 끓이기도 쉬워서, 신선한 쑥만 있다면 바쁜 아침 시간에도 한 냄비 뚝딱 끓여 낼 수 있다. 너무 진하지 않은 멸치다시마육수에 된장을 곱게 으깨 풀어주면 국물 준비 가 끝난다. 쑥에 된장만큼 잘 어울리는 조미료도 없다. 된장을 엷게 풀어 간을 맞춘 국 물이 끓어오르면 손질해서 깨끗이 씻어놓은 봄쑥과 어슷 썬 대파, 홍고추 등을 넣어 한 소끔만 더 끓여내면 된다. 구수한 맛을 원하면 콩가루 한 스푼 넣어줘도 되고 칼칼한 맛이 좋으면 홍고추 대신 청양고추를 송송 썰어 넣는다.

그런데 쑥국을 끓일 때 제일 신경 써야 할 일은 쑥을 너무 많이 넣지 말아야 한다는 점이다. 쑥이 몸에 좋다고 지나치게 많이 넣으면 너무 맛이 진해서 십중팔구 가족들 숟 가락이 국그릇에 잘 가지 않을 것이다. 또한 쑥처럼 고유의 은은한 향을 살려야 하는 식 재료를 조리할 때는 가급적 마늘과 같은 향신료를 피하는 게 좋다. 멸치다시마육수 대 신 조개를 넣기도 하는데 이때에도 맛이 강한 바지락보다 모시조개라 부르는 가무락조 개가 쑥국과 잘 어울린다.

반죽을 묽게 하고 되도록 얇게 부쳐 쑥 모양이 잘 드러난 쑥전은 화전만큼이나 예쁘고 향기롭다.

쑥을 밥상에 올리는 또 다른 방법은 쑥전을 얇게 부쳐내는 것이다. 부침가루에 달걀을 하나 풀고 조금 묽다 싶게 반죽을 한다. 여기에 쑥을 넣고 잘 섞어 팬에 부쳐내면 봄을 부르는 음식 쑥전이 완성된다. 되도록 얇게 부쳐 쑥 모양이 그대로 드러나게 하면 미색의 화선지에 녹색의 쑥이 그려진다. 봄꽃이 한창일 때의 화전만큼이나 예쁘고 향기롭다. 서둘러 봄을 만끽하기에 이만한 호사도 없다.

우리 집 밥상에는 좀처럼 튀김 요리가 오르는 법이 없다. 가족들이 특별히 튀김을 싫어해서는 아니다. 기름에 대한 부담 때문이다. 아무리 좋은 기름을 쓴다 해도 지나친 지방 섭취가 부담되고, 한 번 쓰고 남은 기름의 처리도 부담스럽다. 하지만 쑥튀김이라면 생각이 달라진다. 바삭한 튀김옷을 와작 씹으면 쑥 향이 물씬 올라온다. 출출한 오후 이만한 별미 건강간식도 없다. 튀김옷의 반죽을 얼음물로 하면 바삭한 쑥튀김을 만들 수 있다.

3월의 녹색 밥상을 이야기하면서 빼놓을 수 없는 식재료가 금오도 방풍이다. 금오도는 전남 여수 인근의 아름다운 섬으로 명품길 '비렁길' 덕분에 많이 알려졌다. 금오도와 그 부속섬 안도는 눈을 돌리면 죄다 방풍 밭이다. 방풍은 충남 태안 일대에서도 재배가 되지만 재배면적으로만 봤을 때 금오도가 단연 으뜸이다. 전국 방풍 재배면적의 95퍼센트 가량을 금오도가 차지하고 있다. 그러니 집 앞 텃밭에서도 방풍이 자라고, 어떻게 뿌리를 내리게 됐는지 돌담 사이에서도 탐스럽게 자란 방풍이 흔하다.

방풍은 기상 여건에 따라 해마다 채취시기가 조금 차이가 있기는 하지만 2월 하순이면 뜯기 시작해서 3월 중순 무렵이면 본격 채취가 시작된다. 한겨울에도 눈을 보기 힘든 금오도에서는 굳이 시설재배로 방풍을 키우지 않는다. 출하시기를 조금이라도 앞당겨 좋은 가격을 받기 위해 보온용 비닐집에서 방풍을 재배하는 농가가 일부 있기는 하다. 그러나 대부분은 그냥 한데서 기른다. 노지의 방풍은 남쪽 섬 특유의 온화한 기후 탓에 한겨울에도

집 앞 텃밭은 물론 돌담 사이에서도 방풍이 탐스럽게 자란다.

104

온습한 해풍을 맞으며 조금씩 자란다. 그리고 봄이 오기 무섭게 우리 밥상을 풍성하게 해준다.

그런데 방풍은 오해가 참 많은 식재료다. 인터넷을 뒤져보면 방풍나물이 식재료가 아니라 마치 한약재처럼 잘못 포장되어 있다. 방풍을 이용한 요리의 레시피도 모조리 중풍을 비롯한 풍을 예방하고 치료하는 음식으로 소개하고 있다. 조금 공신력이 있을 것 같은 지식검색을 해봐도 마찬가지다.

아마도 누군가 『동의보감』에 나오는 방풍의 효능을 보고 그리 소개한 데서 이런 오해가 출발하지 않았나 싶다. 풍(風)을 막아준다(防)는 의미의 방풍이라는 이름이 그런 오해에 한몫하기도 했을 것이다. 『동의보감』에 방풍은 '성질이 따뜻하고 맛은 달며 독이 없고, 36가지 풍증을 치료하고 오장을 좋게 한다.'고 기록되어 있다. 그래서 예로부터 방풍이 한방에서 감기와 산후풍, 중풍 등의 풍질환에 쓰이던 대표적인 약초인 것은 맞다.

그러나 한방에서 약재로 쓰이는 방풍은 '원방풍'이라고 해서 중국이 원산지인데 우리나라에서는 자생하지 않는다. 대부분 수입하거나 국내에서 재배한 원방풍의 뿌리를 풍의 예방 및 치료를 위한 한약재로 쓰고 있다. 국내 해안가에 자생하고 있는 갯방풍과 나물용으로 재배하고 있는 식방풍(갯기름나물)은 원방풍과 다른 것이다. 아직 초기 연구단계이기는 하지만 식방풍의 잎과 줄기에 풍을 막아주는 약리성분이 있는지는 지금껏 밝혀진 바 없다.

특히 뿌리를 이용하는 약재와 달리 나물은 잎과 줄기를 먹기 때문에 방풍나물이 중풍의 예방과 치료에 특효인 것처럼 오도하면 안 된다. 잎과 줄기를 먹는 방풍나물에는 다른 봄나물과 마찬가지로 각종 영양소 및 비타민 C를 비롯한 무기질, 식이섬유 등이 매우 풍부한 것으로 알려져 있다. 따라서 방풍나물을 봄에 맛과 향, 영양이 풍부한 식재료로 보아야지 마치 약용식물처럼 취급해서는 곤란하다.

우리는 식용 방풍을 이야기할 때, 방풍나물 혹은 갯기름나물이라 부른다. 주로 나물로 섭취하기 때문이다. 식방풍은 잎과 줄기를 데쳐서 된장이나 초고추장 등에 무쳐 먹는다. 들큰하면서도 쌉싸름한 맛과 특유의 향이 나물로 무쳐놓았을 때 제일 좋다. 양념은 주로 된장이나 고추장을 쓰

우리가 먹는 방풍나물은 약재가 아니라 맛과 향, 영양이 풍부한 봄 제철식재료다.

방풍은 주로 데쳐서 나물로 무쳐 먹지만 장아찌로 담거나 고기의 잡내를 잡아주는 향신채로도 쓰인다.

는데, 우리는 식재료의 맛과 향을 잘 드러내는 된장무침을 선호한다. 고추장과 식초, 매실액, 들기름, 다진 파, 마늘을 넣고 무친 나물은 아이들도 잘 먹는다.

방풍은 나물무침 말고 전이나 튀김의 재료로도 쓰인다. 부침가루에 달걀 하나 깨뜨려 넣고 조금 묽게 반죽하여 방풍의 모양새를 살려 부처내면 보기에도 예쁘고 맛도 좋다. 산지에서는 백숙이나 사골 등을 끓일 때 잡내를 없애기 위한 향신채로도 많이 쓰인다.

금오도 노지재배 방풍은 4월 중순이 지나면서부터 조금씩 잎과 줄기가 억세어진다. 물론 이때도 삶는 시간을 조절하면 나물로 먹을 수 있다. 날이 더워지면서 좀 더 뻣뻣해져서 나물로 무쳐 먹기에 거북할 정도가 되면 장아찌로 담가 먹는다. 이 무렵 채취한 방풍은 초봄에 채취한 것과 비교할 수 없을 만큼 향이 진하다. 이 짙은 향이 거북한 사람은 장아찌를 담글 때 살짝 데쳐서 장물을 붓는다. 물론 어차피 향이 좋아 방풍을 찾는 사람이라면 그냥 깨끗이 씻어 물기를 뺀 생방풍으로 장아찌를 담그면 된다. 방풍에 장물을 부어 상온에 하루나 이틀 숙성시켰다가 냉장고에 넣어두고 먹으면 된다. 육류를 먹을 때 잘 담근 방풍장아찌에 얹어 먹으면 고기의 누린내를 없애줘 입안이 깔끔하다.

방풍 등의 나물 장아찌는 주로 그 향을 즐기는 음식이다. 따라서 장아찌를 담글 때 별도의 향신료를 넣지 않는다. 단순하게 간을 맞출 간장이나 소금, 단맛을 보완해줄 매실액, 신맛을 내줄 식초와 물을 기호에 따라 배합해주면 된다. 자신과 가족들의 입맛에 맞게 배합한 장물은 한 번 팔팔 끓여서 그대로 부어야 아삭한 식감을 준다.

봄이 오면 가장 많이 회자되는 생선 중 하나가 도다리다. 봄쑥을 이야기하면서 빼놓지 않는 생선 역시 도다리다. 통영, 여수 등 남쪽 해안지방의 도다리쑥국이 워낙 많이 알려졌기 때문이다. 맛집 순례깨나 해봤다는 자칭 미식가라면 도다리쑥국 한 그릇 먹지 않고 봄을 넘기지 않는다. 아예 통영, 여수로 도다리쑥국을 곁들인 봄 마중 여행을 계획하는 사람들도 많아졌다. 서울 등 대도시에서도 통영을 표방한 도다리쑥국을 내는 음식점이 꽤 있다. 신문 방송에서도 봄만 되면 도다리쑥국 기사 한 꼭지 내지 않는 곳이 없다. 사정이 이러니 쑥 하면 우선 도다리가 연상된다.

그런데 도다리쑥국에 넣는 봄도다리의 원래 이름은 도다리가 아니다. 조금 생소하지만 문치가자미가 표준명이다. 원래 도다리라는 이름을 가진 어류는 따로 있다. 우리 바다에서 간혹 잡히는 가자밋과의 물고기다. 일부 어부들은 도다리를 담배가자미, 혹은 호박도다리라고 부른다. 원래 도다리를 도다리라 부르는 사람들이 없다.

그러면 왜 문치가자미가 도다리가 되고, 문치가자미에 제 이름을 빼앗긴 진짜 도다리는 우리에게 잊혔을까? 어쨌든 도다리가 우리 해역에서 잡히고, 일본에서는 꽤 고급 어종으로 취급받는 상황에서 말이다. 그것이 표준명을 결정하는 과정에서 생긴 잘못인지, 아니면 엄연한 문치가자미

담배가자미, 혹은 호박도다리라 불리는 표준명 도다리. 문치가자미에 원래 이름을 빼앗겨 도다리라 부르는 사람이 없다.

를 도다리라 부른 어민들의 잘못인지 모른다. 도다리쑥국을 문치가자미쑥국이라 부를 수도 없는 상황에서 혼란스러운 건 국민들뿐이다.

그렇다면 '봄도다리, 가을전어'의 주인공으로 등장하는 도다리, 즉 문치가자미의 제철은 봄이 맞을까? 다시 한 번 혼란스럽겠지만 엄밀하게 말하면 아니다. 어류의 제철은 산란을 앞두고 살과 영양이 정점에 오른 시기다. 문치가자미의 산란은 수온과 해역에 따라 조금씩 다른데 대체로 12월에 시작해 이듬해 5월경까지 진행된다. 따라서 문치가자미의 제철은 가을부터 초겨울이라 하는 게 맞다. 산란과 방정을 위해 문치가자미 암수가 살과 영양을 가장 많이 축적하고 있을 때가 이 시기이기 때문이다.

문치가자미의 유안부(위)와 무안부(아래).
도다리쑥국의 주인공 문치가자미의 진짜 제철은 가을이다.

문치가자미의 주산란기는 12월~1월까지로 이때는 어족자원 보존을 위한 문치가자미 금어기다. 금어기가 끝나 다시 조업을 시작하는 3월은 문치가자미가 산란을 마쳤거나 산란을 바로 앞둬 살보다 알이 많을 때다. 산란을 마친 물고기는 지방과 살이 쏙 빠져 푸석거리고 맛이 없다. 회보다는 탕이나 조림 등으로 조리하여 먹는 게 좋다. 따라서 산란을 앞두고 알을 잔뜩 뱄거나 산란을 마쳐 살이 쏙 빠진 봄도다리는 쑥국과 함께 끓여야만 비로소 제철이란 이름값을 하게 되는 것이다.

도다리쑥국에 들어가는 문치가자미는 서남해에서 주로 잡힌다. 군산, 여수, 통영 인근 바다에서 조업하여 현지 수협에서 경매로 위판된다. 따라서 서울 등의 대도시에서는 제철이라 해도 문치가자미를 대하기 쉽지 않다. 서울의 경우 노량진수산시장 정도나 돼야 문치가자미 생물을 구할 수 있다. 탕감으로 쓸 수 있는 선어조차도 소규모 수산시장이나 마트에서는 찾아보기 어렵다. 따라서 일반 가정에서 도다리쑥국을 맛볼 요량이라면 현지 상인들에게 택배로 구입하는 것이 제일 좋다. 택배비를 포함해도 가격이 훨씬 저렴하다.

현지에서든 인근 수산시장에서든 신선도를 위해 집에서 직접 손질을 해야 직성이 풀리는 경우가 아니라면 미리 손질을 부탁하자. 가자미류는 표면에 점액질이 많아 익숙지 않은 주부들이 직접 손질을 하기가 쉽지 않다. 손질된 문치가자미를 받으면 도다리쑥국 끓이는 것은 일도 아니다.

우선 멸치와 다시마로 육수를 내고, 나박나박 썬 무를 넣어 시원한 맛을 더해준다. 무가 익을 때쯤 곱게 갠 된장을 조금만 풀어 잡내를 날려 보냄과 동시에 쑥 맛과 어우러지도록 한다. 된장 맛이 거슬리면 된장 대신 국간장과 소금으로 간을 한다. 맑은탕의 도다리쑥국을 선호하는 사람이 의외로 많아 도다리쑥국의 대표 지역인 통영에서도 된장을 풀지 않는 음식점이 꽤 된다.

된장으로 기본 간을 했으면 바로 손질해놓은 문치가자미를 투하한다. 그리고 센 불에서 4, 5분 팔팔 끓여 문치가자미가 익을 때쯤 어슷 썬 대파, 다진 마늘, 청홍고추를 함께 넣어준다. 양념을 넣고 다시 한소끔 끓여낸 후 마지막에 손질해둔 쑥을 넣고 휘휘 저어 국을 퍼내야 쑥의 향과 맛을 제대로 살릴 수 있다. 치네올이라는 성분이 쑥의 독특한 향과 맛을 내는데, 이 향이 된장을 만나 문치가자미의 구수한 감칠맛과 어우러져야 봄맛의 절정, 도다리쑥국의 맛이 완성되는 것이다.

남녘 봄맛의 대명사, 도다리쑥국. 가정에서도 마음만 먹으면 어렵지 않게 끓일 수 있다.

상
어
가
오
리
에
서

홍
어
가

된

물
고
기

간
재
미

문치가자미처럼 억지 제철이 아니라 3월이 진짜 제철인 생선으로는 간재미가 으뜸이다. 간재미는 여름에 산란을 하기 때문에 늦겨울부터 오뉴월까지가 맛과 영양이 풍부한 시기다. 이때가 지나면 뼈가 억세어지고 맛도 떨어진다. 겨울생선과 봄생선이 임무 교대를 하는 시기여서 맛있는 생선들이 드문 시기에 그래도 간재미가 있어 싱싱한 생선회를 좋아하는 사람들의 서운함을 달래준다.

바닷가 사람들이 흔히 간재미라 부르는 이 생선은 마치 가오리처럼 생겨 새끼 가오리로 오해를 받기도 했다. 하지만 등치만 작달 뿐 간재미도 어엿한 제 이름을 가진 물고기다. 우리 연안에서 흔히 잡히는 상어가오리가 바로 그것이다. 상어가오리는 최대로 성장해봐야 50센티미터 이하다. 보통은 30센티미터 전후의 것이 잡혀서 식탁에 오른다.

그런데 얼마 전부터 학자들은 상어가오리를 홍어라 부르기로 했다. 분류학상으로 가오리보다는 홍어에 가까운 유전적 형질을 지녔음이 밝혀졌기 때문이다. 그래서 흑산도에서 나는 진짜 홍어는 참홍어로 명명키로 했다. 학문적 입장에서 어쩔 수 없다 하더라도 일반인들로서는 혼란스럽기 짝이 없다. 가오리류가 아니라서 상어가오리라 부를 수 없다면 대분의 사람들이 간재미라 부르는데 굳이 홍어라 이름을 붙여야 했는지 까닭을 모르겠다. 간재미라 했으면 더 친근하고 알아듣기 쉬웠을 것을.

학자들이 부르는 표준명이야 어떻든 간재미와 홍어는 식재료의 관점에서 큰 차이가 있다. 무엇보다 홍어의 몸속에 요소가 많이 들었다는 것이다. 짠 바닷물 속에서 삼투압 현상에 의해 체내의 수분을 빼앗기지 않기 위해 몸속에 질소화합물인 요소를 잔뜩 품도록 진화한 것이다. 홍어가 죽으면 요소는 암모니아와 트리메틸아민으로 분해되면서 자극성 냄새와 맛을 낸다. 바로 이 암모니아가 잡균의 번식을 막아 홍어 살이 썩지 않도록 해주는 것이다. 암모니아에 의해 보호를 받는 홍어 살의 단백질 성분은 시간이 지나면서 자가 효소에 의해 아미노산으로 분해되어 감칠맛이 높아진다. 홍어는 오래 발효될수록 톡 쏘는 냄새와 맛이 강해지는데, 썩은 것이 아니므로 먹어도 뒤탈이 전혀 없다.

홍어와 가오리, 상어 등 모든 연골어류는 몸속에 요소 성분을 지니고 있지만 홍어만큼은 아니다. 따라서 같은 연골어류라도 간재미는 홍어와 같은 발효 과정을 가질 수 없다. 간재미를 홍어처럼 항아리에 짚을 덮어 발효시키려 한다면 발효보다 부패가 먼저 일어나 먹을 수 없게 된다. 간재미는 신선한 맛으로, 홍어는 푹 삭힌 맛으로 먹을 때 제맛이다.

봄에 맛과 영양이 절정에 오르는 간재미. 『어류도감』의 표준명은 이게 홍어다.

이맘때는 경기와 인천, 충청, 호남 등 서남해안 어느 항구를 가도 신선한 간재미를 만날 수 있다. 대도시 수산시장의 수족관에도 살아 있는 간재미들이 가장 흔할 때다. 살아 있는 생물은 횟감으로, 죽은 것들은 탕이나 찜용으로 팔려간다. 수족관에서 갓 죽어 신선한 놈들도 횟감으로 손색이 없는데, 물론 생물보다 훨씬 착한 가격에 살 수 있다.

제철 간재미가 맘에 드는 건 착한 가격뿐만 아니라 국민생선 고등어나 갈치처럼 손쉽게 밥상에 올릴 수 있기 때문이다. 생선가게에서 손질을 부탁하면 바로 조리가 가능하게 손질을 해준다. 횟감은 자동 탈피기로 껍질을 벗긴 후 지느러미와 몸통을 구분해서 잘라준다. 탕감을 주문하면 껍질째 토막을 내서 바로 탕을 끓일 수 있게 해준다. 굳이 바닷가를 찾거나 전문식당에 가지 않더라도 어렵지 않게 제철 건강밥상을 차릴 수 있는 것이다. 간재미는 단백질, 칼슘, 인 등 영양분이 풍부하고 연골 구성성분인 콜라겐도 많이 함유하고 있다. 성장기 아이들에게도, 골다공증 걱정을 하는 어르신들에게도 모두 좋은 건강 식재료다.

간재미는 연골어류답게 뼈째 씹히는 오돌오돌한 식감이 그만인 생선이다. 제철 간재미는 살이 탱탱하고 쫄깃해서 회나 회무침으로 적격이다. 쫀득쫀득 찰지고 연골이 오독오독 씹히는 회 맛은 고급 양식어종보다 한 수 위다. 양식을 하지 않아 전부 자연산인 제철 간재미를 두고 굳이 비싼 양식어류를 찾을 일이 아니다.

우리는 이맘때 회가 먹고 싶으면 으레 근처 수산시장에 들러 간재미 몇 마리 손질해 온다. 그리고 숭덩숭덩 썰어 초장만 살짝 발라 입에 넣고 씹으면 찰진 맛이 기막히다. 달큰한 회 맛도 오래도록 입안에 남아 제철 간재미의 진가를 확인하게 해준다.

숭덩숭덩 썰어 초장만 찍어 먹는 간재미회도 맛있지만, 간재미 하면 회무침을 빼놓고 넘어갈 수 없다. 바다와 땅의 제철 영양을 골고루 담을 수 있는 음식이 또한 회무침이기도 하다. 간재미회무침은 시판 식초를 쓰면 새콤달콤한 맛이 지나치게 자극적이어서 간재미의 들큰한 회 맛을 해친다. 시판 양조식초 대신 막걸리식초를 써야 신맛이 뭉긋하게 배어나와 주된 식재료의 맛을 방해하지 않는다.

하지만 곡물과 과일 등을 발효시켜 직접 식초를 담가 먹는 우리 같은 사람들을 제외하고 일반 가정에서 막걸리식초까지 비치해놓고 살지는 않는다. 이럴 때 근사하게 대신

살이 탱탱하고 쫄깃한 데다 뼈째 씹히는 오돌오돌한 식감이 회무침으로 해놓았을 때 최상의 맛을 낸다.

꾸덕꾸덕 말린 간재미를 구워놓으면 또 다른 별미다. 맥주나 막걸리 안주로 오징어보다 한 수 위다.

할 수 있는 방법이 간재미를 미리 생막걸리에 빨아주는 것이다. 껍질을 벗겨 먹기 좋은 크기로 썬 간재미에 생막걸리를 조금 부어 조물조물 빨아내면 된다. 이 과정을 통해 구수한 막걸리 맛도 배고, 살균도 된다.

막걸리에 빨아서 꼭 짜낸 간재미에 각종 채소를 넣고 초고추장 양념에 버무려낸다. 전통 고추장에 양조식초, 매실효소, 다진 마늘, 약간의 고춧가루를 넣어 초고추장 양념을 만든다. 함께 버무릴 채소도 미나리나 오이, 쪽파 등 냉장고에 있는 채소를 이용하면 된다. 봄맛을 더 가미하려면 달래나 살짝 데친 생미역을 함께 넣어 버무려내도 좋다. 이맘때 먹을 수 있는 최고의 별미이자 바다의 영양과 땅의 기운을 고루 담은 건강밥상이기도 하다.

표준명이 조피볼락인 우럭도 이즈음이 제철이다. 우럭은 특이하게도 알이 아니라 새끼를 낳는 난태생 어류다. 생식기가 밖으로 드러나 있는 가오리류와 상어, 망상어 등이 우럭처럼 새끼를 낳는 물고기다. 우럭은 보통 가을 무렵에 교미를 하고 암컷의 몸 안에 수컷이 넣어준 정액을 품고 있다가 봄에 수정을 시켜 부화된 새끼를 낳는 것이다. 우럭의 제철은 이렇게 교미기인 가을부터 초봄까지로 본다. 교미를 통해 종족 보존을 위한 준비를 하기 시작하면서부터 맛과 영양이 절정에 이르기 때문이다.

우럭은 철과 관계없이 흔히 광어라 부르는 넙치와 함께 우리 국민이 가장 많이 먹는 국민횟감이기도 하다. 육질의 탄력이 높아 씹는 맛을 우선으로 치는 우리의 활어회문화 탓이다. 씹는 맛에 대한 집착은 우럭, 넙치, 돔 등 흰살생선을 가장 이상적인 횟감으로 여기게 했을 뿐만 아니라 선어가 아닌 활어회만을 고집하도록 부추겼다. 살아 펄떡이는 생선이 아니면 횟감으로 인정하지 않는 요상한 식문화가 퍼져 있는 것이다. 피를 빼서 적당히 숙성한 선어회가 감칠맛은 물론 탄력도 높다는 실험 결과가 있음에도 우리 국민의 활어회에 대한 유별난 사랑은 아직 식을 줄 모른다.

우럭을 활어회나 기껏해야 서덜매운탕감 정도로 여기는 우리의 식문화는 우럭이 제철생선으로 밥

서산 동부시장에 가면 우럭의 등을 갈라 간이건조대에서 말리고 있는 풍경을 흔히 만날 수 있다.

상에 오를 기회를 앗아가버렸다. 횟집에 가서 살아 펄떡이는 우럭을 바로 잡아 회를 뜨고 서덜매운탕 끓여 먹는 것을 최고로 치니 우럭을 이용한 다양한 요리가 발전하지 못했던 것이다. 하지만 우럭의 본고장이라 할 만한 충남 서산은 조금 다르다. 우럭을 회와 매운탕감으로만 이용하는 것이 아니라 소금에 절이고 말려서 사철 밥상에 올리고 있다.

서산은 수도권에서 두어 시간이면 갈 수 있는 거리여서 싱싱한 해물이 생각날 땐 어쩌다 한 번씩 들른다. 봄이면 우럭뿐만 아니라 꽃게와 바지락을 보러 들르기도 한다. 서산뿐 아니라 당진, 태안 등 아직 건강한 갯벌을 품고 있는 태안반도 일대의 해산물을 서산에서 다 만날 수 있다. 서산 동부시장이 바로 그 일대 해산물의 집결지다.

서산 동부시장에 가면 우럭의 등 쪽에 칼을 넣어 반으로 가르고 깨끗이 씻어 염장하거나 말리는 광경을 심심찮게 볼 수 있다. 우럭을 단순히 음식점의 회로만이 아니라 일

바싹 말린 우럭은 쌀뜨물에 충분히 불렸다가 된장 소스를 발라 찜이나 젓국으로 조리해서 제철집밥 밥상에 올린다.

반 가정의 밥상에도 오를 수 있도록 새로운 식재료로 재창조하는 과정이다. 반으로 갈라 염장했다가 다시 물에 깨끗이 씻어 말린 우럭은 우럭젓국과 우럭찜으로 서산의 밥상에 오른다. 혹여 서산 동부시장에서 말린 우럭이 보이거든 주저하지 말고 몇 마리 사오시라. 회나 서덜매운탕과는 차원이 다른 우럭 맛을 보려면.

서산의 우럭젓국은 새우젓으로 간해서 끓였다 하여 붙은 이름이다. 말린 우럭은 소금 간이 세게 돼 있기 때문에 조리하기 전 반드시 쌀뜨물에 30분 이상 소금기를 우려내야 한다. 그리고 지느러미를 떼어내고 먹기 좋은 크기로 잘라 준비한다. 간은 질 좋은 새우젓만으로 하고, 무는 나박나박, 두부는 큼직하게 썰어 탕에 함께 넣는다. 양념채소로는 파, 마늘만 넣어도 되고, 매콤한 맛을 원한다면 청양고추 하나 썰어 넣는다. 우럭젓국이 팔팔 끓어오르면 말린 생선 특유의 콤콤하면서도 짭조름한 냄새가 식욕을 자극한다. 말려 발효되면서 단백질이 분해되어 만들어진 아미노산이 감칠맛을 더한다.

말린 우럭찜은 소박하면서도 입에 착착 붙어 밥을 부르는 서산의 향토음식이다. 조리하기도 아주 간단해 냉동실에 넣어두었다가 찬이 없을 때 밥상에 올리기 좋다. 뜨물에 소금기를 충분히 우려낸 우럭에 된장 소스를 뿌려 찜기에 쪄내면 끝이다. 된장 소스라고 별다를 것도 없다. 된장을 물에 잘 개고 다진 마늘, 송송 썬 파, 어슷 썬 청홍고추를 넣어 만든다. 청주 한 술 넣으면 비린내를 날리는 데 도움이 된다.

생선이라고 하기에도 참 낯간지럽지만 3월이 딱 제철인 어류가 하나 더 있다. 바로 충남 당진의 장고항이 주산지인 실치다. 온몸이 투명하고 실처럼 가늘어 실치라 부른다. 실치가 뭘까 싶으면 뱅어포를 떠올리면 된다. 고추장 양념으로 볶아놓으면 밥반찬으로도, 술 안주로도 인기가 많았던 추억의 음식일 것이다.

하지만 실치의 원래 정체는 뱅어도 아니고 실치라는 물고기가 따로 있는 것도 아니다.

어릴 적 도시락반찬으로 빠지지 않았던 뱅어포무침.
베도라치의 새끼인 실치를 얇게 펴서 말린 것이다.

바로 베도라치라는 시커멓고 못생긴 물고기의 새끼다. 이른 봄이면 알에서 깨어난 베도라치 치어들을 코가 촘촘한 그물로 잡아 회로 먹는 것이다.

실치는 잡아 올리면 어린 개체인 탓에 바로 죽으면서 투명했던 몸이 하얀 우윳빛으로 변한다. 젓가락으로 듬뿍 집어 초장을 발라 입에 넣으면 배릿하고 찝찔한 바다 맛이 난다. 오래 씹을 것도 없을 만큼 부드럽지만 입안에 들큰한 감칠맛이 남는다. 이게 싫으면 갖은 채소들을 넣고 초고추장 양념에 새콤달콤하게 무쳐 먹어도 좋다. 현지에서는 들깻잎 가늘게 채를 썰어 넣고 전을 부쳐 먹기도 한다.

아쉬운 게 있다면 쉬이 변질이 돼서 충청남도의 해안가를 제외하고는 밥상에 올리기 어렵다는 점이다. 그러니 제철 실치가 꼭 먹고 싶으면 3월의 하루 날 잡아 장고항 나들이를 다녀오는 수밖에 없다. 서해안고속도로 송악IC로 빠져나와 석문방조제를 지나면 바로 장고항이다. 이맘때면 서해는 실치와 간재미, 우럭으로 유명하다. 석문방조제로 들어서기 전에 있는 성구미포구에서도 간재미를 먹을 수 있다. 석문방조제 중간에 있는 포장마차들에서도 운치를 즐기며 제철해산물들을 먹을 수 있다. 석문방조제를 지나면 바로 장고항이 기다린다. 제철 실치가 그리우면 수도권에서 그리 멀지 않은 장고항을 한 번 찾을 일이다.

3월은 간재미, 우럭, 실치 등 어류의 제철임과 동시에 물미역, 톳 등 해조류의 달이기도 하다. 둘 다 칼슘과 칼륨, 비타민 등의 무기질이 풍부한 알칼리성 건강 식재료다. 미역에는 특히 요오드와 식이섬유의 일종인 알긴산 등이 많고, 톳은 바다에서 건진 칼슘제라 할 만큼 칼슘과 칼륨을 많이 지니고 있다.

미역이야 1년 내내 먹을 수 있고, 우리 아이들도 미역국을 좋아해서 질 좋은 미역을 떨어지지 않게 늘 넉넉하게 구입해놓는다. 날이 추울 때는 쇠고기나 가자미, 광어, 바지락 등을 넣고 미역국을 끓여내면 잘 익은 김치만 있어도 밥 한 공기 뚝딱이다. 날이 더울 때는 뜨거운 국물이 별로 당기지도 않고 끓이기도 정말 고역이다. 그래서 더운 여름날에는 미역국 대신 얼음 동동 띄운 미역냉국이 우리 밥상에 오른다.

연중 일상적으로 먹는 미역이지만 미역이 가장 맛있을 때는 역시 겨울부터 봄까지 제철을 맞았을 때다. 그것도 삶아 말린 가공 미역이 아니라 바다에서 막 건져낸 물미역 맛이 최고다. 미역은 차가운 겨울 바다에서 무럭무럭 자라 양식 미역은 한겨울에도 채취가 가능하다. 하지만 자연산 미역은 갯바위나 연안의 암반에 붙어 자라기 때문에 보통 날이 풀리는 3월부터 채취하기 시작한다. 주로 해녀들의 고된 노동에 의존하기 때문에 기온이 조금 올라가야 얼음장 같은 바닷물에 들어가 미역을 딸 수 있는 것이다.

3월이 되면 미역으로 유명한 부산의 기장부터 울산, 영덕, 울진까지 동해 남부지역에서는 청정바다 갯바위에 미역을 따거나 끌어내 말리는 풍경을 쉽게 만날 수 있다. 이 지역에서 질 좋은 자연산 돌미역이 많이 나는데 아무나 딸 수 있는 것은 아니다. 해녀들마

동해 갯바위나 연안의 암반에 붙어 자라는 자연산 미역은
상큼한 해초 향으로 후각을 깨우고 입안에 뭉긋한 단내가 감돌게 한다.

다 할당된 구역이 있다. 나이 든 해녀들이 미역을 채취하면 가족들이 도와 일부는 말리고, 일부는 물미역으로 팔 준비를 한다. 미역 채취를 하는 해녀들이 대부분 연로한 할머니들이어서 그분들이 돌아가시고 나면 매년 봄의 미각을 깨워줄 자연산 돌미역도 만나기 어렵지 않을까 싶다.

아무튼 자연산 생미역은 3월까지가 맛이 제일 좋다. 날이 풀려 수온이 올라가면 생미역을 날로 먹었을 때 떫은맛이 강하다. 생미역은 원래 떫은 거 아니냐고 반문하는 사람들도 있지만 생미역이라고 다 떫은 게 아니다. 3월에 채취한 미역에 소금만 한 줌 넣고 바락바락 문질러 닦아주면 날로 먹어도 떫은맛이 없다.

생미역에 소금을 넣고 문지르면 거품이 올라온다. 이때 물을 부어 살짝 헹궈준 다음 다시 한 번 소금을 넣고 거품이 일 때까지 비벼준다. 두 번 정도 소금에 문지르고 살짝 헹궈내면 3월의 차가운 바다가 선사한 생미역의 진짜 맛을 만날 수 있다. 상큼한 해초 향이 물씬 나서 후각을 일깨우고 입안에는 뭉긋하게 달큰함이 감돈다. 이 독특한 해조류의 향과 맛이 부담스러우면 그때는 어쩔 수 없이 살짝 데쳐서 먹는 수밖에 없다.

소금에 바락바락 치대어 손질한 생미역은 먹기 좋은 크기로 잘라서 그대로 밥상에 올리면 된다. 초고추장만 있으면 영양 만점의 맛난 밥반찬이 된다. 때론 다진 마늘과 송송 썬 파, 초고추장에 참기름 살짝 떨궈 생미역무침으로 올려도 좋다. 약간의 조리하는 번거로움이 먹는 번거로움을 덜어준다.

3월 생미역으로 국을 끓여도 보드랍고 맛있다. 데치거나 미역국으로 조리를 할 요량이면 굳이 소금에 치대어 손질을 하지 않아도 된다. 익혀 조리하는 과정에서 떫은맛이 다 빠진다. 대신 물로 두어 번 헹궈 씻어내면 된다. 너무 문질러 닦아내면 보드라운 3월 미역이 다 풀어져 맛이 떨어진다. 생미역으로 국을 끓일 때 쇠고기보다는 광어, 바지락 등 해산물을 넣으면 더 짙은 바다 향을 느낄 수 있다.

3월의 해조류 하면 톳도 빠지지 않는다. 일이월 한겨울의 해조류 제왕이 매생이와 물김이라면 3월은 생미역과 톳이 그 자리를 대신한다. 톳도 조리하기가 생미역만큼이나 간단하다. 그저 깨끗이 씻어낸 톳을 먹기 좋게 잘라 질 좋은 액젓과 고춧가루, 다진 파 마늘을 넣고 조물조물 무쳐주면 된다. 해조류 특유의 향이 싫으면 살짝 데쳐도 괜찮은데, 액젓과의 맛 궁합은 생톳이 훨씬 좋다. 두부와도 아주 궁합이 좋은 식재료여서 물기를 쏙 뺀 두부를 으깨어 넣고 살짝 데친 톳, 다진 파, 마늘, 집간장, 참기름 한 방울 떨궈서 슬슬 무쳐내면 오독오독 씹히는 고소한 맛에 아이들도 잘 먹는다. 때론 불린 쌀에 톳을 얹고 톳밥을 해도 한 끼 맛있게 먹을 수 있다.

모자반도 3월 해조류의 대열에서 제외하면 서운하다. 제주에서는 몸이라 부르는데 제주 향토음식 몸국이 별미다. 오래전에 제주에 갔다가 돼지고기를 다 풀어지도록 삶아 모자반과 함께 끓인 몸국에 홀딱 반한 적이 있었다. 끈적하면서도 구수하고 뜨끈한 것이 찬바람이 불 때면 늘 생각이 난다.

이맘때 서해 남부와 남해지역에서는 가사리가 제철을 맞는다. 몇 해 전 여수 금오도와 다리 하나로 연결된 안도에서 먹은 가사리국은 제주 몸국 이상이었다. 된장과 해물 육수에 가사리만 넣어 끓였다는데 가사리의 아삭한 식감이 그대로 살아 있는 꽤 맛있는 음식이었다. 그 후론 찬바람이 불면 제주 몸국보다 안도 가사리국이 더 간절해진다. 가사리 철이 되면 한 번쯤 밥상에 올리고 싶은 게 가사리국이기도 하다.

금오도 방풍을 취재하던 중 부속섬 안도에서 만난 세모가사리국. 세모가사리를 넉넉히 넣고 된장만 살짝 풀어 끓였다는데 제주의 몸국 이상으로 맛나게 먹었다.

밥,

제철음식에 관심을 가지고부터 우리 집 밥상에서 가장 먼저 바뀐 것이 밥이다. 전에는
완전 백미에 가끔 기장이나 콩, 보리 등 잡곡을 조금씩 넣어 밥을 지었지만 이제는 우리
집밥에 백미가 전혀 들어가지 않는다. 김이 모락모락 나는 흰쌀밥의 유혹을 이겨내고
현미잡곡밥을 먹는다. 처음에는 까끌까끌 씹어 넘기기도 어려워 밥 먹기가 고역이었다.
하지만 각종 생리활성물질이 가득한 현미를 빼놓고는 건강밥상이 될 수 없다는 판단에
완전 현미밥을 고집하기로 했다.

제철채소와 나물을 넣어 지은 현미밥. 매일 먹는 현미잡곡밥의 단조로움을 달래주고 계절의 영양을 듬뿍 섭취하는 데 최고다.

실제로 현미에는 두뇌활성물질인 가바(GABA)와 강력 항산화물질인 감마 오리자놀(Gamma Oryzanol)을 비롯해 각종 비타민, 마그네슘, 칼슘 등의 무기질이 백미보다 월등히 많이 들어 있다. 이런 생리활성물질들은 대부분 쌀의 배아인 씨눈과 벼의 속껍질인 미강에 함유돼 있다. 그런데 우리는 식감과 밥맛을 위해 미강을 완전히 벗겨내 쌀눈이 대부분 떨어져 나간 백미로 밥을 지어온 것이다. 주식인 밥을 바꾸지 않으면 제철밥상도 의미가 퇴색될 수밖에 없는 이유다.

그래서 우리는 바로 도정한 현미를 한 달 정도 먹을 만큼씩만 사서 찰현미를 4~5 대 1 정도의 비율로 섞고 검정찰현미와 찰수수, 혹은 찰기장 등을 한 줌씩 넣어서 밥을 짓는다. 이런 현미잡곡밥은 한 가지 곡식만으로 충당할 수 없는 영양성분을 보충하고 밥맛을 좋게 해준다. 여기에 때때로 제철채소나 나물 등을 넣은 별미밥을 짓기도 한다. 제철채소나 나물을 함께 넣은 별미밥을 지을 때는 현미와 찰현미만 넣는다. 그래야 함께 들어가는 채소나 나물의 향과 맛을 살릴 수 있고 밥이 너무 차지게 돼서 잘 비벼지지 않는 염려를 덜 수 있다.

3월에는 냉이와 달래가 제철이니 냉이를 깨끗이 씻어 듬성듬성 자른 다음 뜸 들일 때 솥에 넣어 냉이밥을 짓는다. 가끔은 말린 톳을 불려 톳밥을 짓기도 한다. 매일 먹는 현미잡곡밥의 단조로움을 넘어 다양한 미각을 충족시켜줄 수 있을 뿐만 아니라 계절의 영양을 잔뜩 섭취하기에 이런 별미밥만큼 좋은 것도 없다. 제철별미밥의 비빔장 또한 제철향신채가 들어가야 제격이다. 냉이밥에는 달래를 잔뜩 넣은 비빔장이 어울린다. 간장에 먹기 좋은 크기로 자른 달래를 넉넉히 넣고 고춧가루와 참기름만 넣으면 봄의 향취가 물씬한 비빔장이 된다. 초봄에는 냉이밥과 달래장만큼 어울리는 맛 궁합도 찾기 어렵다.

가끔은 말린 톳을 불려 톳밥을 짓기도 한다.

반찬

3월의 춘곤증을 날리는 데 봄을 장식하는 새싹만큼 좋은 식재료도 없다. 이 시기 우리 집 밥상에 녹색의 컬러를 더해주는 대표 식재료가 방풍나물이다. 금오도의 방풍 재배 농가에 직접 주문해서 몇 날 며칠을 방풍나물로 산다. 때때로 방풍 대신 월동시금치가

3월에는 냉이나 달래, 미나리, 방풍 등 생나물을 한 번씩 바꿔가며 올리면 제철집밥의 품격이 달라진다.

등장하기도 하고, 어떤 날은 미나리를 넉넉히 주문해서 계절밥상을 차리기도 한다. 우리야 오뉴월 제철의 밭미나리를 최고로 치지만 밭미나리가 나오려면 한참을 더 기다려야하므로 조금 이른 논미나리라고 거들떠보지 않을 이유가 없다. 그리고 어떤 날은 세발나물로 엽록소가 많이 필요한 우리 봄밥상의 녹색을 장식하기도 한다.

　일주일에 한 번쯤은 달래와 냉이만 가지고 계절밥상을 차리기도 한다. 냉이밥 지어 달래양념장과 함께 내고, 냉이된장찌개 올리면 초봄에 어울리는 제철밥상이 된다. 김치야 김장해서 보관했던 묵은지도 좋지만 아직 제철인 봄동을 슬쩍 절여 겉절이로 무쳐내면 더 잘 어울린다. 제주 월동무가 아직 맛있을 때 깍두기를 조금 담가두면 김장김치의 묵은 맛이 버거울 때 요긴하게 밥상에 올릴 수 있다.

국·탕

추위가 다 물러가지 않은 시기니 아직 따뜻한 국물이 그리울 때다. 일교차가 심해 아이들 등교시간인 이른 아침에는 제법 춥게 느껴질 때라 뜨거운 국물음식 한 가지 준비하지 않을 수 없다. 뜨거운 국이 곁들여진 제철밥상이면 배 속까지 따뜻해져서 학교를 향하는 발걸음이 가벼울 테니까.

　그래서 3월에 가장 많이 끓이게 되는 국이 쑥국이다. 굳이 도다리 등의 가자미류 생선을 넣지 않고 쑥만 넣고 끓여도 아이들이 잘 먹는다. 멸치다시마육수에 맛있는 집된장만 있으면 어렵지 않게 끓일 수 있는 장점도 있다. 구수한 맛이 당기면 날콩가루를 한 스푼 넣고, 칼칼한 맛이 당기는 날은 매운 홍고추 송송 썰어 넣어 맛과 색을 살린다.

3월에는 냉이된장찌개도 며칠에 한 번씩 빠지지 않는다. 아들이 된장이나 청국장찌개 하나만 있어도 밥 한 그릇 뚝딱이니 마땅한 국물음식이 생각나지 않을 때마다 등장한다. 시래기도 아직 맛있게 느껴질 때니 3월까지는 시래기된장국도 가끔 한 번씩 밥상에 오르고 월동시금치 끝나기 전에 시금칫국을 끓일 때도 있다. 제철 자연산 물미역에 광어 한 마리 넣은 미역국도 이즈음 한두 번 상에 오른다. 톳밥을 지은 날은 가사리된장국으로 궁합을 맞춘다.

우리 밥상을 장식하는 3월 최고의 제철별미는 쑥국이다. 꼭 도다리를 넣지 않아도 초봄의 향이 물씬한 게 봄 국으로 으뜸이다.

		제철식재료로 만든 제철음식
땅	달래와 냉이	달래무침
		냉이된장국
		냉이무침
	쑥	쑥국
		쑥전과 쑥튀김
		쑥떡(인절미, 쑥개떡)
	금오도 방풍	방풍나물무침
		방풍튀김
		방풍장아찌
바다	문치가자미(도다리)	도다리쑥국
	간재미(홍어)	간재미회와 회무침
		간재미찜
		간재미탕
		반건간재미구이
	우럭(조피볼락)	우럭회
		우럭매운탕
		우럭젓국
		말린우럭찜
	실치(베도라치 치어)	실치회
		실치회무침
		실치전
	물미역과 톳+모자반, 가사리	생미역(+초고추장)
		생미역무침
		미역국(해산물)
		톳무침
		톳밥
		불등가사리국(제주 몸국)
		세모가사리국

3월 밥상이 풍성해지는 기타 식재료	아빠의 3월 밥상	
미나리, 세발나물, 월동 노지 시금치, 청견, 농어, 꽃게, 알배기참조기, 굴, 홍합, 주꾸미, 김, 매생이	밥	냉이밥과 달래양념장, 톳, 시래기밥과 강된장
	반찬	냉이/달래/미나리/방풍 등 봄나물 무침, 월동 노지 시금치나물, 세발나물, 봄동겉절이
	국/탕	냉이된장찌개, 쑥국, 시래기된장국, 시금칫국, 광어미역국, 가사리된장국

126

4월

4월의
들과
바다

3월의 봄은 봄이로되 봄이 아닌 날이 많다. 특히 수도권을 비롯한 중부 이북지방과 강원 산간지방은 더욱 그러하다. 심지어 4월 중순까지 강원 산간에 눈이 내리는 해가 반복되니 3월에 벌써 봄이 왔다고 호들갑을 떨기는 쑥스럽다.

하지만 시간의 흐름은 어느 누구도 거스르지 못한다. 4월의 산과 들은 중부 이북지방까지도 봄 색으로 윤기가 흐르기 시작한다. 남부지방은 4월 초만 돼도 꽃 떨어진 매화나무에 새싹이 요염하게 올라오고 벚꽃과 진달래가 피고 진다. 중부지방도 이맘때 비집고 나오는 새순들로 산색이 바뀌고 들에도 파릇하니 봄빛이 완연하다.

겨우내 얼어붙었던 땅에서 새 생명이 돋아 들판의 색깔이 바뀌었다는 것은 이맘때만 먹을 수 있는 풀들이 많아졌음을 의미한다. 이즈음 들판에 나는 풀들은 사실 먹지 못할 것이 없다. 하다못해 한여름에는 거칠고 잔가시가 많아 골칫덩이인 환삼덩굴도 이때는 어린 순을 나물로 먹는다. 세상에 잡초는 없다는 말이 실감나는 때다.

이맘때 들판에서 나는 풀들은 특별히 독성이 없는 한 모두 먹을 수 있다. 억세거나 거칠지 않은 새순들이니 뭐든 먹을 수 없을까. 하지만 그중 예로부터 우리 선조들이 먹어왔던 풀들은 명아주와 망초, 개망초, 벌금자리, 꽃다지 정도다.

선조들이야 먹을 게 없어서 잡초까지 먹었지만 지금 뭐 그런 걸 먹느냐고 비아냥거리는 사람도 없지는 않다. 하지만 농사꾼에게 그저 성가시고 귀찮은 존재로만 알려진 잡초를 먹는 사람들은 단순히 유별난 먹거리를 찾는 게 아니다. 누가 일부러 심고 가꾸지 않아도 봄이 되면 계절의 기운을 듬뿍 받고 돋아나는 우리 들판의 풀들조차 소중하게 여기는 것이다. 에너지를 펑펑 쓰는 온실에서 겨울을 보낸 재배 푸성귀보다 더 자연스러운 영양과 기를 담고 있다고 생각하기 때문이다.

봄에는 먹지 못할 풀이 없다. 망초나 꽃다지도 자연스러운 식재료가 된다.

128

그런데 아쉽게도 이런 먹거리들은 도시에서 구할 수 없다. 대형 마트나 동네의 식품가게는 물론이고 이런 걸 들고 재래시장에 나오는 어르신들도 없다. 초봄에 먹을 수 있는 들풀이기는 하되 먹을 수 없는 게 도시민의 삶이다. 그러니 굳이 초봄 우리 땅이 주는 귀한 식재료로 여겨 한번 먹어보려면 직접 발품 손품을 팔아야 한다. 아니면 귀농을 했거나 청정 고향을 지키는 지인들에게 청을 해볼 수밖에 없다.

하지만 그러기엔 조금 청승맞은 기분도 없지 않다. 그저 어느 봄날 시골길에서 이런 먹거리 들풀들을 만났다면 허투루 여기지 말고 한 줌 뜯어다 먹어보자. 살짝 데쳐 들나물 무치듯 하여 먹으면 된다. 이름도 없는 잡초라 여겼던 들풀들이 어느새 초봄의 제철 밥상을 장식할 귀한 식재료로 다시 보일 것이다.

들판이나 나무 그늘이 없는 산간 초입에서 쑥쑥 자라는 쑥도 아직 제철이다. 중부지방에서는 4월 중순 무렵까지 쑥국을 끓여 먹을 수 있을 만큼 어리고 보드랍다. 이때가 지나면 쑥국은 포기해야 한다. 이후로 한 달여간은 떡을 해 먹기에 맞춤하다. 제법 자라서 조금만 캐도 한 바구니 가득 채울 수 있고 쑥 향도 진하다. 우리는 이때 양껏 채취해 데쳐냈다가 쑥떡이 간절하면 한 번씩 해 먹는다. 삶은 쑥을 너무 꼭 짜지 말고 물기가 조금 있는 상태로 비닐봉지에 꽁꽁 싸서 냉동실에 넣으면 장기 저장이 가능하다.

약하게 불고기 양념을 한 쇠고기를 두릅에 말아 익혀낸 쇠고기두릅말이. 어르신 상에 올려도 모양과 맛에 손색이 없다.

튀김옷을 살짝 입혀 튀겨내면 아이들도 좋아하는 두릅튀김.

우리 간식 상에 올라오는 쑥떡은 그냥 소박한 쑥개떡이다. 가끔 집안 행사가 있을 때나 찹쌀로 쑥인절미를 해 먹는다. 생각날 때마다 조금씩 해 먹기에는 쑥개떡이 최고다. 유년 시절 최고의 간식거리였던 탓에 추억이 똘똘 뭉쳐 있는 음식이다. 쑥개떡을 찌는 내내 집 안에 쑥 향이 솔솔 퍼진다.

4월이면 중부지방에서도 머윗잎이 제법 자란다. 남부 해안가나 섬에서는 머위를 밭에 재배하기도 하지만 대개는 집 근처 자투리 공간에 머위를 심는다. 그늘이 적당한 곳 아무 데나 몇 뿌리 심어놓으면 2~3년 후부터는 주체할 수 없을 만큼 많이 번진다. 4월의 새순은 많이 쓰지 않아 데쳐서 된장, 들기름에 무쳐놓으면 쌉싸름한 게 입맛을 돋운다. 5월이 되면 손가락 굵기의 입자루가 쭉쭉 올라와 이것을 채취해서 먹는다. 우리가 흔히 머윗대라고 부르는 것을 삶아 쓴맛을 뺀 다음 볶아서 먹는다. 들깨가루와 집간장, 다진 마늘만 넣고 볶아도 아주 맛있다.

머위 말고도 4월에 먹을 수 있는 새순으로는 두릅과 삼나물이라고 부르는 눈개승마가 있다. 눈개승마는 울릉도가 원산지인데 최근에는 강원도 산악지대에서도 많이 재배를 한다. 두릅보다 조금 빨라 4월 중순부터 말까지 반짝 나온다. 삶아 무쳐서 나물로도 먹고, 말려 불렸다가 육개장에 고사리 대신 넣으면 최고다.

두릅은 남부나 중부 평야지대에서는 4월 중순부터 먹을 수 있지만 강원 산골에서는 5월 초순 이후라야 먹을 만큼 자란다. 쌉싸래한 봄맛이 두릅에서 절정을 이룬다. 데쳐서 초장에 살짝 찍어 먹어도 맛있고 가닥가닥 뜯어서 된장에 버무려 밥상에 올려도 근

130

사하다. 튀김옷 살짝 입혀 튀겨내면 아이들도 좋아하고 어른들과 손님 접대용으로 쇠고 기두릅말이 하나면 칭찬이 늘어진다.

4월에 또 하나 빼놓을 수 없는 산나물이 고사리다. 제주 한라산 일대에서는 3월 말부 터 서서히 고사리대가 올라오기 시작하고 중순경이면 지천을 이룬다. 또 다른 고사리 주산지인 지리산 하동 일대에서는 4월 초순부터 고사리가 올라오기 시작하는데 4월 말 까지 생고사리를 먹을 수 있다. 이때 채취한 고사리는 묵나물로 먹기 위해 대부분 삶아 말리는데 이 짧은 시기에만 고사리를 생으로 조리해 먹을 수 있다. 생고사리와 간하지 않은 생조기를 넣은 조기매운탕이 빼놓을 수 없는 계절별미다.

이렇게 산야는 점점 봄의 컬러를 더해가지만 아직 노지 밭작물은 빈약한 달이다. 3월 말이나 4월 초순 무렵 겨우 하지감자 심고 쌈채소 파종해놨으니 이것들이 자라 우리 밥 상에 오르려면 한참을 더 기다려야 한다. 물론 마트나 시장에 나가 보면 딸기와 방울토 마토는 물론 열무나 얼갈이배추, 상추 등의 쌈채소가 지천이다. 그러나 이것들은 모두 온실에서 인위적으로 키운 시설재배 작물들이다. 온전히 자연의 힘으로 키운 작물들은 봄이 더 무르익어야 남부지방부터 서서히 먹을 수 있을 정도로 큰다.

그나마 가을에 시금치를 파종해놨으면 남부는 3월부터, 중부는 4월에 먹을 수 있다. 5

4월 초순 한라산과 지리산부터 대를 올리기 시작하는 고사리는 연중 우리 식생활과 떼어놓을 수 없는 귀한 식재료다.
(사진 제공: 동심결농원 방문수 님_ http://www.hojungfarm.com)

월 초순만 돼도 시금치는 꽃대를 올리고 더 이상 먹을 수 없게 된다. 봄시금치, 가을아욱은 문 걸어놓고 먹는다는 말이 있다. 겨울을 난 시금치가 가장 맛있다는 소리다. 차가운 겨울, 시금치는 얼어 죽지 않으려고 자기 몸에 당분을 잔뜩 축적한다. 봄시금치가 달달하고 맛있을 수밖에 없는 이유다. 따뜻한 온실에서 물과 거름을 푹푹 줘서 키운 시금치는 솔직히 풀 맛밖에 안 난다.

육지에는 봄이 완연해지는 달이지만 바다의 수온은 그만큼 빨리 오르지 않는다. 조금씩 온기가 도는 봄 바다에는 겨울 제철생선들이 자취를 감추고 난류성 물고기들과의 자리바꿈이 이루어진다. 이삼월부터 시작한 이런 자리바꿈은 4월에 절정에 이른다. 이때가 되면 물메기, 꼼치, 도치, 삼세기 등 겨울 산란을 위해 연안을 찾았던 물고기들의 조업이 끝난다. 어쩌다 몇 마리씩 그물에 걸려 어시장에 모습을 보일 뿐이다. 철 지난 것들이라 맛도 못하다.

알배기참조기는 4월 하순 무렵 산란기 친어보호를 위한 금어기에 접어든다. 가을부터 이듬해 이른 봄까지 식탁을 풍성하게 해줬지만 어족자원의 지속성을 위한 최소한의 불가피한 조치다. 모든 물고기들이 산란 무렵에는 영양이 알로 가서 살은 쪽 빠지고 푸석거린다. 그래도 알배기참조기를 좋아하는 사람들은 4월이 마지막 기회다.

겨울과 초봄이 제철이지만 4월까지도 맛과 영양이 좋은 해산물들도 있다. 미역과 톳이 그렇고, 서남해안의 간재미도 한창 맛이 있을 때다. 금어기가 끝나 3월부터 조업을 시작한 문치가자미는 이 시기에도 많이 잡힌다. 3월에 도다리쑥국을 맛보지 못했다면 4월에도 늦지는 않다.

그리고 겨울에 산란을 하고 많은 물고기들이 빠져나간 연안에 또 새로운 어류들이 먼바다에서 돌아온다. 난류를 따라 연안과 먼바다를 오가는 회유성 어류들이 그렇다. 농어가 조금씩 모습을 보이고 히라스로 더 잘 알려진 부시리도 제주 인근의 남쪽 바다부터 잡히기 시작한다. 부산 기장 앞바다에는 어린 꽁치라 할 만큼 커다란 생멸치들이 본격적인 산란을 준비한다. 이때는 멸치 산란기라 기장 앞바다에서만 멸치 조업을 할 수 있다.

꽃게도 제주 남쪽 동중국해와 황해 먼바다에서 겨울을 보내고 산란을 위해 우리 연안을 찾는다. 대부분의 게들은 한곳에 머물며 평생을 보내는데, 유독 꽃게만은 먼바다와 연안을 오가며 산란회유를 한다. 꽃게 조업이 본격적으로 시작되는 4월에 서해 남부의 진도 일대에서는 알이 꽉 찬 꽃게가 잡히기도 한다. 그러나 꽃게의 진짜 제철이 되려

봄꽃이 필 무렵 푸른 바닷물에서 빨갛게 핀 제철 멍게를 걷어 올린다.

면 조금 더 기다려야 한다. 특히 이상한파로 바닷물의 수온이 오르지 않으면 꽃게 금어기가 가까워 오는 5월 말이나 돼야 웬만큼 잡힌다. 산란을 앞둔 암꽃게에 살과 알이 가득한 때도 이 무렵이다.

난류를 따라 회유하는 어류는 수온이 더 올라야 본격적인 제철을 맞지만 딱 4월이 제철인 해산물도 있다. 이른 봄에 맛과 영양이 최고조에 이르는 주꾸미다. 주꾸미는 산란이나 먹이를 따라 회유하지 않고 주로 연안에 붙어사는 정착성 해산물이다. 바닷물이 아주 차가워지면 잠시 깊은 바다로 피신했다가 수온이 오를 때 다시 연안 가까이 붙어 먹이활동과 함께 산란을 준비한다. 매해 수온에 따라 조금씩 차이가 있기는 하지만 그때가 삼사월이다. 알을 배기 직전의 주꾸미는 살캉 쫀득한 게 회로 일품이고, 알을 밴 것은 허연 쌀밥 같은 알을 먹는 재미가 있어 데쳐 먹어야 더 맛있다.

비록 양식이기는 하지만 4월이면 봄 바다의 향기를 그대로 전해주는 해산물도 있다. 통영과 창원의 청정 앞바다에서 양식되는 멍게와 미더덕이다. 봄꽃 소식이 들리면 이들 해산물들도 제철을 맞는데 이맘때 멍게는 특유의 쌉싸래하면서도 달큰한 맛이 일품이다. 멍게는 거제와 통영의 멍게비빔밥으로 유명세를 타면서 회와 젓갈, 비빔밥 재료로 인기 절정이다. 기껏 아귀찜이나 된장찌개의 부재료 정도로 여겼던 미더덕 또한 현지에서는 회로도 먹고 젓갈을 담가 먹기도 한다. 미더덕과 콩나물만으로 조리한 미더덕찜도 오독오독 씹히는 식감과 쌉싸래한 맛으로 마니아들을 유혹한다.

이름부터 아련한 향수를 일으키는 머위의 새순도 4월이 제철이다. 왜 머위라는 이름만 들어도 몽글몽글 향수가 피어오르는지는 잘 모르겠다. 아마도 유년을 보낸 시골집 근처 그늘진 곳에 유난히 많았던 머위들 때문은 아닌가 싶다. 집 옆으로는 작은 내가 하나 흐르고 있었고 냇가에는 우리가 왕밤나무라 부르던 커다란 밤나무가 우뚝 서 있었다. 밤나무 그늘과 뒷간 근처가 바로 머위 밭이었다. 척박한 곳에서도 잘 자라는 머위는 번식력도 강해서 달리 손을 봐주지 않았는데도 해마다 제 땅을 넓혔다. 냇가 주변이 온통 머위 밭으로 착각할 만큼 많은 머위들이 자라고 있었다.

그런데 이상하게 아무리 기억을 더듬어도 머위 순이나 머윗대 나물을 먹어본 적이 없다. 아마도 머위의 쓴맛을 어린 자식들이 싫어하니 어머니께서 우리 밥상에는 올리지 않으셨나 보다. 아니면 당신도 머위를 좋아하지 않아 아예 밥상에 올릴 생각을 안 하셨을 수도 있다. 그런데 먹어본 적은 없어도 함께 자랐다는 이유만으로 내 그리움의 끝과 맞닿아 있는 옛 시골집 근처의 그 많던 머위는 다 어떻게 됐을까?

아무튼 내가 머위 맛을 제대로 안 것은 제철식재료의 매력에 빠져 여기저기 취재를 다닐 때이니 불과 몇 년이 안 된 셈이다. 전북 고창이 친정인 아내는 머위, 고들빼기, 씀바귀 등 쓴맛에 익숙하지만 봄이 됐다고 일부로 머위를 사다 밥상에 올려주지는 않았다. 어느 핸가 아내와 함께 강화농장에 갔다가 머위와 새로운 조우를 했다. 무성한 잎과 유난히 희었던 꽃으로 어릴 적 기억을 담은 식물에서 어엿한 제철나물로 다가왔던 것이다.

아마도 5월 어느 날이었을 것이다. 남자들이 밭을 일구는 사이 아내는 쑥을 캐겠다고

어린 머위는 데쳐서 된장에 조물조물 무쳐서 먹거나 쌈으로 먹으면 봄철 나른한 미각을 깨워준다.

나가더니 한참 만에 머윗대를 잔뜩 잘라서 들고 왔다. 주인의 허락을 받고 남의 집 주변에 난 머윗대를 잘라 왔단다. 고작해야 농사철에나 일주일에 한 번 농장에 가지만 그래도 몇 번 봤다고 머윗대를 잘라다 먹도록 허락한 모양이다. 아내는 집으로 그냥 가져가면 또 일이 된다며 농장의 잔디 마당에 앉아 잎을 떼어내고 머윗대의 껍질을 일일이 벗겨냈다.

　농장에서 집으로 돌아오면 우선 농장의 수확물들을 갈무리하는 게 일이다. 이날은 쑥과 머윗대를 잔뜩 뜯어 왔으니 멀리 강화까지 다녀온 보상은 충분히 받은 셈이다. 쑥은 흙과 먼지를 대충 씻어내고 데쳐서 냉동실에 뒀다가 쑥떡을 할 때 꺼내면 된다. 머윗대는 푹 삶아 하룻밤 쓴맛을 우려내야 한다. 이때 대가 가는 것은 둘로, 굵은 것은 서너 쪽으로 갈라놔야 먹기가 좋다. 이쑤시개로 머윗대 아랫부분을 쿡 찔러 당겨 올리면 잘 갈라진다.

　강화에서 머윗대를 잔뜩 잘라 온 이튿날 아침 밥상에 머윗대볶음이 올랐다. 거피 들깨가루를 넣어 국물이 자작하게 볶았는데 의외로 맛이 깊어 놀랐다. 하룻밤을 우려냈지만 쓴맛이 조금 남아 살짝 쌉싸래하면서도 구수한 감칠맛이 꽤 매력적이었다. 하지만 머윗대의 매력에 폭 빠진 것은 이날이 아니었다. 며칠 후 남은 머윗대를 넉넉히 넣고 닭개장을 끓여 내왔는데 닭과 머윗대의 맛 궁합이 그렇게 좋을 수 없었다. 보통 닭개장을 끓일 때 함께 넣는 토란대나 고사리보다 한 수 위였다. 머윗대의 독특한 향이 자칫 비릿할 수 있는 닭고기의 잡맛을 잡아주고 부드러우면서도 아삭한 식감이 다른 식재료들보다 잘 어울렸다.

이날 이후 우리 가족은 머윗대와의 사랑에 폭 빠졌다. 강화에서 잘라 온 머윗대가 떨어질 즈음에는 지리산 청정 환경에서 자랐다는 머윗대를 잔뜩 주문했다. 머윗대를 더이상 먹을 수 없는 계절에도 머윗대닭개장을 먹어보려는 욕심이었다. 하지만 이때는 몰랐다. 왜 다른 계절에는 생머윗대는 아니더라도 하다못해 말린 것이나 냉동한 머윗대라도 시장에서 볼 수 없을까? 그 까닭을 한 번쯤 생각해봤어야 했다. 머윗대는 장기 저장했다가 사철 먹을 수 있는 식재료가 아니다. 삶아서 냉동을 하게 되면 그 풍부한 맛의 즙과 아삭한 식감은 사라지고 섬유질만 남는다. 이걸로 닭개장을 끓이면 다 풀어지고 실처럼 가는 섬유질만 엉켜 떠다닌다.

자연이 주는 모든 식재료는 다 제철이 있다. 굳이 다른 계절에도 먹어보겠다고 욕심부릴 일이 아니다. 새로운 계절이 오면 그 계절이 선사하는 제철식재료가 또 있게 마련이다. 제철을 보내는 것이 아쉬운 식재료라면 그저 제철에 실컷 먹어두는 게 최고다.

비릿한 닭고기의 잡맛을 잡아줘서 머윗대와 환상의 궁합을 이루는 머윗대닭개장.

아무튼 머위는 4월 무렵 새순이 나와 10센티미터 안팎일 때가 나물로 무쳐 먹기 딱 좋다. 이런 새순들은 끓는 물에 소금을 조금 넣고 슬쩍 삶아서 된장과 고춧가루 조금, 들기름 한 술 넣고 무쳐내면 된다. 새봄의 미각을 흔들어 깨우는 쌉싸름한 봄맛이다.

새봄의 미각을 흔들어 깨우는 쌉싸름한 봄맛, 머위새순나물.

머위는 자라면서 쓴맛이 계속 강해진다. 따라서 나물로 무쳐 먹기를 조금 지난 잎들은 삶아서 쌈용으로 쓰인다. 강된장 자작하게 끓여 밥을 싸 먹으면 그 또한 봄에 먹을 수 있는 별미다. 조금 더 자란 것들은 잎을 버리고 대만 먹는다. 나른하고 노곤한 4월 머위의 쌉싸름한 맛으로 감각을 깨워보자.

한데서 겨울을 난 것 중에 4월이 제철인 것이 하나 더 있다. 바로 봄부추다. 다년생 식물로 봄이 오면 남들보다 먼저 싹을 올리는 게 부추다. 그리고 조금 남세스럽지만 부추는 남성의 정력과 관련된 속설이 가장 많은 채소다. 예로부터 부추가 남자의 양기를 세운다 하여 기양초(起陽草)라 불렀다. 더 나아가 과붓집 담을 넘을 정도로 힘이 생긴다 하여 월담초(越譚草), 운우지정을 나누면 초가삼간이 무너진다고 하여 파옥초(破屋草), 장복하면 오줌 줄기가 벽을 뚫는다 하여 파벽초(破壁草)라는 재담들도 만들어냈다. 부산과 영남지방에서는 부추를 정구지라 부르는데 부부간 정을 오래도록 유지시켜준다 하여 한자로 "精久持"라 쓴다고 주장하기도 한다.

봄에 올라온 첫물 부추를 으뜸으로 치는데,
자른 흔적이 없이 잎 끝이 뾰족한 상태인 것이 첫물 부추다.

실제로 부추가 남자들의 정력에 도움이 되는지는 모르겠다. 하지만 우리 몸에 꼭 필요한 영양소를 다량 함유한 녹색 식물인 것은 맞다. 부추에는 비타민 A를 비롯하여 B군, C와 칼슘, 칼륨, 철분, 인 등 각종 영양소와 무기질이 골고루 들어 있다. 그러니 부추를 먹고 몸이 안 좋아지면 이상한 일이다. 겨우내 부족했던 비타민류와 무기질을 충분히 섭취하면 신진대사가 원활해져 몸에 활력이 생기는 것은 당연하다. 이런 왕성한 활력을 부부생활과 연관 지어 부추가 보양에 가장 좋은 식재료로 주목을 받았을 수 있겠다 싶다.

아무튼 부추는 4월부터 시작해서 칠팔월 꽃이 피기 전까지 지속적으로 먹을 수 있는 식재료다. 봄에 한 번 잘라 먹고 나면 20여 일 후에 다시 먹을 만큼 자란다. 날이 따뜻해지고 비가 한 번 내려주면 더 쑥쑥 자란다. 때문에 이렇게 속성으로 자란 것들보다 봄에 올라온 첫물 부추를 으뜸으로 친다. 아무래도 기나긴 겨울을 땅속에서 웅크리고 기를 축적했다가 처음 돋는 싹으로 올렸을 테니 으뜸으로 쳐도 손색이 없을 것이다.

봄이 돼서 춘곤증이 오고 밤낮으로 높은 기온차에 몸의 적응이 잘 안 된다면 다른 봄나물들과 함께 부추도 밥상에 올려볼 일이다. 첫물 수확한 부추는 잎의 끝 부분을 보면 쉽게 구별할 수 있다. 자른 부분이 없이 뾰족하게 자랐으면 첫물 부추가 맞다. 우리는 가끔 이런 부추를 한 단씩 사다가 부추전도 해 먹고 부추김치를 담그기도 한다.

사실 부추 반 단이면 3~4인 가족이 두어 끼 먹을 부추전을 만들고도 남는다. 이렇게 남는 부추는 냉장고 야채박스에서 곯아 터지기 일쑤다. 그래서 우리는 부추 한 단 사는 날 아예 절반 조금 못 되게 송송 썰어 부추전으로 반죽해놓고, 나머지는 바로 부추김치를 담근다. 3~4센티미터 크기로 잘라 멸치액젓과 고춧가루, 청양고추, 매실액을 조금 넣어 버무리면 끝이니 담그기도 간단하다. 겉절이처럼 바로 먹어도 맛있고, 신김치를 좋아하는 우리는 하루 이틀 상온에 놔뒀다가 충분히 익혀서 먹는다.

이렇게 전을 부치거나 김치를 해 먹는, 잎이 상대적으로 넓은 부추는 대부분 일본 등에서 들여온 외래종이다. 잎이 넓은 부추 중에 문경, 봉화, 밀양, 울진 등지에서 오래전부터 재배해온 토종이 있다고는 한다. 하지만 토종과 외래종 사이에 모양이나 맛에 큰 차이가 없어 재배와 출하에 구분을 않으니 소비자들로서도 구분에 의미가 없다. 토종과 외래종 가릴 것 없이 봄철의 건강 식재료로 여겨 제철밥상에 자주 올리면 그만이다.

하지만 토종부추 가운데 유독 잎이 가늘고 짧아 눈에 띄는 부추가 있으니 바로 양주의 솔부추다. 전라도에서는 부추를 솔이라고 부르는데 경기도 양주 사람들이 전라도 사투리를 섞어 솔부추라 부르지는 않았을 것이다. 아마도 부추의 생김새가 소나무 잎처럼 가늘

양주 솔부추. 시장에는 영양부추라는 이름으로 나온다.

고 뾰족해서 솔부추라는 이름을 붙였지 싶다.

솔부추는 양주시 회암리에서 주로 재배되는 부추다. 회암리는 회암사라는 유서 깊은 절터가 있는 마을이다. 오래전 회암리 주변에서 야생으로 자라던 부추를 밭으로 옮겨 심어 솔부추 산지가 됐다고 한다. 지금은 회암리 솔부추 재배지 주변으로도

부추와 돌미나리의 상큼한 맛이 어우러진 돌미나리부추무침.

죄다 아파트가 들어차 재배면적이 많이 줄었다. 이러다 솔부추라는 귀한 토종 식재료 하나를 잃지나 않을까 걱정이다.

솔부추가 꼭 토종이어서 귀한 것만은 아니다. 맛과 향이 외래종 부추에 견주기 미안할 만큼 진하다. 또한 외래종 부추와는 달리 발아율이 아주 낮아 주로 뿌리로만 번식을 한다. 일일이 캐서 뿌리를 옮겨 심어야 재배면적을 늘릴 수 있는 것이다. 그만큼 재배와 번식이 어려운 게 솔부추니 귀한 식재료라 아니할 수 없다.

솔부추는 일반 부추와 달리 잎이 좁고 짧아 김치를 담가 먹기엔 적합지 않다. 짧고 뾰족한 생김새만큼 조직이 치밀하여 주로 샐러드의 부재료로 많이 쓰인다. 오이와 함께 먹기 좋은 크기로 썰어 액젓과 고춧가루만 넣어 무쳐내도 맛있다. 소스를 끼얹더라도 모양이 흐트러지지 않고 아삭한 식감을 주니 샐러드 부재료로는 이만한 것도 없다. 초간장에 썰어 넣어도 짙은 향으로 보답하고, 된장찌개에 들어가서도 그윽한 향을 낸다. 4월 중순 이후 장 보러 갔다가 노지의 양주 솔부추를 만나면 무조건 한 단 사올 일이다.

주꾸미는 사실 우리 연안에 붙어사는 두족류의 저서성 연체동물이다. 수심이 얕은 서남해 연안의 바위틈에 숨어 낮을 보내고 밤이 되면 나와서 활발한 먹이활동을 한다. 다만 겨울에는 차가운 바닷물을 피해 조금 멀리 나가 깊은 바다에서 지낸다. 그러다 봄볕을 받아 바닷물의 온도가 올라가면 좀 더 연안 가까이 몰려와 산란을 준비한다.

주꾸미의 산란성기는 오뉴월이다. 고흥과 광양 등 남쪽 바다의 주꾸미는 대략 3월부터 산란을 준비하고 서해 북쪽 바다의 것들은 4월이나 돼야 시작한다. 연안어업 허가를 받은 어부들의 어로 활동도 이때부터 본격 시작된다. 연안어업은 주로 소형 어선들에 의해 이루어지는데 겨울은 어한기다. 대부분의 물고기들이 추위를 피해 멀고 깊은 바다로 몰려 나가기 때문이다. 주꾸미가 산란을 시작하는 삼사월이야 어한기가 끝나 어로 활동을 시작하는 것이다.

주꾸미는 같은 문어과 두족류인 문어와 낙지보다 맛이 못하다.

봄주꾸미, 가을낙지라 하지만 우리 사회의 주꾸미에 대한 열풍은 조금 과한 면이 없지 않다. 봄에는 마치 주꾸미밖에 제철먹거리가 없는 것처럼 떠들썩하다. 이렇게 된 데에는 방송과 신문 등 언론의 책임도 크다. 제철먹거리의 맛과 영양을 과대 포장하여 소비자들에게 지나친 환상을 심어주고 있기 때문이다.

방송 입장에서 보면 카메라만 들이대면 그림이 되니 제작비 별로 안 들고, 거기다 시청률까지 쑥쑥 오르니 이보다 손쉬운 효자 아이템이 어디 있을까 싶기는 하다. 매스컴은 적당히 과장하고 소비자들은 이에 열광하고 어민들은 남획하는 악순환이 주꾸미 열풍의 현주소다. 매스컴과 어민, 소비자가 적절히 절제하여 제철먹거리를 즐기는 지혜가 필요하다.

사실 문어, 낙지, 주꾸미 등 문어과의 두족류 생물 중 주꾸미의 맛이 가장 떨어진다. 덩치가 큰 문어처럼 깊은 맛도 없고, 낙지의 보들보들하면서도 쫀득한 식감을 갖추지도 못했다. 크기도 작고 볼품이 없어 크게 대접을 받아오지도 못했다. 하지만 딱 한 철 산란을 앞둔 시기만큼은 웬만한 낙지보다 맛있다는 평가를 받는다. 그것도 알이 꽉 차서 완전히 성숙해 있을 때는 맛이 없다. 종족 보존을 위해 온몸의 영양을 다 알로 보내기 때문이다. 그래서 주꾸미 알이 들어차기 시작할 때가 가장 맛있다. 산란이 가까워 올수록 살의 탄력과 맛이 떨어진다.

알을 품기 시작한 주꾸미는 이 무렵에 잡히는 봄낙지보다 맛있다. 다리는 떼어내 회로 먹는데 쫀득하고 달큰한 맛이 일품이다. 분리한 몸통은 익혀서 통째로 먹는다. 딱 밥알만 한 크기의 알과 내장, 먹물이 어우러져 짙은 바다 맛을 낸다. 이 시기를 지나면 다리도 생으로는 별 매력이 없고 숙회나 샤브샤브로 익혀서 먹는 게 낫다.

주꾸미 철이라고 해도 요새는 일반 가정에서 주꾸미를 밥상에 올리기가 쉽지 않다. 남획과 바다환경의 변화로 인해 싱싱한 국내산 활주꾸미를 보기가 어려워졌다. 얼마 잡히지 않는 것도 전부 산지에서 소화가 되니 대도시 수산시장에서도 귀물 취급을 받는다. 재래시장에서 쉽게 만날 수 있는 활주꾸미는 대부분 베트남이나 중국에서 수입한 것뿐이다. 거기다 국내산 활주꾸미는 킬로그램당 4만 원을 호가하는 해가 계속되니 주머니 얇은 사람들은 밥상에 올릴 엄두를 내기 쉽지 않다.

그래도 주꾸미 철이 왔으니 꼭 맛을 한 번 보고 지나가야 한다면 발품을 팔아 산지를 직접 찾는 수밖에 없다. 서남해안의 거의 모든 항·포구에서 활주꾸미를 만날 수 있다. 그렇다고 서남해안의 주요 항·포구마다 개최되는 주꾸미 축제 때 다녀오라고 권하고 싶지는 않다. 인파가 북적이는 그런 행사를 즐기는 사람들도 있지만, 주꾸미에 목적이 있다면 별로 실속이 없다. 찾는 사람이 많으니 값은 뛰고 서비스도 부실해질 수밖에 없다. 가깝고 한적한 포구나 바닷가 어시장에 가서 사다가 직접 요리해 먹는 것이 제일 알차

몸통에서 다리로 이어지는 부분에 선명한 황금색 반점이 두 개 있다면
잡은 지 오래자 않은 국내산일 가능성이 높다.

다. 우리는 농장을 오갈 때 강화풍물시장을 들르거나 대명포구에서 사다 먹는다.

싱싱한 주꾸미는 몸통에서 다리로 이어지는 부분에 선명한 황금색 반점이 두 개 있다. 황금색 반점을 가진 것이라면 잡아 온 지 얼마 안 된 것으로 국내산 주꾸미일 가능성이 높다. 이런 싱싱한 주꾸미라면 몇 마리쯤 다리를 떼어내 회로 먹어도 좋다. 그리고 나머지는 가족끼리 둘러앉아 신문지 밥상에서 도란도란 샤브샤브를 해 먹으면 제격이다.

주꾸미샤브샤브 육수를 만드는 것도 그리 어렵지 않다. 주꾸미와 철이 같은 바지락과 무, 배추를 넣어 시원하고 들큰하게 끓이면 된다. 바지락이 없으면 멸치다시마육수도 괜찮다. 청양고추를 두어 개 썰어 넣어 칼칼한 맛을 내도 좋다.

국물이 팔팔 끓으면 밀가루나 소금과 함께 주물러 빨판의 펄까지 깨끗이 씻어낸 주꾸미를 통째 넣는다. 그리고 다리가 살짝 익을 때쯤 바로 꺼내서 다리만 먼저 잘라 초장을 살짝 찍어서 먹는다. 너무 오래 익히면 주꾸미 특유의 야들야들한 식감이 떨어지고 질겨진다. 대신 몸통은 푹 익혀야 한다. 몸통에 들어 있는 먹물과 알이 고르게 익기를 기다려야 한다. 배릿하면서도 구수한 먹물과 내장, 쌀알만큼이나 큰 주꾸미 알, 탄력 넘치는 살을 씹는 맛이 어우러져 일품이다.

주꾸미와 야채를 다 건져 먹고 라면사리를 넣은 주꾸미라면도 별미다. 인스턴트식품이

면 어떠랴. 어쩌다 한 번쯤 소탈한 맛을 위해 원칙을 양보할 수도 있지 않을까. 한 번쯤은 즐겁고 맛나게 먹는 것이 건강에 더 좋다. 주꾸미 먹물 탓에 콜타르처럼 시커메진 육수에 자작자작 밥을 비벼도 맛있다. 잘 익은 김치 한 쪽만 있으면 훌륭한 식사가 된다.

　매콤달콤한 주꾸미볶음도 인기지만 값비싼 활주꾸미로 할 요리는 아니다. 살아 있는 싱싱한 주꾸미에 양념을 잔뜩 바르는 조리법은 막말로 제철 주꾸미에 대한 모독이다. 양념을 최소화해서 담백한 맛을 즐기는 것이 제철 주꾸미에 대한 정당한 예우다. 주꾸미볶음이 먹고 싶다면 굳이 활주꾸미를 찾을 게 아니다. 신선한 냉동 주꾸미도 얼마든지 있다. 그리고 제철이 아니더라도 사철 주꾸미볶음을 올릴 수 있다. 어차피 양념 맛에 먹는 음식이기 때문이다. 특히 주꾸미는 각종 필수아미노산과 타우린, DHA 등을 많이 함유한 건강 식재료이므로 꼭 제철이 아니더라도 신선 주꾸미를 이용해 주꾸미볶음을 밥상에 올리는 것도 좋다.

바닷속에서 피는 봄꽃, 멍게

서남해 일대에서 주꾸미가 주가를 높일 무렵, 경남 통영에서는 바다의 꽃이라 부르는 멍게 채취가 시작된다. 독특한 향과 맛으로 중독성을 지닌 멍게는 봄철 집밥에 맛과 컬러를 더해주는 대중적 식재료다. 양식 멍게는 보통 3월 하순 무렵부터 채취를 시작하는데

푸른 바닷물과 대비된 선명한 주황색의 멍게는
가히 화사한 봄꽃에 비견할 만하다.

멍게와 미더덕은 신티올이라는 불포화 알코올 성분이 내는 독특한 향 때문에 호불호가 명확한 식재료다. 양식 멍게(좌)와 자연산 멍게(우).

양식 멍게의 최대 산지가 통영이다. 통영에서도 산양읍이라는 마을이다. 이맘때 채취하는 것들은 산양읍 청정바다에서 2~3년을 자란 것들이다.

뭍에서 봄꽃이 피어날 무렵이면 푸른 바닷물 속에서도 알맞게 자란 멍게가 채취선에 끌려 뭍으로 오른다. 수 미터가 족히 되는 굵은 양식용 밧줄을 끌어올리면 아이 주먹만 한 멍게가 줄줄이 딸려 나온다. 푸른 바닷물과 대비된 선명한 주황색의 멍게는 가히 화사한 봄꽃에 비견할 만하다. 바다의 꽃이라 부르기에 손색이 없다.

양식 멍게의 제철은 보통 3~5월까지로 본다. 자연산 멍게는 6월부터 초가을까지가 제철이다. 양식과 자연산 멍게의 제철이 다른 것은 채취시기 및 수온의 차이 때문이다. 자연산 멍게는 해녀나 잠수부들이 물속 깊이 들어가 일일이 따내야 하므로 수온이 차가운 시기에는 채취가 어렵다.

국내 양식 멍게 생산량의 70퍼센트 이상을 점하고 있는 통영에서는 이르면 3월부터 멍게 채취를 시작해 5월 무렵까지는 마무리한다. 그러나 남해보다 수온이 낮은 동해에서는 6월이나 돼야 자연산 멍게를 잡기 시작한다. 이곳 사람들은 이른 봄 멍게는 배설물이 가득 차 있고, 아직 맛이 들지 않았다고 한다. 수온이 본격적으로 오르는 6월부터 산란을 하기 전인 가을까지 멍게 맛이 달고 향도 진하다고 한다. 멍게는 다른 동물보다 글리코겐을 많이 함유하고 있는데 여름에는 글리코겐 함량이 더 높아진다. 글리코겐은 멍게의 단맛을 좌우하는 다당체다.

아무튼 우리는 4월쯤 통영에서 한두 번, 7월쯤 동해에서 한두 번 해서 1년에 서너 번쯤 멍게를 구입한다. 양식 멍게와 자연산 멍게의 맛이 가장 좋을 때다. 넓고 깊은 바다에 따로 사료를 줘서 키우는 것이 아니니 양식과 자연산을 군이 구분해야 할까 싶기는 하지만 내 입맛에는 동해의 자연산 멍게 맛과 향이 더 깊은 것은 어쩔 수 없다.

양식이든 자연산이든 모든 멍게는 신티올이라는 불포화 알코올 성분을 가지고 있어 독

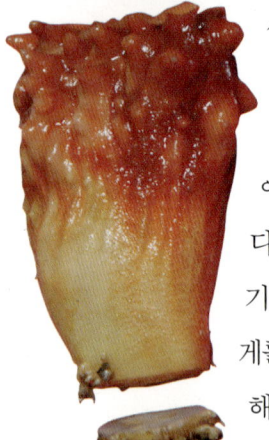

특한 향과 맛을 낸다. 멍게의 사촌격인 미더덕도 같은 성분을 지니고 있는데 아무래도 멍게보다는 약하다. 이 독특한 향과 맛 때문에 멍게나 미더덕이 사람마다 호불호가 다른 식재료가 되었다. 싫어하는 사람들은 멍게를 거들떠도 안 보지만 마니아들은 중독성이 있다고 입을 모은다. 멍게만 보면 조금 과장해서 코를 박고 먹는다.

다행히 우리 가족들은 아이들까지 멍게를 좋아한다. 4월 통영에서 제철 멍게가 올라오면 손질하기 무섭게 절반쯤은 집어 먹는다. 껍질 벗기고 내장과 배설물만 살짝 씻어내서 4등분하면 딱 먹기 좋은 크기가 된다. 바다 것들은 대부분 자체 간이 돼 있어서 멍게를 먹을 때 굳이 초장이 필요하지 않다. 쌉싸름한 맛과 향이 거북해서 어쩔 수 없을 때만 초고추장을 살짝 발라 먹는다.

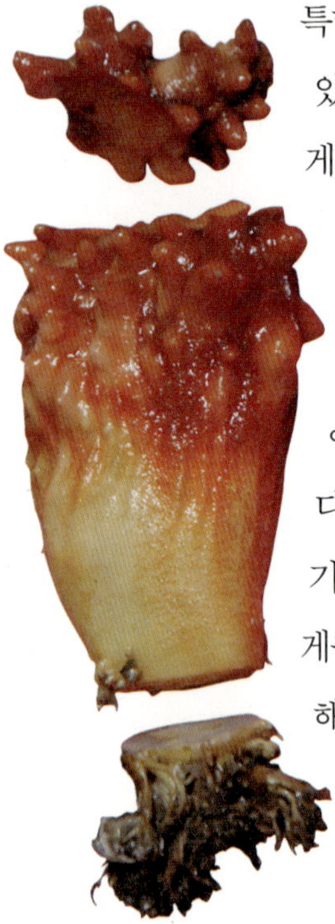

멍게가 올라온 날 우리 집 밥상에는 늘 멍게비빔밥이 오른다. 뜨거운 밥에 어린 채소들을 가지런히 올리고 생멍게를 조금 잘게 다져 얹는다. 여기에 초고추장과 참기름만 한 방울 떨궈서 젓가락으로 살살 비벼 먹는다. 쌉싸름하고 진한 멍게 맛

멍게의 쌉싸름한 향에 폭 빠진 우리는 손질하면서 절반쯤 집어 먹게 된다.

멍게비빔밥을 젓가락으로 살살 비며 먹으면 잃기 쉬운 봄날의 입맛을 돌려놓는다.

이 잃기 쉬운 봄날의 입맛을 돌려놓는다. 거제나 통영 등의 멍게비빔밥 전문식당에서는 얼린 멍게젓갈에 조미김, 참기름만 넣어 비벼 먹게 한다. 하지만 가정에서 균형 있는 영양을 위해 별로 추천할 만한 방법이 아니다.

회로 먹고, 생멍게비빔밥을 해서 먹고도 남은 멍게로는 젓갈을 담근다. 멍게를 잘게 다져 소금과 버무려놓으면 된다. 멍게젓갈은 냉장 숙성을 할 것이므로 너무 짜지 않을 정도로만 소금을 넣는다. 희한하게도 멍게나 미더덕, 성게와 같이 향으로 먹는 식재료들은 젓갈로 담글 때 그 향이 더 깊어진다. 이삼일 냉장실에서 숙성하다 한 번 먹을 만큼씩만 나누어 냉동실에 보관한다. 입맛이 없을 때 멍게젓갈로 밥을 비벼 먹으면 요게 또 꿀맛이다.

통영 멍게의 사촌, 창원 미더덕

봄을 맞은 통영에 멍게가 한창일 때 옆동네 창원에서는 미더덕이 절정의 맛을 낸다. 옛 마산의 진동 앞바다가 미더덕의 주산지다. 미더덕과 멍게는 주요 산지도 이웃하고 있지만 같은 측성해초목에 속하는 사촌격 해산물이기도 하다. 맛도 상당히 유사하다. 특유의 향과 맛을 내는 신티올 성분을 함유하고 있는 것도 같다. 따라서 미더덕도 저마다 호불호가 명확한 식재료다.

미더덕은 수온이 섭씨 9~15도가량 유지되는 3~5월 사이가 제철이다. 이 시기 가장 빠

미더덕은 4월에 맛이 절정에 이르는데
일일이 사람의 손으로 겉껍질을 까내야 먹을 수 있다.

르게 성장을 할 뿐 아니라 알도 꽉 차고 맛도 가장 깊다. 수온이 20도를 넘어가는 6월이 되면 폐사가 시작된다. 제철 미더덕을 맛보려면 4월이 최적의 시기다.

모든 식재료가 그렇지만 제철 미더덕에는 다른 계절보다 많은 맛 성분과 영양소가 들어 있다. 감칠맛을 내는 유리아미노산과 고도불포화지방산인 EPA, DHA 성분이 바로 그것이다. 아무래도 생명활동이 활발해지는 시기에 바다의 맛과 영양을 최대한 빨아들이게 되는 까닭이 아닐까 싶다. 그것이 또 우리가 제철식재료를 찾는 까닭이기도 하다.

우리야 멍게를 좋아하는 가족이니 미더덕을 마다할 리 없다. 제철이 되면 미더덕도 꼭 한 번쯤 먹어줘야 한다. 미더덕을 먹는 방식도 멍게와 별반 다르지 않다. 일단 몇 점은 투명하고 얇은 막을 터뜨려 바닷물을 빼내고 날로 먹는다. 미더덕을 회로 먹는다 하면 현지인들을 빼놓고는 대부분 고개를 갸우뚱거린다. 모든 식재료의 경우가 그렇지만 날로 먹는 방식은 식재료 고유의 맛과 풍미를 가장 정직하게 맛볼 수 있는 섭취 방법이다. 아무것도 바르지 않고 바닷물의 간으로만 먹는 미더덕회가 미더덕의 향과 풍미를 가장 잘 드러내준다 하여 이상할 게 없다.

창원 현지에서 미더덕덮밥이라 부르는 비빔밥도 우리 가족이 좋아하는 음식이다. 뜨거운 밥에 어린 채소를 올리고 속살만 빼내 잘게 다진 미더덕을 얹는다. 초고추장과 약간의 참기름을 넣어 살살 비벼 먹는다. 멍게비빔밥과 동일한 방식으로 먹는 음식이다. 미더덕덮밥은 생미더덕뿐만 아니라 미더덕젓갈을 넣어서도 먹는다. 이 또한 멍게젓갈비빔밥과 조리과정이 동일하다.

멍게와 다른 미더덕의 미덕(美德) 하나는 익혀서 먹어도 맛있다는 점이다. 미더덕은 예로부터 진동 앞바다는 물론 남해 연안의 특산물로 다른 요리에 맛과 향을 더하는 부재료로 쓰였다. 주로 아귀찜이나 된장찌개 등 익힘 요리의 부재료였다. 미더덕이 주재료로 쓰인 미더덕찜이나 미더덕전 등의 음식이 일반화된 것은 근자의 일이다.

미더덕이 올라오면 우리 밥상이 한 번쯤은 미더덕 정식으로 차려진다. 미더덕덮밥을 올리고 미더덕을 듬뿍 넣은 된장찌개도 끓인다. 고소한 전을 좋아하는 아이들을 위해 미더덕전도 한 장 부쳐낸다. 그리고 일품요리로 미더덕찜을 올린다. 봄 냄새를 가득 담은 4월의 제철밥상이다.

미더덕찜이라고 해서 까다롭고 어려운 조리과정을 거쳐야 하는 음식이 아니다. 찜에 넣을 양념장만 가족들의 입맛에 맞게 만들어놓으면 간단하다. 양념장은 고추장과 된장, 고춧가루, 후춧가루, 다진 마늘, 약간의 생강즙이나 가루, 정종이나 맛술을 조금 넣어 잘 섞어준다. 단맛을 내고 싶으면 잘 숙성된 매실액을 조금 넣는다. 모든 양념장이 그렇듯 미더덕찜을 만들 양념장도 미리 개어 냉장고에 하루쯤 숙성해뒀다가 요리를 하면 좋다. 당장 먹어야 할 것이라도 최소 30분 이상은 숙성시켜야 양념장의 재료들이 각자 놀지 않고 색감도 좋아진다.

양념장이 준비되어 있으면 재료들의 손질에 들어간다. 우선 미더덕은 날카로운 칼로 몸통의 막을 살짝 그어서 안에 든 바닷물을 빼내고 물로 살짝 씻어둔다. 찜용 콩나물은 대가리와 뿌리를 떼어내고 물에 깨끗이 씻어둔다. 미나리는 줄기 부분만 5~6센티미터 크기로 잘라둔다. 대파와 청양고추, 홍고추는 어슷 썰어 준비한다.

재료 준비가 끝나면 본격 미더덕찜 조리에 들어가자. 먼저 다듬어놓은 콩나물을 찜용 냄비나 웍에 물을 살짝만 붓고 익힌다. 물 대신 멸치다시마육수를 쓰면 좋다. 콩나물이 살짝 익으면 뚜껑을 열고 미더덕을 함께 넣어 익혀준다. 미더덕이 슬쩍 익으면 미나리와 어슷 썬 대파, 청양고추 등의 부재료를 모두 넣고 준비한 양념장을 얹어 한 번 더 익혀준다. 그리고 마지막으로 물전분과 참기름을 조금 넣어 찰기와 윤기를 낸 다음 잘 섞어 마무리한다.

멍게비빔밥처럼 미더덕비빔밥도 독특한 향으로 입맛을 사로잡는다.

그런데 음식점에 가보면 대부분 찜을 접시에 담고 통깨를 잔뜩 뿌려 내온다. 깨의 압박이 여간 심한 게 아니다. 심지어는 서울에서 내로라하는 평양냉면 전문점의 물냉면에도 깨를 잔뜩 뿌려준다. 지인 한 분은 늘 깨 빼고, 하며 유난스런 주문을 하는데 식재료나 음식의 특성을 고려하지 않는 저급한 취향이 싫단다.

이게 다 TV에 음식 관련 프로그램이 많아지면서 무조건 먹음직스럽게 보여주려는 의도에서 생겨난 조

해물찜의 조연이 아니라 미더덕이 주연인 미더덕찜. 미더덕과 채소만으로도 훌륭한 맛을 내고, 골라 먹는 재미를 위해 새우나 낙지, 홍합 등의 다른 해산물을 넣어도 좋다.

리방식이다. 식재료마다 양념을 적게 해야 할 것과 많이 해야 할 것이 있고, 넣지 말아야 하거나 넣지 않으면 좋을 식재료가 있다. 그런데 모든 음식에 대부분 같은 양념을 잔뜩 넣어 양념 범벅을 만들어버리면 식재료 고유의 맛과 향은 어디서 찾아야 하나 싶다.

아무튼 우리는 찜은 물론 모든 음식을 양념 범벅으로 만드는 것을 경계한다. 그렇게 되면 맵고 짜고 달고 신맛밖에 남지 않는다. 식재료 고유의 맛과 향을 너무 가리지 않을 정도의 양념이면 충분하다. 그래야 서로 다른 식재료로 다양한 음식을 만드는 의미가 산다.

통영과 창원에서 봄 바다의 향기를 가득 담은 멍게와 미더덕이 한창 올라올 때 서남해의 갯벌지대에서는 바지락과 모시조개(가무락조개), 동죽 같은 조개들이 제철을 맞는다. 서해나 남해의 모래와 펄로 이루어진 갯벌에 주로 서식하는 이 조개들은 대체로 6~9월 사이에 산란한다. 산란성기는 한여름인 칠팔월이다. 서남해안의 이들 패류의 살이 통통하게 올라 맛이 절정일 때는 대략 4월 중순부터 한 달 동안이다.

모두 조간대의 갯벌에 사는 조개들이지만 바지락은 모래나 자갈, 펄이 섞인 곳을 좋아한다. 대략 모래나 자갈과 펄의 비율이 7 대 3 정도인 갯벌을 가장 좋아한다고 한다. 반면 모시조개라 부르는 가무락조개와 동죽은 펄로만 이루어져 푹푹 빠지는 갯벌에 주로 서식한다.

딱히 서식지의 차이라고 이야기할 수는 없지만 사오월이 제철인 이들 조개는 맛이 조금씩 다르다. 바지락은 감칠맛이 아주 진하고 시원한 맛을 내는 반면, 가무락조개는 구수한 감칠맛이 일품이다. 동죽은 이보다 감칠맛이나 시원한 맛이 조금 떨어진다는 평가를 받는다. 가격도 동죽이 제일 낮고 바지락이 중간이며 가무락조개는 꽤 비싸다. 바지락이야 우리나라 사람들이 제일 많이 찾아 생산량이 그만큼 많아서 저렴한 게 아닐까 싶다. 가무락조개가 바지락보다 절대적인 맛이 한 수 위여서 비싸지는 않은 것 같다.

서남해안의 조개 철이 오면 우리는 충남 서산에서 바지락을 잔뜩 구입해놓는다. 제철 바지락은 살이 통통히 올라 껍질 속을 꽉 채울 정도다. 살이 쪽 빠져 껍질 안이 반 이상 빈 다른 계절의 바지락과는 비교할 바가 아니다. 맛도 살만큼이나 꽉 차서 이 무렵의 바

지락은 조금만 넣어도 국물 색이 뽀얗게 산다.

우리가 굳이 서산에서 제철 바지락을 구입하는 것은 충남 서산 바지락이 최고여서만은 아니다. 서산의 동부시장에는 부남수산이라는 조그마한 어패류 도매상이 하나 있다. 이 집 주인 내외가 바지락을 보는 눈이 예사롭지 않다. 서산의 가로림만 조력발전소 반대 환경운동을 하고 있는 여주인은 성격도 깐깐해서 맘에 들지 않는 바지락은 절대 보내지 않는다. 그래서 이 집에서 바지락을 구입하면 실패가 없다. 늘 통통하게 살이 차 있고 깨지거나 죽어 펄만 가득한 바지락이 거의 없다.

이 집에서는 바지락과 함께 해감할 바닷물도 함께 보내준다. 모래나 갯벌 속에 사는 패류들은 몸속에 모래와 펄이 들어 있기 때문에 최소 서너 시간 이상은 바닷물 농도의 소금물이나 바닷물로 해감을 해주어야 한다. 그래야 지근거리며 모래나 펄이 씹히지 않는다. 바지락을 담아 보낸 스티로폼 박스에 바닷물과 바지락을 쏟아 붓고 뚜껑을 덮어놓으면 해감 준비 끝이다. 땅속 생활을 하는 패류는 어두운 곳이 아니면 모래나 펄을 잘 뱉어내지 않는다. 뚜껑을 덮어 그대로 4~5시간 정도 놓아두었다가 건져 씻어내면 바지락 손질도 끝이다.

바지락 껍질은 표면이 거칠어 펄이나 이물질이 많이 묻어 있다. 이것을 씻어내려면 목장갑을 끼고 바락바락 문질러줘야 한다. 두어 번 물을 갈아가며 박박 비벼 껍질의 이물질을 깨끗이 씻어준다. 한참 문지르다 보면 재밌게도 바지락을 비벼 닦는 소리가 바지락 바지락 하는 것처럼 들린다.

바지락의 본연의 맛을 보여주는 데는 바지락탕만큼 간단하고 솔직한 것도 없다.

깨끗이 손질한 바지락은 한두 번 먹을 만큼씩 나누어 냉동실로 직행한다. 당장 먹을 것은 물론 냉장실로 들어간다. 냉동 보관한 바지락은 필요할 때 꺼내어 다시 씻을 것도 없이 그대로 이용하면 된다.

바지락을 받고 우리가 처음 해 먹는 음식은 당연히 바지락탕이다. 바지락의 제맛을 보여주는 데 이만큼 간단하고 솔직한 것도 없다. 바지락 본연의 맛을 해치지 않게 후추 따위의 향신료는 넣지 않는다. 그저 천일염으로 간하고 시원한 단맛을 위해 대파 한 대 어슷 썰어 넣는다. 칼칼한 맛이 당기면 청양고추 하나 썰어 넣으면 된다. 뽀얗게 우러난 국물이 어찌나 시원한지 해장으로도 으뜸이다. 원래 바지락은 담즙의 분비를 촉진하고 간장의 기능을 활발하게 해서 예로부터 황달에 바지락을 끓여 먹었다지 않은가.

바지락 철에 빼놓을 수 없는 음식으로 우리는 바지락을 잔뜩 넣은 스파게티를 꼽는다. 일명 봉골레 스파게티, 혹은 파스타다. 원래 파스타의 본고장 이태리에서 봉골레가 조개류 일반을 의미하니 바지락을 넣든, 아니면 가무락조개나 동죽을 넣든 모두 봉골레 파스타다.

가족끼리 먹을 봉골레 파스타는 따로 육수를 내거나 바지락 껍질을 벗겨내는 등 번거롭게 조리하지 않는다. 팬에 올리브유를 두르고 편을 낸 마늘을 살짝 볶아 향이 돌면 바지락과 화이트 와인을 넣고 뚜껑을 덮어둔다. 화이트 와인이 없으면 정종도 괜찮다. 자작하게 국물을 조금 먹을 수 있을 만큼 넉넉히 붓는다. 조리하다 소스가 부족할 것

같으면 스파게티 면 삶은 물을 부어도 좋다.

　와인이 끓어 바지락이 입을 벌리면 약불로 줄이고 삶아놓은 면을 넣어 고루 뒤적여준다. 이 때 청양고추를 송송 썰어 넣어 칼칼한 맛을 살려준다. 고루 섞어 면에 적당히 간이 배이면 그릇에 담아 흰후추와 파슬리가루를 뿌려 낸다. 생파슬리나 바질을 잘게 썰어 올리면 더 근사하다. 파르메산 치즈는 굳이 안 뿌려도 충분히 맛있다. 스파게티 해장이 생소하겠지만, 요거 해장으로도 은근히 어울린다.

가무락조개 대신 바지락을 넣은 스파게티는 아이들도 좋아할 만큼 맛이 근사하다.

　잘 손질해서 냉동 보관한 바지락은 필요할 때마다 우리 밥상의 구세주가 돼준다. 간단한 국거리가 없거나 해장이 필요할 때 바지락탕으로 오르고, 된장찌개를 끓일 때도 몇 개 넣어 시원한 감칠맛을 내준다. 칼국수가 먹고 싶을 때에는 바지락에 애호박 하나 채 썰어 바지락칼국수를 끓인다. 어쩌다 직접 반죽해서 썬 국수를 넣기도 하지만 대개는 마트의 생면으로 대신한다. 제철 바지락을 듬뿍 넣어 끓이면 공장제 생면을 넣어도 맛있다.

제철 바지락이 들어가면 공장제 생면을 넣은 칼국수도 맛있다.

밥

현미를 기본으로 찰현미, 수수나 기장, 귀리, 서리태를 적당히 섞어 짓는 우리 집밥이 조금 단조로울 때가 4월이다. 함께 넣을 제철곡물이나 채소가 없기도 하거니와 겨우내 먹었던 시래기나 건나물도 조금 질리기 시작하거나 바닥을 비웠기 때문이다. 그래도 아직 제철이 완전히 지나지 않은 톳과 굴이 좋으니 톳굴밥처럼 별미밥이 우리 밥상에서 완전히 자리를 감추는 건 아니다. 4월 중순까지는 중부 이북지방의 봄냉이도 아직 먹을 수 있어 냉이밥을 지어 현미잡곡밥에 변화를 주기도 한다.

멍게나 미더덕비빔밥을 올리는 날은 현미에 찰기장만 조금 넣고 밥을 짓는다. 비빔밥에는 찰현미를 잔뜩 넣어 차지게 밥을 짓거나 이런저런 잡곡들을 많이 넣은 밥이 어울리지 않는다. 잘 비벼지지도 않거니와 토핑으로 얹을 해산물 맛과의 밸런스도 깨진다. 초밥을 쥘 때 현미 대신 백미로 고슬고슬하게 밥을 지어야 하는 것처럼.

4월에는 밥 대신 면이 우리 집 밥상에 오르는 일이 잦다. 봄 조개 한창 맛있을 때니 며칠 건너 한 번씩 봉골레 파스타가 오른다. 국수 귀신 딸아이만 좋아하는 게 아니라 어른 아이 할 것 없이 다 잘 먹는다. 제철 주꾸미가 오르는 우리 가족 파티 상에는 칼국수 면이나 라면사리가 마지막을 장식한다. 주꾸미샤브샤브 남은 국물에 식은 밥 넣고 죽을 끓이거나 비벼도 좋지만 이때는 어쩐지 면이 더 잘 어울린다.

반찬

김치냉장고에는 1년을 두고 먹을 만큼 김장김치가 늘 넉넉히 들어 있다. 그래도 봄이 왔으니 뭐 좀 신선한 김치가 먹고 싶을 때는 4월의 별미 돌나물김치를 담근다. 돌나물은 양지바른 곳을 좋아해 중부지방에서도 4월 중순이 넘으면 먹기 좋을 만큼 자란다. 국

물 넉넉히 잡아 살짝 익히면 오독오독한 식감에 시원한 맛이 그만이다. 이미 봄이 오기도 전에 시설재배 열무나 얼갈이배추가 쏟아져 나오지만 열무얼갈이김치는 봄이 더 무르익어야 맛있다.

우리 집 봄밥상에 4월의 새순들도 빠질 수 없다. 아이들 손바닥만큼이나 올라온 머위 새순 뜯어다 데쳐 무치고, 망초며 벌금자리, 꽃다지 등 야생초가 이 무렵이 제철이다. 명아주는 날이 더 포근해져야 먹을 만큼 자란다. 머위의 쌉싸름한 맛이 봄의 미각을 깨우고, 망초며 벌금자리, 꽃다지 등은 순한 봄맛이다. 4월에 나오는 첫물 부추도 부추전과 김치로 밥상에 오르면 인기다.

국·탕

봄 국의 으뜸은 역시 쑥국이다. 중부 이북지방에서는 4월 중순까지도 쑥이 국을 끓이기에 맞춤할 정도로 자란다. 맑은 된장국으로 끓이면 좋은데 쌉싸름한 쑥에 콩가루를 살살 무쳐 끓이면 한층 구수하고 깊은 맛을 낸다.

시원한 국물이 먹고 싶을 때는 한창 살이 오른 바지락탕만 한 것도 없다. 봄바지락 넉넉히 넣고 맹물에 마늘, 대파, 청양고추 썰어 넣고 끓이면 된다. 싱겁다 싶으면 소금으로 간하면 되니 이보다 간편하고 맛난 봄 국도 없다.

봄이 오는 길목에 생고사리를 넉넉히 깐
참조기매운탕을 한 번쯤 먹어줘야 서운치 않다.

　월동시금치로는 살짝 데쳐 집간장과 들기름, 다진 파, 마늘 넣어 조물조물 무쳐도 맛
있지만 삼삼하게 시금치된장국을 끓이면 아이들의 숟가락도 자주 간다. 이런 시금치 맛
을 보면 온실에서 고이 키운 시금치는 못 먹는다. 가끔은 가사리된장국에 바지락미역국
도 끓이며 아침저녁으로 서늘한 기온을 이겨낸다.

　4월에 빼놓을 수 없는 탕을 하나 더 꼽으라면 단연 생고사리를 듬뿍 넣은 참조기매운
탕이다. 알맞게 삶아놓은 생고사리 위에 손질해놓은 참조기를 얹고 고춧가루와 어간장,
다진 마늘, 생강가루, 청주를 섞어 미리 개어둔 양념다짐을 넣어 끓인다. 재료가 충분히
익었을 때 어슷 썬 청양고추와 대파를 넣고 한소끔 더 끓여주면 된다. 최종 간은 소금으
로 맞춘다. 간하지 않은 생조기도 있어야 하고 고사리 삶는 일이 간단치 않지만 봄이 오
늘 길목에 한 번쯤 먹어줘야 서운하지 않은 계절별미다.

제철식재료로 만든 제철음식		
땅	머위	머위새순나물
		머윗잎쌈
		머윗대볶음
		머윗대닭개장
	봄부추	부추전
		부추김치
		솔부추샐러드
바다	주꾸미	주꾸미샤브샤브
		주꾸미볶음
	멍게	멍게비빔밥
		멍게젓갈
	미더덕	미더덕회
		미더덕회덮밥
		미더덕된장찌개
		미더덕찜
	봄 조개(바지락, 모시조개, 동죽)	바지락탕
		봉골레 스파게티
		바지락된장국
		바지락칼국수

4월 밥상이 풍성해지는 기타 식재료	아빠의 4월 밥상	
고사리와 고비, 쑥, 시금치, 알배기참조기, 간재미, 문치가자미(도다리), 세모가사리, 불등가사리, 생멸치, 꽃게	밥	톳굴밥, 냉이밥
	반찬	돌나물김치, 망초/벌금자리/꽃다지 등 들나물, 냉이나물무침, 생고사리나물
	국/탕	쑥국, 시금칫국, 냉이된장찌개, 가사리된장국, 생고사리참조기매운탕

5월

5월의

들과

바다

우리는 5월을 계절의 여왕이라 부르던 시기에 자랐다. 사계가 뚜렷하던 시절의 5월은 계절의 여왕이라 불러도 지나침이 없었다. 삼사월에 불던 먼지 가득한 봄바람도 자고, 기후는 온화하여 생활하기에 그만큼 좋은 달도 없었다. 눈에 보이는 산야는 온통 신록으로 뒤덮여 있었다. 옅은 녹색의 신록들은 어찌나 보드랍고 예쁘던지 햇살 좋은 날 그 속은 녹색 융단의 터널 같았다.

지금도 우리나라에 사계가 없는 것은 아니지만 전처럼 뚜렷하지 않다. 계절의 경계가 점점 무너지고 있다는 느낌이다. 이러다 봄과 가을이 완전히 실종되는 건 아닌지 모르겠다. 한창 봄이 무르익어야 할 4월 강원 산간지방에 폭설이 내리는 해가 계속되고 봄이 잠깐 왔다 싶은데 어느새 5월 중순만 되면 초여름처럼 무덥기도 하다. 석유에 바탕을 둔 인류문명이 계절의 주기마저 흐트러뜨리고 있는 것 같아 참 무섭다는 생각이 든다.

겨울이 늦도록 머물고 여름은 순식간에 찾아와 봄이 짧아진 것은 사실이지만 아예

하얀 진이 나오는 봄철 노지 상추. 풀 맛밖에 안 나는 비닐집 재배 상추와는 맛 자체를 비교할 수 없다.

없어진 것은 아니다. 5월은 짧아진 봄이 우리 땅에 잠시 머물다 떠나는 달이다. 이 때 밭에서는 초봄에 심은 상추, 쑥갓, 아욱 등 봄작물들이 먹을 만큼씩 자라난다. 비닐집의 힘을 빌리지 않고 완전히 한데서 재배한 것으로는 사실상 첫 작물이다.

한데서 땅과 태양의 기운을 제대로 받고 자란 봄작물들은 시설재배한 작물들과 맛 자체가 틀리다. 비닐집에서 석유를 태워 키운 쌈채소들은 그저 풀 맛밖에 안 난다. 하지만 이맘때 밭에서 키운 상추를 따면 하얀 진이 나온다. 인간이 너무 인위적으로 보호, 간섭한 상추에서는 이런 진이 거의 나오지 않는다. 그런데 요게 진짜 상추 맛을 좌우하는 성분이다. 락투카리움(lactucarium)이라는 성분이 들었는데 쌉싸름한 맛을 내고 진정과 최면 효과가 있다. 실제로 신경이 날카롭고 잠을 못 잘 때 이런 상추를 먹으면 도움이 된다.

상추, 쑥갓, 아욱과 함께 일찍 심은 열무나 얼갈이배추도 5월 말이면 먹을 만큼 자란다. 아직 충분히 자라지는 못했지만 부드럽고 아삭한 열무김치, 얼갈이김치를 담그기에는 무리가 없다. 또 하나 딱 이 시기에만 먹을 수 있는 밭작물이 있으니 바로 한지형 풋마늘과 마늘종이다. 풋마늘은 깨끗이 씻어서 된장이나 고추장에 푹 찍어 날로 먹는 게 제일 맛있다. 알싸하고 신선한 게 딱 봄맛이다. 마늘종은 말린 새우나 어묵, 멸치와 함께 볶아도 좋은 맛을 내고 짭짤한 소금물에 삭혀두면 여름내 요긴한 밑반찬이 된다.

이 무렵 산골 장에는 고사리와 고비, 곤드레, 잔대, 곰취 등 산나물이 넘쳐난다.

5월은 따스한 봄볕에 오롯이 싹을 올린 봄작물들이 풍성한 달이지만 아무래도 산나물만큼은 못하다. 5월은 산나물의 달이라 해야 맞다. 삼사월 뭘 먹어도 탈이 없던 들나물은 이제 쇠서 먹을 수가 없다. 대신 중부지방은 5월 중순 무렵까지, 강원 산간지방은 5월 말까지 산나물이 지천이다.

이 무렵 강원도 정선장에는 첫물 곤드레가 지천이고 딱주기라 부르는 잔대 새순도 나온다. 잔대가 표준명인 딱주기의 뿌리는 생으로, 어린 순은 나물로 먹는다. 5월에 한창 올라와 나물로 먹을 수 있는 더덕 순도 있다. 개두릅이라 부르는 엄나무 순과 오갈피 순도 보이고, 자연산 참나물도 이즈음 나오기 시작한다. 미나리와 곰취를 합쳐놓은 듯한 향이 나는 어수리는 5월 말이면 어느새 끝물이다. 울릉도가 최대 산지인 산마늘, 즉 명이와 삶아 말린 건나물들도 착한 가격에 살 수 있다.

이런 산골 장에는 자생하는 산나물을 직접 뜯어서 시장에 들고 나오는 어르신들도 있다. 하지만 이때에도 대부분의 농가에서 재배한 것들이다. 다만 기온이 알맞고 볕이 좋아서 굳이 비싼 석유를 때서 산나물을 기를 이유가 없다. 대부분 노지나 비가림 정도의 시설에서 재배한 것들이다. 한데서 계절의 기운을 듬뿍 받고 자라 향과 맛이 짙다. 종류별로 조금씩 사다가 쌈으로도 먹고 나물로 무쳐서도 먹고, 곰취나 곤드레로는 1년 먹을 장아찌를 담그기 딱 좋은 시기다.

5월은 우리의 산과 들뿐만 아니라 바다도 풍성한 달이다. 추위를 피해 겨우내 먼바다로 나가 머물던 어류들이 삼사월부터 연안으로 몰려들기 시작해 5월이면 절정을 이룬다. 먹이활동과 산란을 위해 따뜻한 연안으로 몰려오는 것이다. 겨울마다 이상한파가 몰려오는 우리 바다는 4월까지도 얼음장처럼 차갑다. 5월이나 돼야 비로소 봄 바다라 일컬을 만큼 수온이 올라 난류성 물고기들이 좋아하는 것이다.

그러니 5월의 우리 연안은 저마다 짝을 찾아 사랑을 나누고 산란을 하려는 어류들로 활기를 띤다. 꽃게는 이때를 위해 동중국해와 서해 깊은 바다에서 헤엄을 쳐 우리 연안을 찾는다. 5월의 꽃게는 산란성기를 앞두고 알이 꽉 들어찬 암컷이 제철이다. 서남해는 조금 일러 4월부터 암꽃게의 제철로 보지만 경기, 충청 등 서해 중부 앞바다의 암꽃게는 5월부터 제철에 접어든다. 연평, 백령, 대청, 소청 등 서해5도는 7월 1일부터, 나머지 다른 바다는 6월 20일부터 두 달 동안 꽃게 금어기다. 두 달이 채 안 되는 시기가 암꽃게의 제철인데 그나마 그 사이에 끼어 있는 사리 무렵이 피크다.

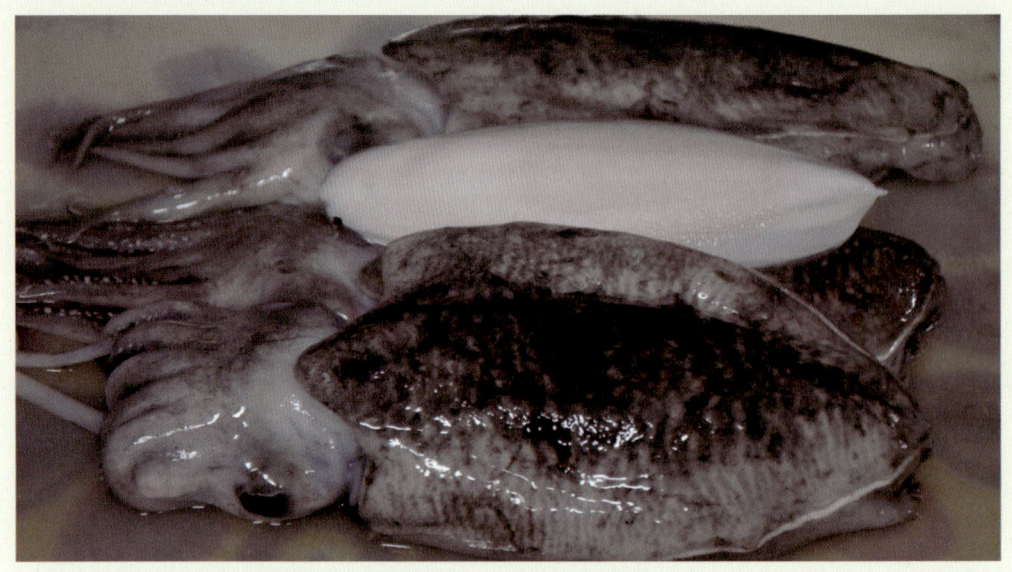
산란기 연안에서 많이 어획되는 갑오징어는 부드럽고 차진 맛이 고급 횟감을 능가한다.

　산란기에 접어든 갑오징어도 5월이 가장 맛있고 많이 잡히는 달이다. 이때 큰 놈은 웬만하면 500~600그램을 훌쩍 넘기는데, 쫀득하고 차진 식감이 고급 횟감으로 손색이 없다. 살짝 데쳐서 숙회로 먹어도 맛나고, 각종 해산물 볶음이나 찜 등에 함께 넣으면 군계일학이다. 우리도 갑오징어의 두툼한 살집이 내는 맛을 못 잊어 제철이면 넉넉히 구매해서 냉동 저장했다가 해물 요리에 두루 쓴다. 5월 갑오징어는 늦가을 다시 갑오징어가 잡힐 무렵까지 우리 가족 입안의 행복을 책임진다.

　5월이 절정의 제철인 서남해의 병어도 빼놓을 수 없다. 병어는 6월 산란을 앞두고 신안 앞바다를 찾는데 맛과 영양이 절정에 이른 때다. 한때 주변에서 흔히 볼 수 있는 생선이었지만 지금은 남획과 바다환경의 변화로 어획되는 양이 워낙 적어 가격이 늘 고공행진이다. 그러나 제철에 기름이 자르르한 병어회의 고소한 맛과 제철채소와 함께 조려낸 병어조림의 부드러운 맛이 주머니 사정을 꼼꼼히 계산할 여지를 주지 않는다. 흔히 덕대라고 부르는 큼직한 덕자병어 한 마리면 네 식구 회와 조림으로 푸짐하고 넉넉한 식사가 가능하다.

　이 시기 연안에서 가장 많이 잡히는 제철물고기로는 광어와 참돔이 있다. 두 어류 또한 서남해에 주로 서식하는데 사오월이 산란성기로, 이때는 주로 알을 배거나 이미 산란을 한 개체들이 주로 어획된다. 많이 잡혀 가격이 저렴하고 쉽게 구할 수 있다는 점에서 제철이라 부를 수는 있겠지만 맛과 영양은 이미 절정의 제철은 아니다. 따라서 회보다는 탕이나 찜으로 광어와 참돔을 저렴하게 즐길 수 있는 때다.

　서남해에서 꽃게, 병어, 참돔, 광어 등의 물고기가 어판장마다 즐비할 때 동남해에는 꽁치와 멸치가 연안 산란장을 찾는다. 그래서 이 시기 경북 울진과 부산 기장 앞바다에는 알배기꽁치와 바다 생태계 먹이사슬의 제일 아래에 있는 멸치가 북적인다. 5월 중순이 넘으면 금어기가 끝난 고등어도 일부 잡히지만 맛과 영양이 제철인 가을부터 겨울까지의 고등어보다는 한 수 아래다.

　산란기 알이 가득한 꽁치는 젓갈용으로 최고 인기다. 경북 해안지방에서는 이때 꽁치젓갈을 담가 김장할 때 쓴다. 구수한 꽁치젓갈을 넣어 잘 익힌 김장김치는 깊은 감칠맛이 일품이다. 우리는 이때 저렴한 꽁치를 넉넉히 사서 일부 젓갈을 담근다. 남은 것은 간단하게 굽거나 조려서, 또는 직접 통조림을 만들어 저장했다가 제철밥상에 올린다.

　이때 부산의 기장 앞바다에서만 잡을 수 있는 알 밴 생멸치도 빼놓을 수 없는 제철해산물이다. 멸치 산란의 절정기여서 부산 기장 앞바다를 제외한 우리 바다 전역이 멸치 금어기다. 따라서 이 무렵 제철 생멸치는 부산 기장에만 있다. 멸치도 무슨 생선이냐 싶겠지만 기장 생멸치는 조금 부풀려서 손바닥만큼이나 크다. 조림이나 구이, 탕을 위한 생선으로 손색이 없다.

　점차 따뜻해져가는 물속이 어류들의 사랑과 산란으로 북적일 때 조개들도 산란을 앞두고 맛과 영양이 절정에 오른다. 서남해안에는 바지락, 가무락, 동죽 등이, 동해에는 명주조개, 비단조개 등의 패류가 여전히 제철이다. 이런 조개류들은 수온이 더 오르는 여름에 산란을 하는데 물이 더 따뜻해지는 6월부터는 맛도 떨어진다. 동해의 바닷물도 수온이 조금 오르는 5월부터 해삼과 성게알 채취가 시작되기도 한다.

영월과 정선의 대표 음식 곤드레밥에 들어가는 곤드레나물은 보통 5월에 첫 수확을 시작한다. 그리고 여름까지 연한 순만 6~7차례 수확하는데, 5월에 채취한 첫물이 가장 부드럽고 좋다. 날이 더워져서 수확하는 곤드레는 아무래도 질기고 억셀 수밖에 없다. 그래서 첫물 수확할 즈음 농장을 직접 방문해 재배이력도 알아보고 첫물을 구입하게 된다.

　곤드레의 특성은 맛과 향이 거의 없다는 점이다. 산나물은 보통 특유의 향과 맛으로

노지에서 자란 곤드레나물은
5월에 처음 채취하는 첫물이 가장 부드럽고 좋다.

먹으니 곤드레나물이 별종인 셈이다. 대신 향과 맛이 강하지 않은 까닭에 어떤 음식에나 잘 어울린다. 다른 식재료의 맛과 향을 해치지 않아 다양한 음식에 보조 식재료로 쓸 수 있는 장점을 가졌다.

그래서 밥을 할 때도 넣고, 된장국을 끓일 때도 넣고, 고등어나 꽁치 등 생선을 조릴 때 묵은지 대신 냄비에 깔고 조리기도 한다. 장아찌를 담그면 다른 산나물이나 채소 장아찌처럼 향이 강하지 않아 부담이 없고 아삭한 맛이 일품이다. 아직 식재료의 향과 맛을 즐기지 못하는 아이들까지도 잘 먹는다. 정선 전통시장 한 모퉁이의 작은 식당에서 내놓은 순댓국에도 곤드레가 들어갔는데, 부드럽고 순한 맛이 순댓국에도 잘 어울린다.

곤드레의 이런 특성 덕분에 과거 굶주린 백성들이 구황식물로 요긴하게 이용할 수 있었다. 곤드레가 나올 때가 딱 오뉴월 보릿고개다. 가을에 추수한 쌀은 떨어지고, 보리를 수확하려면 한 달은 더 기다려야 한다. 이때 아무 데서나 쑥쑥 자라는 곤드레라도 있었으니 목숨을 연명할 수 있었던 것이다. 그야말로 쌀 한 줌에 곤드레만 잔뜩 넣어서 죽을 쑤어 먹었다 한다. 우리 민족과 애환을 함께한 나물이다.

예전처럼 끼니를 걸러야 하는 궁핍이 없어졌으니 곤드레가 이제는 배고픔을 달래줄 식재료는 아니다. 보기만 해도 건강해질 것 같은 건강 식재료다. 실제로 곤드레는 단백질과 비타민 등의 영양이 풍부하고 칼슘, 칼륨, 인, 철분과 같은 무기질의 보고인 반면 열량은 낮다. 게다가 섬유질이 풍부해서 소화와 변비 예방에 도움이 된다. 그래서 가끔 별미밥이 생각날 때면 우선 곤드레부터 찾는다. 때로는 아이들이 화장실을 잘 못 갈 때 일부로 곤드레밥을 짓기도 한다.

보통 곤드레밥을 지을 때 삶은 곤드레를 미리 들기름으로 무쳐서 불린 쌀에 올리는데 이거 별로 추천하고 싶은 방법이 아니다. 곤드레밥을 비벼 먹을 양념장에 들기름이 들어가기 때문에 굳이 미리 넣을 필요가 없다. 열을 가해 들기름의 향과 영양을 날려버릴 이유가 없을뿐더러 밥솥이 기름으로 번들거리는 것을 피할 수 있기도 하다.

우리는 그저 생곤드레를 충분히 삶아 깨끗이 헹구고 물기를 꼭 짜서 불린 쌀 위에 얹은 다음 밥을 짓는다. 밥을 지을 용기도 꼭 무쇠솥이나 냄비를 고집하지도 않는다. 곤드레와 같은 나물밥을 지을 때에는 압력밥솥도 좋다. 자칫 질기거나 섬유질이 많은 나물들은 압력밥솥에서 더 연하고 부드러워진다.

곤드레는 향과 맛이 진하지 않은 나물이니 곤드레밥의 맛은 양념장이 좌우한다. 곤드레는 진한 향의 참기름보다 들기름이 잘 어울린다. 양조간장에 들기름, 송송 썬 쪽파나

곤드레 잔뜩 넣고 고슬하게 밥을 지어 양념장에 쓱쓱 비벼 먹으면 된다.

대파, 깨소금을 넣어 잘 섞어주면 곤드레밥을 비벼줄 양념장으로 최고다. 부추가 있으면 파 대신 송송 썰어 넣어도 좋고, 식성에 따라 고춧가루나 다진 청양고추를 넣기도 한다. 곤드레를 듬뿍 얹어 지은 밥에 들기름 향이 은은한 양념장을 넣고 쓱쓱 비비면 먹기도 전에 침부터 넘어간다.

곤드레밥에는 곤드레된장국이 있어야 제격이다. 멸치로 국물 내고 된장만 삼삼하게 풀어 끓여도 맛있다. 국이 끓으면 청양고추 송송 썰고 대파 한 줄기 어슷 썰어서 한소끔 더 끓여 밥상에 낸다. 곤드레밥 비벼 한 입 떠 넣고 보드라운 곤드레된장국 한 술이면 밥이 절로 넘어간다. 잘 익은 묵은지나 열무김치만 있으면 찬이 더 필요하지 않다. 곤드레된장국은 모시조개아욱국과 더불어 우리 집 5월의 대표 국이다.

제철에 잔뜩 산 곤드레는 절반쯤 삶아서 한 번 먹을 양만큼씩 포장하여 냉동실로 직행한다. 생각날 때마다 곤드레밥을 짓거나 된장국을 끓일 용도다. 그리고 나머지 절반으로는 장아찌를 담근다. 곤드레로는 밥을 짓거나 된장국에 넣을 줄만 알았는데 영월의 한 재배 농가에서 곤드레로 장아찌를 담그면 맛있다는 소리를 주워들었다. 당시에는 산채 장아찌의 맛에 향도 절반쯤 기여하는데 곤드레로 뭔 장아찌를, 하며 흘려들었다. 그래도 혹시나 싶어 곰취장아찌를 담고 남은 장물로 곤드레장아찌를 담가놨더니 생각보다 맛있다. 아삭하게 씹히는 식감이 제법이다. 그 뒤로는 5월이면 곰취뿐만 아니라 곤드레로도 꼭 장아찌를 담근다.

산나물을 이용해 장아찌 담그는 법에는 사실 정석이 없다. 나름대로 다양한 방법이 시도되고 요리 블로그에 소개된 레시피도 무궁무진하다. 우리는 집에서 가급적 전통간장을 써서 장아찌를 담근다. 시판 양조간장의 들큰한 맛과 알 수 없는 식품첨가물들이 께름칙해서다. 장물의 짠맛만 잘 조절하면 전통간장으로 담근 장아찌가 오히려 깔끔하고 담백하니 좋다.

산야초 장아찌의 맛은 장물의 배합비율이 좌우한다. 우리는 간장과 물, 식초, 설탕을 2:1:1:0.8로 섞어 만든다. 간장 대신 소주를 넣기도 하는데 알코올이 잡균의 번식을 막아 골마지가 끼거나 부패되는 것을 방지해준다. 양조간장 대신 집간장을 쓸 경우 염도가 집집마다 조금씩 다른데 시판 양조간장을 쓸 때보다 물의 양을 대략 2배 정도로 맞추면 적당하다. 마지막으로 끓여 부을 때 최종 간을 맞춰줘야 너무 짜거나 싱겁지 않게 담글 수 있다.

깨끗이 씻은 곤드레나물의 물기를 털어내 용기에 담고 끓인 장물을 부어 숙성시키면 아삭한 식감이 경쾌한 곤드레장아찌가 된다.

배합비율을 정했으면 우선 간장과 설탕, 물을 붓고 불에 올려 끓인다. 식초는 장이 다 끓은 다음 부어 섞어준다. 그래야 초산기가 증발되지 않는다. 그리고 펄펄 끓은 장물에 식초를 섞고 깨끗이 씻어 물기를 뺀 곤드레에 바로 부어준다. 장물을 식히지 않고 부어야 아삭한 식감이 산다. 이삼일 간격으로 두어 번 장물을 끓여 부으면 오랫동안 보관해도 맛이 변하지 않는다. 두 번째부터는 끓인 장물을 식혀서 부어야 한다.

장물을 붓고 전용용기가 아닐 경우 돌이나 무거운 접시 등을 이용해서 눌러놓는다. 곤드레가 장물 위에 뜨지 않아야 맛있게 숙성되고, 변질이 되지 않는다. 마지막으로 장물을 끓여 붓고 하루쯤 상온에 놓아두었다가 냉장 보관한다. 곤드레장아찌는 하루만 숙성해서 바로 먹을 수 있지만 장맛이 잘 배면 맛이 더욱 좋아진다.

곤드레장아찌를 담그려 간장 달이는 냄새가 집 안에 진동하는 날 곰취장아찌도 담근다. 곰취는 곰이 좋아한다고 해서, 혹자는 곰이 사는 깊은 계곡에서 난다고 하여 곰취라 불렀다 하는데, 지금이야 대부분 재배한 것들이다. 비닐집을 이용한 시설재배를 통해 이른 봄부터 곰취가 시장에 나오기도 한다.

우리는 웬만하면 노지에서 유기농으로 재배한 곰취를 쓴다. 따뜻한 봄날의 햇살을 제대로 받고 자라야 곰취의 향도 깊다. 연한 것은 생으로 쌈을 싸서 먹거나, 살짝 데쳐 나물로도 무쳐 먹는다. 그리고 조금 크고 억세다 싶은 것을 골라 장아찌를 담근다. 이렇게 제철에 장아찌를 담가놓으면 이듬해 다시 곰취가 나올 때까지 그 맛과 향을 즐길 수 있다.

5월의 산나물을 이야기하며 빼놓으면 섭섭한 것이 하나 더 있다. 바로 참취다. 살짝 데쳐서 조물조물 무쳐놓으면 쌉싸래한 봄맛이 그만이다. 우리나라에는 취라는 이름이 붙은 식물이 70여 종이 있고, 그중에서 식용 가능한 것만 20종이 넘는단다. 우리가 대충 이름을 들어 알고 있는 것이 곰취, 참취, 수리취, 미역취, 개미취 정도다. 그 많은 취 가운데 '참' 자를 붙여 참취라 한 것은 맛과 향이 으뜸이어

장물 끓이는 김에 곤드레와 곰취장아찌를 함께 담근다.

170

제대로 관리를 못 하는 풀밭에서도 참취는 보석 같은 먹거리로 자란다.

서 그랬을 게다.

다행히 지인들과 함께 하는 강화농장에는 2백 평 남짓한 참취 밭이 있다. 한때는 참여하는 모든 가구가 먹고도 남아 해마다 나눔 행사를 열기도 했다. 그런데 몇 해 동안 오뉴월 풀 관리를 제대로 못 해주는 바람에 겨우 먹을 것만 난다. 풀이 한창 왕성하기 전에 꼼꼼하게 잡아주어야 하는데 어쩌다 주말에나 한 번씩 들여다보는 형편이니 참취가 제대로 자라질 못한다. 거기다 화학비료와 농약을 전혀 치지 않으니 농장은 풀과 벌레 천지다.

그런데 무성한 풀 속에서도 참취는 자란다. 인위적으로 간섭하지 않으니 가장 자연에 가까운 보석 같은 먹거리로 자라는 것이다. 이런 걸 뜯어서 코에 대면 그야말로 향기가 진동한다. 깊은 산에서 난 자연산 참취에 버금가는 재배 참취인 것이다. 이런 참취를 채취하는 날에는 마음조차 경건해지는 것 같다. 비록 주인이 정성 들여 돌봐주지 못해도 자연은 어김없이 맛난 먹거리를 내주니 이 얼마나 경이롭고 감사한 일인가.

풀밭을 뒤지며 참취를 뜯는 손에도 정성이 들어간다. 손으로 직접 만져서 감촉이 보드랍고 여린 잎만 가위로 잘라낸다. 그래도 참취 밭을 한 바퀴 다 돌면 양이 제법 된다.

집간장과 들기름, 다진 파만 넣어 바락바락 주물러 무치면 신선하면서 쌉싸름한 참취의 맛에 입이 마냥 즐겁다.

한 집이 두어 번 나물로 무쳐 먹을 만큼은 된다. 어느 날 수확량이 조금 많으면 데쳐 말려둔다. 말린 참취는 물론 이듬해 정월 대보름에 건나물 볶음으로 요긴하게 쓰인다.

이렇게 보드라운 잎이나 새순만 골라 채취한 것은 살짝 데쳐서 무쳐야 맛있다. 그렇다고 끓는 소금물에 살짝 담갔다 꺼내는 정도로는 안 된다. 참취의 아삭한 식감만 살릴 정도로 익혀줘야 한다. 시금치나 산나물 등을 데칠 때에는 끓는 물에 재료를 넣고 열이 골고루 가도록 두어 번 저어준다. 그리고 용기의 가장자리가 다시 끓어오르는 기색이 보일 때 꺼내 찬물에 헹구면 알맞다. 삶아야 하는 나물은 용기의 가장자리부터 시작해 가운데 부분까지 끓어오를 때까지 기다려야 제대로 삶아진다.

데쳐서 찬물로 헹궈 물기를 꼭 짜낸 참취는 집간장과 들기름, 다진 파만 넣어 바락바락 주물러 무친다. 그래야 간과 양념이 골고루 배고 조직도 조금 풀어져 부드럽게 먹을 수 있다. 뜯어서 바로 데쳐 무친 참취는 시장의 시든 참취와 그 맛을 비교할 수 없다. 참취도 장아찌를 담그면 곰취만큼 농후한 향은 아니나 깔끔한 맛이 일품이다. 신선하고 쌉싸래한 참취 맛에 반해 5월은 늘 기다려지는 달이다.

정선과 영월 등 강원 산간에 산나물이 한창일 무렵 전남 담양에는 죽순이 쑥쑥 올라온다. 비라도 한 번 내리고 나면 대밭은 그야말로 우후죽순이다. 습도와 온도만 맞으면 어찌나 빨리 자라는지 조금 과장해서 크는 게 보인다고들 한다. 그러니 이 시기에 바지런을 떨지 않으면 채취시기를 놓치기 일쑤다.

맛있는 것은 먹을 수 있는 시기가 짧아서 더 맛난지도 모른다. 죽순도 철이 짧은 식재료 가운데 하나다. 내가 좋아하는 생죽순은 딱 늦봄 한 철만 먹을 수 있다. 물론 크고 탐스러워 보이지만 맛이 조금 못한 맹종죽부터 분죽, 왕죽까지 치면 봄부터 초여름까지가 죽순의 제철이다.

경남 거제가 주산지인 맹종죽은 4월 중순부터 5월 중순까지가 제철이다. 맹종죽의 제철이 지나고 나면 바로 분죽이 나오고, 분죽이 끝나면 또 왕죽이 나오니 봄부터 초여름까지 내내 죽순을 볼 수는 있다. 그러나 분죽의 죽순을 최고로 여기는 사람들에게는 죽순의 제철이 짧기만 하다. 분죽은 5월 중하순부터 한 달여 동안 생죽순으로 만날 수 있다.

대나무는 전 세계적으로 1,200여 종이나 되고, 우리 땅에는 자생종과 도입종 합해서 70여 종이 자란다고 알려져 있다. 대나무 종류가 생각보다 많다. 그러나 국내에서 식용으로 쓰이는 죽순은 왕대(왕죽), 솜대(분죽), 맹종죽 등 3종류다.

우리가 방송이나 신문, 블로그 등 여러 매체에서 흔히 볼 수 있는 죽순은 맹종죽이다. 맹종죽은 죽순대라고도 부르는데 중국이 원산지다. 죽순이 굵고 탐스러울 뿐만 아니라 다른 대나무들보다 시기적으로 일찍 올라오기 때문에 매스컴에서 죽순을 소개할 때 으레 맹종죽을 다룬다. 분죽이나 왕죽에 비해 크고 굵은 만큼 죽순을 썰어놓으면 두껍고 빗살무늬 모양도 좋게 나온다. 맹종죽은 상대적으로 질기며 떫고 아린맛이 많아 충분히 삶고 우려내야 한다.

분죽은 표면에 흰 분이 피어 있기 때문에 붙은 이름이다. 순우리말로는 솜대라고 부른다. 새순은 대략 5월 중순경부터 한 달여 동안 올라온다. 대나무로 유명한 전남 담양이 최대 산지다. 맹종죽보다 가늘어 죽순이 볼품없지만 식감은 훨씬 아삭하고 부드럽다.

왕죽은 왕대라고도 부르는데 분죽과 마찬가지로 맹종죽보다 가늘고 맛과 식감도 분죽과 유사하다. 6월 초순부터 나기 시작하며 참대, 참죽이라고도 부른다. 하지만 재배면적이 분죽에 이르지 못하기 때문에 경제적 위상이 떨어져 크게 주목받지 못하고 있다.

우리가 식용하고 있는 죽순은 정확히 말해서 땅속의 뿌리줄기에서 솟아난 대나무의 어린 줄기다. 이 어린 줄기가 다 자라면 큰 것은 10~20미터까지 이른다. 탄력이 좋고 강해서 웬만한 바람에는 휘어지거나 부러지지 않는다. 그래서 각종 공예품은 물론 생활용품, 심지어 건축 현장의 비계 지지대로도 쓰였다.

그런데 이렇게 단단한 대나무의 어린 싹은 짙은 갈색과 검은 반점이 섞여 거무튀튀해 보이는 외피 속에 뽀얀 속살을 감추고 있다. 그 속살에서는 단맛이 뭉긋하게 배어나오고 아삭아삭 쫄깃한 식감이 일품이다. 늦봄부터 초여름까지 우리의 미각을 일깨우는 귀한 식재료다. 어떻게 이리 맛난 새순이 그리 빨리 또 그렇게 단단한 대나무로 자랄 수 있는지 자연은 경이롭기만 하다.

5월 중순이 지나 담양에서 분죽의 죽순이 올라오면 우리 집 밥상의 컬러가 바뀐다.

죽순은 대나무의 어린 줄기로 거무튀튀해 보이는 외피 속에 뽀얀 속살을 감추고 있다.

알맞게 삶아 결대로 썰어놓은 죽순은 새콤달콤 초회나 담백한 죽순잡채로 순식간에 변신한다.

그동안이 나물 중심의 녹색 밥상이었다면 이때부터 며칠 동안은 뽀얀 빗살무늬의 죽순이 밥상의 중앙을 장식하는 것이다. 우선은 간단하게 초고추장 한 종지만 올려 죽순초회로 먹는다. 죽순의 제맛을 가장 정직하게 드러내주는 음식이다. 아삭한 식감 뒤에 들큰한 감칠맛이 우러나온다. 그리고 조금 여유가 있는 날은 삶은 우렁이와 각종 채소를 함께 썰어 넣고 빨갛게 죽순회무침을 올리기도 한다. 매콤달콤하게 양념하여 집어 먹다가 뜨거운 밥에 잔뜩 올려 쓱쓱 비벼놓으면 늦봄에나 먹을 수 있는 별미가 된다.

하지만 죽순 택배상자를 보고 아이들이 내심 기다리는 음식은 담백한 죽순초회가 아니다. 죽순회무침은 새콤달콤한 맛에 잘 먹기는 하는데 아이들이 더 좋아하는 건 중국식 죽순잡채다. 잡채라고 해서 당면이 들어가는 것은 아니다. 양파와 당근, 피망이나 파프리카 등의 채소를 곱게 채 썰어 죽순, 돼지고기나 쇠고기 등과 함께 볶아낸 것이다. 볶아낸 재료들을 고루 섞어 굴소스로 간하고 촉촉한 윤기가 흐를 만큼만 물전분을 넣어 한소끔 익혀주면 된다. 크게 복잡하지 않으면서도 영양과 맛이 빼어난 죽순 요리다. 그러나 죽순은 성장이 빠른 만큼 변질도 빠르다. 맛있다고 한꺼번에 많이 만들어놓으면 상해버리기 일쑤이므로 한두 번 먹을 만큼씩만 조리하는 게 좋다.

아욱이 가장 맛있을 때는 가을이다. 오죽했으면 가을아욱은 문 걸어 닫고 먹는다고 했을까. 하지만 초봄에 파종해 늦봄에 올라온 이맘때의 아욱도 참 맛있다. 특히 이때 제철인 가무락조개를 넣고 된장을 풀어 끓인 아욱된장국은 구수한 감칠맛이 일품이다. 우린 원래 아욱국을 말린 새우와 함께 된장을 가볍게 풀어 집간장이나 액젓으로 마지막 간을 해서 끓여 먹었다. 모시조개라고도 부르는 가무락을 넣고 끓인 지는 몇 해 되지 않는다. 오십 중반이 넘도록 결혼을 하지 않고 강화에서 홀로 그림을 그리며 조금 괴짜처럼 사는 친구의 아픈 추억이 담긴 음식이다.

이 친구는 강화 화실 겸 집 주변에 조그맣게라도 텃밭을 만들 환경인데 작물 재배엔 영 관심이 없다. 그저 그림만 좋아서 살고 가끔 전시회도 연다. 텃밭 만들어 소일거리로 쌈채소라도 길러보라고 권할라치면, 거 마트 가면 다 있는데 뭣 하러 그러냐며 단칼에 거절한다. 그런 친구가 어느 봄날 강화농장에 자라고 있는 아욱을 보더니 어머니의 아욱국 이야기를 꺼냈다. 주변에서 이야기를 들어 알고는 있었지만 제 입으로는 처음 꺼낸 아팠던 유년의 기억이다. 이날 밭을 일구면서 새참으로 함께 마신 막걸리 탓도 있었을 게다.

이 친구는 이름만 대면 누구나 알 법한 준재벌 집안의 서자로 태어났다. 기사 딸린 자가용을 타고, 유명짜한 양복점에서 지은 정장을 입고 초등학교를 다녔단다. 돈이야

아욱은 가을 것만 맛있는 게 아니다. 봄에 나는 아욱의 맛도 그윽하다.

176

모시조개의 은근한 감칠맛과 아욱의 부드러운 구수함이 천상의 궁합이다.

어린 나이에 주체할 수 없을 만큼 쓸 수 있어도 늘 마음이 허전했다. 특히 이복형제들과 만나야 할 때는 정체성의 혼돈 때문에 극심한 혼란을 겪어야 했던 모양이다. 큰어머니라 불렸던 아버지의 본처로부터 받은 냉대도 가슴에 큰 생채기를 남겼다.

어쩔 수 없이 아버지 집에 갈 때마다 우울한 얼굴로 돌아오는 아들을 바라보는 어머니의 심정은 어땠을까? 가슴 가득 눈물이 고였을 게다. 그 눈물로 아들 밥상을 손수 차려냈지 싶다. 아들이 좋아하는 모시조개아욱국을 빠뜨리지 않았던 것도 아들에 대한 애틋함 때문이었을 것이다. 그래서 지금 오십 중반을 훌쩍 넘은 아들은 어머니의 모시조개아욱국을 아픔으로 추억한다.

그날 친구와 헤어진 뒤, 우리 집 저녁밥상에 모시조개아욱국이 올랐음은 당연하다. 석모도에서 직접 캐 온 모시조개를 꺼내고 강화농장에서 뚝뚝 꺾어 온 아욱은 억센 줄기만 잘라냈다. 된장을 곱게 개서 끓이다가 모시조개와 아욱을 함께 넣었다. 마지막 간은 어간장을 한 술 넣어 맞추고 어슷 썬 대파만 넣어 한소끔 더 끓여주었다. 별 재료가 들어가지 않았는데 참 희한하게 맛있다. 모시조개의 은근한 감칠맛과 아욱의 부드러운 구수함이 천상의 궁합이다.

그날 화가 친구에게 다음번에는 꼭 모시조개를 들고 와 모시조개아욱국을 끓여주마 약속했었다. 그런데 아직 그 약속을 지키지 못하고 있다. 언젠가 어머니의 그것만은 못하겠지만 한껏 솜씨 내어 모시조개아욱국을 대접하고 싶다. 뜨끈한 모시조개아욱국 한 그릇이 깊은 회한과 그리움으로 멍든 친구에게 따뜻한 위로가 됐으면 좋겠다.

5월이 되면 초봄에 파종한 쌈채소들만 맛있는 게 아니다. 가을에 심은 한지형 마늘도 이맘때 마늘종과 풋마늘을 먹을 수 있다. 제주와 남부 해안가의 난지형 마늘은 이미 4월 초순부터 풋마늘과 마늘종이 나온다. 마늘이야 애초 시설재배를 하는 작물이 아니어서 오로지 자연의 힘만 빌려 키운 것들이다. 다른 밭작물의 경우 4월까지 나오는 것이 거의 모두 비닐집 등의 시설재배를 통한 것이라면 5월 이후는 한데서 자란 것들이 대부분이다.

이맘때 나오는 한지형 풋마늘은 아직 연하고 매운맛이 오르지 않은 상태여서 날로 먹

풋마늘은 아직 매운맛이 오르지 않고 연해서 날로 먹어도 싱그럽고 맛있다.

는 게 제일 맛있다. 겉껍질만 까고 깨끗이 씻어 쌈장이나 고추장에 푹 찍으면 고기 먹을 때 이만큼 어울리는 채소도 없다. 조금 일찍 출하한 햇양파도 풋마늘과 함께 육류에 잘 어울리는 5월 채소다.

5월 중순 이전에 나오는 난지형 마늘들은 아직 덜 여문 장아찌용 마늘이다. 강화에서 처음 텃밭농사를 할 때 이전 회원들이 심어놓은 마늘을 수확하여 두어 접을 나눔 해서 왔다. 화학비료를 쓰지 않고 그 흔한 비닐 멀칭조차 안 했으니 마늘은 씨알이 잔 데다 고르지도 못했다. 그걸 일일이 다 까서 쓸 생각을 하니 한숨이 나올 지경이었다. 두어 달 필요할 때마다 한 통씩 까서 쓰다가 안 되겠다 싶어 마늘장아찌를 담그기로 했다. 장물에 담그든 소금물에 담그든 마늘장아찌는 굳이 쪽을 내서 껍질을 다 벗겨야 하는 게 아니니까.

그때는 요리 초보 시절이었으니 마늘장아찌 담그는 법을 여기저기서 묻고 인터넷을 뒤져 맛있다는 레시피도 참고했다. 그리고 어렵사리 간장과 소금물에 각각 반 접씩 마늘장아찌를 담가놨다. 40일 이상은 기다려야 한다기에 레시피가 시키는 대로 장물을 두어 번 다시 끓여 부어주며 기다렸다. 그런데 두 달쯤 지나 이제는 맛이 들었겠지 하며 한 쪽을 우적 씹었는데 도저히 먹을 수 없는 거다. 매운 기가 하나도 빠지지 않은 상태였다.

그땐 정말 몰랐었다. 장아찌용 마늘이 따로 있다는 것을. 난지형 마늘은 씨알이 굵은 대신 수분이 많아 저장성이 떨어지고, 한지형 마늘은 씨알이 잘지만 야무지고 단단해서 주로 저장했다가 김장할 때 쓴다는 사실까지 알 턱이 없었다. 그런 한지형 마늘 중에서도 자연농법에 가깝게 재배하여 가장 야물고 맛과 향이 진한 것으로 장아찌를 담갔으니 내 무지를 탓할 수밖에. 그때 담갔던 장아찌는 1년도 더 지난 이듬해 여름에서야 겨우 먹을 정도로 매운맛이 가셨다.

따라서 나와 같은 실수를 저지르지 않으려면 5월에 나온 난지형 마늘을 골라 장아찌를 담가야 한다. 그것도 풋마늘 상태를 조금 지나 아직 완숙되지 않은 마늘을 골라야 연하고 아삭한 마늘장아찌를 먹을 수 있다. 이런 마늘은 40일 정도 지나면 바로 먹을 수 있을 만큼 충분히 삭는다.

이맘때 나오는 한지형 마늘종도 한 철 밑반찬거리로 손색이 없다. 마늘종은 정확히 말해서 마늘의 꽃대다. 마늘도 꽃대를 올려 꽃을 피우고 주아라고 하는 작은 마늘을 열매로 맺는다. 가을에 이 주아를 심어 이듬해 한 쪽짜리 통마늘을 수확하고, 다시 이 통

마늘장아찌는 5월에 나오는 난지형 마늘로 담가야 한다.

마늘을 심으면 6쪽, 8쪽 등 여러 쪽으로 분화된 마늘로 자라는 것이다. 주아를 심으면 제대로 된 마늘을 수확하기까지 꼬박 3년이 걸려야 하니 대부분의 농가는 주아를 심지 않고 마늘을 쪽 내서 심는다.

아무튼 마늘종이라 부르는 꽃대가 올라오면 마늘 대신 꽃과 주아로 영양이 간다. 그래서 농부들은 마늘 꽃이 피기 전 꽃대를 뽑아낸다. 이게 각종 밑반찬으로 우리 밥상에 오르는 마늘종이다. 날로 막장을 찍어 먹으면 알싸한 봄맛이 제대로고, 말린 새우와 함께 볶아도 맛있다. 소금물에 삭혔다가 알맞게 잘라서 갖은 양념에 무치거나 고추장에 박아놨다가 한여름에 꺼내 먹으면 짭조름하고 쫄깃한 게 맛나다. 내겐 이 또한 어린 날 추억이 어린 음식이다.

우리의 5월은 먼바다에서 겨울을 나고 우리 서남해 연안을 찾은 꽃게가 산란을 위해
뭐든 닥치는 대로 잡아먹으며 몸에 영양을 비축하는 시기다. 꽃게의 산란성기는 한여름
인 칠팔월인데 미리 몸에 영양을 가득 채워야 건강한 종족 보존이 가능하기 때문이다.
수천수만 년을 이어온 종족 보존의 본능에 따라 따스해진 서해 연안에서 왕성한 먹이활

꽃게는 먼바다에서 겨울을 보내고 5월에 서해안을 찾는다.

배 속에 산란을 위해 난소가 가득한 봄이 암꽃게의 제철이다.

동을 하는 것이다.

그래서 이 무렵 암꽃게의 몸집에는 살이 탱탱하게 붙고 노란 난소가 가득 차간다. 우리가 흔히 암꽃게의 알이라 부르며 맛있게 먹는 게딱지 속의 노란 물질이 사실은 알이 아니고 난소다. 이 난소 속의 난자가 미리 수꽃게와의 교미를 통해 저장해둔 정자와 결합해 수정되고 비로소 알로서 몸 밖으로 배출되는 것이다. 산란기에 어미의 몸 밖으로 배출된 알은 수온에 따라 짧게는 10일, 길게는 30일 정도 어미의 꼬리 부분에 붙어 있다가 부화한다.

그것이 알로 불리든, 아니면 정확히 난소라고 불리든 5월의 꽃게는 이것이 진미다. 그래서 봄에는 난소가 그득한 암꽃게가 제철이고 가을에는 겨울을 나기 위해 살이 통통하게 들어찬 수꽃게가 제철인 것이다. 꽃게의 제철은 이렇게 봄과 가을 두 차례가 있다.

한여름 산란을 위해 봄부터 우리 연안으로 몰려드는 꽃게는 어찌 보면 먼바다의 귀한 손님이다. 꽃게는 제주 남서쪽의 동중국해를 비롯해 우리나라와 중국 사이의 깊은 바다 두 곳이 월동처로 알려져 있다. 동중국해에서 겨울을 난 놈들은 전남 진도, 전북 부안, 충남 태안의 앞바다까지 치고 올라온다. 우리 서해의 먼바다에서 겨울을 난 꽃게들은 주로 황해, 경기, 충청권 연안에서 산란을 위한 먹이활동을 시작한다. 정말로 먼 거리를 헤엄쳐 온 것들이다.

옆으로 걷는 대부분의 게들과 달리 꽃게가 이렇게 멀리 헤엄을 쳐서 올 수 있는 것은 노처럼 생긴 다리 한 쌍 덕분이다. 꽃게는 집게다리부터 좌우로 10개의 다리를 가지고 있다. 그런데 맨 마지막 다리가 마치 노처럼 발달했다. 이 다리를 이용해 매해 11월 즈음이면 먼바다로 나가 겨울을 보내고, 다시 삼사월 봄이 되면 산란을 위해 우리 바다를 찾는다. 출중한 수영 실력을 바탕으로 우리 연안에서 멀리 동중국해까지 여행을 하는 것이다. 그래서 서양에서는 스위밍 크랩(swimming crab)이라는 이름까지 얻었다.

꽃게의 마지막 다리가 노처럼 발달해서 멀리 동중국해까지 헤엄을 쳐서 오간다.

해마다 조황에 따라 차이가 있기는 하지만 봄철 암꽃게는 거의 금값이다. 주머니가 얇으면 장을 보러 나가서도 암꽃게를 집어 들기가 쉽지 않다. 하지만 꽃게가 많이 잡히

꽃게찜은 살이 탱탱한 가을 수꽃게가 더 낫지만, 그래도 이 시기에 해 먹는 암꽃게찜도 구수하고 달큰한 맛이 가득하다.

는 물때를 조금만 알면 한 푼이라도 아껴서 꽃게를 살 수 있다.

꽃게는 조수간만의 차가 가장 큰 사리 때 제일 많이 잡힌다. 조수간만의 차가 큰 날에는 바다가 탁해져 앞을 잘 볼 수 없게 된 꽃게가 그물에 쉽게 걸리는 것이다. 꽃게는 동시에 빛에도 민감한 야행성으로, 달 밝은 음력 보름경에는 먹이활동이 적어 살이 빠진다. 따라서 반대로 음력 그믐 무렵 사리 때 살이 통통한 암꽃게가 많이 잡히는 것이다.

그래서 봄 제철 암꽃게가 생각나면 우리는 늘 물때를 계산해서 장을 본다. 주말을 피해 인근 수산시장을 찾거나 산지에 연락해보면 가격차가 꽤 난다. 암꽃게가 가장 맛있는 시기가 대략 5월 말부터 6월 중순 사이이므로 이 무렵의 음력 보름날을 전후해 꽃게를 구입하면 거의 실수가 없다.

가격이 상대적으로 저렴하고 살이 꽉 차오른 시기에 구입한 암꽃게로 할 수 있는 요리의 백미는 역시 간장게장이다. 꽃게찜은 살이 탱탱한 가을 수꽃게가 더 낫다. 난소의 크리미한 맛과 달큰한 게살의 맛이 간장게장으로 담갔을 때 가장 잘 드러나기 때문이다. 짭짤하면서도 달큰한 게살을 발라 먹고 등껍질에 남은 게장과 난소에 밥을 비비면 밥 한 공기가 뚝딱이다. 달리 밥도둑이 아니다.

한때 간장게장도 집간장으로 담가보려고 시도했다가 연속 실패해 체면을 구긴 적이 있다. 식품첨가물이 들어가지 않은 건강한 간장을 쓰고자 한 것인데 제맛이 안 나는 거다. 간장게장 특유의 풍미가 한참 모자라 밥상에서 천덕꾸러기 신세를 못 면했으니 실패도 큰 실패다.

한 해는 이전 해의 실패를 만회해보려고 더 철저하게 준비를 했는데 또 실패를 했다.

제철 꽃게로는 양념게장, 간장게장, 꽃게탕 어느 것을 해도 맛있다.

음식에 나름으로 자신이 붙던 시기여서 지인들과의 나눔까지 생각하며 통 크게 거금을 질렀는데 2년 연속 실패를 한 것이다. 그것도 간장게장의 풍미는 고사하고 숙성 관리를 제대로 못 해서 쉰내가 진동했으니 체면이 말이 아니었다. 그다음부터는 집간장으로 간장게장을 담그려는 시도를 접었다.

그렇다고 봄 제철 암꽃게 간장게장을 포기할 수는 없지 않은가. 이제는 집간장으로 담그려는 욕심을 접어두고 시판 양조간장으로 담근다. 각종 한약재 등의 화려한 부재료도 쓰지 않는다. 그저 단맛과 매운맛을 조금 더해줄 감초, 마른 고추, 마늘, 청양고추, 양파, 대파, 통후추, 생강, 매실액 정도만 쓴다. 우리 집 식구들은 그제야 아빠표 간장게장에 엄지손가락을 쑥 추켜올린다.

제철 암꽃게가 금값이긴 하지만 무와 애호박을 넣고 된장, 고추장으로 간을 한 시원하면서도 달큰한 꽃게탕도 안 먹고 지나갈 수는 없다. 꽃게탕은 구수하고 들큰한 맛이 일품이지만 격식을 차려야 하는 자리에서는 곤혹스럽기 짝이 없는 음식이기도 하다. 게살을 발라 먹다가 벌건 국물이 옷에 튀거나 손에 비린내가 진동하기 일쑤다. 오죽했으면 우리 속담에 '게는 사돈하고는 못 먹는다.'는 말이 있을까? 하지만 아무리 점잔을 떨어야 할 사이라도 제철 꽃게로 끓인 꽃게탕의 유혹은 떨쳐버리기 어렵다. 더구나 가족들끼리의 단란한 제철밥상에 따로 차릴 격식이 어디 있겠는가.

5월은 서남해의 병어도 한껏 맛있어지는 달이다. 병어의 맛과 영양이 최고조에 이르는 시기는 대략 5월 말부터 6월 초순까지다. 6월 말부터는 본격적인 산란기에 접어든다. 그리고 7월부터는 산란을 한 뒤라 살이 푸석거려 맛과 영양이 떨어진다.

그런데 요즘은 병어 값이 비싸도 너무 비싸다. 완전 금값이다. 20~30년 전만 해도 이리 비싸지는 않았다. 주머니가 조금 얇아도 병어 철이면 시장에 들러 몇 마리 사다가 먹을 만했다. 조금 신선한 것은 회로 썰어 바로 먹기도 했고, 신선도가 조금 못한 것은 조림으로 제철밥상에 올릴 수 있었다. 하지만 지금은 제철에도 병어가 금값이니 언감생심

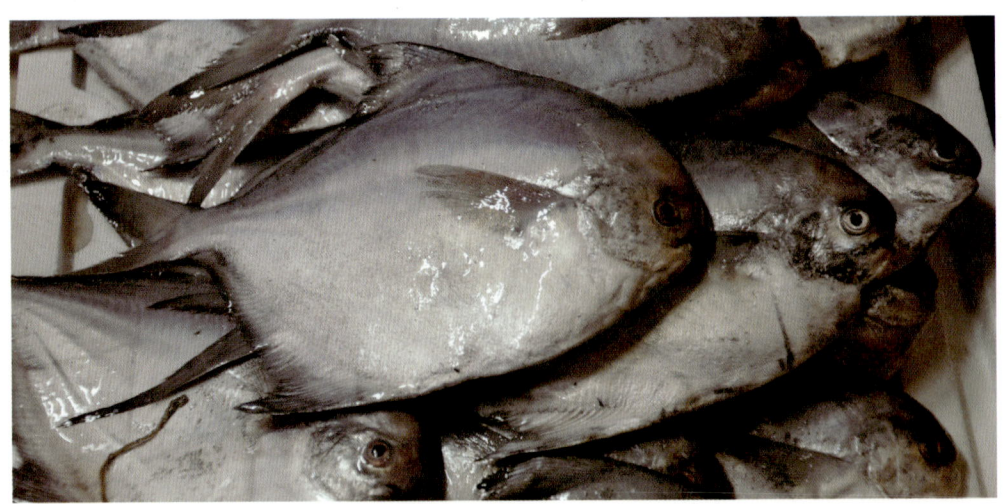

제철에도 금값인 병어지만 맛과 영양을 생각하면 조금 용서가 된다.

병어를 장바구니에 넣기가 겁이 난다.

병어가 이리 비싸진 이유는 딱 하나다. 우리가 바다의 식량자원을 늘 무한한 것으로 여겨 마구 잡아온 탓이다. 한때 조업이 금지된 치어는 물론 알 밴 어미까지 마구 잡아 들였기 때문이다. 게다가 성능 좋은 어군탐지기를 앞세워 병어 무리를 찾아다니니 병어로서도 당해낼 재간이 없었을 것이다. 병어가 스스로 개체수를 유지할 만한 기회를 박탈당한 것이다. 한때 인천 앞바다는 물론 황해도까지 산란을 위해 엄청난 무리를 지어 올라왔던 참조기와 민어가 남쪽 바다에서만 일부 잡히는 것도 같은 이유다.

어족자원의 고갈로 금값이 돼버린 병어지만 때가 되면 고소한 맛이 뚝뚝 배어나오는 병어회의 유혹을 떨쳐버리기는 쉽지 않다. 오뉴월이 제철인 얼갈이배추를 삶아 냄비에 깔고 매콤달콤하게 찜을 해놓으면 또 얼마나 맛있는지. 보드랍고 달큰한 맛에 아이 어른 가릴 것 없이 젓가락이 계속 간다. 밑에 깐 얼갈이배추 우거지를 집어 먹는 재미도 좋다. 맛있게 먹는 것도 큰 행복인데 아이들이 맛있게 먹어주면 어른들이 더 행복하다.

그런데 씹을수록 진해지는 병어회의 고소함은 어디서 왔을까? 병어는 우리 연안에서 잡히는 대표적인 흰살생선 가운데 하나다. 넙치, 우럭, 돔과 같은 흰살생선의 회는 담백한 맛과 탱탱한 식감이 특징이다. 반면 방어나 부시리, 고등어와 같은 붉은살생선은 고소한 감칠맛 때문에 찾는다. 이 둘의 특징을 가르는 기준이 바로 지방의 함량이다.

보드랍고 달큰한 맛이 매력인 제철 얼갈이배추 우거지를 넣어 조리한 병어조림.

일반적으로 흰살생선은 붉은살생선에 비해 지방 함량이 낮다. 그래서 깔끔하고 담백한 맛을 내는 것이다. 그런데 병어만은 예외다. 철마다 조금씩 차이가 나기는 하지만 지방 함량이 대략 10.9퍼센트로 매우 높은 편이다. 지방 함량이 높다는 것은 기름의 고소한 맛이 강하다는 것을 의미한다.

지방 함량이 높으면 신선도가 조금만 떨어져도 산패한 기름의 비린내가 많이 나게 마련이다. 깔끔하고 담백한 맛은 포기해야 한다. 하지만 병어는 선어로 먹어도 비린내가 없고 고급 횟감에 뒤지지 않을 만큼 맛도 담백하다. 그러니 철만 되면 병어회 생각이 간절해지는 게 인지상정이랄 수밖에.

흔히 지방질은 고소한 맛을 내지만 건강에는 도움이 안 된다고 알고 있다. 하지만 육

흰살생선인 병어는 붉은살생선 못지않게 EPA, DHA와 같은 좋은 지방산 성분이 가득 들어 있다.

류와 달리 생선에 들어 있는 지방은 몸에도 좋다. 누구나 한 번쯤 들어봤을 EPA와 DHA라는 성분 덕분이다. EPA와 DHA를 이야기하면 흔히 고등어나 꽁치, 정어리 같은 붉은살생선을 떠올리는 것도 지방질이 많은 생선이기 때문이다.

그런데 흰살생선인 병어의 지방에도 EPA와 DHA 성분이 많이 들어 있다. 하루에 병어 100그램만 먹어도 일일 권장량 650밀리그램의 세 배나 섭취할 수 있다고 한다. EPA와 DHA는 동맥경화, 뇌졸중 같은 심혈관 계통의 성인병 예방과 치매, 당뇨병의 예방, 암 발생 억제 등의 효과를 가진 것으로 알려져 있다. 기억력 향상에도 아주 좋은 성분이다.

5월이 되면 우리 집 제철밥상에 뭘 올릴까 고민하다가 우선 병어를 떠올리는 것도 이 때문이다. 뭘 해봐도 맛이 좋고 덤으로 건강까지 챙길 수 있는 식재료이니 가격이 조금 부담스러워도 제철에 한두 번 주문하게 되는 것이다. 맛과 건강을 다 챙길 수 있는 제철 음식으로 하루하루를 활기차게 보낼 수 있다면 다소 비싼 가격도 용서가 되지 않을까?

제철해산물을 이야기하다 멸치의 제철이 5월이라고 하면 다들 말도 안 된다는 표정을
짓는다. 멸치가 무슨 제철이 있냐는 것이다. 사실 부산, 경남, 제주지역 등의 출신을 제외
하고는 대부분의 사람들에게 생멸치가 익숙할 수 없다. 멸치는 말려서 밑반찬으로 볶아
먹거나 국물을 내는 용도로 주고 쓰이기 때문이다. 입맛의 기억에 생멸치는 아예 없거

알이 탱탱한 제철 봄멸치를 그물에서 털어내다 몸통이 성한 놈은 회나 조림용으로,
몸통이 잘려 나간 것들은 모아서 젓갈을 담근다.

나 이들 지역과 연관된 것밖에 없을 것이다.

하지만 부산, 경남지역에서 봄철 생멸치는 식생활의 매우 중요한 부분을 차지하고 있다. 이 무렵의 생멸치가 없으면 멸치생젓을 기반으로 한 음식문화 자체가 생겨나지 않았을 것이다. 또한 5월의 생멸치는 그 자체로도 이 무렵 부산, 경남지방의 아주 요긴한 식재료다. 생멸치조림에도 쓰이고 멸치매운탕이라고 부르면 적당할 멸치찌개도 빠뜨릴 수 없는 이 지역 향토음식이다. 싱싱한 놈들은 그냥 회나 회무침을 해서 먹는다.

더 중요한 건 탱글탱글 알배기봄멸치로 멸치젓을 담근다는 것이다. 그물에서 털어낼 때 몸통이 성한 놈은 회나 조림용으로 쓰고 몸통이 잘려 나간 것들을 모아서 젓갈을 담근다. 이때 담근 멸치젓은 무더운 여름을 나면서 왕성하게 발효되어 김장 때가 되면 생젓으로 먹기 알맞게 익는다. 이걸 다지고 갖은 양념에 무쳐서 뜨거운 밥에 얹으면 그 비릿하면서도 짭짤한 감칠맛이 일품이다. 그냥 밥에 올려서도 먹고 양배추나 호박잎을 쪄서 돼지고기와 함께 싸 먹어도 좋다.

그리고 1차 숙성된 햇멸치젓은 육젓 상태로 그냥 김장에 넣어 버무린다. 중부지방에서는 김장할 때 까나리나 멸치로 담가 거른 맑은 액젓을 넣지만 부산, 경남에서는 멸치육젓을 그대로 쓴다. 육젓을 쓰면 김치 색깔이 거무튀튀해져 보기에는 영 아니지만 그래도 진한 감칠맛 하나는 으뜸이다. 특히 파나 고들빼기처럼 맛과 향이 강한 재료로 담그는 김치는 멸치육젓을 넣고 곰삭혀야 제맛이 난다.

김장을 하고 남은 멸치젓은 그대로 계속 숙성을 시킨다. 1~2년 푹 삭히면 살은 다 풀어져 가라앉고 위에 맑은 국물이 뜬다. 이 국물만 걸러낸 것이 바로 멸치액젓이다. 콩 등의 곡물 재배가 가능한 내륙에서는 간장을 담그지만 해안과 도서지방에서는 이렇게 액젓을 담가 간장을 대신했다. 무침이나 탕에 넣어 간을 맞추고 음식의 감칠맛이 나게 하기 위해 간장 대신 썼던 것이다. 본래의 간장이 콩이라는 식물성 단백질을 발효시켜 얻은 것이라면 멸치액젓은 동물성 단백질을 발효시켜 얻은 해안지방의 간장인 셈이다.

원래 멸치의 주산란기인 4월부터 6월 사이에 부산 기장 앞바다를 제외하고는 우리 모든 바다에서 멸치를 잡을 수 없다. 우리나라 전 해역에서 기장 앞바다만 멸치 금어기 적용을 받지 않는 것이다. 멸치가 바다 먹이사슬의 최하층에서 수많은 어족자원을 먹여 살리는데, 멸치 자원의 감소는 곧바로 바다생태계의 파괴로 돌아오기 때문이다. 그럼에도 기장 앞바다만 금어기가 없는 것은 멸치 어족자원의 보호도 필요하지만 국민의 식생활도 중요하기 때문이다. 보호와 필요 사이에 적절히 타협한 결과다. 우리나라 젓갈용

멸치의 60~70퍼센트가 봄가을 기장 앞바다에서
잡힌다.

부산 기장과 경남지역에서 생멸치
가 중요한 만큼 마른 멸치는 우
리 음식 전반과 뗄 수 없는 관계
에 있다. 칼슘의 주요 공급원으로
멸치볶음으로 쓰일 뿐만 아니라 모든 국물의
감칠맛을 내는 데에도 빠질 수 없다. 다시마나

어린 꽁치만이나 한 제철 생멸치는 회와 회무침, 조림
등으로 다양하게 조리되어 입을 행복하게 한다.

멸치 등을 통해 감칠맛을 낼 수 없으면 부득이 인공 조미료를 쓸 수밖에 없는 것이 현
실이다.

이렇게 우리 음식과 밀접한 관계를 맺고 있는 멸치는 보통 1년에서 1년 6개월을 살고
생을 마친다. 봄, 가을에 두 번 산란 및 부화를 하는데 주산란기인 4~6월 사이가 금어
기다. 그래서 보통은 서남해역에서 7월부터 멸치 조업이 시작된다. 이때 주로 잡히는 것
은 부화한 지 얼마 안 된 어린 멸치다. 세멸이라고 해서 반투명하고 아주 어린 멸치다.
그리고 조금 더 자라면 볶음용 중멸로 쓰인다. 성체에 가까운 크기로 자라면 대멸이라
고 부르고 주로 국물을 내는 데 쓰인다.

부산의 기장 앞바다에서 멸치가 산란을 앞두고 있을 즈음 기장보다 조금 북쪽의 경북 연안에는 꽁치 떼가 몰려든다. 꽁치는 차가운 물을 좋아하는 한류성 어류로 알려져 있지만 섭씨 15~18도 사이의 수온을 좋아한다. 따라서 바닷물의 온도가 더 내려가는 겨울에는 난류성 어류와 함께 제주 남쪽 동중국해로 내려가 겨울을 난다. 그리고 다시 바닷물이 적정 온도가 되면 우리 동해 남부로 올라와 산란을 준비하는 것이다.

꽁치가 우리의 동해 남부 연안으로 회유하여 산란을 준비하고 시작하는 시기가 바로 이맘때다. 보통 우리나라에서 잡히는 꽁치는 5월부터 8월 사이에 산란을 하는데 주산란기는 육칠월이다. 그래서 이 시기 경상북도 울진의 죽변항에는 매일같이 수십 척의 꽁치잡이 어선들이 어마어마한 양의 꽁치를 잡아 온다.

일반적으로 해산물의 제철은 맛과 영양이 절정에 올랐을 때다. 어패류의 맛과 영양이 절정에 오를 때는 바로 알을 품기 시작할 무렵이다. 해산물의 제철 기준을 억지로 하나 더 추가한다면 가장 많이 어획되는 시기를 꼽을 수 있다. 대부분의 어류가 산란기와 대량 어획시기가 일치한다. 바닷물고기들은 보통 육지 근처의 얕은 바다로 몰려와 산란을 하고 이때 연안어업이 가장 활성화되기 때문이다.

그런데 꽁치는 가장 많이 잡히는 시기와 맛과 영양이 절정에 오른 때가 서로 달라 제철이 1년에 두 번인 생선이다. 꽁치의 제철은 원래 가을로 알려져 있다. 겨울이 오기 전 추운 겨울을 대비하기 위해 지방을 잔뜩 축적하기 때문이다. 가을꽁치는 지방이 차지하는 비율이 20퍼센트로 산란 직후인 여름에 비해 지방이 두 배나 된다고 한다. 원래 지방

꽁치는 가을이 제철이라지만 산란을 앞둔 늦봄에 대량 어획될 뿐만 아니라 맛도 좋다.

이 많은 생선인데 가을에는 더 많은 지방을 축적해놓는 것이다. 대표적 등푸른생선 가운데 하나인 꽁치의 지방은 EPA와 DHA 등 건강기능성 물질들을 대량 함유한 불포화 지방 성분이다.

그렇다고 이맘때 잡히는 산란기 꽁치의 맛과 영양이 떨어지는 것은 아니다. 지방과 살이 적절한 균형을 이루어 고소하면서도 담백한 맛이 뛰어나다. 그래서 오뉴월 꽁치가 가장 많이 잡히는 경북 해안지방에서는 꽁치를 이용한 음식이 다양하게 발전해왔다. 꽁치를 그냥 굽거나 무와 양파 등을 넣고 조림을 해 먹는 것은 기본이고 꽁치수제비, 꽁치전, 꽁치느리미, 꽁치젓과 같은 것들이다.

꽁치를 이용한 수제비나 전은 꽁치의 살만 바르거나 곱게 다져 밀가루 반죽을 해서 조리한 음식이다. 그리고 꽁치느리미는 다른 지방 사람들에게 조금 생소한 것인데, 꽁치를 끓여 살만 바른 후 밀가루와 된장에 버무려 고사리 등의 각종 산나물이나 부추 등을 넣고 끓인 음식이다. 꽁치가 많이 나는 시기가 오뉴월 보릿고개와 겹쳤는데 온 식구가 먹을 수 있도록 '양을 넉넉하게 늘려서' 만든 데서 '느리미'라는 이름이 붙었다. 지금은 웰빙음식으로 대접받지만 당시에는 배고픔의 한이 묻어나는 향토음식이었다.

꽁치를 이용한 동해안지방의 음식 가운데 가장 인상 깊은 것은 꽁치젓갈이 아닐까 싶다. 그곳 사람들은 산란기 꽁치 철이 되면 집집마다 꽁치젓갈을 담갔다. 가을꽁치는 너무 기름져 젓갈로는 적합지 않고 오뉴월 알 밴 꽁치로 담가야 젓갈이 제맛을 낸다고 한다. 이렇게 담근 꽁치젓은 여름 무더위를 나면서 적당히 풀어지고 발효되어 가을 김장 무렵부터 먹을 수 있다. 다른 꽁치 음식이야 제철에만 먹을 수 있지만 잘 숙성된 꽁치젓은 연중 아무 때나 먹을 수 있다. 그냥 살만 죽죽 발라 청양고추, 파, 마늘을 다져 무쳐내면 따뜻한 밥 한 술과 그렇게 잘 어울릴 수 없다.

하지만 꽁치젓의 진가는 김장에 넣어야만 비로소 드러난다. 멸치나 까나리액젓 대신 살을 바른 꽁치육젓과 끓이지 않은 생젓 국물로 김장속을 버무리는 것이다. 때로는 여기에 꾸덕꾸덕 말린 가자미나 대구횟대 등의 생선을 덤으로 넣기도 한다. 꽁치젓갈을 넣은 김장김치가 제대로 숙성되면 구수한 감칠맛과 산미가 잘 어우러져 경북 해안지방에서나 맛볼 수 있는 김치가 되는 것이다. 경남지방의 멸치젓만큼은 아니더라도 경북 해안가의 음식문화에 커다란 영향을 미치는 것이 오뉴월에 담근 꽁치젓이다.

꽁치젓갈로 담근 김치는 몇 해 전 우리 부부가 겨울 여행을 갔다가 어부 현종 댁에서 처음 맛을 보았다. '어부 현종'은 '바다로(badaro.in)'라는 사이트를 운영하며 늘 싱싱한 제철해산물들을 선별하여 판매하는 분이다. 동시에 통발을 이용해 동해의 대왕문어를 잡는 어부기도 하다. 성격이 참 깐깐하기도 해서 웬만큼 신선한 생선은 눈에 차지도 않는단다. 늘 살아 있는 생물만을 고집해서 사이트 충성도가 높은 고객들도 많다. 우리도 오래전부터 단골이어서 죽변 여행을 간 김에 댁에도 인사차 들렀었다.

잠시 들러 인사나 하고 나오려는데 현종 내외분이 예까지 와서 이러는 법이 어딨냐며 손을 잡는다. 결국 진심이 우러나오는 그 따뜻한 손을 뿌리치지 못하고 눌러앉아 환담을 나누다 저녁까지 대접을 받고서야 나올 수 있었다. 그리고 집을 나서는 우리 내외에게 들려준 것이 직접 잡아 삶은 문어숙회와 꽁치젓갈을 넣어 담근 김장김치였다. 여행 중에 출출하거나 찬이 입에 안 맞을 때 꺼내 드시라며.

숙소로 돌아와 와인을 한 병 꺼내놓고 제일 처음 생각해낸 안주가 문어숙회다. 아직 살얼음이 서걱서걱한 문어숙회 한 점에 묵은지를 싸서 먹으면 제법 그럴듯하게 어울리지 싶었다. 아, 그런데 이게 제법 어울리는 정도가 아니었다. 적당한 산미와 시원한 감칠맛이 어우러진 김치와 쫄깃한 문어숙회가 환상의 궁합으로 여행객의 입맛을 사로잡은 것이다. 기억컨대 고가의 와인은 아니었지만 이날 가져간 레드 와인과도 잘 어울리는 최고의 안주 가운데 하나였지 싶다. 그 이후로 언젠가 우리도 직접 담근 꽁치젓갈로 김장을 하리라 마음먹었다.

그러고는 바쁜 일상 속에서 잊힌 꽁치젓갈이 다시 기억 속으로 되살아난 게 지난해다. 5월 말쯤인가 마치 살아 있는 듯 신선한 꽁치가 '바다로'에서 잔뜩 올라왔는데 달랑

네 식구가 한꺼번에 다 먹을 수도 없어 어찌할까 고민하다 절반을 덜어 꽁치젓갈을 담그기로 했다.

젓갈은 보통 재료 무게의 15~30퍼센트 정도의 천일염을 넣어 담그는 것이 정석이다. 소금이 적으면 저온에서 장기 숙성해야 하고 고온의 여름을 상온에서 나려면 소금이 많이 들어가야만 상하지 않는다. 지나치게 짠 젓갈이 싫어서 우리는 실패를 무릅쓰고 20 퍼센트가량의 소금만 넣기로 했다. 얼음물에 꽁치를 대강 헹궈 물기를 뺀 다음 소금과 함께 잘 버무려주었다. 그리고 김장용 비닐봉투에 넣어 꽁꽁 묶어서 대형 유리병에 넣은 다음 볕이 통하지 않는 뒷베란다에 보관했다.

그러기를 반 년. 처음 담가본 꽁치젓이 어떻게 됐을까 궁금하지 않을 수 없었지만 행여 망칠세라 꾹꾹 눌러 참았다. 그리고 마침내 김장할 때가 돼서 꽁꽁 묶었던 비닐을 푸는 순간 코를 덮쳐 오는 구수한 냄새. 그 더운 여름을 상온에서 나면서도 제대로 익은 것 같았다. 살은 적당히 풀어지고 생선기름이 산패한 잡내가 하나도 없는 것이 처음 담가본 꽁치젓갈치고는 대성공이었다.

혹시나 실패할까 싶어 지난해 김장 전에 꽁치젓을 대신할 새우젓과 멸치액젓을 잔뜩 준비했는데 결국 하나도 쓰지 못했다. 오래 묵혀 이듬해 김장까지 먹을 김치는 액젓 약간에 소금만으로 간을 했고, 겨울에 바로 먹을 김장은 모조리 꽁치젓갈에 버무렸다. 일

유해 환경호르몬인 비스페놀A 걱정을 하지 않아도 되는 자가 꽁치통조림.

전에 죽변에서 맛본 김치만큼은 아니지만 꽁치젓갈이 잘 익은 바람에 겨우내 맛있는 꽁치젓갈김장을 먹을 수 있었다.

꽁치젓갈 말고 오뉴월 제철 꽁치로 꼭 해 먹는 음식을 하나 더 꼽으라면 꽁치통조림을 들지 않을 수 없다. 신선한 꽁치로야 그냥 소금만 술술 뿌려 굽거나 하지감자를 함께 넣어 매콤하게 조려도 맛있다. 하지만 우리 집에서는 꽁치통조림을 빼고 제철 꽁치 음식을 이야기할 수 없다. 꽁치통조림을 만들어 신김치와 함께 찌개를 끓여놓으면 어른이고 아이고 의외로 잘들 먹는다.

많은 양의 꽁치를 장기 보관하는 데 통조림만 한 방법이 없다. 그리고 무엇보다 중요한 것은 시판 통조림 캔에서 필연적으로 나올 수밖에 없는 유해 환경호르몬 비스페놀A 걱정을 할 필요가 없다는 점이다. 비스페놀A는 캔의 부식을 방지하기 위해 에폭시수지로 코팅을 한 모든 통조림 제품에서 용출될 우려가 있다. 특히 꽁치통조림처럼 익히거나 고온살균처리를 한 통조림에서 많이 발견된다. 그러나 자가 수제 통조림이라면 이런 환경호르몬 걱정을 하지 않아도 된다.

유자청을 조금 넣은 매운 양념으로 꽁치통조림을 한 번 더 조려내면 아이들 젓가락이 멈추지 않는다.

가정에서 통조림을 만든다는 게 번거롭고 어렵게 생각되지만 꼭 그렇지만은 않다. 익숙해지면 이만큼 간단하고 건강에 도움이 되는 요리도 없다. 우선 집에서 제일 큰 압력솥에 무와 양파를 큼직하게 썰어 깔고 손질한 꽁치는 3등분하여 얹는다. 간은 시판 양조간장과 다시마 우린 물로 맞춰주는데 비린내를 날리기 위해 맛술이나 청주, 혹은 소주를 반 컵 분량 넣어주면 좋다. 통조림은 대부분 2차 조리를 해서 먹기 때문에 너무 짜지 않고 조금 심심하다 싶을 정도가 좋다. 향신채소로 말린 고추와 통후추, 마늘, 생강가루, 월계수잎 몇 장 넣으면 제법 시판 통조림 맛이 난다. 피클링스파이스가 있으면 조금 넣어도 좋다. 그리고 센 불에서 압력추가 돌기 시작하면 중불로 맞추고 20분간 더 끓여주면 자가 꽁치통조림이 완성된다. 생각보다 간단하고 각종 식품첨가제와 환경호르몬 우려를 덜어줄 건강한 음식이다.

이렇게 완성된 꽁치통조림은 한두 끼 먹을 만큼씩 나눠서 냉동 보관하면 그 맛이 그리울 때마다 꺼내 먹을 수 있다. 고추장과 고춧가루, 송송 썬 청양고추, 다진 파, 마늘에 물과 유자청을 조금 섞은 소스를 넣어 매콤달콤하게 조려놓으면 온 가족이 좋아하는

또래끼리 MT를 가거나 여행을 할라치면 빠지지 않던 추억의 꽁치통조림김치찌개

밥반찬이 된다. 아이들도 아침밥 한 그릇 뚝딱 비우고 등굣길에 오른다.

　냉동실에 꽁치통조림이 그득하면 추억의 꽁치통조림김치찌개도 빠뜨릴 수 없다. 학창시절 MT를 가거나 또래끼리 여행을 갈라치면 어김없이 등장하던 향수의 음식이다. 그저 신김치에 두부만 한 모 썰어 넣고 보글보글 끓여도 맛있었다. 칼칼하고 구수한 게 넉넉하게 담은 젊은 날의 밥공기를 말끔히 비우도록 해주었다.

　어디 그뿐이랴. 그 시절에는 밥 한 공기와 꽁치통조림김치찌개 한 사발이면 밤새도록 마신 숙취도 깨끗이 사라졌다. 그래서 꽁치통조림을 보면 가끔 베란다 뒤져서 버너에 올려 코펠에라도 끓여볼까 하는 생각이 불쑥불쑥 난다. 아프지만 아름다웠던 시절의 입맛이 꽁치통조림을 앞에 두고 그리움이 샘솟게 한다. 산과 들, 바다가 모두 풍성한 5월에는 그리운 제철음식도 한 번씩 올려 곧 다가올 본격적인 여름을 준비하자.

밥/

산나물이 지천인 달이다. 함께 넣어 밥을 짓기 좋은 산나물은 지나치게 향과 맛이 강하지 않아야 한다. 맛과 향이 강하지 않은 산나물, 그중 으뜸은 역시 곤드레나물이다. 강원 정선과 영월이 주산지이고 키와 잎이 커서 바람이라도 조금 불면 술 취한 사람처럼 이리저리 흔들린다 해서 곤드레라는 이름을 얻었다. 삶은 곤드레나물을 넣어 밥을 지으면 쌀 고유의 구수하고 달큰한 향과 맛을 해치지 않으면서 쌀에는 없는 다양한 영양분을 고루 섭취할 수 있다. 맨밥보다 맛도 좋다. 일주일에 한두 번씩 곤드레밥을 지어 들기름양념장을 넣고 쓱쓱 비비면 다른 찬이 크게 필요치 않다.

산나물의 계절이니 산나물비빔밥도 5월에 빠질 수 없는 별미밥이다. 어쩌다 일부러 비빔밥용으로 슴슴하게 무쳐서 밥 위에 한 가지씩 돌려 담아 정갈하게 산나물비빔밥을 내기도 한다. 그러나 대부분은 먹다 남은 산나물에 식구들 먹을 만큼 따뜻한 밥을 넣고 들큰한 찹쌀고추장, 참기름을 넉넉히 넣은 양푼 비빔밥으로 휴일 한 끼를 때운다. 우린 아직 양푼 비빔밥이 더 정겹다. 고사리와 참취, 어수리, 참나물 등이 양푼 산나물비빔밥의 주빈이다.

정선 산나물 여행길에 만난 곤드레비빔밥. 음식점인지라 비주얼을 위해서인지 깨소금을 솔솔 뿌리고 청양고추와 다진 파만 넣은 양념장에 쓱쓱 비벼 먹는다.

반찬/

5월이면 완전 노지에서 재배한 열무와 얼갈이배추도 먹을 만큼 자란다. 주말 텃밭이 없을 때는 이 무렵 비가림 비닐집에서 기른 열무와 얼갈이배추라도 괜찮다. 날이 따뜻해지면 콤콤한 묵은 맛보다 신선하고 시원한 맛이 더 당기게 되니 열무김치, 얼갈이김치

198

한 번 안 담글 수 없다. 열무와 얼갈이배추를 슬쩍만 절여 함께 버무려도 맛난 계절김치가 된다. 국물을 넉넉하게 잡아 담그면 시원한 김치말이국수로 이른 더위가 기승을 부리는 어느 주말 점심상에 올리기에 딱 좋다.

신선한 봄맛이 그리운 날에는 열무와 얼갈이를 함께 넣고 담백하게 물김치를 담가 먹는다.

　5월 밥상에 산나물도 빠질 수 없다. 참나물을 사다가 살짝 데쳐서 조물조물 무쳐내기도 하고 참취를 삶아 집간장에 들기름, 마늘 한 톨 다져서 쓱쓱 무쳐 올리기도 한다. 아내와 함께 강원도로 산나물 여행을 다녀오면 어수리, 잔대 같은 귀한 산나물도 올라온다. 열무얼갈이김치에 산나물 한두 가지, 아욱이나 곤드레된장국 한 그릇씩 푸면 5월의 기본 상차림 끝이다. 여기에 죽순, 꽃게, 알배기꽁치나 생멸치, 또는 병어 등을 돌아가며 일품요리로 올리면 5월 제철밥상으로 뭐가 더 필요하랴.

국·탕

아욱이 한창 흔하고 좋을 때다. 구수한 아욱된장국이 우리 집 밥상에 자주 오르는 시기가 이 무렵과 가을이다. 굳이 멸치육수를 내지 않더라도 아욱과 말린 새우를 함께 넣어 끓이면 들큰하고 구수한 맛을 내고, 제철 맞은 가무락조개 한 줌 넣고 끓이면 시원한 감칠맛이 일품이다.

　곤드레밥을 짓는 날에는 곤드레된장국이 대신 오른다. 곤드레된장국에는 멸치육수 대신 표고다시마 국물이 더 어울린다. 한창 제철인 4월에 살짝 말려 냉동실에 저장한 표고가 빛을 발하는 때다. 5월 우리 집 밥상에 제일 자주 오르는 대표 국물음식이다.

　봄날 암꽃게로는 탕보다는 게장이나 찜을 더 좋아하지만 연례행사처럼 5월이면 한 번쯤 꽃게탕이 밥상에 오르기도 한다. 바쁜 아침상에는 절대 어울릴 수 없는 음식이어서 식구들이 다 모이는 주말 저녁상이 맞춤하다. 밥상이 지저분해지고 손과 옷에 국물이 튀어도 맛만 있으면 용서가 될 수 있는 시간이니까.

　꽁치통조림을 넣은 김치찌개가 가끔 밥상에 오르고, 바지락이나 비단조개를 넣은 탕도 한 번씩 오른다. 그러다 5월 하순이 되면 뜨겁고 매워서 이마에 땀이 줄줄 흐르게 하는 음식과 조금씩 멀어지게 된다. 뜨거워야 맛있는 국과 탕보다는 조금 식어도, 혹은 시원해야 제맛을 내는 음식을 찾게 되는 것이다.

		제철식재료로 만든 제철음식
땅	산나물(어수리, 잔대 새순(딱주기), 두릅, 오갈피순, 참나물 등)	산나물 무침과 장아찌, 두릅전과 두릅튀김, 두릅쇠고기말이
	곤드레	곤드레밥
		곤드레된장국
		곤드레장아찌
	참취와 곰취	참취나물무침
		곰취장아찌, 참취장아찌
	죽순	죽순초회
		우렁이를 넣은 죽순회무침
		중국식 죽순잡채
	아욱	모시조개아욱된장국
	풋마늘과 마늘종	마늘장아찌, 마늘종장아찌
		풋마늘김치
바다	암꽃게	간장게장, 양념게장
		꽃게탕
	병어	병어회
		병어조림
	멸치	생멸치조림
		멸치찌개
		멸치회/회무침
		멸치젓갈
	꽁치	꽁치조림
		꽁치젓갈
		수제 꽁치통조림
		꽁치통조림김치찌개

5월 밥상이 풍성해지는 기타 식재료	아빠의 5월 밥상	
상추, 쑥갓 등 쌈채소, 머윗대, 열무, 얼갈이배추, 주꾸미(중순까지), 갑오징어, 바지락, 가무락, 동죽, 비단조개, 해삼, 성게알, 민꽃게(돌게)	밥	곤드레밥, 산나물비빔밥
	반찬	묵은지, 열무김치, 얼갈이김치, 참나물/참취 등 산나물, 머윗대볶음, 민꽃게(돌게)간장게장
	국/탕	아욱된장국, 곤드레된장국, 머윗대닭개장

6월

6월의

들과

바다

6월은 짧았던 봄이 지나고 여름이 시작되는 달이다. 일일 평균기온이 섭씨 25도 이상일 때를 여름이라 하는데 보통 6월 중순부터 시작된다. 물론 여름이 시작되는 시기는 해마다 조금씩 다르다. 그래도 분명한 건 여름이 문을 여는 시점이 점차 빨라지고 있다는 사실이다. 기상학자들마다 의견이 분분하지만 지구온난화현상 외에는 달리 설명할 방도가 없다.

근래에 들어서는 5월 말, 6월 초부터 초여름의 날씨를 보인다. 때때로 4월 초중순까지 이상한파가 계속되다가 반짝 봄이 오는가 싶더니 바로 여름으로 들어서기도 한다. 이렇듯 짧은 봄 탓에 봄이 제철인 식재료를 맛볼 시기 또한 짧다. 점점 짧아가는 봄이 야속하기도 하다. 하지만 너무 아쉬워할 건 없다. 봄이 지나면 또 맛난 여름 식재료가 기다리고 있으니까. 짧아 아쉽거나 길어 지루해도 계절은 또 돈다. 짧은 시기 동안만 먹을 수 있어서 더 맛있게 느껴지는 식재료도 많다.

산나물의 계절은 가고, 들판에 상추, 열무, 얼갈이배추 등 밭작물이 가장 풍성한 달이다.

그리고 6월이 됐다고 5월에 먹던 식재료들이 갑자기 먹을 수 없게 되는 것은 아니다. 물론 자연산 산나물들은 6월의 뜨거운 태양 아래 성장을 거듭하며 쇠서 더 이상은 먹을 수 없게 된다. 산나물이건 들나물이건 나물은 대개 어린 새순이라야 보드랍고 맛있다. 질기고 억세진 것은 초식동물이 아닌 이상 먹을 수 없다. 이런 것들은 채취의 욕심을 접고 자연에 양보해 내년을 기약해야 한다.

대신 곤드레나 곰취, 참취, 곤달비와 같은 재배 산나물은 한여름이 될 때까지 먹을 수 있다. 순이 적절히 자라면 계속 잘라 채취를 하면서 기르기 때문이다. 곤드레는 보통 5월부터 8월까지 6~7회 정도 수확한다. 5월에 산나물 장아찌를 담그지 못했다면 이때 담가 먹어도 된다. 땀을 많이 흘리게 되는 여름에는 짭짤한 장아찌만큼 어울리는 반찬도 없다.

봄이 제철인 죽순도 6월까지는 생죽순 상태로 구입해 제철밥상에 올릴 수 있다. 경남 거제가 주산지인 맹종죽은 4월부터 새순이 올라와 5월 초중순까지 먹을 수 있다. 맹종죽이 끝나면 담양의 분죽과 왕죽이 순을 올리기 시작한다. 날이 한창 더워질 때이기 때문에 비만 한 번 내려주면 대밭은 그야말로 우후죽순이다. 죽순초회, 죽순우렁이무침, 죽순잡채 등 끼니마다 번갈아 6월 내내 제철밥상에 올릴 수 있다.

산나물과 여전히 제철인 죽순에 물리면 6월의 밭으로 눈을 돌려보자. 여름 쌈채소와 열무, 얼갈이배추 등 밭작물이 가장 풍성할 때가 6월이다. 초여름의 적당히 무더운 날씨는 여름작물들에게 보약이나 다름없다. 작은 주말텃밭만 있어도 상추 등의 쌈채소들로 날마다 식탁을 풍성하게 꾸밀 수 있다. 풋고추, 오이, 애호박도 이때부터 주체할 수 없을 만큼 마구 열린다. 이웃들과 아무리 나눔을 해도 냉장고에는 늘 제철채소가 넉넉히 들어 있다. 시장의 야채가게나 마트의 야채코너가 가장 활기찰 때다. 7월 여름장마가 시작되기 전까지 이런 상황은 계속된다.

완두콩도 6월이 제철이다. 상대적으로 기온이 높은 남부지방에서는 5월부터 완두콩을 수확하지만 중부는 6월이나 돼야 알이 제대로 영근다. 껍질이 도톰하고 봉긋하게 솟아오른 완두만 따서 넣고 지은 완두콩밥은 신선한 단맛이 매력이다. 텃밭공동체에서 처음으로 직접 농사지은 완두를 따서 먹어본 친구들이 담에는 텃밭에 완두만 심자고 할 정도다. 뭐 직접 완두를 재배하지 않아도 이 시기 시장에 나가면 완두콩이 지천이다. 6월에는 잊지 말고 완두콩 한 줌 넣어 밥을 지어보시라.

어디 완두뿐이랴. 양파와 밭마늘, 감자도 이때가 주수확기다. 굳이 시장에 나가지 않

완전히 여물지 않은 완두는 삶아서 그냥 까먹어도 맛있고,
밥에 넣어 지으면 풋풋한 단맛이 그만이다.

더라도 서산, 의성 마늘과 무안 양파를 사라는 트럭의 확성기가 동네마다 울려 퍼질 때
다. 이즈음 나오는 마늘은 소위 북방계 밭마늘로 저장용이다. 한 접 사서 망에 넣어 베
란다에 걸어놓고 필요할 때마다 꺼내 쓰면 된다. 양파도 가장 신선하고 가격 또한 제일
착한 시기니 넉넉하게 사서 김치, 장아찌, 전으로 번갈아 제철밥상에 올릴 일이다. 하지
무렵 캐는 하지감자도 밥상에서 안 보이면 섭섭한 달이다.

　6월은 농작물만 아니라 우리 바다 또한 그 못지않게 풍성하다. 바다의 수온이 부쩍
올라 봄이 제철인 해산물들과 여름 제철해산물들이 서로 자리바꿈을 하는 달인 탓이
다. 주꾸미는 이미 산란을 다 마친 시기여서 살이 잔뜩 빠지고 푸석거려 제철이 끝났다.
겨울부터 맛있게 먹었던 간재미도 여름 바다에서는 뼈가 억세어져서 맛이 떨어진다. 대
신 암꽃게는 7월 산란성기를 앞두고 맛의 절정에 올라 있다. 병어와 덕대, 밴댕이도 6월
까지 맛있게 먹을 수 있다. 알을 잔뜩 품은 암꽃게는 간장게장과 탕으로, 밴댕이와 병
어, 덕대는 회나 조림으로 연중 마지막 제철밥상을 장식할 기회다.

아직 제철인 해산물과 더불어 새롭게 제철을 맞는 여름해산물도 많다. 초여름 최고의 별미 성게알과 해삼, 부시리 등이 그렇다. 성게알은 배릿하면서도 달큰하고 녹진한 맛이 6월 최고의 별미 중 하나다. 성게알 마니아들이 종종 자신의 블로그에서 성게알의 맛을 크리미하다고 표현하는데 생크림처럼 보드랍고 고소하다는 의미의 신조어다. 그렇다. 보드랍고 고소한 맛, 배릿하면서도 달큰한 여운이 도는 맛이 한데 어우러져 입안을 행복하게 해주는 맛이 성게알이다.

6월 우리 연안에서는 해삼의 조업도 활발하게 이루어진다. 인삼과 동일한 사포닌을 많이 함유하고 있어 바다의 인삼이라는 이름의 해삼은 원래 차가운 물을 좋아하는 냉수성이다. 수온이 올라가면 먹이활동을 끊고 바다 깊은 곳이나 바위틈에서 여름잠을 잔다. 먹이활동을 안 하니 당연히 맛과 영양이 떨어진다. 다시 바닷물의 온도가 낮아지는 늦가을부터 활동을 시작해서 겨울부터 이듬해 봄까지가 해삼의 제철이 된다. 오뉴월은 따뜻한 바닷물 덕에 해삼 조업이 정점에 이르러 가격과 영양, 맛 3박자의 아귀가 딱 들어맞는 달이다.

일반인들에게는 생소하지만 뱃사람이나 낚시꾼들이 히라스라 부르는 부시리도 난류를 타고 산란을 위해 우리 연안으로 몰려든다. 제주 등 남해권에서는 벌써 사오월이면 알이 차기 시작한 부시리가 잡히고 부산과 경북 일대의 앞바다에서는 6월이 피크다. 이

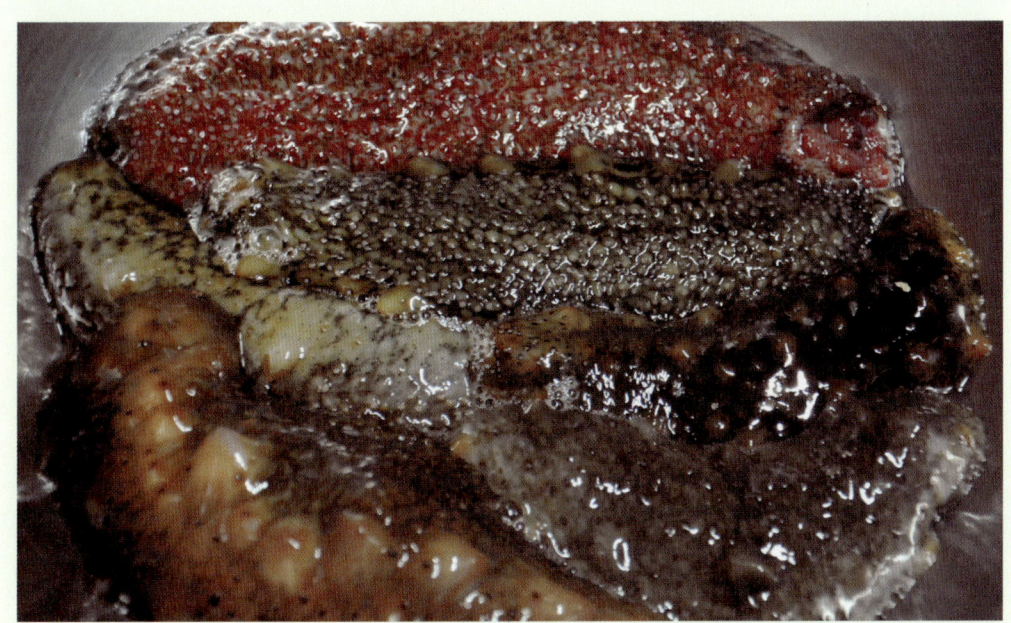

인삼과 같은 사포닌 성분을 대량 함유하고 있어 바다의 인삼이라 부르는 해삼 철도 6월이 절정이다.

때가 지나면 서서히 산란에 들어가 길지 않은 부시리 철이 끝난다. 우리 바다에서 잡히는 몇 안 되는 대형 어류로 겨울방어와 더불어 붉은살생선 회 맛의 진수를 보여준다. 가을부터 방어에 열광했다면 여름에는 부시리에 도전해보시라.

그리고 한여름 바다에서 절정의 맛을 내는 민어도 6월부터 조금 이른 제철을 맞는다. 5월부터 조금씩 모습을 보이기 시작하는 민어는 6월부터 가격이 조금씩 오른다. 정작 복달임을 해야 할 7월 복날 인근에는 너무 비싸고 귀해서 그림의 떡이 되기 일쑤다. 민어복달임 자랑을 할 요량이 아니라면 6월이나 복날이 다 지난 8월 이후에 도전해볼 만하다.

6월이면 미끈한 몸매를 자랑하는 농어도 맛이 들기 시작한다. 봄에 알에서 깨어나 쿠로시오난류를 타고 북상하는 오징어가 아직 어리기는 하지만 강원과 경북 앞바다에서 잡힌다. 자연산 멍게도 중독성 향과 단맛이 제대로 들기 시작한다. 이래저래 6월은 제철 해산물이 가장 많고 풍성한 달 중 하나다.

여름이 시작되는 6월의 밭작물 가운데 여름 내내 반찬 걱정을 덜어줄 작물이 오이다. 이른 봄 비닐집에 모종을 심은 오이는 이미 5월부터 나오지만 한데에 심은 노지 오이는 6월 중하순경부터 본격적으로 열리기 시작한다. 이 무렵 나오는 오이는 백다다기라는 종이다. 여름부터 나오는 취청오이보다 수분이 많고 조직이 치밀하지 못하다. 대신 아삭한 식감과 오이 특유의 향이 좋아 생으로 먹어도 맛있고 각종 회무침이나 샐러드에도 빠지지 않고 들어간다.

6월이 제철인·백다다기오이는 아삭한 식감과 특유의 향이 좋아 생으로 요리하는 데 많이 쓰인다.

우리 집은 다들 오이의 상큼한 맛을 좋아하는데 유독 대학생인 딸아이는 오이라면 질색을 한다. 초등학교 다닐 때에는 학교급식의 반찬으로 나온 오이를 어떻게든 먹여 보려던 담임 때문에 아이가 학교 가기를 싫어할 정도였다. 오이에 대한 친근감을 갖게 하기 위해 여러 방법을 고민해봤지만 다 허사였다.

시골에 가게 되면 어린 딸아이와 함께 들로 나가 오이풀을 뜯어 아빠가 어릴 때 하던 놀이를 따라 해보게도 했다. 오이풀은 평상시에는 별다른 냄새를 풍기지 않지만 조직이 파괴되면 신기하게도 오이 향이 난다. 그래서 오이풀이라는 이름까지 얻었다.

어른들은 모두 농사일에 바쁘고 함께 놀아줄 또래가 없었던 어린 시절 무성한 들풀과 곤충들은 나의 놀잇감이자 친구였다. 방아깨비와 여치를 잡다가 지치면 오이풀을 뜯어 손바닥에 탁탁 내리치며 흥얼거린다. "오이 냄새 나라~ 수박 냄새 나라~." 그러곤 킁킁거리면서 오이풀에 코를 들이댄다. 그러면 싸하게 콧속을 파고드는 상큼한 오이 향. 그게 그렇게 좋을 수가 없었다. 하지만 아빠 따라 한번 해본 딸아이는 기겁을 하며 오이풀을 던져버린다.

이쯤 되면 생리적으로 오이를 싫어하는 것이다. 부모도 어쩔 수가 없다. 나중에 제가 더 커서 오이의 맛을 스스로 알기까지 내버려두는 수밖에 없다. 그 이후론 딸아이에게 오이를 억지로라도 먹여야 한다는 생각을 포기했다. 뭐 오이를 꼭 먹어야만 사는 게 아니니까. 하지만 지금껏 오이를 못 먹는 딸아이를 보면 중요한 미각의 하나를 잃어버리고 사는 것 같아 안타깝다.

상황이 이쯤 되니 오이가 들어간 음식을 할 때가 제일 곤혹스럽다. 죽순이나 간재미회 무침에는 어슷하게 편 썬 오이가 들어가야 제맛인데 오이를 넣을 수가 없다. 어쩌다 매운 음식이 당겨 파채를 듬뿍 넣고 골뱅이무침을 할 때도 오이가 들어가면 딸아이의 손이 가질 않는다. 그렇다고 달랑 네 식구가 전부인데 딸아이만 빼고 먹을 수 없으니 부득이 오이를 넣지 않고 무쳐내야 한다. 어떤 때는 딸아이 먹을 것 먼저 덜어내고 양념과 오이를 추가한 다음 우리 먹을 것을 만들기도 한다.

딸아이가 아무리 질색을 해도 오이가 한창 제철일 때 오이소박이를 담그지 않고 넘어갈 수는 없다. 딸아이 때문에 초여름의 입맛을 살려줄 오이소박이를 포기할 수는 없는 것 아닌가. 그저 오이 한 열댓 개에 부추 한 줌이면 우리 부부가 일주일을 맛있게 먹을 수 있는 오이소박이김치를 담글 수 있는데 말이다.

오이소박이는 오이를 열십자로 갈라 일일이 양념한 부추 소를 넣는 게 정석이지만 때

오이소박이 대신 같은 양념과 채소로 약식으로 오이김치를 담그면 맛은 그대로인 데다 먹기도 편하다.

론 참 번거로운 일이다. 덩치가 커서 한입에 먹기도 불편하다. 그래서 요즘은 손님상이나 딱히 누구에게 보여야 할 때가 아니면 약식으로 담그고 만다. 가로세로로 4등분한 오이를 살짝 절여 3~4센티미터 크기로 썬 부추, 다진 마늘, 고춧가루, 액젓, 매실청 등을 넣어 잘 버무리면 끝이니 간단하기도 하다. 이렇게 담그면 6월에는 하루저녁만 상온에 놔둬도 알맞게 익는다.

6월 오이는 두어 번 오이소박이김치를 담가 먹는 거 외에도 진짜 중요한 쓰임새가 있다. 곧바로 다가올 지루한 장마와 한여름 무더위에 요긴한 반찬 오이지를 담가야 한다. 푹푹 찌는 삼복더위에는 삼시세끼 밥을 해 먹는 것도 곤욕이다. 이럴 때 찬밥에 물 말아서 오이지 한 쪽이면 무엇이 더 필요할까. 꿀맛처럼 다디달게 한 끼 너끈히 때울 수 있다.

그러니 오이지를 담그는 일이 채소가 부족한 장마철과 한여름을 대비한 여름 김장을 담그는 일처럼 돼버렸다. 우리는 매해 대략 한 접 정도의 오이지를 담근다. 딸아이가 싫어해서 세 식구만 먹을 것이니 너무 많이 담근다 싶은데도 어느 해는 여름이 다 지나기도 전에 동이 나버리기도 한다. 물론 매끼 집밥을 먹을 수 없는 처지에 둘이 오이지 한 접을 여름 한 철에 다 먹어치울 수는 없다. 퍼 주고 나눠 먹기 좋아하니 오이지 한 접이 오래갈 수가 없다. 이런 해에는 부득이 제철이 아닌 오이를 비싸게 주고 사서 한 번 조금 더 담가야 여름을 난다.

6월에 제철인 밭작물 가운데 너무 흔해서 그 가치를 몰라주는 작물이 하나 있다. 바로 어느 음식에나 약방의 감초처럼 들어가는 양파다. 6월에 수확하는 양파는 만생종이라 부르는 늦양파로 이듬해 조생종 양파가 나오기 전까지 우리 밥상에 오른다. 반면 생김새 가 약간 동글납작한 조생종 양파는 늦양파가 떨어지는 시기인 2~4월 사이에 수확한다. 일조량이 적고 기온이 낮아도 잘 자라는 품종인데 재배량이 적어 반짝 나왔다 들어간 다. 우리가 1년 내내 먹고 사는 양파의 대부분은 6월에 수확하는 만생종 양파다.

양파는 어떤 음식과도 궁합이 잘 맞아 약방의 감초와 같은 역할을 한다.

6월에 나오는 신선한 햇양파는 그냥 날로 먹어도 맛있다. 그리고 어떤 음식에도 궁합이 잘 맞아 우리 음식에 양파가 안 들어가는 것이 거의 없다. 김치를 담글 때도 양파를 갈거나 썰어서 넣고, 각종 볶음 요리에도 자연스러운 단맛을 내기 위해 양파를 넣는다. 물론 찌개나 국을 끓일 때도 양파가 빠지지 않는다. 한약에는 쓴맛을 다스리기 위해 감초를 넣는데 요리에도 자연스러운 단맛을 내기 위해 양파만 한 것이 없다.

그러다 보니 일반 가정에서도 양파 몇 개쯤은 늘 어딘가에 보관해두고 산다. 베란다에 걸린 양파망에 들어 있기도 하고 냉장고 야채박스의 비닐봉지에 담겨 있기도 한다. 집에서 반찬이라도 한 번 할라치면 어디에선가 양파를 찾아야 하기 때문이다.

이렇듯 흔한 식재료인 데다 가격마저 헐하다 보니 양파가 우리 몸에 얼마나 좋은지 잊고 산다. 뭐 꼭 알고 먹어야 하는 것은 아니지만 양파의 건강기능성에 대해 알고 나면 일부로라도 찾아 먹게 되니 나쁠 건 없다. 사실 우리도 양파의 효능을 알기 전에는 그저 음식의 부재료로 맛을 위해 썼을 뿐이다. 하지만 지금은 조금 다르다. 양파 철이면 양파전, 양파김치, 양파장아찌 등 양파를 주재료로 한 음식이 떨어지지 않는다.

양파를 일부로 즐겨 먹으려 하는 데 특별한 사연이 있는 것은 아니다. 우리 몸의 건강과 생명에 가장 중요한 기관 중의 하나가 심혈관이다. 우리의 다른 모든 기관과 신체 부위가 생명을 유지할 수 있도록 혈액을 공급해주기 때문이다. 심장과 혈관이 노후해지거나 질환이 생기면 우리 건강에 치명적인 위험이 뒤따른다. 그런데 양파에 심혈관을 건강하게 유지해주는 성분이 많이 들었다니 일부로 찾아서 먹는 게 당연한 일이다.

양파가 우리의 심혈관을 지켜주는 파수꾼으로까지 불리는 것은 퀘르세틴이라는 항산화물질 덕분이다. 퀘르세틴은 우리 몸에 흡수되어 활성산소를 억제하고 혈관벽에 들러붙은 콜레스테롤을 분해해서 혈관을 깨끗하고 튼튼하게 유지할 수 있도록 해준다고 한다. 여러 실험을 통해 검증된 결과라니 양파가 더욱 소중하게 보인다. 지방이 촘촘히 박혀 마블링이 좋은 고기를 선호하는 사람이나 과도한

자색양파의 단면.
심혈관에 도움을 주는 성분인
퀘르세틴은 바깥쪽일수록 많이 들었다.

흡연으로 혈관이 노후해진 사람들에게 특히 권장할 만한 식재료가 아닐 수 없다.

그런데 퀘르세틴이란 물질이 양파에 부위별로 골고루 들어 있는 것은 아니란다. 양파는 겉껍질을 제외하고 가식부가 모두 8겹으로 돼 있는데, 속으로 들어갈수록 퀘르세틴

6월 양파 수확기부터 한여름까지 우리 집 밥상에 자주 올라와 가족들의 입을 즐겁게 해주는 자색양파전.

성분이 줄어든다. 심지어 양파 껍질에는 가식부위보다 10배나 많은 퀘르세틴이 들어 있다고 한다. 이런 걸 알고부터 양파 껍질도 그냥 버리지 않게 된다. 질긴 비닐처럼 씹히지 않는 양파 껍질을 그냥 먹을 수는 없으니 채수를 낼 때 껍질을 벗겨내지 않고 껍질까지 끓이게 된다. 때로는 깨끗이 씻어 말렸다가 다려서 차처럼 마시기도 한다.

우리 가족은 대체로 양파의 맛을 즐기는 편이다. 특유의 알싸하고 매운맛만 빼면 달큰하고 아삭하니 아이들도 좋아할 만한 맛이다. 음식 가림이 심한 딸아이도 양파를 깍뚝 썰어 청양고추 몇 개 넣고 장아찌를 담가주면 군말 없이 잘 먹는다. 매운맛이 적고 단맛이 강한 자색양파는 얇게 채를 썰어 샐러드에 얹거나 전을 부쳐 먹기도 한다. 밀가루를 조금 묽다 싶을 정도로 풀어 겉은 바삭, 속은 촉촉하게 전으로 부쳐내면 이 또한 양파 철에 빼놓을 수 없는 별미다. 봄에는 부추전, 여름에는 양파전, 가을 겨울에는 배추전이나 무전으로 제철밥상을 풍요롭게 할 수 있다.

양파 하나에 청양고추 두어 개를 채 썰어 식초, 간장을 4 대 3의 비율로 섞어 버무린 즉석 양파겉절이는 사계절 손쉽게 해 먹을 수 있는 별미다. 매콤하고 새콤하며 아삭한 것이 의외로 별미여서 김치가 없는 상황에서 효자 노릇을 톡톡히 한다. 기름진 육류를 먹을 때 입가심 반찬으로 이만한 것도 없다. 양파간장장아찌나 양파전을 싫어하는 것은 아니지만 우리

양파겉절이는 사계절 내내 손쉽게 해 먹을 수 있는 별미다.

부부가 더 좋아하는 것은 제철 양파김치다. 양파의 본고장인 전남 무안 인근 출신이 아니라면 양파로 뭔 김치를 담그냐며 의아해할 수도 있겠다. 하지만 양파는 훌륭한 김치 소재다. 식감은 아삭하고 단맛과 시원한 맛이 잘 어우러진 김치가 된다.

양파김치를 담글 때 양파는 반으로 갈라 가로세로 각 3등분을 하여 깍뚝 썰면 대략 먹기 좋은 크기가 된다. 그리고 양파는 살짝만 절이는 것이 좋다. 너무 절이면 아삭한 식감이 떨어질 뿐 아니라 양파의 단맛도 다 빠져버린다. 아예 소금 대신 액젓으로 절여 그 국물까지 버리지 않고 김치를 담가도 좋다. 살짝 절여 물기를 뺀 양파에 고춧가루, 액젓, 부추나 쪽파를 3~4센티미터 길이로 썰어 버무려놓으면 훌륭한 양파김치가 된다. 아이들을 위해서는 약간의 매실진액을 첨가해도 된다.

살짝만 절였기 때문에 간은 조금 짭짤한 정도로 해야 한다. 그리고 양파는 수분이 많아 쉽게 무를 수 있으므로 한꺼번에 욕심껏 많이 담그지 말자. 한 일주일 정도 먹을 양만큼만 담그면 늘 신선한 양파김치를 먹을 수 있다. 우리는 양파김치를 담그면서 무가 있으면 나박 썰어 함께 버무리고, 오이가 보이면 오이도 함께 넣는다. 오이는 소박이를 할 정도의 크기로 잘라 다시 길이로 4등분을 해주면 숙성시간이 양파와 얼추 맞는다.

양파김치는 겉절이처럼 날로 먹어도 맛있고 살짝 익혀 냉장했다가 먹으면 더 맛있다. 무더운 여름 입맛이 없을 때 시원한 녹차나 생수에 밥을 말면 양파김치만 있어도 한 그릇 뚝딱이다. 양파를 하루 반 개 이상 상복하면 건강에 큰 도움이 된다고 한다. 양파전으로, 김치로, 장아찌로 늘 가까이 하다 보면 제철에 하루 양파 한 개는 먹게 되는 것 같다. 너무 흔해 건강 식재료로서의 가치를 망각했던 양파를 많이 먹는 데 양파김치만 한 것도 없다.

양파김치는 겉절이처럼 날로 먹어도 맛있지만 이렇게 슬쩍 익혀서 차게 해서 먹으면 더 맛있다.

양파와 마늘의 수확이 끝나고 나면 농촌에서는 감자 캘 준비를 한다. 6월 하순의 하지 무렵에 캔다 하여 일명 하지감자다. 하지감자는 보통 이른 봄인 3월 하순 무렵에 심는다. 비교적 추운 지방에서도 잘 자라는 특성 덕분에 심은 지 90일 정도가 되는 하지 무렵에 캘 수 있다. 그래서 늦여름이나 가을에 수확하는 만생종 감자와 구분하여 조생종

3월 끝자락에 심어 하지 무렵에
수확을 하기 때문에 하지감자라 부른다.

감자로 분류한다.

　나이가 웬만큼 든 사람이라면 하지감자에 대한 추억 한 자락쯤은 가지고 있을 것이다. 나도 예외는 아니다. 우리가 한창 자랄 때인 60~70년대만 해도 당연히 지금처럼 먹을 게 풍족하지 못했다. 특히 농사가 많지 않은 시골의 삶은 그저 하루 세 끼니 거르지 않고 먹을 수만 있어도 감지덕지였다. 그나마 간식거리라곤 제철작물을 찌거나 굽고, 또는 떡으로 빚은 게 전부였다.

　하지감자도 한여름 고구마와 옥수수가 여물기 전까지 시골 아이들에게는 더 없는 간식거리였다. 그냥 찌거나 삶기만 해도 배고픈 시골 아이들에게는 그저 맛있기만 했다. 어쩌다 농사일이 한가한 틈을 타 으깬 감자와 밀가루에 뉴슈가로 단맛을 낸 감자개떡이라도 하는 날에는 그야말로 산해진미가 따로 없었다. 간식으로 즐기는 건 그나마 호사였고 살림이 곤궁한 집에서는 적어도 하루 한 끼 이상 삶은 감자가 밥을 대신하기도 했다.

　그때는 다른 요깃거리가 없어서이기도 했지만 감자 자체도 맛있었다. 당시에는 대부분 남작이라는 품종의 감자를 심었는데 쪄놓으면 껍질이 쩍쩍 갈라질 만큼 분이 많은 분질성 감자였다. 김이 모락모락 나는 찐감자를 한 입 베어 물면 포근포근 어찌나 부드럽고 맛나던지.

　하지만 지금은 남작감자 재배 농가는 눈을 씻고 찾아야 한두 곳 나올 정도다. 원래 이 품종의 감자는 미국에서 1876년 육종된 것으로 일제강점기 때 우리나라에 들어왔다. 국내에 처음 도입한 사람이 가와다 남작이어서 남작감자란 이름이 붙었다. 춥고 척박한 땅에서도 잘 자라 함경, 강원도 등에서 많이 재배돼 굶주린 산골민들의 배를 채워주었다. 남작감자가 강원도

남작감자는 분이 어찌나 많은지 쪄놓으면 껍질이 쩍쩍 갈라질 정도다.

토착 감자처럼 인식돼 있는 것도 이 때문이다. 우리는 어릴 적 이 감자를 먹고 자랐다. 그래서 감자는 원래 분이 많고 포근포근해야 제맛인 줄 안다.

　그런데 1980년대에 들어 국내 감자 재배의 지형이 완전히 바뀌게 된다. 역시 미국에서 육종된 수미라는 품종 때문이다. 수미칩을 먹으며 자란 세대는 수미가 맛있는 과자 이름인 줄 알지만 실은 감자의 품종명이다. 1978년 국내에 처음 도입된 수미감자는 남작감자와 달리 이른바 점질성 감자다. 단맛은 높지만 분이 적어 주로 조림이나 볶음 등의 반찬용, 혹은 제과용으로 적합하다. 그런데 남작보다 병충해에 강하고 수확량이 많아 남

작감자를 재배하던 농가가 차츰 수미로 돌아섰다. 그리고 지금은 대부분의 농가가 남작 대신 수미를 재배하고 있다.

아직도 고집스럽게 남작을 재배하는 농가는 가뭄에 콩 나듯 드물다. 시중에 판매되는 감자는 거의 전부가 수미 품종이다. 그러니 감자 철이 돼서 포근포근한 찐감자의 추억을 아무리 떠올려도 같은 맛을 내는 감자를 구할 수가 없다. 더 많은 수익을 내야 하는 자본주의의 논리 탓에 소비자들의 다양한 요구가 묻혀버린 것이다. 상대적으로 병충해에 약하고 수확량이 적어 조금 비싸더라도 남작 재배 농가가 더 많아졌으면 하는 게 바람이다.

그나마 요즘은 자색과 홍색, 노랑 등 컬러 감자가 국내에서 개발돼 감자 품종의 다양성을 되찾아가고 있으니 조금 다행이다. 농진청에서 품종 개량한 컬러 감자들은 기존 감자보다 비타민 C가 월등히 많은 건강기능성 감자 품종이다. 보라색은 자영, 붉은색은 홍영, 노란색은 하령이라 이름 붙였는데 안토시아닌 등의 항산화물질도 풍부한 것으로 알려졌다. 이 중에서 하령은 수미보다 분이 많은 분질성이라니 남작의 추억을 가진 사람들에게 조금 위안이 되지 않을까 싶다.

남작과 수미에 대한 호불호는 있지만 감자가 지닌 영양에는 큰 차이가 없다. 감자는 영양이 풍부하고 심은 지 3개월이 채 안 돼 수확이 가능하다는 미덕을 지니고 있다. 이러한 미덕 덕분에 감자는 벼와 밀, 옥수수 등과 함께 세계 4대 식량작물로 인정받고 있다. 거기다 4대 식량작물 중에는 유일하게 알칼리성 건강 식재료다.

실제로 감자에는 탄수화물과 단백질, 비타민 A, B, C를 비롯한 영양소가 골고루 들어 있다. 나아가 칼슘과 철, 인, 칼륨 등의 무기질도 풍부한 것으로 알려져 있다. 특히 감자의 주요 성분인 탄수화물은 소화가 어려운 전분 형태로 되어 있다. 덕분에 칼로리가 백미밥에 비해 절반 정도밖에 안 된다니 비만인 사람들에게도 고무적이다. 또한 감자의 비타민 C는 전분에 둘러싸여 있어 조리를 위해 가열을 해도 상당 부분이 파괴되지 않는다고 한다. 감자의 영양을 그대로 섭취하기 위해 감자 생즙을 마시는 사람들이 조금 배신감을 느낄 수도 있겠다.

이런 감자의 풍부한 영양을 무시할 수 없어서 감자 철이 되면 가급적 감자를 많이 먹으려 노력한다. 감자를 채 썰어 기름 두른 팬에 볶아내기도 하고, 깍뚝 썰어 조려낸 감자조림도 좋은 제철 밥반찬이다. 알이 잔 알감자들만 껍질째 조린 알감자조림도 추억의 제철음식이다. 가끔 장마철 비가 쏟아지는 날에는 바삭하게 부친 감자전도 안주나 반찬으로 올라오고, 감자를 썰어 넣고 끓인 감자수제비나 칼국수도 먹는다. 그리고 이맘때는 뭐니 뭐니 해도 찐감자만 한 간식거리도 없다. 분질성 감자라면 더욱 좋겠지만 수미감자라도 아직 싱싱할 때는 분이 없지 않다. 수미감자라도 물에 넣고 삶기보다는 찜기를 이용해 쪄놓으면 포실한 것이 맛있다.

우리가 제철에 또 많이 해 먹는 감자 요리는 매시드 포테이토다. 으깬 감자에 생크림이나 우유, 혹은 버터를 섞은 서양 요리인데 우리는 우유, 버터 대신 플레인 요구르트를 넣는다. 우선 포실하게 찐 감자를 대충 숟가락이나 방망이로 으깬다. 으깬 감자를 체에 걸러 보드랍게 입자를 내야 하지만 대충 으깨기만 해도 먹기에 불편하지 않다. 여기에 플레인 요구르트를 넣으면 새콤 상큼한 맛이 감자와 썩 잘 어울린다.

그리고 여기에 자색양파를 곱게 다져 넣는다. 삶은 완두콩을 넣을 때도 있다. 둘 다 감자와 수확시기가 같으니 제철식재료의 조합으로 이만한 것도 없다. 간은 소금과 후추만으로 간단히 한다. 단순하지만 간단한 한 끼 식사로도,

쪄서 으깬 감자에 플레인 요구르트와 자색양파를 다져 만든 매시드 포테이토. 통곡으로 만든 빵 위에 얹으면 한 끼 식사로도 충분하다.

출출할 때 건강 간식으로도 훌륭하다.

가끔 별식이 필요할 때는 감자 도우로 만든 감자피자를 굽기도 한다. 밀가루 반죽 대신 감자를 얇게 썰어 두세 겹 겹쳐서 도우로 쓴 피자다. 최대한 얇게 썬 감자는 소금과 흰후춧가루로 밑간을 했다가 팬에 살짝 익힌다. 토핑으로 얹을 양파와 베이컨도 먹기 좋게 썰어 팬에 볶아놓는다. 피자 팬에 감자를 동그랗게 두세 겹 깔아 도우를 만들고 모짜렐라 치즈를 듬뿍 얹는다. 치즈 위에 볶아놓은 토핑 재료를 얹고 다시 그 위에 나머지 치즈를 얹는다. 마지막으로 피망을 예쁘게 잘라 모양을 내고, 예열된 오븐에 구워내면 된다. 간단하지만 근사하고 건강에 좋은 피자다.

초여름 집밥의 품격을 높여준다, 성게알

우리 아이들은 식성이 서로 극과 극이다. 딸아이는 해산물을 좋아하고, 아들은 육류 마니아다. 누나는 잘 삭힌 홍어도 거침없이 먹는데, 아들은 질색이다. 대신 아들은 한여름에도 뜨거운 청국장을 푹푹 떠서 먹고 딸은 거들떠도 안 본다. 그러다 보니 뭐 좀 색다른 별미가 생각날 때 두 아이의 식성을 다 맞춰야 하는 것도 쉽지만은 않다.

6월의 최고 바다 별미라 생각하고 있는 성게알을 주문할 때도 그렇다. 아들, 오늘 성게알 오는데? 하고 말을 붙이면 인석은 늘 시큰둥이다. 반면 딸은 정말? 하며 벌써 입맛부터 다신다. 그러니 성게알을 주문할 때는 아들이 좋아하는 음식이라도 하나 만들어줘야

말똥성게는 봄이 제철이지만 수온이 낮은 해에는 초여름까지도 달보드레한 성게알을 맛볼 수 있다.

미안하지가 않다. 아내나 딸은 나만큼이나 성게알을 좋아하니 집에 오자마자 성게알을 찾는다. 그러고는 개인접시에 덜어서 찻숟가락으로 푹푹 떠먹어야 성이 찬다. 짜디짠 6월의 바다가 선사하는 달보드레한 맛, 바로 성게알이다.

초여름 최고의 별미, 알을 품고 있는 성게는 우리 바다 전 연안에 30여 종이 서식하고 있다. 그중에서 우리가 먹는 성게는 보라성게, 둥근성게, 말똥성게 등 3종류다. 분홍성게도 식용으로 하지만, 비교적 깊은 바다에 서식해서 보기가 쉽지 않다. 맛은 분홍성게가 최고라는데 아직 눈으로 보지도 못했으니 뭐라 말을 꺼낼 처지가 아니다.

동해안에서는 주로 말똥성게와 둥근성게가 나고, 제주 등 남해 연안에서는 보라성게가 많이 잡힌다. 동해안에서 나는 짙은 보랏빛의 성게를 모두 보라성게라 부르지만 사실은 보라성게와 둥근성게가 섞여 있다. 색깔과 맛은 같아도 몸체를 둘러싸고 있는 가시의 길이가 다르다. 보라성게는 가시의 길이가 일정치 않고 삐죽삐죽하고, 둥근성게는 가시의 길이가 고라서 둥그런 모양이다. 가시로 뒤덮인 성게를 까서 알만 꺼내서 먹는 것이다.

그런데 우리가 흔히 성게알이라고 부르는 것은 엄밀히 말해서 알이 아니다. 성게는 암수가 따로 있는 자웅이체다. 말똥성게는 삼사월, 둥근성게와 보라성게는 칠팔월이 주산란기다. 산란기에 앞서 암수 성게는 생식소가 차며 산란을 준비한다. 수컷의 생식소, 즉 정소는 옅은 흰색에 가깝고, 암컷의 생식소인 난소는 붉은 기가 살짝 도는 황색에 가깝다. 산란기에 암수 성게가 이 생식소를 바닷물 속에 내뿜어 수정을 통해 성게가 대를 이어가는 것이다. 산란 전 껍질을 깨고 6월 최고의 식재료라며 먹는 성게알이 바로 이 생식소다.

그런데 성게가 이맘때 최상의 별미 식재료를 제공하는 고마운 존재인 것만은 아니다. 바다의 모든 해조류를 다 먹어 치우는 바다 황폐화의 주범 중 하나이기도 하다. 성게는 한때 전량 일본에 수출하며 어민들에게 짭짤한 소득원이 됐었다. 하지만 90년대 중반 이후 값싼 중국산에 밀려 수출길이 막혔고 어민들은 성게 잡기를 포기해야 했다. 덕분에 엄청나게 불어난 성게는 닥치는 대로 해조류를 먹어 치워 우리 바다를 황폐화시키고 있다.

동해에 서식하는 보라성게와 말똥성게. 가시가 길고 짙은 보라색이 보라성게고, 짧은 가시의 둥글납작한 것이 말똥성게다.

성게는 미역과 다시마 등의 식용 해조류뿐만 아니라 암반에 붙은 이끼류마저 갉아 먹어 다른 해조류가 붙을 기회를 주지 않는다. 하루에 제 몸무게의 5퍼센트에 해당하는 해조류를 먹어 치운다고 한다. 오죽했으면 일부 어민들이 불가사리와 함께 성게도 해적 생물로 지정해야 한다는 주장을 했을까? 최근 성게의 국내 수요가 늘기 시작하면서 동남해안에서 성게 채취 및 손질로 소득을 올리는 어민들이 많아졌다. 제철 성게를 많이 먹어주는 것도 바다환경에 도움이 되는 현실이다.

성게알이 6월부터 40여 일 동안 맛볼 수 있는 별미이긴 하지만 아직 그 가격은 녹록치 않다. 대형 마트에서 소포장으로 팔기도 하는데 산지의 신선한 성게알을 주문해 먹으려면 택배비 포함 1킬로그램에 최소 6만 원 가까운 금액을 지불해야 한다. 성게알 1킬로그램이 적은 양은 아니나 주머니가 얇은 서민들에게는 결코 만만치 않은 금액이다.

하지만 성게 채취와 손질 과정을 들여다보면 결코 비싼 가격이 아니다. 성게는 따로 양식할 필요도 없으니 성게알 값은 전부 인건비라 해도 과언이 아니다. 성게는 해녀들이 일일이 물질을 해서 잡을 수밖에 없다. 그리고 껍질을 까서 알만 발라내는 일도 처음부터 끝

성게알 1킬로그램 가격이 만만치 않지만 일일이 껍질을 까서 알을 발라내야 하는 노고를 생각하면 결코 비싸다고 할 수 없다.

까지 사람의 손길을 거쳐야 한다. 잡아 온 성게는 바닷가 할머니들이 쪼그리고 앉아 껍질을 깨고 일일이 생식소만 들어낸다. 그리고 그걸 다시 바닷물에 헹궈 내장과 모래 등의 이물질을 제거해야 먹을 수 있는 상태가 된다. 성게알 1킬로그램이면 아마도 성게 100~200마리 분은 넘지 않을까 싶다. 몇 해 전 제주해양수산연구원에서 성게알 분할기를 개발하여 보급하기 시작했다니 조만간 조금 싼 값에 제철 성게알을 먹을 수 있을는지도 모르겠다.

그럼 과연 성게알은 채취하고 손질하는 과정에 들어가는 수많은 이들의 노고와 비싼 가격에 견줄 만큼 맛과 영양이 풍부할까? 그 맛은 이미 언급한 것처럼 호불호가 있을 수 있지만 마니아층이 매우 두텁게 형성될 만큼 충분히 인정받고 있다. 그리고 영양학적 관점에서도 나무랄 데 없는 식재료가 성게알이다. 성게의 생식소에는 단백질과 칼슘, 철분이 많아 빈혈 환자나 회복기의 환자에게 특히 좋다고 해서 예로부터 강정제 대신 먹었다고 한다. 또한 비타민 A와 B 성분의 함유량도 많다고 하니 뇌 기능 활성화나 눈

신선한 성게알은 개인접시에 담아 그냥 생으로 푹푹 떠먹는 게 제일 맛있다.

건강, 피부 점막을 강화하는 데도 도움이 될 것이다. 비싼 만큼 제값을 하는 식재료다.

아들을 제외하고 성게알 마니아가 셋이나 되니 우리도 매해 6월이 되면 두어 번쯤 동해 현지에서 직접 성게알을 구매하게 된다. 성게알은 1킬로그램 단위로 플라스틱 통에 담겨 위아래 얼음을 깔고 배달된다. 동해 푸른 바다에서 건져낸 성게를 손질한 지 하루 만에 받으니 신선하기 이를 데 없다. 이렇게 신선한 성게알은 그냥 생으로 먹는 게 제일 맛있다. 일단은 한 숟가락씩 푹푹 떠서 개인접시에 담아 그 향과 맛을 즐긴다.

생으로 먹는 다른 방법은 뜨거운 밥에 성게알을 듬뿍 넣고 살살 비벼서 먹는 것이다. 기호에 따라 간장과 참기름을 조금씩 넣기도 하지만, 우리는 성게알만 넣고 비벼서 먹는다. 밥의 뜨거운 기운이 성게알의 향을 더 높여주고 녹진하면서도 달큰한 맛이 일품이다. 잘 익은 배추김치 한 쪽만 있으면 밥 한 그릇 뚝딱이다. 때론 멋을 내느라고 성게알

뜨거운 밥이 성게알의 녹진한 향을 더 높여줘
그저 뜨거운 밥에 성게알만 넣고 살살 비벼 먹는 것을 최고로 친다.

미역국이 충분히 끓은 다음 성게알을 넣고 살짝 한소끔만 더 끓여야 성게알이 풀어지지 않는다.

초밥을 해 먹기도 하는데 우리 입맛에는 그저 뜨거운 밥에 성게알만 넣고 살살 비빈 성게알비빔밥을 최고로 친다.

성게알미역국도 우리 집 제철밥상에 자주 오르는 메뉴다. 불린 미역에 다진 마늘, 집간장이나 잘 숙성된 액젓으로 간을 해서 끓인다. 성게알미역국의 포인트는 미역국이 다 끓은 다음 성게알을 넣어 한소끔 더 끓여주는 것이다. 그래야 성게알이 너무 풀어지지 않는다. 기호에 따라 참기름과 다진 마늘을 넣고 미역을 미리 볶아주기도 하는데, 우리는 볶지 않은 단순하고 깔끔한 맛이 더 입에 맞는다.

성게알파스타도 우리 집 식탁에 가끔 오르는 별미다. 강남의 유명짜한 레스토랑에서는 성게알냉파스타를 내는데, 가정에서도 복잡한 맛의 냉파스타까지 밥상에 올리기에는 벅차다. 그저 생크림파스타 조리 마지막에 불을 끄고 성게알을 듬뿍 넣어 잔열로 살짝만 익혀내면 아주 맛있게 먹을 수 있는 별미가 된다.

그래도 남는 성게알이 있으면 너무 짜지 않을 정도로 소금을 넣어 성게알젓을 담근다. 천일염과 잘 버무려 냉장 숙성시킨 다음 냉동실에 보관하면 두고두고 먹을 수 있다. 미역국을 끓일 때 이용할 수도 있고, 계란말이를 할 때 성게알젓으로 간을 하면 이 또한 별미다. 대파 송송 썰어 넣고 계란과 성게알젓을 잘 섞어 약한 불에 익혀주면 된다. 조리과정은 간단하지만 바다와 땅의 대표적 단백질 식재료가 어우러져 내는 맛이 아주 각별하다.

6월의 바다에는 성게알과 견줄 만큼 맛과 영양이 풍부한 제철 바다 생물이 하나 더 있다. 바다의 인삼이라 부르는 해삼이다. 해삼은 늦봄부터 초여름까지와 초겨울 무렵이 제철이다. 해삼의 제철이 연중 두 번인 것은 해수의 온도와 밀접한 관계가 있다. 해삼은 바닷물의 온도가 섭씨 17도 이하일 때에만 먹이활동을 한다. 수온이 17도가 넘어가면 먹이활동을 멈추고 성장이 둔해지다가 25도가 넘으면 여름잠을 잔다. 서늘하고 깊은 물 속이나 바위틈의 시원한 곳을 찾아 하면을 즐기는 것이다. 따라서 활발한 먹이활동으로 맛과 영양이 절정에 오른 시기인 봄부터 초여름 사이와 다시 먹이활동을 시작하여 몸을 살찌우는 늦가을부터 초겨울 사이를 제철로 보는 것이다.

그럼 해수가 가장 낮아 해삼의 먹이활동이 가장 활발한 겨울은 왜 제철이 아닌가 하는 의문을 가질 수 있겠다. 그것은 해삼의 채취방식 때문이다. 해삼은 우리나라 모든 바다에서 다 나는데 채취는 거의 전적으로 해녀들의 물질에 의존하고 있다. 수온이 너무 낮은 겨울에는 해녀들도 물질을 할 수가 없다. 한겨울에 가장 맛있지만 잡을 방법이 없는 것이다. 또 여름에는 해삼이 먹이활동을 중단하고 숨어 잠을 자기 때문에 찾아내기가 쉽지 않다. 따라서 적당히 맛과 영양이 들고 해녀들의 활발한 물질로 많이 잡혀 오는 시기를 해삼의 제철로 보는 데 무리가 없다.

바닷물이 더 더워지기 전까지가 제철인 해삼은 전 세계적으로 1,500여 종이 있는 것으로 알려진다. 그

제철을 맞아 통통하게 살이 오른 홍해삼.

중 우리 바다에는 14종이 서식하는데, 우리가 식용으로 하는 것은 모두 같은 종이다. 보통 흑해삼, 청해삼, 홍해삼 등 피부의 색깔에 따라 이름을 달리 부르지만 유전적으로는 하나의 종인 것이다.

극피동물에 속하는 해삼은 바다 밑바닥을 기어 다니며 진흙모래나 침전물을 삼켜 소형 동식물이나 유기물을 걸러 먹는다. 이때 먹은 먹이의 종류의 따라 해삼의 색깔이 달라진다. 바다 밑의 진흙이나 침전물을 삼켜 유기물을 골라 먹은 해삼은 검은색이나 청회색을 띠고, 갈조류를 주로 먹은 것은 홍색을 띤다. 홍색을 띠는 홍해삼을 더 귀하게 여기지만 사실은 갈조류를 먹은 동종의 해삼일 뿐이다. 더러 백삼이 잡히기도 하는데 이는 모든 동물에게 희귀하게 나타나는 알비노현상 때문이다.

바다 밑의 진흙이나 침전물을 삼킨 해삼은 그 안의 유기물만 걸러 먹고 이를 통해 깨끗해진 모래나 진흙은 다시 밖으로 내보낸다. 바다 밑을 꿈틀꿈틀 기어 다니는 작은 청소기다. 해삼은 그야말로 최고의 바다 식재료 중의 하나임과 동시에 바다 청소부의 역할까지 하는 것이다.

해삼이 고작 바다 밑의 침전물이나 먹고 산다고 해서 맛과 영양까지 허투로 보아서는 안 된다. 해삼이라는 이름은 바다의 인삼이라는 뜻에서 붙여졌다. 예로부터 인삼에 못잖은 보양강장식품으로 대접을 받아왔던 것이다. 해삼은 원기 회복과 기력 증진에 도움이 되는 식재료다. 실제로 해삼에는 인삼과 같은 사포닌 성분을 비롯해 칼슘, 철분, 인, 칼륨, 비타민 등의 무기질을 풍부하게 가지고 있는 것으로 알려져 있다. 이런 성분들은

해삼은 생으로 먹을 때 꼬들꼬들 씹히는 식감과 쌉싸래한 맛, 특유의 짙은 향이 매력이다.

특히 성장기 어린이와 임산부에 좋고 골다공증, 고혈압, 동맥경화를 막아주는 데도 도움이 된다.

그렇다면 맛은 어떨까? 해삼은 꼬들꼬들 씹히는 식감과 쌉싸래한 맛, 특유의 짙은 향이 매력이다. 그러다 보니 주변의 적잖은 사람들이 짙은 바다 향 때문에 해삼을 멀리하기도 한다. 말린 해삼을 물에 불려 다양한 익힘 요리를 발달시켜온 이웃나라 중국과 달리 우리는 주로 생식을 하면서 나타난 기피증이 아닐까 싶다. 그냥 썰어서 초장에 찍어 먹거나 물회로 말아서 먹는 게 고작이니 해삼의 진한 맛에 거부감을 갖는 것도 이해가 된다. 오뉴월에 해삼이 많이 나는 태안반도 일대에서는 생해삼을 전복이나 닭과 함께 탕을 끓여 먹기도 하지만 해삼이 메인이라 하기에는 조금 모자란다.

우리도 제철이 되면 두어 번 해삼을 주문해 먹는데 일단은 썰어 회로 먹고 나머지는 주로 물회로 소화한다. 매콤달콤새콤하면서도 해삼의 향이 은은한 해삼물회, 요것도 초여름에 빼놓을 수 없는 별미다. 특히 각종 제철채소와 과일을 곁들여 먹을 수 있으니 균형 있는 영양을 섭취할 수 있어 더 소중하게 여기는 음식이다. 요즘처럼 기온이 올라갈 때 시원하게 한 그릇 훌훌 떠먹으면 귀족 밥상 부럽지 않다.

가정에서 제철밥상에 올리기 위해 해삼물회를 하려면 당연히 일단 해삼 손질부터 해야 한다. 뭉클하고 미끈거리는 감촉 때문에 징그럽다는 선입견만 버리면 해삼 손질처럼 쉬운 것도 없다. 바다 생물들을 한 번이라도 다뤄본 사람이라면 누구나 쉽게 따라 할 수 있다.

우선 해삼의 앞뒤에 있는 입과 배설구를 살짝 잘라낸다. 그런 다음 몸통의 한쪽만 세로로 갈라 내장을 떼어낸다. 내장이라 해봤자 노랗게 반투명한 소화관밖에 없다. 이게 일본인들이 가장 귀히 여기는 고노와다의 원재료다. 해삼 내장을 잘 발라내 소금에 버무려 발효시켜 먹는다. 지금은 해삼의 먹이활동이 가장 활발한 때라 소화관의 상당 부분이 배설물로 가득 차 있다. 가끔 암놈에게서는 가는 나뭇가지 모양의 노란 알집이 나오기도 한다. 이것도 내장과 함께 먹으면 된다. 내장을 발라낸 해삼은 물로 한 번 씻어 가로로 먹기 좋은 크기로 썰어둔다.

해삼 손질이 끝나면 물회에 함께 넣을 채소와 과일도 채를 썰어 준비한다. 한창 제철인 미나리와 당근, 양파, 배가 들어간다. 여름이 가까워지면 조생종 백도가 나오는데 철 지난 배 대신 육질이 단단한 복숭아를 넣으면 더 좋다. 양파는 곱게 채를 썰어 찬물에 담가놓으면 매운맛이 빠진다. 양념채소로는 쪽파와 마늘, 청홍고추를 준비한다. 쪽파는

해삼물회에는 소면을 말아 먹거나 노란 메조를 넣은 조밥이 잘 어울린다.

송송 썰고 청홍고추는 어슷 썬다. 마늘은 다져놓는다.

물회에 넣을 초고추장 양념은 전통고추장과 양조식초, 매실진액으로 맛을 낸다. 음식점에서는 사이다를 넣어 청량감을 높이고 단맛을 위해 설탕을 넣는데 가정에서 굳이 추천할 만한 레시피는 아니다.

모든 준비가 끝나면 먼저 손질한 채소를 면기 등에 가지런히 깔고 그 위에 해삼을 얹는다. 청홍고추 등의 양념채소도 얹는다. 그리고 마지막으로 초고추장 양념을 끼얹고 차가운 물을 부어주면 끝이다. 여기에 각얼음 몇 개 둥둥 띄우면 더욱 시원한 기분을 느낄 수 있다.

해삼물회에는 주로 소면을 말아서 먹는다. 밥을 말아 먹고 싶으면 노란 메조를 넣고 지은 조밥이 잘 어울린다. 노란 메조밥은 해삼은 물론 오징어, 가자미 등의 각종 물회나 묵밥 등과 맛 궁합이 좋다. 국물에 말았을 때 알알이 풀리며 입안을 맴도는 식감도 허연 쌀밥이 따라올 수 없다.

서남해에서 해삼과 함께 6월이 제철인 해산물로 밴댕이가 있다. 남도 권역에서는 송에,
혹은 송어라 부르고 강화를 비롯한 중부 권역에서는 밴댕이라 부르는데 표준명이 반지
인 물고기다. 하지만 밴댕이의 최대 산지인 강화에서 부르는 밴댕이가 본명처럼 인식되
고 있어 여기서 군이 반지라는 본명을 써서 독자들을 혼란스럽게 하고 싶지는 않다.

그런데 헷갈리게도 밴댕이라는 표준명을 가진 물고기가 또 있다. 그것도 아주 희귀해

밴댕이는 주로 선어회로 먹는데
오뉴월에 맛과 영양이 절정에 이른다.

서 일반인들이 잘 모르는 물고기가 아니고 밴댕이와 같은 바다에서 잡히는 디포리라는 생선이 그것이다. 생긴 것도 밴댕이라 부르는 반지와 흡사하여 따로 놓고 보면 구분조차 쉽지 않다. 하지만 쓰임새는 확연하게 차이가 있다. 청어목 멸칫과의 밴댕이는 주로 회나 젓갈로 담가 먹고, 청어목 청어과의 디포리는 바싹 말려 국물을 내는 데 쓰인다.

이름이야 어찌 됐든 밴댕이는 늦봄부터 초여름 사이에 최고의 맛을 내는 바닷물고기다. 한여름에 접어드는 7월부터는 본격적인 산란이 이루어져 산란기 친어를 보호하기 위해 조업이 금지된다. 그리고 산란 이후에는 밴댕이의 참맛인 고소한 맛이 싹 빠지고 살도 푸석거린다. 딱 오뉴월에 절정의 맛과 영양을 지닌 생선이다.

제철 밴댕이는 주로 회로 먹는데 우리나라 사람들이 선호하는 활어회가 아니다. 이 물고기도 성질이 급해 그물로 건져 올리면 바로 죽어버린다. 따라서 횟감용 밴댕이는 잡는 즉시 얼음을 덮어 부패하지 않고 천천히 숙성이 되도록 보관해야 한다. 강화에서 밴댕이 좀 먹을 줄 아는 사람들은 하루쯤 냉장 숙성해야 최고의 맛을 낸다고 한다. 숙성 과정을 통해 자체 효소에 의해 단백질이 분해되면서 감칠 맛을 풍부하게 해주기 때문이다.

제철 밴댕이 맛은 지방의 고소함과 부드러운 식감이 잘 어우러져서 나온다. 살이 너무 물러 물컹거리며 씹을 때 공허하지도 않고, 지방이 너무 많아 느끼하지도 않다. 그저 적당히 부드럽고 알맞게 고소한 맛을 낸다. 밴댕이는 한 마리에 앞뒤로 포를 떠 회가 딱 두 점 나오

밴댕이회와 제철채소를 듬뿍 넣어 새콤달콤하게 무친 밴댕이회무침을 먹고 남으면 뜨거운 밥에 얹어 쓱쓱 비벼 먹어도 또 별미다.

는데 고소한 감칠맛에 이끌려 한 점 한 점 먹다 보면 어느새 회 한 접시 뚝딱 비워진다.

밴댕이회에 익숙지 않다면 회무침부터 시작하는 것도 괜찮다. 갖은 제철채소를 듬뿍 넣어 매콤새콤하게 버무린 밴댕이회무침은 밴댕이를 처음 먹어보는 사람들의 입맛에도 잘 맞는다. 먹고 남은 회무침에 뜨거운 밥을 넣고 쓱쓱 비벼 먹으면 또 별미다. 기름이 많은 생선이어서 큰 것은 구워먹기도 하는데 밴댕이구이도 전어구이 만큼이나 고소하고 맛있다.

강화 사람들은 회나 구이로 소비되지 못한 것이나 선도가 떨어지는 밴댕이는 천일염에 버무려 젓갈을 담근다. 강화나 인천 등 서해안지방에서 흔히 볼 수 있는 밴댕이젓이다. 역시 강화 특산인 순무와 밴댕이젓을 넣고 국물이 잘박한 김치를 담그면 이 또한 강

씨알이 굵은 밴댕이는 구이로 먹기도 하는데 가을전어만큼이나 기름지고 고소하다.

화에서만 맛볼 수 있는 별미다.

제철음식에 푹 빠져 살게 된 이후로는 아이들 데리고 외식을 하는 게 거의 연례행사처럼 돼버렸다. 웬만하면 신선하고 좋은 식재료를 구입해 집에서 직접 조리해 먹어야 성이 풀린다. 굳이 비싼 돈 내고 조미료와 각종 화학첨가물 범벅의 음식을 먹어야 하는 게 고역이어서다. 아직 단것에 대한 미련을 버리지 못한 아이들에게 조금 미안하기는 하지만 어쩔 수 없는 일이다. 저희들도 더 자라면 엄마 아빠가 왜 그랬는지를 이해해주겠지.

그런데 이 제철 밴댕이만은 예외다. 우선 제철 밴댕이는 지방이 많고 살이 물러 직접 선착장에 나가 방금 잡아 온 놈을 사기 전에는 대도시에서 신선한 회 맛을 즐기기 어렵다. 그리고 밴댕이회무침도 집에서는 아무래도 제맛이 안 난다. 밴댕이 철에 강화농장에 갈라치면 꼭 밴댕이 전문식당에 들르지 않을 수 없는 이유다. 농장을 함께 가꾸는 지인들과 함께하는 날이면 가족들을 위한 밴댕이회무침 테이크아웃도 마다하지 않는다.

6월 제철해산물 중 밴댕이가 서남해에서만 난다면 동남해에서는 밴댕이와는 비교할 수 없을 만큼 큰 대형 어류가 제철을 맞는다. 바로 흔히 히라스라고도 부르는 부시리다. 부시리는 농어목 전갱잇과에 속하는데 다 자란 개체는 2미터를 훌쩍 넘길 만큼 대형 어종이다. 덩치만 큰 게 아니라 빠르고 힘도 좋아 낚시꾼들에게는 최고의 손맛을 선사하는 물고기이기도 하다.

　부시리는 그 맛에 비해 일반인들에게 참 낯선 생선이다. 부시리라고 하면 알아듣는

겨울 제철 방어보다 더 높게 평가받는 부시리.
농어목 전갱잇과에 속하는데 다 자라면 2미터를 훌쩍 넘길 만큼 대형 어종이다.

사람이 별로 없다. 그나마 일본의 방언인 히라스라고 하면 몇몇이 고개를 끄덕일 뿐이다. 일본에서도 표준명은 히라마사이고, 히라스는 방언이다. 일본에서 히라스는 겨울 제철 방어보다 더 쳐주는 고급 횟감이다.

회라면 일본인들 뺨치게 좋아하는 우리나라 사람들이 부시리를 잘 모르는 건 아마도 선어회를 꺼려하는 풍조 때문이 아닐까 싶다. 부시리는 워낙 대형 어종이어서 활어 상태로 보관과 운송이 쉽지 않다. 그러니 활어회 일색의 우리 식문화에서 부시리 같은 어종이 대중화될 수 없었던 것은 당연하지 싶다. 펄떡이는 활어회뿐만 아니라 부시리처럼 선어회로 즐길 수 있는 훌륭한 제철식재료가 많이 알려지기를 바라는 마음에서 굳이 지면을 할애해 소개하는 것이다.

부시리를 6월 제철로 소개하는 이유는 다른 생선들과 마찬가지로 산란기와 깊은 연관이 있다. 봄에 산란을 해서 겨울에 최고의 맛을 내는 방어와 달리 부시리는 한여름에 산란을 한다. 산란기는 5월부터 시작되지만 주산란기는 가장 무더운 칠팔월이다. 따라서 6월이면 일부 포란을 하거나 포란 직전의 상태여서 맛과 영양이 절정에 이른다.

부시리는 방어와 함께 우리 바다에 서식하는 대표적 난류성 대형 어류다. 생김새와 체색도 매우 유사해서 웬만해서는 구분하기가 쉽지 않다. 바다낚시를 오래 해온 사람이거나 전문가라면 모를까. 물론 부시리가 방어보다 유선형으로 더 날씬하고 훨씬 크게 자란다는 특징은 있다. 그리고 부시리가 제철인 여름에는 방어가 산란을 끝낸 때여서 살이 푸석거리고 맛이 없어지는 시기다. 오죽했으면 여름방어는 개도 안 먹는다는 말이 있었을까.

부시리와 방어는 생김새뿐만 아니라 제철에 내는 맛도 비슷하다. 하지만 선어회를 즐기는 미식가들은 한결같이 부시리의 맛에 손을 들어준다. 탱글탱글 차진 식감과 깔끔한 감칠맛이 겨울방어보다 낫다는 평이다. 부시리회를 한번 먹어본 사람이라면 충분히 수긍할 수 있는 비교다.

부시리회는 탱글탱글 차진 식감과 깔끔하고 고소한 맛이 겨울방어보다 낫다는 평이다.

바다낚시를 즐기는 사람들 외에 맛보기 어려웠던 것이 부시리지만 동해나 남해 항·포구에서는 제철 부시리를 어렵지 않게 구할 수 있다. 그리고 요즘에는 발달한 택배 시스템 덕분에 대도시 가정에서도 하루면 받아볼 수 있다. 인터넷 카페나 블로그 형태로 자기 지역의 제철수산물을 파는 곳도 이제 제법 많아졌다.

온라인으로 지역 제철수산물을 파는 곳에서는 보통 소비자들이 원하는 형태로 손질을 해서 보내준다. 횟감용의 경우 즉살해서 피를 빼고 포를 떠서 바로 썰어 먹을 수 있게 손질해준다. 물론 손질 비용은 따로 낼 각오를 해야 한다.

초여름이라지만 한여름과 다름없는 무더위에 죽은 지 하루나 지난 생선을 어떻게 회로 먹어 하는 걱정은 안 해도 된다. 위생적으로 손질하고 얼음포장만 잘해서 보냈다면 횟감용 생선이 부패되는 것이 아니라 잘 숙성되는 것이다. 어차피 부시리는 활어회가 아니라 선어회로 즐기는 것이기 때문에 택배로 운송되는 하루 동안 얼음이불 속에서 잘 숙성돼 왔다고 생각하면 된다.

횟감용으로 주문한 부시리는 잘 드는 칼로 모양 좋게 썰어만 놓으면 바로 먹을 수 있다. 우럭이나 광어, 도미 등의 흰살생선과 달리 부시리 등의 붉은살생선은 도톰하게 썰어야 씹는 맛을 느낄 수 있다. 붉은살생선은 흰살생선보다 지방이 많아 살이 연하기 때문이다. 근육의 조직이 치밀한 복어는 접시가 보일 정도로 얇게 썰고, 붉은살생선의 대표 주자인 참치는 두툼하게 썰어내는 것도 이 때문이다.

부시리회를 질리도록 먹었더라도 다음 순서로 초밥을 빠뜨릴 수는 없다.

부시리 같은 대형 붉은살생선에 가장 어울리는 소스는 고추냉이간장이다. 이런 고급 횟감을 먹을 때는 간장은 물론이거니와 고추냉이에도 신경을 써야 한다. 시판 분말형 고추냉이는 실상 고추냉이 성분이 거의 없거나 극미량만 섞인 것이 대부분이다. 일반 튜브형 고추냉이의 경우도 크게 다르지 않다. 그렇다고 일반 가정에서 고추냉이 뿌리를 직접 갈아 먹을 수는 없으니 적어도 시판 튜브형 제품 중에서 '생와사비'라 표기된 것을 고르면 좋다. 물론 이 제품들도 고추냉이 성분이 20~30퍼센트 정도에 불과하다. 최근에는 국내산 고추냉이 성분이 70퍼센트 이상 포함된 고급 제품이 출시돼 마니아들로부터 호평을 받고 있기도 하다.

도톰하게 썰어낸 부시리회에 질 좋은 고추냉이를 살짝 바르고 간장 또한 살짝만 찍어 먹어야 제맛을 느낄 수 있다. 회만 먹어 입안이 느끼할 때는 마늘이나 생강초절임 한 쪽으로 입가심을 하면 된다. 6월이니 한창 제철인 양파장아찌도 입가심에 좋다. 때론 무순을 간장에 적셔 고추냉이와 함께 회에 얹어 먹기도 한다. 상추나 깻잎에 마늘, 고추 등을 넣고 초고추장이나 된장을 듬뿍 발라 먹는 쌈회는 이런 고급 횟감에 추천할 만한 방식이 아니다. 아빠는 정성 들여 회를 썰고 엄마와 딸은 초밥을 쥔다. 가족끼리 도란도란 행복한 만찬이 가능한 6월 최고의 바다 식재료다.

밥

완두와 햇보리, 밀이 나오는 6월에는 우리 집밥의 소재가 조금 달라진다. 빠지지 않고 들어가는 불린 검은콩 대신 신선한 완두콩이 들어가는 것이다. 수확해 온 완두가 다 떨어질 때까지 완두콩이 검은콩을 대신한다. 늘 먹던 밥에 이런 조그만 변화만 줘도 밥맛이 새롭다. 더욱이 신선하고 달큰한 햇완두콩을 한 줌씩 넣어 밥을 지으니 밥맛이 없다면 이상하다. 한 번쯤은 껍질이 쩍쩍 갈라질 만큼 분이 많은 하지감자를 넣은 감자밥도 밥상에 오른다.

바로 수확한 하지감자와 완두를 함께 넣고 구수하고 들큰하게 밥을 지었다.

물회를 먹는 날은 꼭 조나 기장을 넣어 밥을 짓는다. 쌀과 기장, 혹은 조의 비율을 4 대 1 정도로 하면 적합하다. 일반 백미만으로 지은 밥보다 구수하고 들큰한 맛을 내는 데다 물에 말았을 때의 식감이 월등하다. 국물에 넣으면 알알이 풀리며 입안을 맴도는 조나 기장의 식감이 특별하다. 물회를 먹고 소면이나 조밥을 마는 것은 다 이 때문이다.

그리고 6월은 햇보리가 한창이니 보리나 밀쌀을 넣어 밥을 짓기도 하고, 보리만으로 구수한 꽁보리밥을 짓는다. 6월 보리밥은 그냥 강된장만 넣고 비벼도 맛있고, 한창 제철 인 열무김치를 함께 넣어 쓱쓱 비비면 더 맛있다. 보리비빔밥을 먹기 위해서라도 우리는 이즈음 국물이 자작한 열무김치를 담근다. 현미가 부담스러워 백미를 먹는 가정에서도 보리나 밀쌀을 한 줌 넣어 잡곡밥을 하면 보리나 밀 특유의 구수한 맛이 밥맛을 한층 업그레이드 시켜준다.

곤드레밥도 6월 우리 집 밥상의 단골이다. 5월 중순부터 채취하기 시작하는 곤드레나 물은 6월에도 한창 제철이다. 생곤드레를 사서 삶기 번거롭다면 이미 잘 삶은 곤드레를 구입하면 된다. 건곤드레를 물에 불려 밥을 지을 때보다 연하고 부드러워 선호하는 사 람이 많다. 생곤드레를 삶아 냉동한 것은 다시 한 번 깨끗한 물에 헹구고 물기를 꼭 짜 낸 다음 먹기 좋은 크기로 잘라서 밥을 지을 때 함께 넣으면 된다.

반찬

얼갈이배추와 열무가 풍성할 때다. 따로 담그면 얼갈이배추나 열무 고유의 맛이 시원하 고 함께 넣어 담가면 골라 먹는 재미가 있다. 국물 자작할 정도만 넣어 꽁보리밥에 비벼 먹으면 그만이고 열무를 살짝만 절여 넉넉한 국물을 부은 시원한 열무물김치는 더운 날 국수말이에 제격이다.

양파와 오이가 싸고 좋을 때니 양파김치와 오이소박이 안 담글 수 없다. 둘 다 수분이 많은 식재료여서 사나흘 신선하게 먹을 양만 담가 먹는 게 좋다. 양파는 매운 풋고추를 함께 썰어 초간장에 절임 을 해도 맛난 계절반찬이 된다. 이 시기 김치로, 절임으로, 전으로 우리 집 제철밥상을 풍성하게 해주 는 가장 요긴한 식재료가 양파다.

양파와 오이가 싸고 좋을 때니 어떻게 김치를 담가도 맛있게 먹을 수 있다.

또 감자가 흔한 달이니 감자를 이용한 반찬도 밥상에 빠질 수 없다. 자잘한 감자로는 알감자조림이 알맞고 큰 놈들은 채를 썰어 기름에 볶아낸다. 깍뚝 썰어 간장에 고춧가루 조금 넣어 포실하게 조려도 맛있다.

국·탕

날이 차츰 더워지니 뜨거운 국이나 탕에 대한 욕구가 줄어들게 마련이다. 추울 때는 따뜻한 국물음식이 하나쯤 상에 올라야 했지만 초여름부터는 살짝 한두 번 건너뛰어도 표가 안 난다. 그리고 6월에는 국이나 탕감 식재료가 그리 풍성하지도 않다.

그래도 여타 음식이 너무 퍽퍽해서 국물이 필요하다 싶을 땐 가장 쉽게 감잣국을 떠올린다. 멸치다시마육수에 나박나박 도톰하게 썬 제철 감자만 넣어도 한 끼 맛있게 먹을 수 있다. 몸이 허해 뭔가 진한 맛이 그리울 땐 깍뚝 썬 감자와 거피 들깨가루를 넣어 들깨탕을 끓이기도 한다. 고소한 국물에 포실한 감자 맛이 아주 잘 어울리는 국물음식이다.

보통은 들깨가루를 쓰지만 모처럼 생들깨를 갈아 쓰기도 하는데 이런 날은 죽순들깨탕이 밥상에 오르기도 한다. 성게알이 있을 때는 별미로 성게알미역국을 끓이기도 하고 제철 감자와 양파, 혹은 얼갈이배추를 넉넉히 깔고 국물이 자작하게 병어를 조려 내기도 한다. 곤드레밥을 짓는 날은 물론 맛의 궁합을 위해 곤드레된장국을 끓인다.

		제철식재료로 만든 제철음식
땅	오이	오이소박이
		오이지
	양파	양파전
		양파김치
		양파장아찌
		양파겉절이
	감자	감자볶음과 감자조림
		알감자조림
		찐감자
		매시드 포테이토
		감자피자
바다	성게알	생성게알
		성게알비빔밥
		성게알미역국
		성게알파스타
		성게알계란말이
	해삼	해삼회, 해삼물회
	강화 밴댕이	밴댕이회와 회무침
		밴댕이구이
		밴댕이젓갈
	부시리(히라스)	부시리회
		부시리초밥

6월 밥상이 풍성해지는 기타 식재료	아빠의 6월 밥상	
재배 산나물(곤드레, 곰취, 참취, 곤달비 등), 죽순, 쌈채소, 열무, 얼갈이배추, 풋고추, 애호박, 완두콩, 마늘, 암꽃게, 병어, 덕대, 밴댕이, 민어, 농어, 오징어, 멍게	밥	완두콩밥, 감자밥, 꽁보리밥, 열무비빔밥, 부시리초밥, 해삼물회밥, 곤드레밥
	반찬	산나물 무침과 장아찌, 오이지와 오이소박이, 양파김치와 양파장아찌, 알감자조림, 각종 죽순 요리
	국/탕	감잣국, 꽃게탕, 얼갈이배춧국

7월

- 7월의 들과 바다
- 초여름이 제철인 사계절 쌈채소, 깻잎
- 여름은 풋고추의 계절
- 애호박이 있으니 여름도 즐겁다
- 한여름 우리 땅은 과일의 천국
- 복달임 음식의 대표 주자, 민어
- 민어보다 맛있다, 여름농어
- 야들야들 어린 오징어가 맛있는 계절
- 아빠의 7월 집밥

한여름 무더위가 기승을 부리기 시작하는 달이다. 조금만 움직여도 땀이 줄줄 흐른다. 정부에서 아무리 절전을 외쳐도 에어컨을 틀지 않고 실내에서 버틸 재간이 없다. 절기로도 더위가 시작된다는 소서로 시작해 초, 중복이 연이어 있는 달이기도 하다. 거기다 장마철이라 습도까지 높아지니 불쾌지수가 한없이 올라간다.

이렇게 온도와 습도가 높은 날씨가 연일 계속되면 몸에 축이 나기 시작한다. 후덥지근한 날씨에 스트레스를 잔뜩 받게 되고 입맛조차 생기지 않으니 몸이 망가지지 않을 수 없다. 가족의 제철밥상을 책임져야 할 주부들도 더위에 힘들기는 마찬가지다. 제 몸이 고달픈데 아무리 가족을 위해서라지만 따뜻한 밥상을 챙기기가 귀찮을 수밖에 없다. 그러니 밥상도 건성건성이다.

하지만 날이 무덥고 몸이 고달플수록 잘 챙겨 먹어야 한다. 입이 차가운 음식을 찾는다고 날마다 차가운 음식으로만 여름을 버틸 수 없다. 제철식재료로 만든 균형 잡힌 영양식이 어느 계절보다 필요할 때다. 탄수화물이나 지방처럼 열량이 너무 많은 음식은 평소보다 줄이되 좋은 단백질과 비타민 등의 무기질이 듬뿍 든 식재료를 중심으로 밥상을 꾸릴 일이다. 그래야 그나마 더운 여름을 무탈하게 날 수 있다.

그런데 유감스럽게도 한여름에는 제철채소가 빈약하기 그지없다. 상추, 치커리 등 노지 쌈채소들은 여름 장마가 시작되면 더 이상 먹을 수 없다. 질퍽한 땅속에서 뿌리는 썩고 그나마 남아 있는 잎사귀들도 세찬 빗줄기에 구멍이 송송 뚫린다. 그래서 풍성한 쌈채소의 제철은 딱 장마가 오기 직전까지다. 물론 이 장마철이라고 비닐집에서 기른 쌈채소가 없을 리 없다. 하지만 쌈채소가 귀한 시기여서 값만 비싸지 맛은 하나도 없다. 마치 무미한

채소가 빈약한 장마철에는 제철에 담가둔
각종 나물과 채소 장아찌들이 빛을 발할 때다.

240

풀을 씹는 것과 진배없다.

그래서 장마철에는 푸성귀와 나물이 한창일 때 담가놓은 저장음식이 빛을 발한다. 6월에 백다다기오이로 잔뜩 담근 오이지가 7월 장마철에 제맛을 낸다. 무더위에 지쳐 밥맛이 없을 때는 시원한 물에 밥을 말아 길게 쭉쭉 썬 오이지 하나 베어 물면 언제 그랬냐는 듯 입맛이 돈다. 5월에 담근 마늘종장아찌도 꺼내 매콤새콤 무쳐내고 취며 곤드레 등 산나물 장아찌도 꺼내 먹자. 다 장마 때 먹으려 푸성귀들이 한창 제철일 때 담가놓은 저장음식들 아닌가.

그렇다고 장마철이라 해서 모든 밭작물들이 빈약하기만 한 건 아니다. 폭염과 장마의 와중에도 깻잎만큼은 풍성하다. 보통 들깨 농사는 깻잎 채취를 위한 것과 가을 들깨를 수확하기 위한 것을 따로 심어 기른다. 깻잎 채취용은 잎들깨라 해서 잎이 무성하도록 품종 개량한 것으로 4월 무렵 파종하여 7월부터 잎을 따 먹을 수 있다. 들깨 수확을 위한 것은 5월 중순 이후 파종해서 6월 중순경부터 모종을 옮겨 심기 때문에 7월에는 한창 자라기 시작할 때라 딸 깻잎이 없다. 대신 심고 남은 모종의 부드러운 윗대만 줄기째 꺾어 볶음 나물용으로 시장에 나오기도 한다.

깻잎뿐 아니라 여름작물 풋고추도 풍성하다. 세찬 장맛비 속에서 언제 새하얀 꽃을 피우고 또 어떻게 수정을 했는지 따고 또 따도 고추는 계속 열린다. 텃밭이 가깝다면 끼니마다 풋고추 몇 개씩 따서 밥상에 올리면 되고 텃밭이 없더라도 이 무렵 시장에 노지 풋고추가 쫙 깔리니 걱정할 일이 아니다. 신선한 채소가 부족한 장마철에 제철밥상 식재료로 이만한 대안도 없다.

가지와 애호박은 이미 6월부터 열리기 시작하지만 7월부터는 그야말로 지천이다. 노지 가지는 초여름부터 가을까지, 애호박은 늦여름까지 먹을 수 있다. 텃밭에 가지와 애호박이 풍성하면 시장 상황도 그 못지않다. 천 원짜리 두어 장이면 몇 끼는 두고 먹을 만큼 넉넉히

가까운 텃밭에 고추 모종 몇 포기 심어놓으면 언제 꽃을 피우고 수정을 했는지 따고 또 따도 넘치도록 풋고추를 선사한다.

담아 올 수 있다. 가지밥과 가지냉국이 여름 별미고 애호박은 한여름임에도 몸이 뜨거운 국물을 필요로 할 때 요긴하게 쓸 수 있다. 두부와 함께 썰어 넣어 새우젓으로 간을 맞추고 청양고추로 매운맛을 더한 애호박전골은 여름이라야 제맛이다.

애호박의 쓰임새가 어디 그뿐이랴. 고소한 전이 먹고 싶을 때는 나박나박 썰어서 밀가루와 달걀을 무쳐 하나씩 부쳐 먹으면 꿀맛이다. 보드랍고 고소하며 달달한 것이 아이들에게도 인기 만점이다. 시간이 부족하거나 불 앞에서 하나씩 뒤집어가며 애호박전을 부치기 귀찮으면 애호박 넉넉하게 채 썰어 부침가루로 반죽해 한꺼번에 애호박부침개를 해도 괜찮다. 시장에 호박잎이 보이면 한 줌 사다 데쳐서 귀한 쌈채소 대신 활용해도 좋다.

가지와 고추, 애호박 등 열매채소들이 뜨거운 햇살 아래 제철을 맞고 있는 7월의 바다도 생명의 경이가 가득하다. 육지와 맞닿아 있는 연안에는 수온이 잔뜩 올라 따뜻한 물을 좋아하는 바다 생물들의 산란이 왕성하게 일어난다. 꽃게와 갈치, 전어, 민어 등 우리에게 친근한 해산물들이 이 시기 주산란기에 돌입한다. 조개류 중 우리가 가장 많이 먹는 바지락도 이때가 산란성기다. 6월에 신선한 바다 향으로 우리를 매혹시켰던 보라성게도 수온이 맞으면 7월 중순경부터 일제히 산란과 방정을 한다.

6월에 이미 산란을 끝내고 먹이가 풍부한 연안에서 가을을 준비하는 물고기들도 있다. 꽁치와 넙치, 부시리, 대하 등이 그렇다. 늦봄 초여름 사이에 산란한 대하는 초기 성장 속도가 매우 빨라서 알에서 깨어난 지 두세 달이면 벌써 먹을 수 있는 크기로 자란다. 대하는 수명이 1년 남짓밖에 안 돼 부화 직후부터 훌쩍 크기 시작한다. 그리고 채 몇 달이 지나지 않아 가을대하라는 이름으로 우리의 식탁을 풍성하게 해준다.

여름 바다는 난류성 어패류들의 생명활동이 가장 왕성할 때이지만 정작 우리가 먹을 수 있는 제철식재료는 매우 귀하다. 산란기의 친어는 반드시 보호해야 어족자원을 유지할 수 있으니 갈치를 제외하고 산란기의 어류는 이때가 금어기다. 그리고 산란을 마친 물고기는 맛도 영양도 제일 떨어진 때여서 굳이 이런 생선에 욕심을 낼 이유가 없다. 생명활동은 가장 왕성해도 먹을 것은 없는 두 얼굴의 바다가 여름 바다다.

그렇다고 여름의 우리 바다에 제철식재료가 전혀 없는 것은 아니다. 6월 제철인 성게알은 7월 초중순까지 먹을 수 있다. 제주 인근 남쪽 바다의 성게는 이미 6월에 산란을 마쳤지만 상대적으로 수온이 낮은 동해에서는 7월 중순경 산란을 한다. 동해에 저수온대가 형성되면 7월 말이나 돼야 산란을 하는 해도 있다. 여름휴가가 절정인 때여서 운 좋은 해

살이 연하고 부드러워 횟감으로 최고인 어린 오징어가 한창 제철인 달이다.

에는 동해로 간 피서객들이 아직 산란하지 않은 성게를 직접 잡아서 먹을 수 있다.

오징어는 제철이 늦가을이지만 7월부터 횟감으로 딱 적합한 어린 오징어들이 잡힌다. 오징어 본래의 맛과 향이 물씬한 것은 가을에 다 자란 성체 오징어다. 하지만 여름에 많이 잡히는 어린 오징어들은 살캉한 식감 덕분에 산오징어회로 사랑을 받는다. 한해살이 오징어는 초봄에 알에서 깨어나 여름에는 횟감으로, 가을에는 반찬용과 건조용으로 제철을 맞는 것이다. 여름날 어린 오징어는 껍질을 벗겨 채 썰 듯 썰기만 하면 된다. 시원한 물회가 생각나는 날에는 매콤달콤 고추장 양념에 얼음물을 슬쩍 부어 내면 후루룩한 사발 게 눈 감추듯 없어진다.

한여름인 7월이 딱 제철인 생선들도 있다. 바로 민어과와 농엇과 생선들을 대표하는 민어와 농어다. 다 자라면 둘 다 1미터를 넘어설 만큼 크고 멋들어지게 생긴 생선들이다. 민어는 조금 투박하지만 억세고 장대한 느낌을 주고 농어는 매끈하고 아름답다. 생김새뿐만 아니라 맛도 다른 어종의 추종을 불허할 만큼 뛰어나다. 한여름에 회로, 전으로, 탕으로 이만한 생선들도 없다. 다만 민어는 칠팔월이 산란성기로 이때는 알을 밴 암놈보다 수놈이 더 맛있고, 농어는 10월부터 이듬해 봄까지 산란을 하는데 여름에는 암수 가리지 않고 뛰어난 맛을 자랑한다. 둘 다 서남해에서 주로 잡히는데 6월부터 9월까지가 제철이다.

여름생선을 이야기하며 갈치를 빼놓을 수 없다. 갈치는 흔히 살이 여물고 단단해지는

한여름 산란을 위해 연안을 찾은 갈치도 가을 겨울 갈치보다 부드러운 맛으로 찾는 사람들이 많다.

가을부터 제철로 알고 있지만 산란기에 접어든 여름에도 맛있다. 칠팔월이 산란성기이고 아직 법정 금어기가 없어 한여름 산란을 위해 연안을 찾은 갈치가 잡혀 시장에 나온다. 이 시기 갈치는 살이 물러 조금만 취급을 잘못해도 배가 터져 상품 가치가 떨어진다. 대신 가을이나 겨울 갈치에 비해 한없이 부드러운 식감을 제공한다. 이런 갈치는 구이보다 조림이 어울린다. 한창 제철인 감자나 양파, 또는 단호박을 함께 넣은 갈치조림은 무더위로 달아난 여름 입맛을 돌려놓기에 딱 적합한 음식이다.

무더위가 기승을 부리는 7월이면 봄날 노지에 심어 원 없이 뜯어 먹던 쌈채소의 계절이 끝난다. 보드랍던 입은 어느새 억세어지고 줄기는 꽃대를 올린다. 장맛비라도 한 번 뿌리면 잎은 숭숭 구멍이 뚫리고 녹아내린다. 더 이상 풍성한 제철쌈채소를 먹을 수 없는 때가 된 것이다. 그러나 땅은 이 시기를 위해 대안의 작물을 키워내니 그것이 바로 들깻잎이다. 특유의 향과 개운한 맛이 상추 등 쌈채소가 귀한 시기에 더 없이 좋은 대안이 되어준다.

중국과 동남아가 원산지로 꿀풀과 한해살이 식물인 들깨는 통일신라 때 이미 재배 기록이 있을 정도로 우리 민족이 먹어왔던 역사가 오래다. 가을에 수확하는 열매는 기름을 짜거나 곱게 갈아서 1년 내내 음식의 고소한 맛을 내는 데 쓰인다. 열매뿐만 아니라 잎과 어린 줄기도 어느 하나 버릴 것 없이 요긴하다. 쌈채소로, 또 무침을 하거나 탕을 끓일 때 비린내 등의 잡냄새를 날릴 향신채로, 또는 깻잎김치나 장아찌로 우리 밥상에 빠지지 않는 식재료가 깻잎이다. 페릴라 알데히드나 페릴라 케톤 등의 방향성분이 내는 독특한 향과 개운한 맛이 깻잎을 우리 음식에 전천후로 사용하게끔 한 것이다.

양파와 마찬가지로 깻잎도 너무 흔하다 보니 그 제철식재료로서의 가치를 제대로 몰라보고 있다. 주변에 늘 있는 것은 귀해지거나 떠나고 나서야 그 가치를 알게 되는 게 인지상정인가 보다. 깻잎에는 비타민 A, C와 칼슘, 철분, 인, 마그네슘 등의 미네랄이 매우 풍부한 것으로 알려졌다. 특히 철분은 시금치의 2배나 함유하고 있어 식물성 식재료 중 철분이 가장 많은 축에 속한다. 또한 플라보노이드 등 안토시아닌계 항산화성분도

삼삼하면서도 입안을 개운하게 해줘 한여름 입맛을
붙잡아주는 깻잎나물.

다량 함유하고 있는 건강 식재료가 깻잎이다.

꼭 깻잎이 무기질의 보고이고 다양한 항산화 성분을 지니고 있다 해서가 아니라 내 입맛에도 잘 맞아 우리는 깻잎을 꽤 많이 먹는 편이다. 육류를 먹을 때 쌈채소로 사철 빠지지 않는 것이 깻잎이지만 노지에서 제철 깻잎이 쏟아져 나올 때는 거의 날마다 밥상에 오른다. 고기가 없어도 깻잎에 뜨거운 밥 한 술과 막장 살짝 얹어 입에 넣어도 꿀맛이고 갖은 양념에 공들여 절인 깻잎김치라면 더 말해 무엇하랴.

그중에서도 우리가 제철에 가장 즐겨 먹는 음식은 깻잎나물이다. 웃자란 모종이나 솎아낸 들깨의 부드러운 윗대만 꺾어서 간장과 들기름, 고춧가루, 다진 마늘 등의 양념을 넣고 볶아낸 것이 깻잎나물이다. 원래 향을 즐기는 음식에는 마늘이 어울리지 않지만 깻잎의 강한 맛을 중화시키기 위해 조금 넣어준다. 이맘때 시장에 나가면 나물로 볶아 먹기에 맞춤한 들깨 줄기가 많이 나오는데 값도 싸다. 한 단 들고 와 거친 줄기 떼어내고 깨끗이 씻어 끓는 물에 숨이 죽을 만큼만 데쳐 볶아내면 된다. 삼삼하면서도 입안을 개운케 하는 맛이 한여름 잃어가는 입맛을 붙잡아주기에 부족함이 없다.

깻잎김치도 이 무렵 우리 집 밥상에 자주 오른다. 상큼하고 개운한 것이 무더운 날씨에 딱 어울리는 음식이다. 하지만 깻잎김치를 밥상에 올리는 일이 보통 번거로운 게 아니다. 깻잎을 한 장 한 장 일일이 닦아 물기를 빼고 네댓 장씩 고르게 겹쳐서 양념을 발라 재워야 한다. 한 번 담그는 데 시간도 많이 걸린다. 빈틈없이 돌아가는 현대 사회에서 쉬이 밥상에 올리기 어려운 이유다.

웬만한 제철음식은 제 손으로 직접 해야만 성이 풀리지만 깻잎김치처럼 손이 많이 가는 경우는 예외다. 가족의 입맛에 맞는 집을 찾아사서 먹는 수밖에 없다. 가급적 직접 담그고 식재료의 선택과 위생적 관리에 정성을 쏟는 곳이라면 더욱 좋다. 우리는 '마마님 청국장'이라는 온라인 장터에서 구입을 하는데 이 집 주인 손맛이 참 좋다. 주종목인 청국장과 장류뿐만 아니라 깻잎김치도 딱 우리가 원하는 그 맛을 낸

깻잎김치는 상큼하고 개운한 맛이 무더위와 잘 어울리지만
참 손이 많이 가서 직접 해 먹을 엄두가 잘 안 난다.

다. 제대로 된 전통 장을 찾다가 알게 된 곳인데 앞으로도 오랫동안 인연을 이어갈 단골집이다.

깻잎 하면 된장에 박아 숙성시킨 장아찌도 빼놓을 수 없다. 계절을 가리지 않고 밑반찬으로 입맛을 돋궈주는 슬로푸드다. 하지만 깻잎장아찌는 깻잎김치보다도 손이 많이 간다. 거기다 된장이 맛있어야 장아찌도 맛있다. 마음은 있어도 이래저래 직접 담가 먹지 못하는 반찬이 깻잎장아찌다. 가끔 생각날 때는 본가에 다니러 가서 어머니께 조금 얻어 오거나 사서 먹는 형편이다. 아마도 언젠가 귀촌을 하고 난 후라야 깻잎장아찌도 직접 담가 먹게 되지 않을까 싶다.

여름 제철밥상에서 빠지지 않는 풋고추는 초여름부터 시작해서 초가을까지가 제철이다. 이른 봄에 한데다 모종으로 심은 고추가 쑥쑥 자라 어느새 6월부터 꽃을 피우고 열매를 맺는다. 날이 더워지면 앙증맞게 작고 새하얀 꽃이 별처럼 돋아나고 열매는 무섭게 열린다. 며칠만 텃밭에 나가지 않아도 한 가정에서는 감당하지 못할 만큼 많은 고추가 열려 있다. 그러니 한여름에는 풋고추가 넘쳐나게 되는 것이다.

고추는 가지, 토마토, 감자 등과 함께 가짓과에 속하는 작물이다. 서로 완전히 다른 식물들 같은데 어찌 같은 과로 분류했을까? 가짓과 작물을 재배해본 농부들은 왜 같은 과로 분류했는지 경험적으로 안다. 본잎이 나오기 전 떡잎이 꼭 닮은꼴이기 때문이다. 여름은 이런 가짓과에 속한 작물들과 호박, 수박 등 박과 작물, 오이, 참외 등 외과 열매채소들이 제철이다.

여름철 풋고추로뿐만 아니라 고춧가루로 우리 음식에 사철 두루 쓰이는 고추는 풋고추용의 녹광, 조림용인 꽈리고추, 매운 청양, 맵지 않은 오이고추 등이 주로 재배된다. 하지만 현재 우리 땅에서 재배되고 있는 고추는 교잡종이 가장 많은 작물 중의 하나다. 다양한 교잡종이 존재하는 만큼 고추 맛의 기준이 되는 매운맛의 정도에도 많은 차이가 있다. 고추의 매운맛은 품종뿐만 아니라 토질이나 기후 등 작물의 성장환경에 따른 차이도 크다.

다 아는 사실이지만 고추의 매운맛은 캡사이신이라는 성분이 내는 것이다. 캡사이신은 항균, 항암, 항비만 기능을 가진 생리활성물질이다. 이런 여러 기능 중에서 캡사이신에 대한 대중적 관심은 항비만 기능에 쏠려 있다. 건강의 가장 큰 적일 뿐 아니라 외모가 제일의 경쟁력으로 평가되는 우리 사회에서 항비만 기능에 대한 관심은 당연하다.

실제로 캡사이신의 항비만 기능은 매우 우수한 것으로 알려져 있다. 지방의 분해 및 축적 억제, 콜레스테롤 농도 개선에 효과를 보여 각종 다이어트 제품의 원료가 되기도 한다. 또한 고추의 매운맛이 입안과 위를 자극하여 체액의 분비를 촉진하고, 혈액의 순환도 돕는다. 천연 진통제인 엔도르핀의 분비를 촉진시켜 스트레스를 줄이고 행복감을 주기도 한다니 가끔 화끈하게 매운맛에 도전해볼 만도 하다.

상황이 이렇다 보니 매운맛이 주는 쾌감에 빠져 매운맛 자체에 탐닉하는 사람들도 꽤 많은 것 같다. 불닭집이 늘 북적거리고 짬뽕, 비빔냉면, 매운 갈비찜을 전문으로 내는 음식점이 저마다 자기네가 가장 맵다고 방송에서까지 자랑이다. 천연의 매운맛을 내는 고추만으로는 부족해 심지어는 캡사이신 추출물을 넣기까지 한다. 지나치게 매운맛은 입과 위, 장 등 소화기관을 자극해 건강을 해할 우려가 크다. 매운맛을 즐기더라도 천연 캡사이신 성분의 고추로 만족해야 하는 게 정답이다.

천연 캡사이신이 제일 많이 들어 국내에서 가장 매운 고추는 청양고추다. 국내에서 재

맵기로 소문난 우리 청양고추. 지금은 다국적 종자기업에 넘어가 외국 품종이 돼버렸다.

배되는 다른 품종보다 청양고추에 캡사이신이 많이 든 데는 그럴 만한 이유가 있다. 청양고추는 원래 1983년 중앙종묘에서 캡사이신을 추출하기 위해 개발한 품종이어서다. 그런데 캡사이신 추출을 위해 계약 재배를 한 경북 청송과 영양지역 농민들은 이 고추를 가공용으로만 쓰기엔 아깝다고 생각한 모양이다. 이 지역 고추 재배 농민들은 이 고추를 풋고추로 개발했고, 품종 개발사에서는 그 가치를 알아줬던 청송, 영양 농민들에 대한 감사의 의미로 청양고추라 이름을 지었다.

하지만 아쉽게도 국내에서 개발된 청양고추가 지금은 몬산토라는 다국적기업에 넘어가 외국 품종이 돼버렸다. 우리나라를 대표하는 매운맛이지만 결국 다국적기업에서 종자를 사다 심어야 하는 것이다. 비단 청양고추만이 아니다. 우리가 먹고 사는 작물의 상당 부분이 몬산토, 카길, 신젠타와 같은 다국적기업으로부터 종자를 사다 심어야 하는 형편이다. 우리의 대표적 먹거리인 무, 배추, 고추의 절반 정도를 다국적기업의 종자에 의존하고 있다. 양파와 당근, 토마토는 의존도가 더 심해서 80퍼센트가량을 일본 기업에서 사다 심는다. 청양고추를 볼 때마다 종자주권의 문제가 다시 생각나 마음이 아리다.

아무튼 우리 식생활에서 빼놓을 수 없는 고추에 캡사이신만이 우리 몸에 유익한 성분이 아니다. 고추에는 비타민 A와 C, E, K 등 우리의 생명활동에 꼭 필요한 제4의 영양소가 듬뿍 들어 있다. 특히 비타민 C는 감귤의 2배, 사과보다는 30배나 많다고 한다. 그리고 고추가 빨갛게 익으면 캡산틴, 캡소루빈 등의 색소가 많아진다. 이 또한 카로테노이드 계의 색소성분으로 대표적인 항산화물질 가운데 하나다.

고추에 이렇게 다양한 건강기능성 물질들이 들었으니 무더위에 지친 몸에 활력을 주기에는 딱 좋은 식재료다. 알싸한 매운맛이 없던 식욕도 되살린다. 그러니 끼니마다 매운맛이 적은 아삭이고추건 입안이 얼얼한 청양고추건 풋고추 한두 개씩은 먹어줄 일이다. 소스야 된장 고추장 취향에 맞게 선택하면 되지만 난 매콤달콤한 찹쌀고추장을 선호한다. 아삭하고 청량한 매운맛에 살짝 단맛을 추가해 입안을 더 개운하게 해준다.

뜨거운 햇살 아래 노지 풋고추가 제맛을 낼 때 슴슴한 장물에 절인 풋고추장아찌도 제격이다. 6월에 수확한 제철 햇양파와 오이를 먹기 좋은 크기로 잘라

무더위가 기승을 부릴 때는 뜨겁고 화려한 맛보다 고추장아찌처럼 짭조름하고 단순한 맛이 더 어울린다.

함께 절이면 더 좋다. 입맛에 따라 이것저것 골라 먹는 재미도 있다. 여름에는 그저 뜨겁고 화려한 맛보다 시원하고 짭조름하며 단순한 맛이 제격이다.

이런 제철채소 장아찌는 장물의 배합만 잘 지켜주면 들쭉날쭉하지 않고 한결같은 맛을 낼 수 있다. 우리는 보통 간장과 물, 설탕, 식초의 비율을 2:1:1:1의 비율로 배합한다. 먼저 간장과 물, 설탕을 냄비에 넣어 한 번 팔팔 끓인 다음 식초를 넣어준다. 식초를 함께 넣어 끓이면 초산성분이 다 달아난다. 그렇지 않아도 눅눅한 날씨에 집 안에 식초 냄새를 폴폴 풍기는 것도 그리 유쾌하진 않다.

장물이 준비되면 뜨거운 상태에서 그대로 미리 손질해서 용기에 담아둔 절임채소에 부어준다. 그래야 채소들의 아삭한 식감을 살릴 수 있다. 이렇게 담근 채소 장아찌는 하루 정도 상온에서 숙성시켰다가 냉장 보관하면 2~3일 후부터 바로 먹을 수 있다. 양이 많아 장기 보관해야 할 경우 이틀 정도 지나 다시 장물만 끓여 뜨거운 상태로 그대로 부어주면 좋다.

풋고추의 계절에 또 주목할 만한 것이 오이고추라고도 부르는 아삭이고추다. 일본에서 개량한 품종으로 수분이 많아 아삭한 식감이 뛰어나고 큰 덩치에 비해 매운맛은 적다. 작은 고추가 맵다는 속담도 있지 않은가. 몇 해 전부터 이 고추가 우리나라에도 도입돼 매운 것이 질색인 사람들에게 인기를 끌고 있다. 고추 맛은 적당히 나는데 맵지 않아서다.

아삭이고추로는 무엇보다 된장무침이 제격이다. 먹기 좋은 크기로 잘라 집된장양념에 쓱쓱 무쳐 내놓으면 된다. 된장양념은 다진 파, 마늘과 양파, 매실액, 참기름을 섞어 만든다. 된장이 짜다면 물기를 꼭 짠 두부를 으깨어 함께 섞어주면 좋다. 따뜻한 밥 한 술에 된장무침고추 한 점 올려 먹으면 된장의 짠맛과 풋고추의 청량감이 어우러져 개운하게 밥 한 그릇 비울 수 있다.

아삭이고추로 오이소박이 대신 고추소박이를 담가도 계절과 잘 어울리는 밑반찬이 된다. 아삭이고추를 반으로 갈라 씨를 긁어낸 다음 소를 넣어 담근다. 이때 넣을 소는 부추와 양파는 송송 썰고, 다진 파, 마늘에 고춧가루, 액젓으로 버무려 만든다. 오이소박이를 할 때와 동일하다. 약간의 단맛과 발효 숙성을 위해 매실액이나 설탕을 조금 넣어주어도 좋다. 발효미생물들은 당분을 먹이로 하기 때문이다.

애
호
박
이
있
으
니
여
름
도
즐
겁
다

여름은 고추 등의 가짓과 작물뿐만 아니라 박과의 호박도 제철이다. 맷돌호박이라 부르는 늙은호박은 어차피 가을을 기다려야 하고, 한여름에는 애호박이 한창이다. 여물지 않은 상태에서도 맛이 좋아 한여름부터 따서 먹는 아기 호박이다. 보통 몸통이 기다란 것은 애호박이라 부르고 둥근 모양의 재래 호박은 풋호박이라 부른다. 물론 맛이나 요리의 쓰임새는 유사하다.

애호박, 풋호박 외에도 청과 상태에서 먹을 수 있는 것으로 중국 음식점에서 많이 쓰

길쭉한 애호박이나 둥그런 풋호박이나 여물지 않은 때가 더 맛있어서 한여름이 제철이다.

애호박과 두부를 넉넉히 넣고 새우젓으로 간을 한 애호박두부전골.
제철 청양고추 하나 썰어 넣으면 들큰한 국물에 배어나오는 칼칼한 맛이 일품이다.

이는 주키니호박이 있다. 페포계의 호박으로 비닐집 등의 시설재배에 알맞게 덩굴이 길게 자라지 않도록 개량한 품종이다. 재래종 애호박보다 약간 쓴맛이 나고 미끈거리는 점성 탓에 싫어하는 사람도 있지만 애호박 대용으로도 쓰인다.

이런 애호박들이 넘쳐날 시기에는 애호박만 가지고도 푸짐한 제철밥상이 가능하다. 도톰하게 깍뚝 썰어 된장찌개도 끓이고 들큰하면서도 칼칼한 국물이 생각날 때는 애호박젓국이 계절에 어울린다. 애호박은 납작 썰고 두부는 큼지막하게 잘라 잘 삭은 새우젓으로 간을 해서 끓이면 된다. 애호박젓국이 끓어오르면 다진 마늘과 어슷 썬 대파를 넣고 한소끔 더 끓여내면 된다. 여기에 제대로 약이 오른 청양고추 하나 썰어 넣으면 들큰한 국물에 배어나오는 칼칼한 맛이 일품이다. 입안이 얼얼하도록 날카로운 매운맛이 부담스러울 때는 너무 텁텁하지 않도록 고춧가루를 조금 넣어도 맛이 잘 어울린다.

애호박 하면 애호박부침개도 빼놓을 수 없다. 날이 우중충하거나 장맛비가 뿌려 고소한 기름 맛이 간절할 때 애호박부침개만큼 어울리는 것도 없다. 채 썬 애호박을 고추장과 밀가루나 부침가루로 반죽을 해서 팬에 부쳐내면 된다. 너무 두꺼워 물컹한 식감이 나지 않도록 하고 조금 바싹 부쳐내면 더 좋다. 애호박의 단맛과 고추장의 매콤한 감칠맛이 잘 어우러져 밥반찬뿐만 아니라 간식용으로, 때로는 막걸리 안주로도 썩 어울린다.

애호박부침개는 꼭 고추장으로 장떡 맛을 내지 않아도 된다. 채 썬 애호박에 청양고추를 다져서 넣고 간장 간만 슬쩍 해도 훌륭하다. 애호박의 단맛 사이사이로 씹히는 청양고추의 알싸한 맛이 자칫 느끼할 수 있는 기름 맛을 싹 날려준다. 모자란 간은 양조간장에 식초를 조금 탄 초간장이 어울린다.

한여름에 불 앞에 오래 서서 음식을 한다는 게 여간 곤욕이 아니다. 하지만 우리 식구들 모두 좋아하니 한여름이라도 가끔 한 번씩 애호박전을 부쳐 제철밥상을 장식한다. 준비 과정이야 부침개만큼 간단하지만 작은 전을 일일이 젓가락으로 뒤집어가며 달군 팬에 부쳐내려면 땀방울 꽤나 흘려야 한다. 하지만 밥상에 둘러앉은 아이들 젓가락이 애호박전에 연신 들락거리면 까짓 수고로움이야 얼마든지 감내할 수 있다. 애호박전은 도톰하게 썬 애호박에 밀가루를 묻히고 달걀 물에 적셔 기름 둘러 달군 팬에 노릇하게 구워내면 된다. 위생봉지에 적당량의 밀가루와 썬 애호박을 넣고 흔들어주면 애호박에 고르게 밀가루를 묻힐 수 있다.

애호박 철에 빠질 수 없는 게 또 하나 있으니 바로 애호박만두다. 애호박만두는 편수라고도 하는데 한자로 조각 편(片) 자와 물 수(水) 자를 쓴다. 작은 만두가 국물 위에 동동 떠 있는 모습을 형상화해 지은 이름이다. 중부 이북지방, 특히 개성의 향토음식으로 김장김치 대신 애호박이나 오이 등의 여름 제철채소를 소로 쓴 만두라 생각하면 된다.

아이들 젓가락이 연신 들락거리니 애호박전 부치느라 무더위에 땀 흘리는 수고로움이야 얼마든지 감내할 수 있다.

경기 북부 출신으로 평양에서도 생활을 하신 어머니는 만두 귀신인 가족들을 위해 겨울엔 김치만두로, 여름이면 애호박만두를 빚어 만두에 대한 허기를 달래주셨다. 보통은 돼지고기나 소고기, 애호박을 넣고 빚지만, 고기가 귀한 산골에서는 그냥 애호박만 채를 썰어 소를 만든다. 채 썰어 소금에 절인 애호박을 매운 고춧가루로 버무렸는데 호박의 신선하고 들큰한 맛과 고춧가루의 매콤한 맛이 기가 막히게 어울렸다. 지금도 그 맛이 아주 생생하다. 내게는 평생 잊을 수 없는 소울 푸드 가운데 하나다.

그러니 여름이 되면 꼭 한 번쯤 생각나는 것이 애호박만두다. 이럴 땐 아무 생각 없이 애호박만두를 빚어야 성이 풀린다. 아빠의 입맛을 닮아 아이들도 다행히 만두라면 다 좋아한다. 남편이 해준 음식이라면 뭐든 맛있어 하는 아내가 있어 색다른 음식을 해도 부담스럽지 않기도 하다.

애호박만두의 소는 집안마다 조금씩 다르다. 우리는 먼저 다진 돼지고기나 소고기를 집간장, 다진 파, 마늘, 후춧가루 등을 넣어 밑간을 해놓는다. 그리고 애호박은 채를 썰

어 소금을 뿌려 절여놓는다. 살짝 절인 애호박채의 물기는 꼭 짜고 여기에 밑간한 고기와 고춧가루와 소금만 넣어 잘 버무려주면 소가 완성된다. 참기름을 살짝만 넣어주면 고소한 감칠맛이 높아진다. 고기는 애호박의 양에 20~30퍼센트 정도만 넣어야 여름채소의 상큼한 맛이 가리지 않는다.

원래 편수(片水)는 물에 동동 뜬 만두를 가리키는 의미지만 우리는 간편하게 그냥 찌거나 삶아서 초간장에 찍어 먹는다. 초간장은 양조간장에 식초, 고춧가루를 조금만 넣어 만든다. 뜨거운 애호박편수를 초간장에 살짝 찍어 먹으면 단맛과 매운맛, 초간장의 새콤한 짠맛이 어우러진 맛의 조화가 일품이다. 식혀서 냉장고에 보관했다가 차게 해서 먹어도 맛있다.

때로는 차가운 소고기육수나 표고채수를 부어 밥상에 올리기도 한다. 개인적으로는 건표고를 끓여 식힌 국물을 더 선호한다. 애호박편수로 한 표고채수냉만둣국이다. 맛이 너무 단조롭다 싶을 땐 삶은 표고버섯을 다시 얇게 썰어 다진 파, 마늘, 고춧가루, 참기름 등을 과하게 넣지 않고 무쳐서 고명으로 얹어도 된다.

호박은 열매뿐만 아니라 꽃과 잎도 훌륭한 식재료다. 꽃은 주로 맷돌호박의 수꽃을 이용하는데 통째로 따서 묽은 밀가루 반죽을 묻혀 호박꽃전으로 부쳐서 먹는다. 향이 강한 것은 아니지만 부드러운 식감에 들큰한 맛이 고소한 기름과 어울려 제법 그럴듯한 맛을 낸다. 하지만 시중에 호박꽃만 따로 팔지 않으니 농사를 짓지 않으면 시도할 수 없는 음식이다. 텃밭에 호박이라도 심었으면 한여름부터 줄기차게 달리는 호박꽃을 몇 개 따다가 해 먹을 수 있는 계절 별미다.

반면 이 시기 호박잎은 흔하디흔한 식재료다. 대형 마트에서야 돈이 되지를 않으니 따로 팔지 않지만 재래시장에 가면 쉽게 구할 수 있다. 시골에서 직접 기른 호박잎을 가지런히 묶어놓고 파는 할머니들을 어렵지 않게 만날 수 있다. 호박은 생명력이 강해 척박한 땅에서도 잘 자라고 벌레가 먹지 않으므로 화학비료나 농약 걱정은 크게 하지 않아도 된다.

호박잎은 잔털이 많아 이물질이 끼기 쉽고 까칠한 식감을 줄 수 있으므로 손질에 조금 신경을 써야 한다. 호박잎을 씻을 때 양손에 호박잎을 한 장씩 쥐고 앞뒤로 번갈아가며 잎끼리 비벼주면 잔털과 이물질을 손쉽게 제거할 수 있다. 잎자루와 잎맥의 껍질도 살짝 벗겨내면 더 부드러운 식감을 준다. 잎자루 끝부분을 손톱으로 살짝 쥐고 잎 쪽으로 벗겨내면 손쉽게 껍질을 벗길 수 있다.

손질한 호박잎은 따로 복잡한 조리과정을 거쳐 음식을 만들어야 하는 식재료가 아니다. 그저 찜기에 살짝 쪄내기만 하면 된다. 찐 호박잎에 뜨거운 밥을 한 술 올려 쌈장에 살짝 발라 입에 넣으면 잊을 수 없는 고향의 맛이 나온다. 우렁강된장을 끓여 함께 올리

호박잎은 찜기에 슬쩍 쪄서 강된장에 쌈을 싸 먹거나 된장찌개에 넣고 끓이면 풋풋하고 소박한 맛이 매력인 식재료다.

면 금상첨화다. 꼭 시골이 고향이 아닌 사람들도 풋풋한 맛에 손이 가게 된다. 모양 좋게 싸서 반을 갈라 쌈장을 얹으면 도시락으로도 좋은 호박잎쌈밥이 된다.

호박잎된장국도 이 시기 빼놓을 수 없는 소박한 별미다. 토속적인 이름만으로도 고향집 생각이 절로 난다. 된장국을 끓일 호박잎은 어리고 작은 것이어야 한다. 뜨거운 햇살에 이미 억세고 질겨진 잎은 식감이 나빠 적합지 않다. 어린 호박잎의 잎자루와 잎맥의 껍질을 대충 벗겨내서 쓴다. 멸치와 다시마를 우려낸 육수에 감자 하나 깍뚝 썰어 된장과 함께 끓이다가 감자가 어느 정도 익었을 때 손질한 호박잎과 다진 파, 마늘 넣어 한소끔 더 끓여주면 된다. 여기에 매운 홍고추 하나 썰어 넣으면 칼칼한 맛이 좋고 마지막 간은 소금으로 하면 깔끔하다.

깻잎과 고추, 애호박만으로 부족하다면 여름과일로 눈을 돌려보자. 작렬하는 태양 아래 여름과일들의 속이 차고 당도가 높아질 때다. 수박과 참외, 자두와 천도복숭아 등 여러 종류의 달고 시원한 여름과일들이 쏟아져 나온다. 이 중 7월의 으뜸 과일은 아무래도 참외가 아닐까 싶다. 수박도 맛있지만 진짜 수박의 계절은 8월이다.

완전 노지는 아니더라도 육칠월에 나오는 참외는 참 달고 맛나다.

참외는 모종만 비닐집에서 길러 옮겨 심은 완전 노지 참외가 제일이지만 요즘은 이런 것을 찾아보기 어렵다. 비닐집에서 재배한 참외에 비해 수확량도 떨어지고 비와 바람의 영향으로 흠집이 생기거나 물러서 상품성이 떨어지기 때문이다. 참외, 수박 등 넝쿨식물들도 이제는 거의 전부 비닐집에서 재배된다.

시설재배를 한 참외라도 6월 중순부터 7월 사이에 나오는 참외는 참 달고 맛나다. 날이 무더워지면 비닐집의 옆면을 다 걷어 올려 비닐집을 사실상 비가림 정도의 용도로만 이용하기 때문이다. 사방이 툭 트여 통풍이 원활하고 햇볕은 두꺼운 비닐을 통과하기는 해도 과일의 당도를 올리는 데 부족하지 않다. 완전 노지재배는 아니지만 그래도 제철에 나오는 과일이니만큼 참외가 7월의 제철과일로 불리는 데 손색이 없는 것이다.

7월은 또 새콤달콤한 자두의 계절이기도 하다. 6월 말경부터 대석이라는 품종의 빨간 자두가 나오기 시작해 7월에 절정을 이룬다. 자두의 맛은 단맛과 신맛이 잘 조화를 이루어야 하는데 대석은 신맛보다 단맛이 강한 자두다. 빨갛게 잘 익은 대석자두를 한 입 베어 물면 약간 새콤하면서도 달달한 과즙이 입안에 가득 고인다. 과육도 모든 자두의 종류를 통틀어 가장 부드럽다. 지나치게 농익은 것은 과육이 너무 물러 씹을 것조차 없다.

대석자두의 수확이 끝날 무렵인 7월 중순부터 8월까지는 중생종 품종인 후무사자두가 출하된다. 대석자두보다 알이 굵고 과육도 조금 단단하다. 잘 익은 후무사자두는 겉껍질이 전체적으로 누런색을 띠는데 끝 부분이 빨간 것이 맛있다. 단맛과 신맛의 조화가 뛰어나 새콤달콤한 맛이 일품이다. 내 입맛에는 여러 자두 품종 중 가장 맛있는 자두가 아닐까 싶다.

초여름부터 한여름까지가 자두의 제철이지만 가을 무렵에야 열매가 익어 출하되는 만생종 자두도 있다. 가을에 먹을 수 있다 하여 추희라는 이름을 가진 품종인데 단맛보다 신맛이 강한 자두다. 과육도 자두 중에서 가장 단단하여 9월 말까지 저장이 가능하다. 신맛이 강하다 보니 산모들이 즐겨 찾는 자두이기도 하다.

자두 품종에는 이 밖에도 겉은 짙은 녹색이고 속은 빨간 수박자두와 겉과 속이 모두 검붉은 피자두가 있다. 8월에 제대로 맛이 드는 자두들이다. 피자두 맛이 최고라며 여름이 되면 피자두만 찾는 사람들도 있다. 그리고 많이 재배되지는 않지만 대석과 후무사 사이에 출하되는 홍로센이란 자두가 있다. 신맛이 강한 자두여서 대석의 단맛보다 새콤한 맛을 좋아하는 사람들의 기호에 맞는다.

날이 무더워지고 복날이 가까워지면 주변에서 민어 한 번 먹자는 소리가 자연스럽게 들린다. 신문 방송 등 온갖 매스컴들도 7월에는 으레 민어를 한 번쯤 다뤄야 하는 줄 안다. 개인 블로그나 SNS에도 민어 먹은 자랑이 넘쳐난다. 보신탕이나 삼계탕 일색이었던 복달임음식에 민어 복달임이 점차 대중화되고 있음을 반증하는 현상이다.

조기강 농어목 민어과의 민어는 조기와 비슷한 경로로 계절회유를 한다. 겨울에는 제주 남쪽의 따뜻한 바다에서 지내고 봄이 되면 우리 남해안을 거쳐 서해로 계속 북상을 한다. 한때는 황해도 앞바다를 지나 발해만까지 올라갔다고 한다. 이때는 인천 앞바다가 민어의 주산란지였다. 그러나 지금은 인천 앞바다를 지나 발해만까지 올라갈 민어나

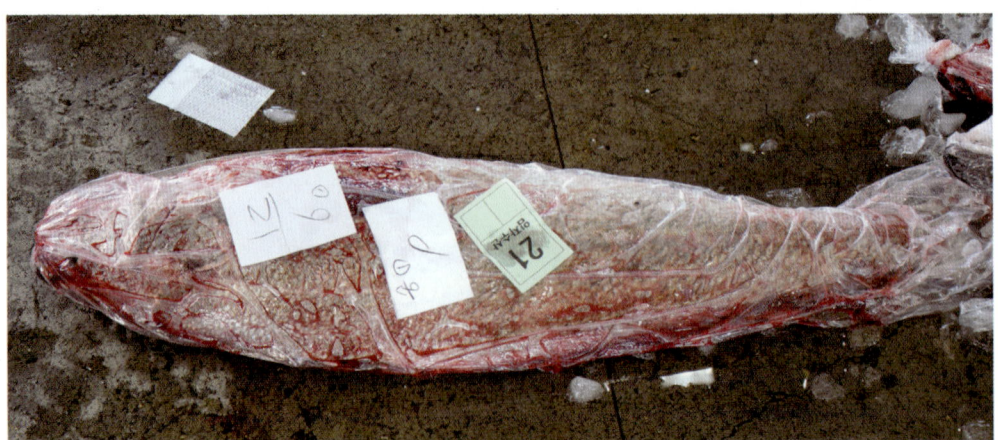

우리 여름 바다의 대표 생선 민어는 크기도 장대하고 생김새는 기품이 있다.

조기 자원이 없다. 주로 전남 신안의 임자도 앞바다에서 산란을 하고, 거기서 주로 어획된다. 최근에는 한겨울 제주 인근 바다에서 월동하는 민어를 대량으로 잡아들이고 있다. 인천까지 올라올 민어와 조기가 사라진 것처럼 신안의 민어가 종적을 감출 날이 언젠가 올지도 모른다.

민어가 신안 임자도 앞바다까지 올라와 산란을 하는 시기가 7~9월 사이다. 해수의 온도에 따라 차이가 나기는 하지만 8월이 주산란기다. 따라서 산란 직전인 초복부터 말복 사이의 한 달 동안 민어의 맛과 영양이 정점에 달해 있다. 이때가 바로 7월 중순부터 8월 중순까지의 시기다.

이렇게 한여름이 제철인 민어는 크기가 장대하고 생김새도 기품이 있다. 큰 것은 1미터가 훌쩍 넘고 무게는 20킬로그램이 넘는 것도 있다. 거기다 비늘 이외에는 껍질부터 내장까지 버릴 것이 하나도 없다. 숙성한 회 맛은 일품이고 탕 맛도 다른 여름생선이 따라올 수 없다. 가히 여름 바다의 대표 생선이라 해도 손색이 없다.

요즘은 최고의 복달임음식으로 많은 사람들이 민어탕을 꼽는다. 복날이 다가오면 친지들끼리 민어 한 번 먹자는 이야기가 자연스럽게 오간다. 민어 복달임이 언제부터 이렇게 대중화됐는지는 딱히 특정해 말하기 어렵다. 아마 수산물의 냉장 유통이 가능해지고 기름진 육식보다는 담백한 생선을 찾는 현대인들의 기호가 결합돼 생긴 현상이 아닐까 한다. 거기다 초, 중, 말복이 끼여 있는 칠팔월이 민어의 제철로 가장 맛있는 때여서이기도 할 것이다.

하지만 복날이라고 해서 민어를 맘껏 먹을 수는 없다. 어자원은 부족한 데다 수요가 많으니 복날 민어 가격은 천정부지다. 항구 인근 허름한 민어 횟집을 가도 민어회 몇 점 올리지도 않은 소자 하나에 7~8만 원의 가격표가 붙는다. 둘이 먹으면 딱 알맞은 양이다. 거기다 부위별로 골고루 나오지도 않는다. 저렴한 식당에서 내오는 민어는 대부분 1~2킬로그램 급의 작은 민어거나 이 시기 수컷보다 맛이 못한 암컷 민어다.

민어는 대구나 방어처럼 클수록 맛있는 물고기다. 적어도 5킬로그램 이상은 돼야 제대로 민어회 맛을 낸다. 특히 산란기의 암컷은 영양이 알로 몰려 살은 적고 회 맛도 수놈만 못하다. 따라서 민어회 맛을 제대로 보려면 최소 5킬로그램 이상 나가는 수놈 민어를 골라야 한다.

복날 무렵 전국의 민어 값은 임자도 민어가 위판되는 전라남도 송도 위판장의 시세가 좌우한다. 그런데 최근 몇 년 동안 시세가 올라도 너무 올랐다. 초복 무렵에는 킬로그램

활어회 문화에 익숙한 사람들이 민어도 산 것을 찾다 보니 좁은 수조에 갇혀 어마어마한 스트레스를 받는 민어가 생겨났다.

당 무려 8만 원까지 올라간다. 5킬로그램 이상의 민어를 맛보려면 적어도 40만 원 이상을 써야 하는 실정이다. 기껏해야 서너 명이 전부인 한 가족의 제철밥상에 올리기에는 다리가 후들거리는 가격이다.

이럴 땐 가까운 친척이나 지인들끼리, 혹은 이웃들이 추렴하여 민어 잔치를 벌이는 게 정답이다. 공간이 조금 넓은 집을 정해 가까운 사람들과 민어 복달임음식을 먹으며 새록새록 정을 다질 일이다. 뭐 이날만큼은 에어컨 팡팡 틀고 더위를 식히는 호사를 누려도 된다. 다들 아끼고 절약하며 열심히들 살아오지 않았는가?

부위별로 떠 온 포를 썰어 회로 먹고, 한쪽에서는 전도 부치고, 식사는 탕을 끓여 함께하면 된다. 5킬로그램 정도 나가는 민어라면 부레와 껍질도 꽤 나온다. 한여름 최고의 별미를 지인들과 함께 나누며 정을 쌓아가노라면 비싼 민어 값도 아깝지 않다. 그래도 가격 부담이 크다면 가급적 복날 주변은 피하는 게 좋다. 민어는 말복이 지난 8월 이후 추석 전까지는 맛있으므로 복날을 피해 음력 보름이나 그믐의 사리 무렵을 택하면 조금 착한 가격에 민어를 맛볼 수 있다.

민어는 살려서 잡아 오기가 까다로운 물고기다. 그래서 대부분 잡는 즉시 피를 뺀다. 그래야 나중에 선어 상태로 회를 먹을 때 비린 잡내가 없고 살색도 깨끗하다. 송도 위판장에서도 대부분의 민어는 선어 상태로 위판된다. 포를 떠서 냉장 숙성한 선어회는 동물성 감칠맛의 주성분인 이노신산이 생성된다. 죽은 지 하루쯤 지난 생선에서 가장 높은 수치의 이노신산이 생성되고, 이 수치는 이삼일 지속된다. 따라서 살아 있는 물고기

262

로 회를 떠서 먹게 되면 감칠맛 성분을 거의 느낄 수 없다. 민어도 탱글탱글한 식감과 생선의 감칠맛을 제대로 느끼려면 하루쯤 냉장 숙성된 선어회로 먹는 게 맞다. 포를 떠서 삼사일쯤 지난 민어회가 가장 맛있다는 사람들도 있다.

그런데 우리의 활어회 문화에 익숙한 사람들이 민어회의 특성을 모르고 살아 있는 민어를 찾기도 한다. 산 놈이라야 싱싱하고 맛있을 것이라는 선입견 탓이다. 하지만 산 채로 잡아 오기 어려운 민어를 억지로 살려 오다 보면 자기가 살던 수심 40~120미터의 바닷속이 아니어서 어마어마한 스트레스를 받게 된다. 수조에 넣더라도 부레에 공기가 가득 차서 수면에 벌렁 뒤집혀 있다. 활어차에 실려 이리저리 팔려 나가는 동안 더 큰 스트레스와 고통을 받게 된다. 살아 있는 것이 싱싱하다는 맹신이 선어보다 훨씬 비싼 값을 주고 이런 스트레스 덩어리의 생선을 먹게 하는 것이다.

한여름 민어가 많이 위판되는 송도나 목포에서 민어를 주문하려면 가급적 기본 손질을 해서 포를 떠달라고 하면 좋다. 그러면 대개 석 장 뜨기로 포를 뜨고 껍질까지 벗겨서 해동지와 랩으로 꽁꽁 싼 채로 얼음포장을 해서 보낸다. 택배로 보내지는 동안 알맞게 숙성되는 조건이 만들어지는 것이다. 물론 생선 손질에 자신이 있다면 피만 빼서 보내달라고 하는 것이 제일 좋기는 하다.

포를 뜨고 껍질을 벗긴 민어는 그저 도톰하고 알맞은 크기로 썰어서 내기만 하면 된

이렇게 포를 뜬 민어를 해동지와 랩으로 꼭꼭 싸서 얼음에 묻어 보내면 택배로 보내지는 동안 알맞게 숙성이 된다.

민어회에 부레가 빠지면 민어 먹었다는 소리를 하지 못할 만큼 별미인 부위다.

다. 전용 회칼이 없다면 부엌칼이라도 잘 들게 갈아서 쓴다. 날이 잘 선 칼이라야 회를 썰 때 표면이 매끄럽고 회가 너덜거리지 않는다. 그리고 덩치가 큰 민어는 각 부위별 맛과 식감이 다르므로 부위별로 구분해서 썰어낸다. 뱃살은 비늘을 깨끗하게 제거하여 껍질째 얇게 썰어내면 또 별미다. 가까운 사람들과 둘러앉아 민어의 부위별 살맛을 품평하며 한입씩 먹는 재미가 각별하다.

민어회를 먹으며 꼭 챙겨야 할 것이 민어의 부레다. 민어회에 부레가 안 올라오면 민어 먹었다는 소리를 못 한다는 말도 있다. 그만큼 별미다. 기다랗고 둥그런 모양의 공기주머니인 부레의 겉면은 보드랍고 안쪽은 약간 질기다. 따라서 그냥 둥그렇게 썰어놓으면 양면의 씹는 조화가 안 맞아 묘하게 씹는 맛이 거슬린다. 이럴 때는 길이대로 반을 갈라 질긴 면의 핏기를 깨끗이 닦아내고 투명하고 질긴 막을 벗겨낸다. 그런 다음 질긴 부위에 팔팔 끓는 물을 부어 살짝 익히거나 끓는 물에 데쳐낸다. 그러면 양면의 질감 밸런스가 어우러져 쫀득한 듯 보드라운 식감을 낸다. 고소하기 이를 데 없는 맛이 환상이다. 참기름에 질 좋은 소금을 푼 기름장에 찍어 먹는다.

민어는 그야말로 버릴 게 하나도 없는데 껍질도 버리지 않고 먹는다. 비늘을 깨끗이 제거한 껍질은 끓는 물에 살짝 담갔다가 바로 얼음물에 식혀서 먹는다. 식힌 껍질은 돌돌 말아 한입 크기로 썰어낸다. 살캉한 식감에 맛은 담백함 그 자체다. 초고추장에도 찍어 먹는데 민어 껍질처럼 담백한 맛의 식재료는 소금만 살짝 찍어 먹어야 제격이다.

회를 뜨고 난 뼈와 대가리, 내장 등은 탕으로 끓여서 먹는다. 매운탕이나 맑은탕, 모

끓는 물에 살짝 데친 민어 껍질은 살캉한 식감에 담백한 맛이 그만이다.

두 어울린다. 하지만 한여름 민어 복달임은 얼
큰한 민어매운탕이 더 어울린다. 특히 고추
장을 풀어 들큰한 감칠맛의 민어매운탕이
최고다. 된장 베이스에 고추장과 고춧가루를
조금 풀어 끓여도 구수하고 시원한 게 일품이다.
다들 땀을 뻘뻘 흘리며 냄비를 박박 긁어 먹지

남은 살점들로는 이렇게 전을 부쳐 먹으면 입안이 행복하다.

않을까 싶다.

　회를 먹다 질리거나 회로 썰기 어려운 쪼가리 살점들은 전으로 부쳐 먹는다. 밀가루
에 가볍게 굴려 달걀을 묻혀 부치면 된다. 소금과 후추로 밑간을 했다가 전을 부치기도
하는데 굳이 그렇게 애를 쓰지 않아도 민어전은 맛있다. 간이 모자라면 간장에 식초를
가볍게 푼 초간장이 맞춤하다. 대구, 복어와 함께 최고의 전감이다. 속살은 촉촉하고 고
소하다.

　민어를 어디서 어떻게 구입해야 할지 막막하다면 인터넷을 뒤져보자. 목포나 신안 쪽
에 송도 위판장의 중도매인들이 직접 운영하거나 이들과 직거래를 하는 인터넷 카페나
쇼핑몰이 더러 있다. 송도 위판장의 상인들과 식당들에서도 대부분 전화 주문을 받아
민어를 판매한다. 이런 곳에서 민어 손질을 부탁해서 구입하면 된다. 손질을 부탁할 경
우 대부분 1만 원 정도의 손질비를 받는다. 아니면 직접 수산시장에 가서 손질한 민어
를 구입해도 된다.

한여름 민어 열풍만큼은 아니지만 여름을 대표하는 생선 중의 하나가 농어다. 횟집에 가면 사시사철 맛볼 수 있고 광어, 우럭과 함께 우리 국민이 가장 즐기는 횟감이지만 대부분 30~40센티미터 급의 어린 양식 농어다. 그것도 거의 중국산 양식 농어라 보면 맞다. 그만큼 서남해권의 농어산지가 아니면 자연산은 구경하기조차 힘들다.

그렇게 귀해서 제철밥상에 올리기 쉽지 않은 농어를 왜 굳이 다루려 하나? 이유는 단 하나다. 여름철에는 농어만큼 맛있는 횟감을 찾기 어렵기 때문이다. 활어를 바로 뜬 회는 탱글탱글 고소하고, 하루쯤 숙성한 농어회는 입에 착착 차지게 감기면서 뭉긋하게

현지에서 참농어라 불리는 점농어.
농어와 점농어는 산란기와 제철이 거의 일치한다.

단맛이 배어나온다. 굳이 민어와 비교해야 한다면 회 자체의 맛으로는 단연 농어에 한 표를 던지고 싶다.

농어가 여름에 맛있는 까닭은 역시 산란기와 깊은 관련이 있다. 우리 바다에 서식하는 농엇과의 물고기는 농어와 점농어 그리고 넙치농어 등 3종류가 있다. 농어와 점농어는 서남해에서 두루 나고, 넙치농어는 제주 남쪽 더 따뜻한 바다에서 더러 잡힌다. 따라서 우리가 농어라고 아는 물고기는 거의 전부 농어나 점농어라고 보면 된다. 농어와 점농어는 크기나 생김새, 서식환경은 물론 맛까지 거의 같다. 다만 이름 그대로 점농어의 등은 물론 지느러미에도 검은 반점이 불규칙하게 찍혀 있어 농어와 한눈에 구별할 수 있다. 농어도 어릴 때는 검은 반점이 보이지만 커가면서 점차 사라진다.

농어와 점농어는 산란기도 일치한다. 대략 11월 말부터 이듬해 이른 봄까지 깊은 바다의 바위틈에 산란하는 것으로 알려져 있다. 농어도 따뜻한 물을 좋아하는 바다 생선이어서 봄, 여름에는 연안에서 먹이활동을 하다가 늦가을 무렵부터 산란과 월동을 위해 깊은 바다를 찾는다. 보통 수온이 오르기 시작하는 4월부터 10월 중순까지는 연안에서 활동하다가 10월 말이 되면 본격적으로 깊은 바다로 떠나기 시작하는데 이때 잡힌 농어의 배 속에는 벌써 알이 차 있다. 10월부터 본격적인 포란을 시작하는 것이다. 따라서 산란을 마친 농어가 우리 연안에서 새우와 멸치, 작은 망둑어 등을 마구 잡아먹으며 살과 영양이 정점에 이르기 시작하는 7월부터 알을 품기 직전까지인 9월까지를 농어와 점농어의 제철로 볼 수 있다.

이 시기 농어가 얼마나 살이 포동포동하고 지방이 잘 올랐는지는 회를 썰면서 바로 느낄 수 있다. 칼을 쥔 손끝에 두툼하고 묵직한 느낌과 불포화지방이 썰리는 경쾌한 가벼움이 동시에 전해진다. 이럴 때는 우선 칼잡이가 참을 수 없는 유혹에 한 점 집어 먹게 된다. 둘러앉은 사람들도 너도나도 한 점씩 집어 먹다 보면 차분하게 접시에 놓을 겨를도 없다.

이렇게 한번 농어 맛에 길들여지면 여름이면 횟감 농어가 집결하는 목포나 완도 어판장 정보에 안테나를 세우게 된다. 뭐 그렇다고 날마다 농어 소식만 기다리는 건 아니고 초여름부터 초가을까지 1년에 두어 번쯤 농어 정보에 안테나를 고정시켜놓는 것이다. 한 번은 가족들과 함께,

살이 통통 오른 제철 농어는 회를 써는 손끝에 두툼하고 묵직한 느낌과 지방이 썰리는 경쾌한 가벼움이 함께 전달된다.

또 한 번은 아직도 만나면 정겨운 절친들과 함께 농어 맛을 즐기기 위해서다. 농어도 클수록 맛이 있는 생선이기에 적어도 3~4킬로그램 이상의 농어가 적당한 가격에 나오면 바로 주문에 들어간다.

시간 여유가 좀 있고 농어처럼 대형 물고기를 해체할 여건이 되면 피만 빼서 바로 올려 보내라고 하지만 대부분의 경우는 포까지 떠달라고 부탁을 한다. 그러면 살아 있는 농어를 바로 해체하여 등뼈와 내장, 대가리를 분리하고 횟감의 농어 살은 두 장으로 크게 포를 떠서 보내준다. 소비자는 잘 드는 칼을 준비해서 가족이나 친지들이 둘러앉은 자리에서 부위별로 썰어내기만 하면 된다. 서울에 살면서 전날까지도 서남해의 푸른 물속을 유영하던 농어를 회로 먹을 수 있는 것은 인터넷의 보편화, 고도화에 힘입은 바 크다. 전국 유명 어판장의 중도매인들 중 일부는 이제 인터넷 카페나 블로그 하나쯤 열고 소비자와 수산물 직거래를 하는 시대이니.

부위별로 해체되어 두터운 얼음이불을 덮고 목포나 완도에서 택배로 배송되는 동안 하루쯤 잘 숙성된 여름농어는 쫀득쫀득 차진 식감과 농후한 맛이 일품이다. 비록 흰살 생선이지만 지방이 잔뜩 오른 이런 농어는 와사비간장을 슬쩍 찍어 먹어야 진짜 맛을 느낄 수 있다. 생선회 전용 간장이나 고추냉이 함량이 70퍼센트 이상인 고급 생와사비라면 더욱 좋다.

회보다 고기가 좋은 아들을 위해 바질 페스토와
홀 그레인 머스터드를 이용해 우리 식 농어카르파초를 준비한다.

고기보다 해산물을 더 좋아하는 식구들 틈바구니에서 회가 영 마뜩찮은 아들을 위해서는 특별 소스를 준비한다. 이태리 음식인 카르파초 드레싱을 생선회에 맞게 조금 변형한 소스다. 바질 향이 좋아 주말 텃밭에 바질을 키우는 덕분에 우리 집 냉장고에는 바질 철에 바질 페스토가 떨어지지 않는다. 신선한 바질 잎과 올리브유, 마늘, 잣, 소금 등을 함께 넣고 으깨거나 믹서에 갈아 만든 소스다. 이것만 있으면 스파게티도 뚝딱 조리해낼 수 있고 따뜻한 바게트에 발라 먹어도 맛있다. 농어회를 써는 날에는 아들을 위해 이 바질 페스토가 등장한다.

우선 어린 채소를 접시에 깔고 농어를 한 점씩 썰어 겹치지 않게 올린다. 어린 채소 대신 쌉쌀한 맛의 루꼴라가 있으면 더 좋겠지만 일반 가정에서 이태리 음식 재료인 루꼴라를 구하기 쉽지 않다. 농어회 위에 바질 페스토와 홀 그레인 머스터드소스를 과하지 않게 살짝 바르고 통후추를 갈아 슬슬 뿌려준다. 바질 페스토와 머스터드소스에 기본 간이 돼 있지만 간이 부족하면 구운 소금을 조금 뿌려줘도 괜찮다. 회를 별로 즐기지 않는 아들을 위한 일종의 농어카르파초다. 아들도 회 한 접시 뚝딱 비울 만큼 맛이 근사하다.

먹고 남은 농어 살을 전으로 부쳐내면 또 별미다. 붉은살생선보다 살의 탄력이 좋은 흰살생선은 복어, 민어, 대구, 농어, 명태 등 어느 것으로 전을 부쳐도 빼어난 맛을 낸다. 출출한 저녁 민어전 한 접시가 쉴 새 없이 오가는 젓가락에 순식간에 바닥을 보이게 된다. 아이들 간식으로, 밥반찬으로, 우리 부부 두런두런 막걸리 안주로도 으뜸이다.

포를 뜨고 남은 농어 대가리는 천일염을 술술 뿌려 구우면 일품이다. 농어가 클수록 먹을 것도 많다. 사이즈가 작은 것은 등뼈 등의 서덜과 함께 넣고 탕을 끓이는 게 더 좋다. 농어는 걸쭉한 매운탕보다 맑은탕이 어울린다. 구수하고 시원하기도 한 것이 민어탕에 버금가는 맛이다. 엥겔지수가 확 올라가는 흠이 있지만 민어와 농어가 있는 한여름은 늘 기다려지는 계절이다.

서남해에서 산란기 민어와 포란을 앞둔 농어가 한창 제맛을 낼 즈음 동해에는 오징어가 제철을 맞는다. 원래 오징어의 제철은 씨알도 굵어지고 살이 한껏 오른 가을이다. 한여름에는 가을오징어보다 아직 덜 자란 어린 오징어가 잡힌다. 그렇다고 아주 어리지만은 않아서 회로 썰어 먹기에 딱 좋은 크기다. 이른바 청소년기의 오징어라고나 할까. 야들야들하고 살캉한 식감이 회로 먹기에는 다 자란 가을오징어보다 훨씬 좋다. 마침 휴가철이기도 해서 동해로 피서를 가면 이런 오징어들을 만날 수 있다.

동해 오징어는 늦봄부터 시작해서 초겨울까지 계속 잡힌다. 우리가 일반적으로 오징어라 부르는 종은 표준명이 살오징어다. 우리 바다에 서식하는 오징어류는 살오징어, 화살오징어(한치), 갑오징어, 무늬오징어 등 생각보다 많다. 이 중 살오징어는 겨울을 제주 남쪽 바다에서 보내며 산란을 하고 1년 동안의 짧은 생을 마감한다. 어미의 대를 이어 겨울부터 초봄 사이에 알에서 깨어난 어린 오징어들은 난류를 타고 북상을 하며 자란다. 칠팔월 휴가 절정기에 동남해에서 잡히는 오징어들은 봄에 부화해서 우리 연안으로 거슬러 오르며 중간쯤 큰 청소년기의 것들이다.

이보다 앞서 사오월 무렵에는 경북 연안에서 북상하는 더 어린 오징어들이 잡힌다. 현지에서는 어린 오징어를 꽁치 이까라고 부른다. 꽁치만큼 작은 오징어란 의미다. 일본에서 오징어를 이까라 불러 이런 얼치기 이름이 만들어진 것이다. 아직도 수산업이나 해산물에는 일본의 잔재가 많이 남아 있다. 아무튼 이렇게 어린 오징어는 통찜으로 해 먹으면 아주 맛있는데 오징어 자원의 보호를 위해서는 사실 잡지도 먹지도 말아야 하는

초봄에 알에서 깨어난 어린 오징어들은 동해로 북상하면서 성장하는데
7월쯤에는 횟감으로 딱 좋을 만큼 자란다.

것이다. 제철음식도 미식도 지속 가능한 어류 생태를 떠나서는 아무런 의미도 없다.

그리고 9월 이후 가을이 되면 오징어가 다시 남하하면서 경북 앞바다에서 다 자란 성체들이 잡힌다. 울릉도, 독도 인근 해역에서 가장 많이 어획된다. 가을이 깊어 초겨울이 가까워 오면 산란 전의 완전한 성체로 자란다. 이런 어른 오징어들은 반찬으로, 그리고 바닷바람에 말린 마른오징어로 우리 식탁에 오른다. 겨울이 오면 오징어들은 다시 제주 남쪽 바다로 가서 산란을 하고 1년 남짓한 생을 마감한다.

대부분의 오징어들이 이렇게 제주와 동해를 오가며 사는데 우리 서남해에서도 오징어가 잡힌다. 최근에는 그것도 아주 많이 잡힌다. 해마다 다르기는 하지만 동해보다 많은 오징어가 잡힐 때도 있다. 수온이나 해류의 변화가 오징어들을 동, 서해로 나누어 북상하게 한 것으로 보인다. 일부 어류학자들은 동, 서해의 오징어가 종은 같지만 서로 다른 부류에 속한 것 같다는 조심스러운 견해를 내기도 한다. 같은 황인종이라도 한국인, 중국인, 일본인이 있는 것처럼. 서해에 오징어가 많이 나는 해에는 상대적으로 동해에 오징어가 많이 잡히지 않는다. 이럴 땐 동해의 오징어잡이 배까지 서해로 몰려들어 파시를 이룬다.

아무튼 기껏해야 1년 남짓밖에 살지 못하지만 오징어는 어려서나 다 커서나 우리 식탁을 맛깔나게 장식해주는 고마운 식재료다. 한여름에 잡히는 어린 오징어들은 산 것을 그대로 썰어 회로 먹는 것이 가장 맛있다. 살캉하게 씹히는 싱싱한 식감과 초고추장과 어우러진 달큰한 감칠맛이 매력적이다. 다른 생선들처럼 비린내가 전혀 나지 않아 회를

한여름 산오징어의 메카 주문진항에는 산오징어회를 써는 아주머니들의 손길이 분주하다.

못 먹는 사람들도 오징어회는 좋아한다.

어린 오징어들은 물회로도 아주 잘 어울린다. 새콤달콤하게 양념해서 차가운 얼음물 한 대접 부으면 한여름 최고의 음식이다. 오징어물회에 곁들일 채소로는 6월에 수확한 양파와 여름 제철 오이가 제격이다. 흔히들 물회에는 달고 시원한 맛을 위해 배를 채 썰어 넣는데 여름 배는 저온 저장된 것이라도 제맛이 안 난다. 배 대신 이무렵 수확을 시작한 단단한 육질의 조생종 백도 복숭아가 더 어울린다. 야들야들 살캉한 식감의 오징어와 제철채소를 건져 먹다가 잘 삶은 소면이나 포실하게 갓 지은 조밥을 말면 무더위에 이만한 한 끼 식사도 없다.

휴가철 주문진항을 비롯한 동해의 항구에는 산오징어를 팔거나 사려는 사람들로 늘 북적인다. 아무리 제철이고 산지라고 하지만 산오징어 값은 그리 싸지 않다. 산오징어는 당장 회나 물회로 먹을 양만큼만 사면 좋다. 대신 막 수조에서 죽었거나 살려 오지 못한 오징어들은 값이 저렴하다. 휴가철 동해 어판장에서 이렇게 갓 죽은 싱싱한 오징어가 있다면 넉넉히 사 올 일이다. 숙소로 돌아와 손질해서 매콤하게 볶아놓으면 이 또한 휴가지에서 즐길 수 있는 최고의 별미가 된다.

제철채소와 함께 채 썬 오징어를 새콤달콤 양념해서 차가운 얼음물 한 대접 부으면 한여름 최고의 음식이 된다.

밥

날이 한껏 더워져 아무래도 뜨거운 음식보다는 시원한 것을 더 찾게 되는 달이다. 그래도 너무 찬 음식만 찾으면 탈이 나기 일쑤니 아침밥은 늘 따뜻하게 시작한다. 현미와 찰현미를 기본으로 찰수수나 귀리, 혹은 찰기장을 넣어 바로 한 밥이다. 텃밭 가지가 나오면 여기에 가지를 얹어 가지밥을 짓기도 하고 초여름에 삶아 냉동해 둔 곤드레나물로 곤드레밥을 짓기도 한다.

가지밥이나 곤드레밥을 하는 날은 별다른 반찬 없이도 저장해둔 김장김치나 깻잎김치, 또는 시원한 열무김치만 있어도 밥 한 그릇 뚝딱 비울 수 있다.

여름이 더 무르익어 무더위가 기승을 부릴 즈음에는 검은콩이나 메주콩을 삶아 콩물을 냉장고에 넉넉히 준비해둔다. 땀이 흥건한 점심이나 저녁으로 차게 식힌 콩국수 한 그릇이 그렇게 고마울 수 없다. 더위로 소화기능이 떨어져 속이 더부룩한 날에는 굳이 소면을 말지 않는다. 걸쭉한 콩물 한 대접만으로도 훌륭한 한 끼 식사가 된다.

텃밭 가지가 나오는 7월에는 가지를 듬뿍 넣은 가지밥을 별미로 짓기도 한다.

반찬

깻잎과 가지가 풍성한 시기니 깻잎김치, 가지김치가 계절반찬으로 밥상에서 빠지지 않는다. 6월부터 본격적으로 담그기 시작하는 오이소박이와 양파김치도 우리 밥상의 단골이다. 된장에 버무린 아삭이고추나 아삭이고추소박이도 이즈음 맛있게 먹는다. 다 귀찮을 때는 식은 밥을 찬물에 말아 풋고추 몇 개 된장에 찍어 반찬을 대신하기도 한다.

날이 계속 무더워지니 짭조름한 장아찌도 인기다. 6월에 담가놓은 오이지가 밑반찬 단골이고, 늦봄에 절인 곰취, 참취, 곤드레, 방풍장아찌도 제철채소가 귀한 시기에 훌륭한 밑반찬이 된다. 묵은 맛에 싫증이 날 때는 고추나 양파, 오이 등을 끓인 장물에 담가 바로 먹을 수 있는 여름채소 장아찌가 상에 오르기도 한다.

양파와 감자가 제철이니 양파전, 알감자조림을 하면 아이들 손이 먼저 간다. 큼지막한 자색양파 하나와 청양고추 두세 개 썰어 넣고 식초와 간장을 4 대 3의 비율로 넣어 버무린 양파겉절이도 밑반찬이 마땅치 않은 날 손쉬운 대안이다. 매콤하고 개운한 게 전이나 튀김이 올라올 때 빠지지 않고 곁들인다.

제철 깻잎을 볶은 된장에 재어놓으면 한여름 입맛 없을 때 구세주가 돼준다.

국·탕

한국인의 밥상에 빠질 수 없는 국이나 찌개 준비가 가장 곤욕스러워질 시기다. 아침부터 더위가 기승을 부리는 날은 뜨거운 국물 대신 냉국을 밥상에 올리는 일이 잦아진다. 오이가 흔한 시기니 오이냉국, 사계절 미역냉국, 가지밥을 짓는 날에는 가지냉국이 번갈아 오른다.

그래도 날마다 찬 것을 먹을 수 없으니 이따금 제철 애호박과 두부를 썰어 넣고 새우젓으로 간을 한 애호박두부전골이 7월 밥상에 오르기도 한다. 주말 텃밭에서 호박잎을 잔뜩 따 온 날에는 호박잎된장국, 우렁이강된장에 호박잎쌈이 밥상의 주빈이 되기도 한다.

계절 별미로 복날에는 민어매운탕이나 농어맑은탕, 또는 삼계탕을 한 그릇씩 비우기도 한다. 어쩌다 여름갈치라도 사는 날에는 양파나 단호박을 넉넉히 깐 갈치조림이 국이나 찌개를 대신하고, 동해에서 신선한 오징어가 올라온 날은 저녁 밥상에 오징어물회를 내는 날도 있다.

찌는 더위에 복달임으로 민어매운탕이 한 번쯤 우리 집 밥상에 오르는 달이기도 하다.

274

		제철식재료로 만든 제철음식
땅	깻잎	깻잎나물
		깻잎김치
		깻잎장아찌(된장, 간장)
	풋고추	풋고추장아찌
		아삭이고추된장무침
		아삭이고추소박이
	애호박	애호박젓국
		애호박만두
		애호박전과 부침개
		호박잎쌈밥
		호박잎된장국
	여름 과일	참외, 자두, 천도복숭아
바다	민어	민어탕
		민어회/민어전
	농어	농어회와 농어카르파초
		농어맑은탕
		농어전
	오징어	산오징어회
		오징어물회

7월 밥상이 풍성해지는 기타 식재료	아빠의 7월 밥상	
푸성귀와 나물이 한창일 때 담가놓은 저장음식(오이지, 마늘종장아찌, 산나물 장아찌), 가지, 성게알(초중순까지), 갈치	밥	가지밥, 곤드레밥, 콩국수, 오징어물회밥(국수), 애호박편수국
	반찬	갈치조림, 가지김치, 오이소박이, 양파김치, 양파겉절이, 양파전, 오이지, 산나물 장아찌, 알감자조림, 애호박볶음
	국/탕	가지냉국, 오이냉국, 미역냉국, 민어매운탕, 농어맑은탕, 삼계탕, 갈치조림

8월은 우리 땅과 바다가 가장 뜨거울 때다. 절기상으로는 초순에 입추(立秋)가 있고 중하순에 처서(處暑)가 있는 달이다. 둘 다 가을이 시작됐음을 알리는 절기다. 입추는 가을로 접어든다는 뜻이고 처서는 더위가 한 풀 꺾여 가을바람이 분다는 의미다. 하지만 8월 우리 땅에 가을 기운이 선다고 하면 아무에게도 곧이들리지 않는다.

기상학자들은 일일평균기온이 섭씨 20도 이하가 됐을 때를 가을이라 부른다. 지구온난화의 영향으로 우리 땅의 가을은 점점 늦어지고 있다. 기상청에 따르면 서울의 가을은 지난 30년 동안 7일 정도 늦어졌다고 한다. 대략 9월 하순이나 돼야 가을이라 느낄만큼 온도가 내려가는 것이다. 그러니 8월은 여름도 한창 여름이다. 육칠월부터 이어온 열기에 다들 혼이 반쯤은 나가 있을 때다. 가을 타령은 9월이나 접어들어야 할 일이다.

이렇게 오랜 무더위에 지쳐 있을 때일수록 먹는 것에 신경을 써야 한다. 적어도 하루 한 끼는 따뜻하고 영양 많은 제철음식을 준비하고 냉국 등 시원한 성질의 찬이 올라올 때는 밥이라도 따뜻하게 지어 내야 한다. 차가운 것과 따뜻한 음식의 균형이 맞아야 마지막까지 탈 없이 여름을 날 수 있다. 그리고 과잉영양의 시대라고는 하지만 땀을 많이 흘려 기력이 쇠진하는 여름에는 가끔 제철보양식으로 몸을 보해줄 필요도 있다. 아무리 무더워도 우리 땅은 무탈한 여름을 위해 제철식재료를 부족하지 않게 준비해놓고 있다.

8월의 우리 논밭에는 곡식들이 달려 뜨거운 햇살 아래 익어간다. 논에서는 벼꽃이 지면서 이삭이 달리고, 콩, 옥수수, 조, 수수 등의 곡식들이 밭에서 조금씩 여물어간다. 5월에 모종을 옮겨 심은 참깨는 세 달도 안 돼 8월 말부터 수확을 시작한다. 들깨도 이 무렵부터 꽃을 피우기 시작해 초가을부터 수확할 수 있다.

하지만 8월의 햇살 아래 익어가는 곡식들은 이때가 제철이 아니다. 가을이 깊어야 수확해서 햇곡식으로 먹을 수 있다. 쌈채소들도 여름 더위에 지쳐 가장 귀할 무렵이 이즈음이다. 휴가철 수요가 많아 쌈채소 값이 가장 비쌀 때가 칠팔월이기도 하다. 노지의 들

옥수수는 한여름이 제철이어서 집에서도 휴가지에서도 멋진 간식이 돼준다.

깨도 8월이 되면 꽃이 올라오면서 잎이 쇠고 억세어진다. 꽃대가 올라오기 전 부지런히 따다가 깻잎김치도 담그고, 쌈으로도 먹을 일이다. 비가림용 비닐집이 없으면 쌈채소 한 장 제대로 먹기 어려운 때가 늦여름이다.

대신 한여름에는 호박, 가지, 고추 등 열매채소들이 제철을 맞는다. 모두 7월부터 열매를 맺기 시작해 8월에 절정을 이룬다. 애호박전과 애호박볶음, 가지밥과 가지냉국으로 한여름 밥상을 준비하기에 맞춤하다. 고추는 이제 빨갛게 익어갈 시기라 약이 바싹 오른 매운 고추들이 나온다. 장을 보러 가더라도 풋고추로 그냥 먹을 것은 덜 매운 것으로 골라 사야 한다. 동부와 강낭콩도 알이 차서 한 줌씩 밥에 넣어 먹을 수 있다. 옥수수도 한여름이 제철이어서 6월에 캐낸 하지감자와 함께 여름밤 멋진 간식이 돼준다.

고구마도 일찍 심은 것은 알이 차면서 두둑이 툭툭 터지기 시작한다. 아직 본격적인 철은 아니지만 시장에도 이런 고구마가 서서히 깔리기 시작한다. 제철 여름 간식인 하지감자, 옥수수와 함께 쪄놓으면 그럭저럭 먹을 만하다. 그러나 늦여름 진짜 중요한 식재료는 고구마가 아니라 고구마대다. 고구마대는 줄기와 잎을 이어주는 잎자루를 말하는데 껍질을 까서 나물로 볶아 먹든지 김치를 담가 먹을 수 있다. 채소가 귀한 시기에 훌륭한 대안 식재료가 돼준다.

　장마가 완전히 물러간 늦여름 텃밭에 줄줄이 매달린 노각도 이 무렵 귀한 식재료다. 제대로 하려면 조리과정이 조금 복잡하고 까다로워서 그렇지 무더위와 어울리는 계절 반찬으로 노각무침만 한 것도 없다. 최근에는 노각용 품종을 별도로 재배하지만 토종 조선오이도 장마가 지나 8월이 되면 늙어 노각이 된다. 노각 전용 오이보다 살집이 두껍지는 않지만 시원하고 아삭한 맛은 더 뛰어나다.

　뜨거운 태양 아래 알곡이 익어가는 8월은 바다도 뜨겁다. 이맘때 해수의 온도가 연중 가장 높을 때다. 이 따뜻한 물속에서 난류성 어종들이 부화와 함께 풍부한 먹이를 바탕으로 무럭무럭 자란다. 가을이 제철인 해산물들이 바닷물이 차가워지기 전 제 몸에 살을 찌우고 있는 달이다.

　한여름 뜨거운 바다에서 가장 빨리 성장하는 해산물로는 가을 최고의 별미 대하를 꼽지 않을 수 없다. 대하는 겨우 1년 남짓밖에 살지 못하는데 오뉴월 사이가 주산란기로 어미 대하는 산란과 함께 생을 마감한다. 가을 별미 자연산 대하는 이때 알에서 부화한 새끼 대하다. 8월 말이면 벌써 7센티미터 정도 자라 성미 급한 미식가들을 유혹한다. 하지만 대하의 살이 부드럽고 가장 맛있을 때는 이로부터 한 달 여 지난 시점이다. 이 무렵 벌써 가을대하라고 파는 것들은 대부분 양식한 흰다리새우다.

　가을을 대표하는 국민횟감 전어도 3월부터 7월 사이에 산란과 부화를 하고 8월의 따뜻한 물에서 한껏 자란다. 전어는 크기가 클수록, 그리고 가을이 깊어갈수록 지방 함량이 높아 고소한 맛이 강하다. 따라서 2년 이상 자란 전어가 겨울을 나기 위해 한껏 살을 찌운 늦가을이라야 진짜 전어 맛을 볼 수 있다. 그러나 8월 말이면 벌써 신문과 방송에는 가을전어 타령과 전어축제가 시작된다. 해수의 온도와 기후에 따라 8월 말이면 지방이 차는 해가 있지만 사실 8월 전어축제는 조금 이르다. 9월 중순 이후라야 가을전어 소리를 들을 만큼 맛이 오르기 때문이다.

여름이 끝날 무렵 수산시장에서 가을대하라 팔리는 것들은 양식한 흰다리새우다.

전어와 대하가 풍성한 가을 식탁을 위해 따뜻한 바다에서 한창 살을 찌우고 있는 사이 아직 제철이라 불러도 손색이 없는 생선이 있다. 바로 서남해의 대표적 여름생선 민어다. 민어는 6월 중순부터 맛이 들어 7월 그 맛이 절정을 이루는데 산란 직후의 암컷을 제외하고는 9월까지 맛있게 먹을 수 있다. 민어는 한여름 복달임음식의 최고봉으로 추앙받지만 복날 안팎의 민어 값은 천정부지여서 선뜻 제철밥상에 올릴 생각을 못 한다.

　하지만 말복이 지나면 민어 값이 서서히 내려가기 시작한다. 당일 조황이나 기상 여건에 따라 달라지는 해도 제철 민어를 가장 저렴하게 먹을 수 있는 때가 8월 중순부터 한 달 동안이다. 가격 때문에 민어 복달임에 침만 삼켰다면 늦게라도 민어로 풍성한 제철밥상을 꾸릴 수 있는 적기가 이때다.

　실속을 중시하는 우리도 대개 이때쯤 목포나 송도 어판장에서 커다란 민어 한 마리 주문해서 지인들과 민어 파티를 한다. 잘 숙성된 민어회로 시작해서 부레와 껍질은 살짝 익혀서 먹고 노릇노릇한 민어전과 구수한 민어탕 한 그릇으로 마무리한다. 다들 민어 한 번 제대로 먹었다는 소리가 입에서 절로 나온다.

　크고 잘생겨 민어만큼이나 서남해의 귀족 생선으로 꼽히는 농어도 팔구월까지 맛있게 먹을 수 있다. 9월 중순 이후에는 이미 알을 배기 시작하고 10월부터는 산란을 위해 먼바다로 나가기 때문에 농어회를 먹기에는 9월 중순 이전이 적기다. 남해에서는 10월에도 농어가 잡히지만 이미 알로 영양이 빠져나간 상태여서 회로 먹는 데는 요즘 네티즌 용어로 비추다. 농어도 민어처럼 회와 전, 혹은 탕 등 어떻게 조리해도 맛있는 생선이다. 한여름 시원하게 속을 풀어줄 맑은탕이나 매운탕으로 농어만큼 적당한 생선도 드물다.

　대하와 전어, 민어, 농어 등 따뜻한 물을 좋아하는 생선들은 서해와 남해에서 주로 나는 해산물이다. 우리 동해는 주로 냉수성 어종들이 서식하는 곳이어서 8월에는 한창 자라고 있는 오징어를 제외하고는 이렇다 할 해산물이 딱히 없다. 7월경이면 횟감으로 딱 맞춤하게 자란 오징어는 8월에도 살캉하고 보들보들한 맛을 잃지 않는다. 특히 여름 휴가철이 끝나면 산오징어의 값도 착해진다. 가족들과 마주앉은 제철밥상에 시원한 오징어물회 한 그릇 올리기에 이보다 좋을 때도 없다.

　이렇듯 8월의 우리 바다에는 딱 제철이라고 부를 만한 해산물이 없지만 아직 제철인 민어나 농어가 있고, 곧 제철이 다가올 대하와 전어도 품고 있다. 동해에서 쑥쑥 크고 있는 오징어도 횟감으로 아직 제철일 때다. 그리고 한여름이 정확히 제철은 아니지만 딱 이맘때만 먹을 수 있거나 한여름 보양식으로 으뜸이어서 제철로 치는 해산물들도 있다. 바로 동해의 귀한 식재료 코끼리조개와 뱀장어과 어류들이다. 동해 남부 깊은 바다에 서식하는 코끼리조개는 살캉한 식감과 달큰한 맛으로 고급 식재료에 속하는데 채취 여건상 딱 이맘때만 먹을 수 있다. 반면 뱀장어, 붕장어, 갯장어 등 장어과 어류들은 한여름 최고의 보양식으로 평가받으며 여름의 제철해산물로 여겨진다.

8월의 뜨거운 햇살은 오이, 호박뿐만 아니라 가지도 쑥쑥 키운다. 며칠만 텃밭에 안 나가도 너무 자라고 질겨서 식용으로 이용하기 어려운 가지가 수두룩하다. 주말텃밭에 가지 몇 포기만 심어도 한여름에는 식구가 넉넉히 먹을 만큼 수확을 안겨준다.

　대부분의 여름채소와 과일이 그렇듯 가지와 오이도 한방에서 성질이 찬 식재료로 분류한다. 따라서 무더운 여름철과 몸에 열이 많은 사람들에게 좋다. 특히 가지의 짙은 보라색은 항산화 기능을 가진 안토시아닌이라는 색소다. 우리 몸의 노화를 늦춰주고 혈액을 맑게 해줘서 심혈관질환에 도움이 되는 제철 건강 식재료다.

텃밭에 가지 몇 포기만 심어도
한 식구가 먹기에 충분할 만큼 수확을 안겨준다.

가지는 흔히 볶거나 쪄서 나물로 무쳐 먹는다. 어릴 적 어머니는 가지를 길게 죽죽 갈라 양푼에 담고 밥솥에 넣어 함께 익혀내셨다. 그리고 간장과 참기름, 다진 파, 마늘을 넣어 가지나물로 조물조물 무쳐 밥상에 올리셨다. 그런데 그때는 가지나물에 왜 그리 젓가락이 안 가던지. 물컹하고 찝찔한 게 어린 내 입맛에 맞는 식감이 아니었다. 하지만 나이 들고 나니 그 물컹한 가지가 맛있다. 물컹한 식감은 보드랍게 느껴지고 집간장의 찝찔함과 어울린 들큰한 가지 본래의 맛을 뒤늦게 알게 된 것이다.

지금도 그렇지만 유년기에도 가지볶음은 잘 먹었던 기억이 난다. 가지를 도톰하게 어슷 썰어 다진 파, 마늘, 고춧가루 넣고 식용유와 간장으로 팬에 들들 볶아내면 되는 음식이다. 밥반찬으로 집어 먹기도 하지만 고추장과 참기름을 조금 넣고 밥과 함께 쓱쓱 비벼 먹으면 더 맛있다. 식은 밥으로 비벼도 먹을 만해서 날 더울 때 국물 자작한 열무김치만 있어도 맛있게 잘 먹었다. 요즘 우리 아이들도 가지볶음비빔밥에 달걀프라이 하나 얹어주면 게 눈 감추듯 밥 한 그릇 뚝딱 해치운다.

한여름에는 가지밥을 짓고 가지냉국과 함께 먹으면 이 또한 별미다. 가지냉국은 오이나 미역냉국과 달리 가지를 익혀서 만든다. 더운 날에 찜솥에 올리기 귀찮으면 세로로 절반 자르고 가로로 4등분해서 전자레인지에 4~5분 정도 돌려 익혀도 된다. 쪄낸 가지에 국간장과 매실액, 다진 마늘을 넣고 조물조물 버무려 가지에 간이 충분히 배도록 10분 정도 놓아둔다.

가지에 간이 배는 사이 양파와 당근을 곱게 채 썰고 쪽파나 대파는 송송 썰어 가지와 함께 잘 버무려준다. 여기에 찬물을 붓고 입맛에 맞게 식초를 몇 방울 떨군 다음 소금으로 최종 간을 맞춘다. 홍고추를 어슷 썰어 장식하고 통깨도 솔솔 뿌려주면 보기에도 좋다. 참기름이나 고춧가루를 취향에 맞게 넣어 먹어도 좋다.

물컹하면서도 보드랍고 찝찔하면서도 들큰한 가지냉국의 맛을 이제야 알 것 같다.

가지냉국과 함께 먹을 가지밥은 곤드레나 콩나물, 무 등을 대신한 채소밥으로 생각하면 된다. 불린 쌀에 먹기 좋은 크기로 깍뚝 썬 가지를 얹고 밥을 지어낸다. 가지는 무르고 연한 식재료이므로 압력밥솥보다는 냄비가 어울린다. 밥이 다 되면 부추나 쪽파, 고춧가루, 깨소금, 들기름 등을 넣은 양념장에 비벼서 먹는다. 가지냉국과 함께 먹으면 한여름에나 먹을 수 있는 별미 중의 별미로 여기게 된다.

볶음이나 냉국, 혹은 가지를 얹어 지은 밥 말고도 우리는 가지로 김치도 담근다. 가지로 김치를 담근다고 하면 물컹거리는 게 뭔 맛일까 싶고 생소하기도 하겠지만 요거 의외로 별미다. 소를 넣고 버무려서 바로 먹어도 맛있고 푹 익혀 콤콤한 상태로 먹어도 묘하게 맛있다. 식감은 무르지 않고 쫄깃하다. 가지가 한창 쏟아져 나오는 여름부터 초가을까지 우리 집 밥상에 빠지지 않고 오르는 게 가지소박이다.

가지김치가 새롭기는 하지만 복잡하고 어렵지 않다. 여름내 물리도록 먹었던 오이소박이처럼 담근다. 소로 넣을 양념 재료도 거의 비슷하다. 다만 오이소박이와 달리 가지김치는 생가지를 절이지 않고 데쳐서 담근다.

우선 가지를 서너 토막씩 먹기 좋은 크기로 일정하게 자른다. 그리고 이것을 세워서 양념 소를 박을 수 있도록 열십자로 칼집을 내준다. 양념이 고루 배이게 하려면 위아래로 한 번씩 칼집을 내주는 것이 더 좋다. 칼집을 낸 가지는 서너 개씩 펄펄 끓는 소금물에 살짝 데쳐낸다. 가지를 한꺼번에 넣을 경우 균일하게 데쳐지지 않기 때문이다. 끓는 물에 넣은 가지의 껍질 주위가 녹색으로 변하기 시작하면 알맞게 데쳐진 상태다. 이때 바로 꺼내서 얼음물에 식힌다.

얼음물에서 가지가 충분히 식으면 하나씩 꺼내서 물기를 꼭 짜준다. 손으로 하나씩 짜서 물기를 빼는데 손아귀에 너무 힘을 주면 그렇지 않아도 부드러운 가지의 조직이 파괴돼 식감이 떨어진다. 과즙이 아니라 물기만 뺀다고 생각하고 힘을 주면 된다.

소로 쓸 양념 재료로는 쪽파와 부추, 홍고추, 다진 마늘과 생강, 고춧가루, 매실액, 새우젓, 액젓이 들어간다. 쪽파와 부추는 2~3센티미터 길이로 썰고 홍고추는 반을 갈라 채를 썰어 준비한다. 배즙이나 양파를 하나 갈아 넣으면 가지김치의 풍미가 좋아진다. 오이소박이의 소 재료와 별반 다를 게 없다.

재료 준비가 끝나면 가지에 골고루 양념을 발라준다. 오이소박이처럼 열십자로 갈라준 가지 속에 소를 너무 많이 넣지 말고 양념이 골고루 묻을 정도만 넣어준다. 그리고 준비된 통에 켜켜이 양념을 올려가며 담으면 된다. 가지김치는 상온에 하루저녁 익혔다가 냉장고에 이삼일 숙성시켜 먹으면 좋다. 새콤하고 신선한 산미가 입 안에 감돌 만큼 익었을 때가 제일 맛있다.

가지김치는 새콤하고 신선한 산미가 입안에 충분히 감돌만큼 익었을 때에 가장 맛있다.

무더위로 가지나 호박, 오이 등이 넘쳐나는 8월에 부족한 채소가 바로 무, 배추다. 무나 배추는 다소 서늘한 기후를 좋아하기 때문에 여름철에는 너무 속성으로 자라 맛이 없다. 그래도 무나 배추로 담근 김치가 없을 수는 없어서 강원도 고랭지에서 이들 채소를 재배한다. 아무리 고랭지라고는 하지만 평지와 기온차가 큰 것은 아니어서 고랭지 무, 배추라도 맛은 없다. 가을무, 배추와 비교하면 그야말로 맹탕이다.

요즘에야 김치냉장고가 거의 모든 집에 한 대씩은 있으니 무, 배추가 제철일 때 담근 김치도 사철 먹을 수 있다. 한여름에 굳이 맛없는 무, 배추로 김치를 담그려 하지 않아도 된다. 여름에는 여름이 제철인 채소를 이용해 김치를 담그는 것이 최선이다. 8월의 김치 재료로 으뜸은 역시 고구마대다.

보통 고구마순이라고 부르지만 순은 새로 나온 싹을 의미하니 바른 표현은 아니다. 고구마줄기와 잎을 이어주는 고구마잎자루가 올바른 이름이다. 하지만 이미 사회적으로 통용되고 있는 개념에 시비를 걸고 생물학적 잣대를 들이댈 생각은 없다. 흔히 고구마순, 혹은 고구마줄기라고 부르는 것은 고구마잎자루가 맞는 표현임을 알면 된다. 고구마잎자루가 이름이 길고 부르기 거북하면 고구마대 정도가 괜찮지 싶다.

고구마는 땅에 묻어 새순이 나오고 이것이 20~30센티미터쯤 자라면 잘라서 땅에 심는다. 이때가 대략 6월 말쯤이다. 장마가 시작되기 바로 직전이다. 이렇게 심어놓으면 칠팔월 무더위 속에서 그야말로 하루가 다르게 자란다. 8월 중순경이면 벌써 줄기와 잎이 무성하게 번져 밭을 완전히 뒤덮는다. 생육조건이 잘 맞으면 무성한 넝쿨 아래 땅속에

무성한 넝쿨 아래 주먹만 한 고구마가 달리기 시작할 때가 고구마대의 제철이다.

주먹만 한 고구마가 주렁주렁 달려 있기도 하다.

이때가 고구마대의 제철이다. 농가에서는 고구마에 양분이 많이 가도록 잎자루와 잎을 따낸다. 요새는 고구마대를 채취하기 위해 고구마 수확을 위한 것과 따로 재배하기도 한다. 고구마보다 잎과 잎자루가 무성하도록 품종 개량도 하고, 거름도 따로 쓴다. 시장에 나가면 자색이 짙고 통통하고 큰 것이 바로 대 채취용으로 재배한 것이다.

8월에 마트나 재래시장에 나가면 고구마대가 넘쳐나지만 선뜻 사 담기가 망설여진다. 몇 푼 안 되는 것이어서 지갑의 두께 때문에 망설이는 것은 아니다. 커다란 것 한 단에 천 원짜리 한두 장이면 해결된다. 문제는 김치를 담그건, 아니면 볶아서 먹건 조리하기 전 손질에 꽤 많은 시간과 정성을 들여야 한다는 점이다.

고구마잎자루는 질긴 껍질로 싸여 있어 그대로 조리할 수 없다. 하나씩 껍질을 다 벗겨줘야 한다. 그런데 껍질을 깨끗이 벗기는 일이 만만치 않다. 볶음으로 조금만 쓸 요량이면 한가한 시간에 앉아 벗겨내면 그만이다. 하지만 김치를 담기 위해 많은 양을 벗겨내려면 만만치 않은 시간을 투자해야 한다.

이럴 땐 그저 재래시장에서 껍질을 벗겨 파는 할머니들에게 사는 것이 최고다. 시장에서 제철 채소나 곡식 좌판을 벌인 할머니들도 고구마대가 먹고 싶어도 껍질 벗기기 귀찮아 못 사는 마음을 안다. 집에 고구마대 껍질을 벗겨줄 어르신이 있다면 마주 앉아 두런두런 말동무도 해드리며 함께 벗길 수 있겠지만 대부분의 핵가족에서는

고구마대는 껍질 벗기는 일이 제일 크다. 두어 분 할머니들이 손질해놓은 고구마대를 모두 사 오면 한 번 김치 담글 양이 된다.

이마저 기대할 수 없다. 벗긴 고구마대가 다소 비싸더라도 좌판 할머니들의 노고에 비하면 아무것도 아니다. 한두 분 할머니들이 손질해놓은 고구마대를 몽땅 사 오면 대략 고구마대김치를 담글 양은 된다.

껍질을 벗긴 고구마대만 있으면 김치 담그는 건 일도 아니다. 보통 껍질을 벗길 때 고구마대를 길이로 반 자르는데 자르지 않은 것은 먹기 좋게 반 잘라준다. 자른 고구마대는 소금물에 1시간가량 절여줘야 나중에 간이 맞는다. 소금물에 절이는 대신 살짝 데쳐서 김치를 담그기도 하는데 생으로 담근 것보다 맛이 순하고 부드럽다. 다만 데친 고구마대로 김치를 담글 경우 빨리 익으므로 생것을 즐기거나 양이 많을 경우 데치는 대신 절여서 담그는 것이 현명하다.

데치거나 절인 고구마대는 찬물로 두어 번 헹궈서 물기를 빼준다. 물기가 빠지면 양념과 함께 버무려주면 끝이다. 여기에 들어가는 양념도 일반 김치를 할 때와 같다. 쪽파나 부추를 2~3센티미터 길이로 자르고 다진 마늘과 생강, 고춧가루를 넣어 버무린다. 간은 새우젓과 액젓을 반반 섞어 맞추면 된다. 찹쌀풀과 매실액을 조금 넣어주면 김치의 단맛이 좋아지고 미생물의 발효를 도와 숙성에 도움이 된다.

고구마대김치는 막 버무려 생으로 먹는 게 맛있다. 익히더라도 너무 시지 않게 적당히 숙성시켜야 제맛을 낸다. 시큼해서 먹기 거북할 때는 또 특별한 용도가 있다. 고등어나 꽁치조림을 할 때 묵은지처럼 밑에 깔아주면 요게 또 별미다. 어떤 때는 정작 주빈인 고등어나 꽁치보다 더 맛있다. 생선 조릴 때 밑에 깔아주는 무나 양파가 생선보다 맛있게 느껴지는 것처럼.

고구마대김치는 막 버무려 생으로 먹을 때 제일 맛있다.

여름이면 또 빼놓고 넘어갈 수 없는 음식이 하나 있다. 바로 콩국수다. 콩은 사철 먹는 곡식이니 따로 제철을 논할 수 없는 식재료다. 물론 수확 직후 햇곡식의 맛과 영양이 최고겠지만 곡식은 서늘하고 통풍이 잘되는 곳에 저장했다가 1년을 먹는 식재료다. 그러니 제철의 엄격한 기준을 들이댈 수 없고 이 책에서도 굳이 곡식의 제철을 언급하지 않는다.

하지만 콩을 이용해 조리한 음식은 계절마다 어울리는 때가 따로 있다. 뜨끈한 순두부나 콩비지찌개는 온몸이 꽁꽁 언 겨울이 제격이고 시원한 콩국수는 무더운 여름에 어울린다. 밥 한 끼 먹기도 귀찮을 만큼 무더위에 지친 몸에 시원한 콩국수 한 그릇은 그야말로 생명수나 다름없다. 그냥 벌컥벌컥 들이마시고 면은 후루룩 흡입하면 된다. 한여름에 더할 나위 없이 좋은 한 끼 식사가 된다.

콩은 쌀에 부족한 식물성 단백질과 칼슘,
필수아미노산을 섭취할 수 있는 귀한 식재료다.

거기다 콩에는 우리의 주식인 쌀에 없는 영양성분도 많다. 콩은 단백질과 지방, 칼슘 등의 영양소를 아주 풍부하게 지니고 있다. 쌀에 부족한 식물성 단백질과 칼슘, 필수아미노산 등을 섭취할 수 있는 귀한 식재료다. 콩 단백질을 구성하고 있는 펩타이드는 특히 고혈압과 고지혈증, 다이어트에 도움이 많이 된다. 콩 단백질은 동물성 단백질보다 신장 기능을 원활하게 해줘서 당뇨에도 도움이 되는 것으로 알려져 있다.

불린 콩을 대충 갈아 송송 썬 김장김치를 넣고 끓이면 고소한 생비지찌개가 된다.

또한 모두 아는 사실이지만 콩에는 여성호르몬 에스트로겐과 유사한 기능을 하는 이소플라본이 다량 함유돼 있다. 여성호르몬 분비가 적어지는 중년 여성들의 갱년기 증상 완화와 유방암 예방에 도움을 주는 물질이다. 가족들의 건강을 책임지고 있는 어머니들이 자신의 건강을 위해 꼭 챙겨 먹어야 할 것이 콩으로 만든 음식이다.

10여 년 전 난소에서 종양이 발견돼 한쪽 난소를 제거하는 큰 수술을 한 아내가 있어 우리 집은 콩을 특별히 많이 먹는다. 밥에 늘 검은콩 한 줌씩 들어가는 것은 물론이고 두부를 듬뿍 넣은 청국장이나 된장찌개가 이삼일에 한 번씩은 밥상에 오른다. 때로는 두부전이나 조림이 올라오기도 하고, 살이 통통 오른 바지락을 넣고 순두부찌개도 끓여낸다. 가끔은 콩을 하룻밤 불리고 믹서로 대충 갈아 생비지찌개를 끓여 맛있게 먹는다.

그러나 뭐니 뭐니 해도 한여름 우리 집 밥상에 가장 자주 오르는 건 콩국수와 콩물이다. 아침에는 걸쭉한 콩물이 국이나 찌개 대신 오르기도 하고 휴일 점심이나 저녁은 콩국수가 대세다. 목포 등 남도에서는 콩을 갈아 설탕을 잔뜩 넣은 단 콩물을 즐기지만 우리는 소금 간만 살짝 해서 마신다. 바쁜 아침 시간에는 시원한 콩물 한 그릇만 들이켜도 속이 든든하다.

콩국수를 아주 좋아해서 한때 콩국수 잘한다는 집깨나 찾아다녔지만 요즘은 직접 만든 콩국수를 더 좋아한다. 질 좋은 국산 콩을 쓰는 집이 드물고 다양한 손님들의 입맛에 맞추기 위해 땅콩과 견과류, 설탕까지 잔뜩 넣어서 내 입맛에는 잘 안 맞는다. 콩을 잘 불리고 알맞게 삶은, 진하고 고소한 콩물도 찾기 어렵다. 심지어 전문점이 아닐 경우 대부분 볶은 콩가루를 물에 타서 낸다. 어느 여름 무덥기는 하고 배도 고파서 콩국수 간판을 보고 들어간 식당에서 무심코 콩국수 한 그릇 시켰다가 낭패를 본 적이 있다. 달고 텁텁한 데다 콩가루를 탄 물이라 뻑뻑해서 목 넘김도 아주 곤욕스러웠다. 콩국수의 콩물은 모름지기 아주 부드러워서 의식할 사이도 없이 목을 타고 넘어가야 하는데 말이다.

집에서 맛있는 콩국수를 해먹고 싶어도 복잡하고 어렵게 생각해서 지레 포기하는 사람들이 많다. 하지만 콩 껍질을 벗겨내는 과정만 생략하면 크게 번잡할 것도 없다. 삶은 콩을 물에 담가 콩을 하나씩 문질러 콩 껍질을 벗기고 물에 뜨는 콩 껍질을 물과 함께 흘려보내는 일을 여러 번 반복하는 것이 더디고 힘겹기 때문이다.

하지만 콩 껍질이 있으면 어떠랴. 콩 껍질도 콩을 구성하고 있는 식재료의 일부인 것을. 어차피 콩국수는 삶은 콩을 믹서에 곱게 갈아내야 하기 때문에 질긴 콩 껍질도 곱게 갈려 식감에 큰 영향을 미치지는 못한다. 더욱이 곱게 간 콩을 면보에 싸서 콩물만 짜내 먹는 경우라면 콩 껍질은 더더욱 문제가 안 된다. 콩물만 짜내고 남은 것은 찌개용 비지로 훌륭하게 쓰일 수 있으므로 콩물만 걸러 먹는다고 아까워할 일도 아니다.

집에서 맛있는 콩국수를 먹으려면 우선 콩을 깨끗이 씻어 잔돌 등의 이물질을 걸러내고 하룻밤 물에 충분히 불린다. 불린 콩은 알맞게 삶아내야 하는데 요 '알맞게'가 참 어렵다. 덜 삶으면 비린내가 나고 푹 삶으면 메주 내가 난다. 불 조절의 타이밍이 중요한 것이다. 불린 콩보다 물이 1~2센티미터쯤 더 높게 물을 붓고 우선 센 불에 놓고 끓인다. 물이 끓어오르면 중불로 줄여놓고 2~3분 삶다가 콩을 하나 꺼내 맛을 봐가며 타이밍을 조절한다. 비린내 없이 신선한 삶은 콩 맛이 나면 적당하다.

검은콩을 불리고 삶아 껍질째 갈아내 쌀국수나 메밀국수에 부어 먹는다.

삶은 콩은 뚜껑을 열고 믹서로 갈 만큼 식혀준다. 마지막으로 삶은 콩을 콩 삶은 물과 생수를 부어 농도를 맞춰서 믹서에 곱게 갈아낸다. 조금 되직하게 갈아서 먹을 때 얼음물을 부어 농도를 조절해도 된다. 콩 삶은 물을 버리지 않고 함께 갈면 영양의 손실도 적고 고소한 맛은 더 높아진다.

이렇게 콩물을 갈아서 생수병 등에 넣어 냉장 보관하면 삼사일은 맛있는 콩국수를 먹을 수 있다. 국수는 생소면이 어울리는데 일반 건면도 괜찮다. 건강상의 이유로 밀가루를 기피하는 경우라면 쌀국수나 메밀면으로 대신하면 된다. 국수 위에 제철 오이도 곱게 채 썰어 얹으면 보기도 좋고 영양의 균형도 맞출 수 있다. 바쁜 아침 시간에는 그냥 콩물만 한 그릇 들이켜도 속이 든든하다. 땀을 많이 흘리는 여름이라 소금 간을 조금 하는 것도 괜찮지만 우리는 따로 간을 하지 않고 잘 익은 열무김치나 묵은지를 얹어서 먹는다.

한여름이 제철인 작물 중에 우리가 가장 많이 먹는 것은 호박이 아닐까 싶다. 호박은 〈타임〉지가 10대 건강식 중 하나로 꼽을 만큼 몸에 좋은 건강 식재료다. 식품과 인체노화 분야 권위자인 미국의 스티븐 플랫 박사도 호박을 14가지 슈퍼 푸드 중 하나로 선정했다.

호박은 강력한 항산화물질인 카로티노이드 함량이 매우 높은 채소다. 호박의 카로티노이드 성분은 베타카로틴, 루테인, 크산토필 등으로 구성돼 있다. 이 중 베타카로틴은 체내 활성산소 제거 기능이 있고, 루테인은 눈을 건강하게 만들어준다. 꼭 여름이 아니어도 많이 먹어야만 할 것 같은 식재료다.

그래서 갸름한 애호박은 호박전과 부침개로, 둥그런 조선호박은 볶음과 전골로 우리의 여름철 밥상에 자주 오른다. 그리고 만두 킬러인 우리 가족들이 여름이면 번거로움을 무릅쓰고 몇 번쯤 꼭 해 먹어야 서운하지 않은 게 애호박만두다.

8월에는 애호박만 제철이 아니다. 서양계 호박으로 분류되는 단호박도 한창 수확철이다. 단호박에는 짙은 주황색 속살에서 알 수 있듯 베타카로틴 등 카로티노이드계의 항산화성분이 애호박보다 훨씬 많이 들어 있다. 여름을 건강하게 나기 위해 자주 챙겨 먹어야 할 착한 식재료다. 특히 제철이면 값도 싸고 당도가 아주 높아 아이들도 좋아하니 한여름에 이만한 식재료가 어디 있을까 싶다.

단호박밥이나 죽, 찜 등 단호박을 가지고 할 수 있는 음식이 많지만 우리는 주로 찜을 해서 먹는다. 찜이라고 해서 굳이 찜통에 넣고 증기로 찔 필요가 없다. 불 앞에서 조리하는 일이 힘든 여름에는 전자레인지를 이용하는 것이 편하다. 속을 깨끗이 발라낸 단

손질한 단호박에 간장과 꿀을 적당히 배합해서 발라준 다음 전자레인지나 찜기,
혹은 압력 팬에 익혀내면 보드랍고 달콤한 단호박찜이 된다.

호박을 16등분쯤 한입 크기로 잘라 전자레인지에 6~7분 정도 익혀주면 딱 알맞다. 이때 꿀과 간장을 1:1 비율로 섞어서 살짝 발라주면 단맛의 풍미도 높아지고 간도 맞는다. 밥반찬으로만 아니라 출출할 때 건강 간식으로도 제격이다.

단호박을 조리하는 데 가장 큰 걸림돌은 껍질이 두껍고 단단해서 칼이 잘 안 들어간다는 점이다. 가정용 부엌칼로는 단호박을 절반 쩍 가르기가 만만치 않다. 특히 손아귀의 힘이 약한 초보 새댁이나 어르신들에게는 버거운 일이다. 이럴 땐 어쩔 수 없이 남자의 힘을 빌려야 한다. 잘 안 드는 작은 식칼로 무리하게 단호박을 자르려다가는 손을 다치기 십상이다.

그래서 칼질을 도와줄 남편이 있을 때 한꺼번에 단호박 몇 개쯤 손질해서 냉장 보관했다가 필요할 때마다 꺼내 조리하면 좋다. 어른 두 주먹만 한 크기의 단호박이라면 대략 16등분 정도 하면 한입에 먹기 딱 좋다. 일단 반을 갈라 숟가락으로 속을 깨끗이 긁어내고 다시 절반을 자르는 방식으로 자르면 된다. 지퍼백 등의 밀폐용기에 넣어 김치냉장고에 보관하면 꽤 여러 날 변질 없이 먹을 수 있다.

죽을 끓일 것은 아예 껍질을 벗겨 냉동 보관하면 좋다. 크고 넙데데한 맷차랑이라는 품종을 제외하고 대부분의 단호박은 동글납작한 모양이다. 따라서 감자 깎기에 알맞은 필러로는 통째로 껍질을 벗기기 어렵다. 4등분 정도 잘라 필러로 깎으면 알맞다. 4등분한 단호박을 다시 적당한 크기로 썰어 지퍼백에 넣고 냉동 보관했다가 죽을 끓이면 된다. 냉동 보관을 하면 당도가 더 높아진다고 하는데 냉동 상태에서도 전분의 당화과정이 일어나서 그런 것 같다.

이렇게 달달해진 단호박은 죽 말고도 쓰임새가 한 가지 더 있다. 샐러드 바나 뷔페에 가면 고소하고 달콤한 맛으로 발길을 붙드는 단호박샐러드가 바로 그것이다. 만들어서 냉장고에 넣었다가 차게 해서 먹으면 여름철 건강 간식으로 그만이다. 뜨거운 불 앞에 서 조리한다는 게 단점이기는 하지만 집에서도 어렵지 않게 만들 수 있다.

우선 껍질을 수세미로 박박 문질러 깨끗이 닦은 단호박의 반을 갈라 속을 긁어낸다. 그런 다음 적당한 크기로 대충 깍뚝 썬다. 감자나 고구마를 두어 개 썰어서 함께 넣으면 단호박의 풋내가 가려져 더 맛있게 먹을 수 있다. 손질해 썰어놓은 단호박과 감자나 고 구마를 냄비에 넣고 우유를 70퍼센트 정도 차게 붓는다. 여기에 버터 한 조각과 입맛에 맞게 설탕을 조금 추가하면 샐러드 바의 단호박샐러드 맛이 난다.

준비가 되면 센불로 가열해서 우유가 끓어오르면 중불로 낮춰 25분 정도 끓여주면 된다. 밑이 눌어붙지 않도록 가끔 한 번씩 저어준다. 우유가 충분히 졸아들면 단호박과 감자, 고구마를 대충 으깨준다. 마지막으로 아몬 드 슬라이스나 호박씨, 혹은 해바라기씨 등의 견과류와 말린 베리류를 섞어주면 맛과 건강을 함께 잡은 멋진 간식이 탄생한다.

제철 단호박으로 단호박샐러드를 만들어 차게 식혀놓으면 한여름 출출함을 달래줄 멋진 건강 간식이 된다.

생긴 건 요상해도 맛은 최고, 코끼리조개

수온이 연중 가장 높은 8월은 우리 바다의 조개가 가장 맛이 없는 시기다. 특히 수온이 상대적으로 높은 서남해에서 나는 조개의 경우 더욱 그렇다. 바지락, 가무락조개, 동죽, 꼬막 등 어느 하나 가릴 것 없이 모두 산란을 마친 직후라서 맛과 영양이 그야말로 꽝이다. 산란 직후의 조개들은 이게 내가 봄에 먹던 조개가 맞나 싶게 속이 비었다. 산란 전의 통통한 살은 간데없고 바싹 마른 살점만 조가비에 붙어 있을 뿐이다. 여름바지락을 보면 식재료의 제철이 왜 중요한지를 실감한다.

그런데 아이러니하게도 가장 대중적인 음식 가운데 하나인 바지락칼국수는 칠팔월에 가장 많이 팔린다고 한다. 땀을 뻘뻘 흘리면서도 뜨거운 국수가락을 후후 불어가며 먹는 이열치열의 쾌감 때문일까? 아니면 한창 휴가철이라 바다로 떠난 피서객들이 가장 바닷가 음식다우면서도 싸고 푸짐한 것을 찾다 보니 바지락칼국수에 필이 꽂혀서일까? 하지만 이 시기 바지락은 살도 맛도 다 빠져 바지락만 가지고 제대로 된 국물 맛을 내기 힘들다. 대부분의 바닷가 식당에서 조미료에 의존해 맛을 낸다. 어쩌다 한 그릇 먹고 나면 입에 남은 조미료 맛 때문에 배신감이 든다.

그래서 우리는 여름에 조개가 메인으로 들어간 음식을 밥상에 올리는 경우가 별로 없다. 가끔 가

깊고 차가운 바다의 극한 일터에서 잡아낸 코끼리조개. 동해가 품고 있는 귀한 식재료 코끼리조개는 살캉한 식감과 달큰한 맛으로 세계적인 고급 식재료로 평가받는다.

이열치열의 쾌감으로 여름에 가장 많이 팔리는 바지락칼국수. 애석하게도 이때는 바지락이 가장 맛없을 시기다.

무락조개나 바지락이 들어간 봉골레 스파게티가 먹고 싶을 때는 제철에 해감해서 냉동실에 넣어둔 것을 꺼내 쓴다. 숙취가 심해 시원한 조개탕이 간절하게 생각날 때도 소분해서 냉동한 바지락 한 봉지를 꺼낸다.

그렇다고 8월에 모든 조개류를 다 못 먹을 것은 아니다. 딱 이 시기에만 맛볼 수 있는 귀한 조개류가 하나 있는데 동해의 깊숙한 바다에 서식하는 코끼리조개다. 코끼리조개도 오뉴월이 주산란기지만 먹을 수 있는 부위가 다른 조개와는 비교가 되지 않을 만큼 많으니 문제가 될 게 없다. 더구나 비교적 깊은 곳에 서식해서 머구리라 부르는 남자 잠수부들이 아니면 채취할 수 없고, 수온이 한껏 올라간 8월에나 잡으러 나간다. 딱 제철은 아니지만 이맘때가 아니면 먹을 수 없는 식재료인 셈이다.

코끼리조개라 하면 이름조차 생소한 사람들도 많을 것이다. 먹이활동을 하는 조개의 수관이 코끼리의 코처럼 생겼다 하여 붙은 이름이다. 기다랗고 굵은 것이 정말 코끼리 코와 닮았다. 코끼리조개는 몸통을 모래펄 20~30센티미터 속에 파묻고 이 수관만 내밀어 물을 들이마시면서 물속의 유기물을 걸러 먹는다.

코끼리조개는 수관만 살짝 내밀고 있을 뿐만 아니라 비교적 깊은 곳에 서식하여 채취가 어렵다. 아무런 장비의 도움도 없이 맨몸으로 작업을 하는 해녀들로는 어려워 산소통을 멘 잠수부가 동원돼야 한다. 해남, 또는 머구리라 불리는 남성 잠수부들이 잠수기선을 타고 나가 깊은 바닷물 속에서 고압분사기로 모래펄을 날려 하나씩 채취한다.

코끼리조개는 3~6월 사이에 산란을 한다. 그러고 보면 코끼리조개의 제철은 초봄이

맞다. 하지만 동해의 잠수부들은 물이 겨울 바다처럼 차가운 봄에 코끼리조개를 잡으러 바닷물 속으로 뛰어들지 않는다. 깊고 차가운 바다의 극한 일터에서는 보다 값이 나가는 전복이나 대왕문어를 잡아야 하는 것이다. 그러니 비록 제철은 아니지만 수온이 올라가는 여름이나 돼야 맛볼 수 있는 귀한 식재료가 코끼리조개다.

코끼리조개는 비단 우리 동해에만 있는 것이 아니다. 서남해에서도 집단 서식처가 있는 것으로 알려져 있고 북태평양 연안에 널리 분포한다. 달큰한 맛에다 아삭한 식감이 뛰어나서 세계적으로도 고급 식재료로 통한다. 우리나라에서는 코끼리조개의 수관은 주로 회나 초밥용 네타로 쓰이고 몸통 부위는 국물 재료로 쓰인다.

1년에 한 번쯤 죽변 앞바다에서 코끼리조개가 올라온 날 저녁에는 우리 부부를 위한 간단한 막걸리 상이 준비된다. 수관을 살짝 데쳐 껍질을 벗기고 손가락 반 마디만 하게 썰어낸 코끼리조개회가 유일한 안주다. 어찌나 달큰하고 아삭한지 평범한 조개라는 생각이 안 들 정도다. 회를 좋아하는 딸아이는 철퍼덕 주저앉아 연신 젓가락질이고, 회가 별로인 아들도 오가며 몇 점 집어 먹는다.

수관을 제외한 나머지 부위는 탕의 감칠맛을 높이는 부재료다. 미역과 함께 끓이면 구수한 국물 맛의 깊이가 남다르다. 된장찌개에 해물이나 쇠고기 대신 넣어도 별미다. 한여름이지만 아침상에 뜨거운 국이 올라오는 날이 코끼리조개를 받은 때다. 전복을 제외하고 패류의 맛이 가장 떨어지는 8월에 뜬금없이 특별한 맛의 조개가 먹고 싶다면 동해의 코끼리조개를 찾아보자.

한
여
름
보
양
식
의
대
명
사
, 장
어

무더위에 지쳐 온몸이 기진맥진해지는 8월의 식재료로 뱀장어를 빼놓을 수 없다. 이럴 때 권장할 만한 보양식이 장어구이나 탕이다. 우리는 흔히 보양식 하면 정력을 먼저 떠올린다. 이름조차 양기를 북돋워주는 음식이니 그럴 만도 하다. 장어집에 가면 남자들끼리 서로 꼬리를 차지하려고 젓가락 싸움을 하는 치기도 흔치 않게 보게 된다.

하지만 뱀장어를 먹었다고 당장 정력이 좋아지기를 기대하는 건 그야말로 난센스다. 별 과학적 근거가 없는 속설을 신앙처럼 떠받들고 있는 모양새다. 다만 뱀장어는 양질의 단백질과 필수아미노산, 불포화지방산, 비타민 A와 E, 칼슘 등의 영양이 가득한 건강 식재료다. 따라서 뱀장어를 먹으면 한여름 더위에 지친 몸에 활력과 힘을 주는 건 당연하다.

뱀장어는 자연산보다 양식이 주를 이루고 사철 먹을 수 있으니 딱히 제철을 말할 수 있는 식재료는 아니다. 그러나 귀하고 비싸긴 해도 자연산 뱀장어는 제철이 여름이라고 해도 억지는 아니다. 아직 모두 밝혀지지는 않았지만 뱀장어의 제철은 그 생태와 깊은 연관이 있다.

뱀장어는 산란할 때가 가까워 오면 제가 살던 강을 떠나 자기가 태어난 바다로 향한다. 그것도 강과 가까운 연안이 아니다. 멀리 필리핀 동쪽 마리아나 해저산맥까지 가서 산란을 한다. 고향으로 돌아가기 전 뱀장어는 바닷물에 적응하기 위해 강어귀에 두세 달 머무르는데

겉은 바삭, 속은 촉촉하게 구워진 뱀장어숯불구이. 양질의 단백질과 필수아미노산, 불포화지방산 등이 풍부해 더위에 지친 몸에 활력과 힘을 준다.

이때가 여름이다. 해수와 담수가 만나는 곳, 그곳이 바로 풍천(風川)이다. 그러니 산란 전 풍천에서 잡힌 장어가 맛과 영양에서 가장 뛰어나다고 할 수밖에 없다.

흔히 풍천 하면 전북 고창 선운사 앞으로 흐르는 작은 강을 떠올린다. 하지만 이 강의 이름은 인천강이다. 자주 범람해 주변 농토를 삼키니 잠잠해지라고 어질 인(仁)자를 써서 인천(仁川)이라고 했단다. 풍천은 서남해로 흐르는 강의 하구, 즉 민물과 바닷물이 만나는 기수대를 일반적으로 일컫는 말이다. 민물에서 흘러온 영양분이 풍부하고 바닷물이 섞여 바다 적응을 하기에 맞춤하다. 뱀장어가 산란을 위해 멀고 깊은 마리아나 해저산맥으로 떠나기 전 머물기에는 딱 좋은 곳이다.

그렇다고 우리 서남해의 강어귀인 풍천에 모두 산란 회귀 전의 성체 뱀장어만 있는 것은 아니다. 민물과 바닷물이 섞여 먹이가 풍부하고 서식환경이 좋으니 아예 눌러앉아 그곳에 정착한 뱀장어도 있다. 멀리 마리아나 해저산맥 깊은 바다에서 부화해 다시 우리 강을 찾아온 뱀장어 치어도 풍천을 통해 강을 오른다.

하지만 이제 우리 강 어느 풍천에도 진짜 풍천장어는 찾아보기 힘들다. 강마다 보나 댐을 막아 민물에 살도록 진화한 뱀장어가 강을 오르지 못하게 한 게 남획이나 환경오염보다 결정적 이유다. 고창의 인천강에도 자연산 뱀장어는 겨우 명맥을 이을 만큼밖에 잡히지 않는다. 선운사 인근의 풍천장어집은 전부 인근의 양만장에서 기른 양식 장어를 판다. 진짜 자연산 풍천장어로 음식을 만들어내는 집은 인천강 강정교 주변 한두 집에 불과하다.

바닷장어인 붕장어는 전혀 양식이 되지 않아 전량 자연산이다.

한때 고창 처가에 가면 으레 선운산을 한 바퀴 돌고 장어집을 찾곤 했는데 이런 사실을 알고부터 뚝 끊었다. 그 비싼 돈을 내고 항생제를 먹여 키운 장어를 굳이 먹고 싶지 않아서다. 이제는 성체 뱀장어로 키울 치어가 절대 부족해 치어 한 마리에 거의 1만 원을 육박하고 장어 값이 금값이 됐으니 더욱 그렇다.

대신 장어철인 여름이면 바닷장어인 붕장어를 찾는다. 가격도 뱀장어보다 착하거니와 맛과 영양도 뱀장어에 뒤떨어지지 않기 때문이다. 특히 붕장어는 치어를 잡아 키워서 파는 뱀장어와 달리 전혀 양식이 되지 않는다. 시중에 판매되는 붕장어 전량이 자연산이다. 따라서 항생제 남용 등의 문제로 양식어류에 대한 거부감이 있다면 굳이 양식 뱀장어가 아니라 붕장어를 먹으면 될 일이다.

우리 강과 바다에 서식하고 우리가 즐겨 먹는 뱀장어목 물고기로는 뱀장어와 붕장어, 그리고 갯장어가 있다. 이 중 뱀장어만 민물에 살고 붕장어와 갯장어는 바닷물고기다. 그리고 뱀장어만 이른 봄 강어귀의 바다에서 치어를 잡아 양식한다. 붕장어와 갯장어도 뱀장어와 마찬가지로 남태평양 깊은 바다에서 부화하여 작은 댓잎 모양의 유생으로 해류를 타고 우리 바다로 향한다. 그런데 육지 근처에 도달해 성어 모양의 치어로 변태하면서 바로 자기가 살 곳으로 흩어져버린다. 뱀장어는 치어로 변태하여 강어귀의 바다로 몰려오기 때문에 이를 잡아 양식이 가능하지만 너른 바다로 흩어져버리는 붕장어와 갯장어의 치어를 한꺼번에 잡을 수 없어 양식이 어려운 것이다.

따라서 붕장어와 갯장어는 모두 자연산이지만 갯장어는 워낙 귀하기도 하고 손질이 까다로워 전문가가 아니면 제철밥상에 올리기 어렵다. 대신 붕장어는 예전만큼은 아니더라도 아직 우리 바다에서 많이 잡혀 값이 비교적 저렴한 데다 조리가 간편해서 일반 가정의 밥상에 올리기가 어렵지 않다. 한여름 보양식으로 뱀장어 대신 붕장어를 택한 이유가 이 때문이기도 하다.

붕장어는 일본에서는 아나고라 부르는데 한때는 주로 회로 많이 먹었지만 지금은 구이나 탕, 볶음으로 많이 조리한다. 뱀장어목 어류의 피에는 이크티오톡신이라는 단백질 독소가 들어 있다. 따라서 피를 제대로 제거하지 않고 섭취하게 되면 복통과 구토 등 식중독 증세를 보인다. 붕장어를 회로 먹을 때 물에 깨끗이 씻어내고 탈수기까지 돌려 수분까지 말끔히 날려버리는 것도 이 때문이다. 그리고 이렇게 먹을 때 씹는 고소함이 다른 회에 비교할 바 아니다.

그런데 이렇게 철저하게 씻어내고 식품용 탈수기까지 돌리는 것까지는 좋지만 대신 붕장어의 좋은 영양성분인 오메가3나 비타민 A 등도 손실될 각오를 해야 한다. 붕장어의 영양을 그대로 섭취하려면 붕장어를 손질한 후 핏기만 깨끗이 제거하여 먹는 게 바람직하다. 물기까지 말끔히 제거하여 꼬들꼬들 씹히는 식감은 적지만 영양 손실 없이 붕장어 고유의 맛을 제대로 볼 수 있는 방식이다. 그리고 붕

붕장어를 구이용으로 손질해서 판매하므로 일반 가정에서도 석쇠에 구워 밥상에 올리기만 하면 된다.

장어의 단백질 독성은 60도 이상만 가열해도 바로 파괴되기 때문에 익혀서 먹으면 아무런 탈이 없다.

일반 가정에서는 사실 이렇게 붕장어회를 밥상에 올리기가 쉽지 않다. 일단 무더운 여름에 신선도가 걱정이고 손질해서 회로 썰어내는 문제도 결코 간단치 않다. 대신 붕장어구이는 제철밥상 추천 1순위에 올라간다. 요즘은 인터넷 쇼핑몰에서 깨끗이 손질한 붕장어에 양념장까지 소포장하여 판매하기도 한다. 근처 수산시장에 들러도 구이용으로 손질한 붕장어를 얼마든지 살 수 있다. 그저 팬이나 석쇠에 구워 밥상에 올리기만 하면 된다.

뱀장어든 붕장어든 노릇하게 구워놓으면 고소한 맛이 일품이다. 소금구이로 해서 고추냉이간장에 살짝 찍어 먹으면 붕장어 고유의 맛을 가장 잘 느낄 수 있다. 때로는 입맛에 따라 구운 장어를 깻잎에 올리고 생강채와 쌈장을 얹어 먹기도 한다. 아이들은 아무래도 소금구이보다 양념구이를 선호한다.

붕장어구이 하면 빼놓을 수 없는 게 초밥이다. 초밥을 먹기 좋은 크기로 쥐고 고추냉이를 살짝 바른 다음 노릇하게 구운 장어를 얹으면 된다. 장어와 밥이 분리되지 않도록 생김을 잘라 가운데를 둘러 묶어주면 끝이다. 초밥 쥐기가 어렵고 번잡스럽다면 초밥틀을 이용해도 괜찮다. 붕장어구이에 멋진 초밥까지 몇 피스 올리면 한여름 제철 보양밥상으로 흠잡을 게 없다.

보양식으로는 장어탕 또한 빼놓을 수 없는 음식이다. 장어탕은 원래 전남 여수 등의 남도 음식이다. 남도에서는 주로 고추장 베이스에 얼큰하고 구수하게 끓여낸다. 장어를 갈아서 끓이지도 않는다. 붕장어의 뼈와 대가리 등의 부속물을 먼저 푹 고아서 육수를 내고 여기에 고추장 양념을 풀고 토막 낸 장어 몸통과 양파, 배추 등을 넣어 끓인다. 들큰하고 매콤하면서도 구수하다.

아이들이 있거나 통붕장어가 부담스러우면 남도식 추어탕처럼 붕장어를 갈아 넣으면 된다. 우리는 붕장어를 주문할 때 아예 구이용과 탕용으로 구분해 주문한다. 탕용으로 끓일 붕장어는 내장만 제거한 것이기에 깨끗이 씻어 커다란 냄비에 마늘과 청주, 통후추 등을 넣고 푹 곤다. 뼈가 흐물흐물거릴 정도로 고아지면 블렌더 등으로 곱게 갈아준다. 간 장어 살을 다시 촘촘한 체에 걸러 걸쭉한 장어탕 육수를 만든다.

건더기는 여름 제철인 얼갈이배추 시래기를 넣으면 좋다. 먹기 좋은 크기로 자른 얼갈이배추 시래기를 된장과 다진 파, 마늘, 생강가루, 청주, 들깨가루 등을 넣어 조물조물 버무려 육수와 함께 끓이면 제철보양식 장어탕이 완성된다. 마지막 간은 소금으로 한다. 입맛에 따라 송송 썬 청양고추나 부추, 고춧가루, 초피가루 등을 넣어 먹어도 좋다.

붕장어를 갈아 제철채소와 함께 넣어 끓인 붕장어탕, 요거 참 매력적이다. 그렇지 않아도 더운 여름에 걸쭉한 탕을 먹는다는 게 조금 곤욕스럽기는 하지만 내게는 그래도 어쭙잖은 삼계탕이나 보신탕보다 훨씬 낫다. 땀을 삐질삐질 흘려가며 한 그릇 먹고 나면 무더위에 다 빠져나간 기력이 확 살아나는 느낌이다. 그래서 꼭 여름이 아니더라도 기온의 변화가 심한 환절기나 감기 기운이 있을라치면 한 그릇씩 먹고 싶은 것이 붕장어탕이다. 붕장어야 우리 바다에 계절을 가리지 않고 잡힐 뿐만 아니라 계절에 따른 맛과 영양의 차이가 크지 않은 생선이기에 더 그렇다.

붕장어탕은 남도 음식으로, 토막 낸 붕장어에 양파, 배추 등을 넣고 얼큰하고 구수하게 끓여낸다.

밥,

삼시세끼 뜨거운 밥을 먹기가 가장 곤욕스러운 달이다. 아침이라고 해봐야 서늘한 기운이라고는 없으니 몸은 자꾸 차가운 것만 요구한다. 그렇다고 온종일 차가운 것만 입에 달고 살 수는 없다. 시원한 음식과 따뜻한 음식을 균형 있게 섭취해야 그렇지 않아도 무더위에 곤죽이 된 몸이 건강을 유지할 수 있다. 이래저래 가족들을 위해 어떻게 균형 잡힌 밥상을 차려야 할지 가장 고민스러운 달이기도 하다.

그래서 8월 우리 집 밥상을 위한 작은 원칙을 하나 정했다. 가족이 함께 자리하는 아침밥만큼은 반드시 따뜻한 것으로 한다는 약속이다. 다행이 한여름에도 소화기능이 저하되는 식구가 없으니 여느 달과 마찬가지로 현미와 찰현미, 각종 잡곡을 섞은 따뜻한 밥을 지으면 된다. 더위에 너무 지쳐 기를 보충해야 할 때에는 전복이나 낙지죽이 아침밥상에 오르기도 한다.

8월 별미밥을 위한 부재료도 7월과 크게 다르지 않다. 8월에만 나오는 특별한 식재료가 없기 때문이다. 때때로 가지밥을 짓고, 삶아서 냉동 보관해둔 곤드레나물을 넣어 곤드레밥을 짓기도 한다. 인근 재래시장에 나가 한창 여물어가고 있는 강낭콩이나 동부콩이 있으면 한 줌 사서 밥에 넣기도 한다. 현미에 검정콩을 넣고 지은 밥보다 구수한 맛이 뛰어나 밥 참 맛있다는 감탄을 연발하게 된다.

가끔은 전복이나 낙지를 넉넉히 넣고 기를 보충할 죽을 끓이기도 한다.

콩국수는 7월에 이어 여전히 우리 집에서 떨어지지 않는 메뉴다. 뜨겁게 달궈진 몸을 시원하게 식혀줄 수 있을 뿐만 아니라 무더위를 이겨낼 영양도 풍부하기 때문이다. 그러니 냉장고에 검정콩이나 메주콩을 갈아 만든 콩물이 떨어지지 않는다. 생소면이나 쌀국수, 혹은 메밀국수를 삶고 여기에 차갑게 식힌 콩물 한 사발 부어 잘 익은 김치와 함께 내면 한 끼 식사로 훌륭하다. 우유나 두유 대신 콩물 한 사발 들이켜도 좋다.

반찬

김치냉장고에 사철 김장김치를 넉넉히 저장해놓고 먹으니 여름에도 김치 걱정은 없다. 하지만 여름에는 계절에 맞는 김치가 있어야 밥상이 풍성해지는 법. 뜨거운 햇살 아래 쑥쑥 자란 고구마대김치 없이 8월을 보낼 수 없다. 버무려서 바로 먹어도 맛있고, 가족들 입맛에 맞게 익혀서 차게 보관했다가 먹으면 더 맛있다. 양파김치와 오이소박이도 빼놓을 수 없고, 아직 껍질이 억세기는 하지만 별미로 가지김치를 담그기도 한다. 그리고 딱 한철 먹을 수 있는 노각무침은 그야말로 열 김치 안 부럽다. 그 아삭하고 시원한 맛이 계절과 어찌 그리 잘 어울리는지.

채소가 귀한 달이다 보니 제철일 때 넉넉히 담가둔 장아찌가 밥상의 효자 노릇을 하기도 한다. 오이지 나박나박 썰어 시원한 얼음물을 부어 올리고 마늘, 마늘종, 풋고추장아찌 질리지 않게 바꿔가며 한 번씩 등장한다. 늦봄에 담근 곤드레와 곰취, 참취장아찌도 짭조름한 맛이 땀을 많이 흘리는 여름에 잘 어울린다.

시원하고 아삭한 노각무침은 열 김치 안 부러울 만큼 여름과 잘 어울린다.

더위가 막바지로 치솟는 달이다 보니 뜨거운 국물음식 대신 아주 뜨겁지 않아도 맛을 잃지 않는 조림이나 볶음, 구이 등으로 채소만으로는 부족한 영양을 보충한다. 알감자나 멸치조림이 밥상에 자주 오르고 어쩌다 참조기나 갈치구이가 밥상 한 가운데 놓이기도 한다. 특히 무더운 여름날 나 홀로 밥상은 참조기 큼지막한 거 한 마리 굽고 차가운 물에 만 밥 한 그릇만 있어도 된다.

국·탕

열탕 같은 국물음식이 어울리지 않는 계절이니 당연히 국이나 탕을 올릴 일이 줄어든다. 대신 어찌 보면 국이나 찌개를 끓일 때보다 더 섬세한 맛의 조합이 필요한 냉국이 집밥의 대세가 된다. 미역이나 오이냉국은 흔한 국이나 찌개보다 조리과정이 단순하지만 가지냉국 맛을 제대로 내려면 복잡하고 섬세한 정성이 필요하다. 그래도 어쩌랴. 한 여름 집밥에 어울리는 냉국 한 그릇에 행복해하는 가족들이 있는데.

　냉국 메뉴는 그날그날 냉장고에 있는 야채의 종류에 따라 달라진다. 텃밭에 다녀와서 오이가 있는 날은 오이냉국으로, 가지밥을 짓는 날은 가지냉국으로 구색을 맞춘다. 이도 저도 마뜩치 않은 날은 불린 미역 송송 썰어 얼음물을 붓고 집간장으로 간을 맞춰낸다. 냉국 대신 시원한 콩물이 밥상에 오를 때도 있다. 가족이 함께하는 휴일 저녁상에는 오 징어물회가 별미로 오르기도 한다.

		제철식재료로 만든 제철음식
땅	단호박	단호박찜
		단호박샐러드
		단호박죽
	가지	가지냉국
		가지볶음
		가지김치
		가지밥
	고구마대	고구마대나물과 고구마대김치
		고구마대를 넣은 생선조림
	한여름의 콩	콩국수
		콩비지
바다	코끼리조개	코끼리조개회
		코끼리조개미역국
		코끼리조개된장찌개
	장어(붕장어)	장어구이
		장어탕
		붕장어초밥

8월 밥상이 풍성해지는 기타 식재료	아빠의 8월 밥상	
옥수수, 풋고추, 동부, 강낭콩, 노각, 민어, 농어, 오징어, 여름갈치	밥	가지밥, 차가운 콩국수, 더운 날씨일수록 따뜻한 현미잡곡밥, 전복죽, 감자밥, 옥수수밥, 강낭콩밥, 동부콩밥
	반찬	풋고추양념장, 풋고추장아찌, 노각무침, 오징어볶음, 갈치조림과 구이
	국/탕	가지냉국, 오이냉국, 미역냉국, 콩비지찌개, 오징어물회, 민어나 농어탕

9월

9월의

들과

바다

9월은 가을이 제대로 시작되는 달이다. 가을을 알리는 절기인 입추와 처서가 양력 8월에 걸쳐 있으나 진짜 가을은 9월이나 돼야 느낄 수 있다. 그래서 가을의 상징인 흰 이슬 백로(白露)와 낮과 밤의 길이가 같은 추분(秋分)이란 절기가 9월에 있다. 명실상부한 가을이 다가왔음을 비로소 느낄 수 있는 달이다.

가을이 시작됐다고는 해도 9월 중순 무렵까지는 아직 덥다. 여름이 아직 물러가지 않은 뒤끝이다. 인간이 소비하는 무진장한 화석연료 탓에 지구온난화현상이 심해진 요즘의 가을은 더욱 늦게 시작된다. 해마다 기상 상황에 따라 조금씩 달라지기는 하지만 이제는 대체로 9월 하순이나 돼야 진짜 가을이라 부를 수 있게 된 것이다.

일일평균기온이 기상학자들이 정의한 가을에는 못 미쳐도 9월에 들어서면 어쩌다 시원한 한 줄기 바람으로도 온몸이 상쾌해진다. 특히 나처럼 몸이 뜨거워 여름이 곤혹스러운 사람들에게는 그저 반갑기만 한 달이다. 한낮의 햇살은 뜨거워도 그늘로 들어서면 어느새 몸이 식는다. 한여름 질식할 것처럼 눅눅한 습기는 날아가고 살갗에 와 닿는 공기는 신선하다. 무더위에 기진맥진해졌던 몸과 마음을 추스를 수 있는 달이다. 건강을 위해 특별히 뭘 해 먹지 않아도 피부에 와 닿는 가을 기운만으로도 몸이 날아갈 듯한 달이기도 하다.

가을이 시작되는 9월은 우리 땅과 바다의 식재료가 풍요로운 달이 아니다. 딱 9월 제철이라고 할 만한 식재료가 많지 않다. 여름에서 가을로 계절이 바뀌는 달이어서 여름이 제철인 식재료들은 모두 끝물이고 가을 제철인 식재료들은 이제 막 맛과 영양이 차기 시작할 때다. 그러나 맛과 영양이 절정이지는 않아도 9월 같은 환절기에는 두 계절의 식재료가 아직 제철이거나 이제 제철로 접어드는 시기여서 제철이라 불리는 식재료가 이것저것 적지 않다. 여름내 무더위에 찌든 몸에 활력을 불어넣기에 부족함이 없다.

9월의 들판에는 온갖 곡식이 한창 무르익어간다. 대부분의 곡식은 가을이 깊어야 수확할 수 있으니 가을이라고는 해도 정작 9월에 수확할 만한 것은 많지 않다. 그래도 올

벼는 이미 수확을 시작해 햅쌀이 나오고 콩은 꽤 여물어 풋콩으로 먹으면 딱 좋을 때다. 이맘때 재래시장에 나가면 풋콩을 줄기째 꺾어 단으로 묶어 파는 어르신들을 많이 만날 수 있다. 한두 단 사다가 밥 지을 때 넉넉히 넣으면 밥맛의 품격이 달라진다. 풋곡식 특유의 신선한 맛이 감돌고 밥과 함께 씹히는 풋콩의 들큰한 맛이 입맛을 확 살려준다. 풋콩을 꼬투리째 삶아놓으면 심심풀이 간식으로도 훌륭하다.

동부는 알이 차기 시작하는 여름부터 볼 수 있다. 여름부터 초가을 사이에 수확하는 여물지 않은 동부는 밥에 넣어 먹고 완전히 여물어 꼬투리가 벌어진 동부는 따서 말렸다가 주로 떡고물로 많이 쓴다. 동부를 삶아 으깨어 넉넉히 고물로 입힌 인절미가 내 입맛에는 제일 좋다. 풋동부를 넣고 밥을 지으면 구수한 밥맛이 일품이다.

밭곡식들이 가을의 문턱에서 따가운 햇살 아래 한참 여물어가고 있을 무렵 채소류들도 가을 옷으로 갈아입는다. 맷돌호박은 조금씩 누런빛을 띠며 익어가고 아직 거두지 않은 토종오이나 노각용 오이 밭에는 큼지막한 노각들이 주렁주렁 매달려 있다. 시원한 맛으로 한여름이 제철이기는 해도 이런 노각 몇 개 구해서 노각무침을 하면 9월 밥반찬으로도 상큼하다.

고추는 벌써부터 빨갛게 익어 막바지 수확에 농부들의 손길이 바쁘다. 이때 따는 풋

9월 텃밭의 오이는 전부 늙어 끝물 노각으로 시장에 나온다.

고추는 약이 바짝 올라 입안이 따갑도록 맵다. 일반 풋고추도 제법 야물게 매운 때여서 청양고추는 웬만하면 날것으로 먹기 어렵다. 이럴 때는 일반 풋고추와 청양고추를 반반 섞어 살짝 쪄내 다져서 비빔장을 만들면 채소의 고른 영양을 담은 밥도둑이 된다. 쪄서 다진 고추에 송송 썬 양파와 다진 파, 마늘, 고춧가루, 깨소금을 한데 섞어 자작하게 간장을 부어주면 된다. 간장만으로 짜다 싶으면 다시마 우린 물과 희석해도 좋다. 적당한 용기에 담아 냉장 보관하면서 생각날 때마다 조금씩 덜어 들기름 살짝 두르고 밥에 얹거나 비벼 먹으면 밥도둑의 의미를 실감할 수 있다.

노지재배 열무와 무, 배추 등 김칫거리 채소는 여름 장마철만큼이나 귀할 때가 초가을이다. 8월 말에 들어서면 일제히 김장에 쓰일 무, 배추를 심기 시작하기 때문이다. 배추는 모종을 옮겨 심고 무는 씨앗을 직파하는데 김장용 채소들이 제대로 자라려면 석 달 가까이를 기다려야 한다. 따라서 9월에는 직파한 무를 솎아내 김치를 담그기도 하고 더 어린 것은 삶아서 들기름에 볶아 먹으면 맛있다. 어린 김장무를 솎아 담근 무청김치도 열무나 알타리로 담근 김치보다 부드럽고 시원하다.

이렇듯 김칫거리가 부족한 초가을 무렵에는 가지김치가 으뜸이다. 여름 내내 따고 또 따내도 계속해서 열리는 가지는 가을로 접어들면서 껍질이 부드러워지면서 더욱 맛있어진다. 뜨겁기만 하던 여름날 태양의 열기가 수그러지며 가지 껍질을 얇고 보드랍게 해준 덕분이다. 이렇게 껍질이 얇고 부드러운 가지로 김치를 담그면 한여름의 가지김치보다 더

매운 고추를 살짝 찌고 다져서 고추비빔장을 만들면 초가을 으뜸 밥도둑이다.

맛있다. 물컹거리는 게 뭔 맛일까 싶겠지만 우리의 선입견을 조롱이라도 하듯 쫄깃한 식감이 일품이다. 평소 쓰임새가 달랐던 가지로 김치를 담가 제철밥상에 올리면 가족들은 그 발상의 신선함에 한 번 놀라고 새콤하고 쫄깃한 맛에 다시 감탄한다.

뜨거운 여름 햇살을 받으며 논밭의 곡식이 익어가듯 높아진 여름 바다의 수온은 따뜻한 물을 좋아하는 난류성 어종들의 살을 찌운다. 우리 바다에 서식하는 난류성 어종들로는 대하와 오징어, 전어, 갈치, 고등어, 꽃게 등이 있다. 대부분 봄과 여름에 걸쳐 산란을 하고 차가운 겨울 바다에서 살아남기 위해 살과 영양을 잔뜩 비축하는 때가 가을이다.

그러니 가을이 시작되는 9월의 우리 바다는 한창 살이 차가는 난류성 어종들로 북적인다. 아직 가을의 초입이니만큼 이런 난류성 어종들의 맛과 영양이 절정을 이루지는 않지만 벌써 먹을 만한 상태다. 난류성 어종들은 대체로 동해 남부나 서, 남해에서 남쪽 먼바다를 회유하며 사는데 아무래도 수온이 높은 남해의 어류들부터 제철을 맞는다. 가을 국민횟감으로 등극한 전어축제가 8월 말이나 9월 초순 부산의 명지포구로부터 시작돼 10월 중순쯤 충청의 보령, 서천에서 마무리되는 것도 다 이 때문이다. 그러니 9월에 전어를 먹으려면 부산이나 고성, 고흥, 여수, 광양 등 남쪽 바다에서 난 것을 선택하는 게 좋다.

　가을 갑각류의 대명사 자연산 대하는 9월에 난 것을 가장 좋아한다. 1년밖에 살지 못하는 대하는 성장 속도가 엄청 빠르다. 육칠월 알에서 깨어난 대하가 9월이면 벌써 어른 손바닥만 하게 자라서 갑각류 마니아들의 입맛을 다시게 한다. 대하는 10월, 11월까지도 잡히지만 이때는 이미 너무 커서 먹음직스럽게 보이기는 하지만 살이 조금 퍽퍽하다. 적당히 자란 9월 대하가 굽거나 쪘을 때 촉촉하고 보드라워서 9월 대하를 선호한다.

　9월이 되면 대하, 전어뿐만 아니라 6월 20일부터 산란 금어기에 들어간 꽃게의 조업이 시작된다. 가을은 산란을 끝낸 암컷보다 수꽃게가 맛있는데 가격도 봄철 산란 직전의

여름 바다에서 부화한 대하는 9월 중순이면 벌써 어른 손바닥만큼이나 자라 갑각류 마니아들의 가슴을 설레게 한다.

암컷에 비해 매우 헐하다. 주로 간장게장으로 쓰이는 암컷과 달리 수꽃게는 찜이나 탕이 맛있다. 양념게장도 주로 수꽃게로 담근다. 하지만 아직은 수꽃게의 맛이 막 들어찰 시기다. 살이 꽉 들어찬 수꽃게의 진짜 맛을 보려면 10월까지는 기다려야 한다. 가을이 익어가는 계절, 대하와 전어를 먹으며 곧 다가올 꽃게의 계절을 기다리자.

여름 산란을 마친 갈치와 고등어도 9월 중순 이후에는 서서히 살이 차간다. 겨울을 대비해 지방이 오르고 수온이 조금씩 떨어지는 바다에서 살도 단단해진다. 제주 인근 먼바다에서 건져 올린 고등어가 부산 어시장을 점령하기 시작할 무렵이 이때다. 갈치나 고등어나 아직 맛이 절정일 시기는 아니지만 담백한 맛의 구이나 찜으로 먹어줄 만하다. 회를 좋아하는 사람이라면 손질하지 않은 신선한 고등어를 구입해서 일본에서 시메사바라고 부르는 고등어초절임에 도전해볼 만도 하다.

논밭에서 곡식이 여물어가고 늦여름에 심은 김장채소들이 무럭무럭 자랄 때 우리 땅 곳곳의 습지와 연못에서 연근 수확이 시작된다. 연은 봄에 연자라고 부르는 씨앗의 싹을 틔워 심거나 캐지 않은 뿌리에서 자라난다. 성장 속도가 빨라서 두어 달이 지나면 보자기만큼이나 큰 연잎이 연못을 덮고 칠팔월에는 눈처럼 하얀 꽃을 피운다. 식용 연은 대부분 중국에서 유래한 지나종으로 꽃색이 희다. 지나종의 연은 그 뿌리도 굵고 커

서 먹을 게 많다. 특히 병해를 잘 견디고 맛도 좋아 많이 재배된다. 관상용으로 주로 심는 연은 한국 재래종과 일본에서 건너온 비중종으로 꽃 색이 담홍색이거나 복숭아색인 경우가 많다.

연은 크고 아름다운 꽃으로 우리의 눈을 즐겁게 해줄 뿐만 아니라 싹이 터서 잎이 퍼질 때부터 우리에게 먹을거리를 제공해주는 고마운 식재료다. 오뉴월의 보드라운 잎은 채취해서 바로 쌈으로 먹을 수 있고 칠팔월의 다 자란 잎은 생으로 연잎밥이나 수육을 할 때 쓰인다. 잘게 썰고 덖어서 연잎차를 만들기도 하고 말린 연잎을 곱게 갈아 각종 음식에 넣기도 한다. 연잎에는 천연 방부기능이 있어 음식

연은 꽃의 아름다움으로 우리의 눈을 즐겁게 해줄 뿐만 아니라 버릴 게 없는 고급 식재료다.

칠팔월 다 자란 연잎은 연잎밥이나 연잎수육에 요긴하게 쓰인다.

을 상하지 않게 할 뿐 아니라 김치를 담글 때 연잎가루를 조금 넣으면 무르지 않고 신
선한 채로 오래 보관할 수 있다.

연잎이 다 자라 억세져서 더 이상 먹을 수 없게 되면 연근 채취가 시작된다. 대략 추
석 무렵부터 캐기 시작하는데 이듬해 4월까지 계속 캔다. 연근은 채취를 시작하는 가을
이 제일 맛있다고들 한다. 가을에 캔 햇연근은 신선하고 아삭한 맛이 일품이다. 땅속에
서 오래 숙성된 연근이 더 맛있다는 사람들도 있지만 가을연근에 높은 점수를 주는 사
람들이 더 많다. 가을부터 이듬해 봄 싹이 나오기 전까지 계속 생연근을 먹을 수 있는
데 연근의 제철을 가을로 보는 이유는 맛에 대한 평가 때문이다.

연근은 맛도 좋지만 열량이 낮고 비타민 C와 철분, 칼슘, 인 등의 무기질이 풍부한 건
강 식재료다. 연근 한 뿌리에는 레몬 한 개와 맞먹을 정도로 비타민 C가 풍부하게 들어
있다니 종합 비타민제보다는 이런 식재료들을 통해 비타민을 섭취하는 게 옳다. 또한 연
근이 함유한 레시틴이라는 필수아미노산은 간 기능을 활성화해 숙취 해소에도 도움을
준다고 한다. 연근을 자르면 끈적하게 나오는 점액도 우리 건강을 돕는 고마운 물질이
다. 이게 뮤신이라는 성분인데 단백질의 소화를 촉진시켜 우리 몸에 잘 흡수되도록 도
움을 준다.

꼭 몸에 좋다고 해서만은 아니고 제철이면 우리 집 밥상에 연근이 자주 오른다. 연근

조림은 시간이 걸리기는 해도 한번 해놓으면 맛의 변화 없이 며칠은 밑반찬 걱정을 안 해도 되기 때문이다. 쫀득하고 달큰해서 가족들 모두 싫어하지 않으니 더욱 그렇다. 늦은 밤 막걸리 한 잔이 생각나는데 딱히 안주가 없으면 그냥 견과류와 함께 조린 연근이 훌륭한 안주가 되기도 한다.

연근은 가을부터 이듬해 봄까지 생으로 먹을 수 있는데 가을연근의 아삭한 맛을 높이 쳐준다.

연근조림이야 가정의 밥상을 책임지고 있는 사람이라면 누구나 알고 있을 것이다. 팔팔 끓는 물에 식초를 조금 넣어 손질한 연근을 한 번 데쳐낸 다음 간장과 식용유, 설탕, 물엿 등을 넣고 뭉긋하게 조려내면 된다. 아삭한 식감을 좋아한다면 중불에 빨리 조리고, 쫀득한 식감이 더 좋으면 약불로 오래 조려줘야 한다. 우리는 시간이 조금 넉넉하면 약불에 뭉긋하게 조리고 귀찮거나 시간이 부족하면 중불에 휘리릭 조려낸다.

일반적으로 알려진 연근조림 레시피와 우리 집 방식이 조금 다른 건 조리기 전 데쳐내기를 하지 않는다는 점이다. 식촛물에 연근을 데쳐서 조리를 하는 것은 떫은맛과 갈변을 막아주기 때문이다. 하지만 연근은 생으로도 먹는데 떫은맛이 그리 거북할 정도는 아니다. 불에 익혀놓으면 더욱 그렇다. 게다가 연근조림은 설탕이나 물엿이 들어가 자연스러운 갈색이 나야 맛있어 보이기 때문에 갈변을 걱정할 일도 아니다.

약불로 뭉긋하게 오래 졸이면 쫀득한 식감이 일품인 연근조림이 완성된다.

우리가 특히 사전 데침 과정을 거치지 않는 것은 연근의 영양성분과 건강에 좋은 물질이 녹아나올 수 있기 때문이다. 연근을 삶거나 데치다 보면 물이 뿌옇게 변하는데 이게 거의 우리 몸에 좋은 뮤신이 녹아나온 결과다. 맛이 조금 거북스럽더라도 식재료에 들어 있는 독성을 뺄 목적이 아니라면 1차 데침 과정을 거치지 않는 것이 건강한 조리법이다.

연근조림 다음으로 우리 집 밥상에 자주 오르는 연근 요리는 연근전이다. 필러로 껍질을 살짝 벗겨 2~3밀리미터 두께로 썬 다음 부침가루 반죽을 살짝 묻혀 기름 두른 팬에 부쳐내면 끝이다. 아주 간단하지만, 이게 꽤 먹을 만하다. 바삭하게 부친 연근전을 초간장에 슬쩍 찍어 입에 넣으면 아삭아삭 고소하니 젓가락이 절로 간다.

아삭하고 고소한 맛에 젓가락이 절로 가는 연근전.

이렇게 연은 뿌리와 잎뿐 아니라 열매, 꽃도 모두 식용으로 쓸 수 있어 버릴 것이 하나도 없다. 연잎과 철이 같은 연꽃은 주로 차를 끓여 마신다. 연꽃의 정유성분은 혈액순환에 도움을 주고, 경련과 진통을 완화해주며 숙면에도 도움을 준다고 한다. 연밥, 혹은 연자라고 부르는 연의 씨앗은 처음에는 초록색이다가 익으면 갈색으로 변한다. 풋연밥은 사각사각 씹히는 맛이 좋고 잘 익은 것은 고소해 밤 맛과 비슷하다. 연밥은 예부터 가슴 두근거림과 불면증·불안·어지럼증 등을 치료하는 약재로 이용했다. 사찰에서는 연자죽을 끓여 수양에 지친 스님들의 건강을 지켜주기도 한다.

나
이
가

들
어
야

진
가
를

아
는

생
들
깨

토
란
탕

연근과 함께 가을에 또 빼놓을 수 없는 뿌리식물이 있으니 바로 토란이다. 토란은 천남
성과의 다년생 열대식물이다. 열대지방에서는 따로 심지 않고 그냥 내버려두면 스스로
자라 조금씩 캐서 먹을 수 있다. 하지만 사계가 뚜렷한 우리나라에서는 겨울에 잎과 줄
기가 얼어 죽기 때문에 봄에 심어 가을에 채취한다. 가을이 깊어갈수록 토란의 성숙도
가 높아져 맛과 영양이 최고조에 이른다.

　남도에서는 전통적으로 추석 명절의 제사상에도 첫 수확한 토란국을 올렸다. 하지만
추석이 이른 해에는 토란이 미처 다 여물기도 전에 캐내야 한다. 추석 수요가 워낙 많아

토란은 잎과 줄기, 뿌리까지
버릴 것 하나 없이 식용 가능한 식물이다.

추석 전과 후의 토란 가격이 천양지차다. 상황이 이렇다 보니 농부들은 어떻게든 추석 전에 수확하기 위해 아주 이른 봄에 종자를 심고 보온까지 해주며 기른다. 추석이 이른 해에도 추석 전이면 충분히 여문 토란을 먹을 수 있게 된 것이다.

토란은 참 오랫동안 우리 민족과 애환을 함께 한 식재료다. 인도와 인도네시아 등 열대 남아시아지역이 원산지인데 기원전에 우리 땅에 들어왔을 것으로 본다. 최초의 공식적인 기록으로는 고려시대 『동국이상국집』에 이 시기에 이미 토란국을 끓였다는 이야기가 나온다. 그런데 경기 북부에서 나서 자란 나는 토란을 접할 기회가 별로 없었다. 아무래도 열대 원산의 식물이다 보니 상대적으로 기온이 낮은 경기 내륙에서 많이 재배되지 않는 까닭이다.

내가 토란을 처음 맛본 건 대학에 들어가고 나서다. 당시 유명 언론인이자 정치인이었던 조세형 선생의 막내처남이 학과 선배였다. 전주가 고향인 그 선배와 아주 친해서 함께 술집을 전전하다가 통행금지 시간이 다 되면 그 집에서 신세를 지곤 했다. 다음 날 아침이면 선배 어머니께서 늘 쇠고기토란국을 끓여놓으셨다. 처음엔 감자도 아닌 것이 미끄덩거리고 별로였는데 자꾸 먹다 보니 조금씩 적응할 수 있었다.

토란의 이 미끈거리는 물질은 갈락탄과 뮤틴이라는 성분인데 미끈거리는 식감을 주기는 해도 우리 몸에는 좋은 성분이다. 갈락탄과 뮤틴은 혈중 콜레스테롤 수치와 혈압을 내려주고 위점막을 보호하여 위궤양 예방에 도움이 된다. 토란에는 이 밖에도 비타민 B군, 칼륨 등의 무기질이 많이 함유돼 있다. 특히 신체리듬 조절 및 수면유도기능을 가진 멜라토닌의 보고라고도 알려져 있다.

멜라토닌은 뇌의 송과선이라는 내분비선에서 분비하는 호르몬의 일종이다. 한때 멜라토닌이 강력한 항산화성분을 가져 노화 방지, 치매 예방, 암 예방 등에 효과가 있다고 하여 미국, 일본 등에서 합성멜라토닌 돌풍이 불기도 했다. 하지만 현재로서는 시차에 의한 수면장애 외에 다른 건강기능성 효능은 충분히 입증되지는 못한 상황이다. 어떤 식재료든 만병통치의 효능을 가진 것은 없는 법이다. 괜히 뭐가 몸에 좋다 하면 우르르 몰려드는 현상이 오히려 건강의 발목을 잡을 수도 있다.

어쨌든 토란은 우리 건강에 도움이 되는 식재료지만 약간의 독성도 지니고 있다. 토란은 특유의 아린맛을 가지고 있는데 이 아린맛 성분이 자극적 독성을 낸다. 아린맛의 주성분은 호모겐티신산과 옥살산칼슘이다. 큰 문제가 되는 것은 아니지만 민감 체질일 경우 따끔거리고 알레르기 증상을 유발하기도 한다. 껍질을 벗기거나 날것을 만졌을 때

영남지방에서는 이 덩이줄기, 즉 알토란은 먹지 않고 주로 토란대를 탕에 넣거나 나물로 볶아 먹는다.

가려움증을 일으킬 수도 있다. 하지만 아린맛 성분은 소금물에 데쳐내면 대부분 사라진다. 토란을 요리하기 전 쌀뜨물에 소금을 조금 풀고 물이 끓으면 껍질 벗긴 토란을 넣어 2분 정도 데쳐내면 된다.

토란은 이처럼 독성 제거를 위해 조리 전 손질 과정에 신경을 써야 하는 조금 까다로운 식재료다. 그래서일까? 묘하게도 성격이 급하고 다혈질로 알려진 영남지방에서는 덩이줄기, 즉 알토란을 거의 먹지 않는다. 주로 토란대의 껍질을 벗겨 햇볕에 바싹 말렸다가 육개장 등의 탕에 넣거나 나물로 볶아 먹는다. 반면 영남을 제외한 다른 지역에서는 토란대와 알토란을 모두 즐겨 먹는다. 다만 탕을 끓일 때도 호남과 서울, 경기지방에서 약간의 차이가 있다. 들깨가루나 생들깨를 갈아 탕을 끓이는 조리법이 발달한 호남에서는 생들깨를 갈아 넣은 생들깨토란국을 선호한다. 서울, 경기지방에서는 쇠고기토란국이 일반적이다.

양지머리를 삶아 끓인 쇠고기토란국은 대표적인 추석 절기음식이다. 집안마다 제사방식이나 올리는 음식의 차이가 있지만 아직도 많은 집안에서 추석 제사상에 쇠고기토란국을 올린다. 추석 제사상에만 국한되는 게 아니라 토란을 좋아하는 가정에서는 가을부터 겨울까지 쇠고기토란국이 떨어지지 않는다. 날이 하루가 다르게 선선해질 때 아침 밥상을 따뜻하게 해주는 고마운 음식이다.

쇠고기대신 생들깨를 갈아 즙을 낸 국물로 토란국을 끓여도 별미다. 다양한 미디어의 영향으로 향토음식 레시피가 보편화된 지금이야 지방을 가리지 않고 생들깨토란국을 끓이지만 예전에는 호남의 향토색이 짙은 음식이었다. 경기 북부 내륙의 촌놈이었던 나도 이 음식을 처음 맛본 게 지금의 아내와 처음으로 장인 장모님께 인사를 하러 고창 처가에 내려갔을 때였다. 고이 길러 서울로 유학 보낸 딸이 대학 졸업도 전에 결혼을 시켜달라고 내려왔으니 처가 쪽 입장에서 보면 꽤나 당혹스러운 방문이었을 게다.

덕분에 그날 친 처남들은 물론 고창 읍내에 있는 사촌 처남들까지 모두 모여 인사불성이 되도록 술을 마셨었다. 이튿날 막내사위 될 사람이라고 장모님께서 한 상 그득하게 아침상을 차리셨는데 아, 이런 해장국이 안 보이는 거다. 시원하고 칼칼한 걸로 요동치는 속을 달래줘야 하는데. 대신 걸쭉한 국이 한 그릇 올라와 있었다. 장모님께서 직접 갈아 만든 생들깨즙으로 끓인 토란국이었다. 속이 원하는 음식이 아니어서 결국 몇 술 못 뜨고 다

부드럽고 고소하며 들큰한 생들깨토란국의 맛을 나이 들어서 겨우 알게 되었다.

남겼는데 그 원죄로 지금도 맛있는 처가 토란국을 얻어먹지 못한다. 부드럽고 고소하며 들큰한 생들깨토란국의 제맛을 이제 충분히 아는데. 생들깨즙을 내기 번거로워 가끔 거피 들깨가루를 넣기도 하는데 아무래도 생들깨즙보다 풋풋하고 고소한 맛이 못하다.

토란이 우리 민족의 밥상에 올라온 역사가 긴 만큼 이를 이용한 음식도 다양하다. 쇠고기나 생들깨즙과 함께 끓인 국뿐 아니라 알토란을 간장과 물엿으로 뭉긋하게 조려 밑반찬으로 먹는다. 때로는 곱게 갈아 부침가루와 함께 반죽해서 전을 부치기도 한다. 사철 식재료가 풍부한 지금과 달리 작은 식재료 하나라도 소중하게 썼던 예전에는 토란을 삶아 으깨어 찹쌀가루와 섞어 부쳐내기도 했다. 대추를 얇게 저며 고명으로 얹고 화전처럼 팬에 지져 꿀을 발라서 먹었다 한다. 이를 토란병이라 하는데 알싸한 토란의 맛과 찹쌀의 쫄깃한 식감이 어울리면 아주 근사한 맛을 내지 않았을까 싶다.

토란의 잎자루를 일컫는 토란대는 주로 육개장 등의 얼큰한 탕을 끓일 때 많이 쓰인다. 그늘에 말렸다가 다시 삶아서 하루 정도 물에 우려내 떫고 아린맛을 제거해서 탕을 끓인다. 토란대와 고사리, 대파 등을 알맞게 넣고 양지머리육수로 얼큰하게 끓인 육개장은 날이 선선한 가을과 겨울에 잘 어울리는 제철음식이다. 삶아 우려낸 토란대를 들기름과 집간장, 들깨가루를 조금 넣어 볶아도 맛있는 나물 반찬이 된다.

초가을이 맛있다, 캠벨 포도

9월의 들판에 늦가을 추수를 기다리는 곡식이 한창 여물어가고 있을 때 봄에 꽃을 피운 과수들에도 색색의 과일들이 익어간다. 사과는 점점 붉게 변해가고 단단한 배에도 시원한 단맛이 돈다. 여름내 짙은 녹색이던 감도 어느새 주황색으로 곱게 물들어간다. 우리 민족 최대 명절인 추석이 대부분 9월에 들어 있어서 추석 대목을 겨냥한 조생종 과일들은 벌써부터 시장에 쫙 깔렸다. 하지만 사과나 배, 감의 제철은 조금 더 기다려야 한다. 10월 중순이 지나야 나무에 붙어 제대로 숙성된 맛난 과일을 만날 수 있다.

추석 대목을 겨냥한 조생종 과일들이 시장에 쫙 깔릴 때지만 사과나 배, 감의 제철은 조금 더 기다려야 한다.

대신 9월은 포도의 달이다. 진보라의 포도알들이 빼곡히 들어차 묵직한 포도송이가 9월의 미각을 자극한다. 이때 나오는 포도는 주로 캠벨이라는 품종으로 1백여 년 전부터 국내에서 재배되기 시작한 종자다. 캠벨이라는 품종명 뒤에 가끔 '얼리'(Early)가 붙기도 하는데 조생종이라는 뜻이다. 국내 총 포도 재배면적 중 캠벨이 70퍼센트에 이른다 하니 여름이 끝날 무렵부터 나오는 거의 모든 포도는 캠벨이라 보면 된다.

그런데 캠벨이 특별이 맛과 식감이 좋아 많이 재배되는 것은 아니다. 델라웨어, 머스캣 베일리에이, 머스캣함부르크 등 더 달고 맛있는 포도 품종도 많다. 하지만 이런 포도들은 대부분 유럽 남부 등 우리보다 기후가 온화한 땅에서 재배되던 품종이어서 우리 땅에서 겨울을 나지 못한다. 캠벨은 우리 기후에 잘 적응하여 겨울 혹한도 잘 견디고 병충해도 많지 않아서 재배 농가로서는 최선의 선택인 것이다. 소비자들로서는 좀 더 다양하고 맛있는 포도를 먹지 못해 많이 아쉬운 부분이다.

다행히 최근에는 캠벨 위주의 포도 재배 지형이 조금씩 다양화되고 있다. 유럽과 칠레, 미국 등 맛난 포도를 생산하는 나라들과 FTA가 체결되면서 캠벨만으로는 수입 포도와 경쟁할 수 없다는 위기의식이 새롭고 맛난 포도 재배에 적극적으로 눈을 돌리게 만든 것이다. 지구온난화현상으로 따뜻한 기후에 적응한 품종을 우리 땅에서 재배할

진보라의 포도알들이 빼곡히 들어차
묵직한 포도송이가 9월의 미각을 자극한다.

수 있는 환경이 조성되고 있다. 다양한 포도 선택권을 행사할 수 있다는 점에서만은 온난화현상도 환영할 일이다.

캠벨 다음으로 우리 땅에서 많이 재배되는 포도는 머스캣이라는 이름이 붙은 품종이다. 캠벨보다 당도는 높고 산도가 낮아 유럽에서는 포도주 가공용으로 많이 쓰이는데 생과로 먹어도 맛과 향, 식감이 아주 훌륭하다. 머스캣에 길들여진 사람들은 캠벨은 아예 쳐다보지도 않는다고 한다. 우리나라에서는 머스캣 품종의 포도를 머루포도라 부르는데 머루와는 별 상관이 없다. 아마 머루 하면 자연, 친환경, 건강 등의 단어를 떠올리기 때문에 이렇게 부르지 않나 싶다. 캠벨보다 당도가 훨씬 높은 머스캣 품종의 포도는 그러나 9월이 아니라 10월부터가 제철인 만생종이다.

캠벨보다 더 맛있는 머루포도의 제철이 10월이다 보니 우리도 9월에는 주로 캠벨 포도를 먹는다. 만생종 자두와 복숭아가 9월에 나오고 조생종 배나 사과가 나오기는 하지만 가장 맛난 시기가 아니어서 선택의 여지없이 캠벨을 주로 사게 되는 것이다. 당도가 조금 모자라고 신맛이 강하기는 하지만 캠벨도 제철에는 제법 먹어줄 만하다.

설탕 범벅인 잼이나 과일주를 별로 즐기지 않아 포도 소비가 많은 것은 아니지만 안성이나 평택, 영천 등 포도 주산지에서 한 상자씩 사다가 집에 과일이 떨어질 정도는 아니게 먹는다. 강화의 농장에 갈 때면 풍물시장에도 한 번씩 들러 강화 양도포도를 사 들고 오기도 한다. 포도당과 과당을 다량 함유하고 있어 피로 회복에 좋고, 심혈관질환에 도움을 주며, 안토시아닌 등 항산화성분도 풍부하니 9월의 과일로 이만한 게 있을까 싶다.

생으로 먹을 수 있는 것은 아니지만 9월 깊은 산에서는 오미자도 익어간다. 시고, 달고, 쓰고, 맵고, 짠맛까지 5가지 맛을 내는 열매라 하여 오미자(五味子)라 부른다. 삶거나 우려내면 떫은맛까지 내니 우리가 느낄 수 있는 모든 맛을 다 가지고 있는 열매다. 이 중에서도 신맛이 제일 강해 다른 맛을 덮어버린다. 오미자차를 마실 때 신맛이 주로 느껴

기상 상황에 따라 조금씩 달라지지만 대략 9월 중순이면 오미자 수확이 시작된다.
(사진 제공: 두메산골 찰스 김철수 님_ http://kimcharles.co.kr)

지는 이유다.

오미자는 이런 맛 요소 때문에 생과로는 먹지 않는다. 달고 맛난 과일도 많으니 시고 떫은 오미자를 생으로 먹을 이유가 없다. 주로 말려서 한약재로 쓰거나 찬물에 우려 차로 마신다. 또는 설탕이나 꿀과 함께 숙성시켜 오미자액을 추출한 다음 물에 희석해 음료 대신 마신다. 오미자는 갈증 해소에 특효다. 특히 비타민 C와 비타민 B군, 칼슘과 칼륨 등의 무기질이 듬뿍 들어 있어 무더운 여름에 마실 수 있는 최상의 영양 음료다.

오미자는 작황에 따라 조금씩 달라지기는 하지만 대략 9월 중순 이후에 수확이 시작된다. 한여름에도 시원한 기후를 좋아하는 오미자는 태백산과 지리산, 덕유산 등의 남부 고산지대에서 잘 자란다. 요즘은 방장산을 이고 있는 문경에서 가장 많이 재배되는데 전국 생산량의 50퍼센트가량이 문경읍 동로면에서 재배된 오미자다. 이때 구입해서 말리거나 설탕, 꿀 등과 함께 숙성시켜놓으면 1년 내내 먹을 수 있다.

우리도 한때 효소 열풍이 불었을 적에 매해 9월이면 10~20킬로그램 정도의 오미자를 구입해 설탕과 1:1로 섞어 효소를 담그곤 했다. 효소 예찬론자들은 오미자와 설탕을 혼합해 발효되는 과정에서 미생물이 작용해 유익한 물질이 만들어지고 오미자의 효소가 녹아나온다고 한다. 각종 약용 산야초나 열매로 담근 효소액을 마시고 암을 치료했다고 주장하는 사람도 많다. 그때도 물론 의문이 없지는 않았다. 어떻게 50퍼센트나 되는 고농도 설탕물에서 미생물이 살아 활동할 수 있을까? 당절임이란 건 원래 소금절임이나 건조처럼 미생물의 활동을 막아 식재료의 부패를 막는 방식이 아닌가?

이런 의문은 몇 해 전 전통 장류 자격증을 준비하면서 말끔히 해소됐다. 이 과정에서 '발효와 미생물'에 관한 강좌를 특히 관심 있게 들었다. 내가 잘 모르는 분야이기도 하고 식재료와 음식을 다루면서 궁금한 내용이 가장 많았기 때문이다. 이때 만난 미생물 전문가들은 한결같이 고가에 팔리는 무슨 무슨 효소라는 게 모두 사기라고 단정지었다. 30퍼센트 이상의 고농도 설탕물에서는 발효균이든 부패균이든 모든 미생물이 활동할 수 없다고 한다. 결국 우리가 원재료의 효소와 미생물에 의한 유익한 물질이 듬뿍 들었다고 믿었던 효소액이 원재료의 수분이 녹아나와 만든 설탕물에 불과했던 것이다.

그래도 산야초나 약용 열매들에 함유된 효소는 들어 있지 않을까? 하지만 효소에 대한 의문을 하나씩 파헤쳐나가며 이런 작은 기대마저 무망하게 돼버렸다. 모든 생명체는 효소가 있어야 생명활동이 가능하다. 인간이 음식을 먹고 소화시키는 과정부터 효소가 작용한다. 음식물 속에 포함된 탄수화물과 단백질, 지방은 각각 아밀라제와 프로티아

제, 리파제라는 소화효소가 있어야만 소화되어 영양분으로 흡수가 되는 것이다. 소화흡수된 영양물질은 우리의 간으로 보내져 또 다른 효소에 의해 대사됨으로써 생명활동을 돕는 것이다.

그래서 효소 예찬, 아니 효소 만능론자들은 우리 몸에서 효소가 부족하면 외부로부터 보충해줘야 건강한 삶이 가능하다고 주장하는 것이다. 그런데 이 효소도 하나의 단백질이다. 단백질은 프로티아제에 의해 아미노산이라는 소분자로 분해돼야만 흡수될 수 있다. 효소 단백질도 마찬가지다. 설사 외부로부터 효소를 섭취했다 해도 우리 몸에 흡수되는 순간 이미 효소로서의 기능을 할 수 없는 상태인 것이다.

이런 사실을 알고 나서 철철이 효소를 담근다고 철마다 매실이나 오미자, 유기농 설탕을 대량으로 구입하던 내 행동이 어찌나 허망하게 느껴지던지. 그 후로는 이웃이나 지인들과 나눔 할 약용식물 효소 담그는 일을 그만뒀다. 대신 매실액을 음식에 필요한 정도만 조금씩 담근다. 음식에 들어가면 설탕과는 격이 다른 단맛을 내주니까. 매실액에조차 소화에 필요한 효소가 미량만 들어 있다지만 가끔 속이 더부룩할 때 물에 타서 마시면 도움이 되기는 한다.

오미자액도 조금씩만 담근다. 콜라, 사이다는 물론 과일주스조차 없는 우리 집에서 여름철 오미자액만큼 시원하게 갈증을 풀어줄 음료가 없기 때문이다. 아직 단맛의 유혹에서 완전히 벗어나지 못한 아이들에게는 나름대로 최상의 음료다. 또한 수박 등 여름과일로 화채를 만들 때 사이다나 설탕 대신 화려한 색감과 맛의 오미자액을 넣으면 한층 격조 높은 맛을 얻을 수 있다.

말린 오미자를 생수에 넣고 하룻밤쯤 재워놓으면 화사한 색감의 오미자차로 변신한다.

진한 단맛이 부담스러운 아내와 나는 말린 오미자를 우려낸 차를 마신다. 생오미자를 직접 말려 쓰기는 번거로워 그냥 말린 걸 구입하는 편이다. 그늘에서 말린 오미자를 최고로 친다지만 요즘 그걸 믿고 구하기가 쉽지 않다. 그래도 건조기에 돌린 것보다는 낫다고 하니 햇볕에 말린 걸 구입해 먹는다. 말린 오미자를 한두 스푼 찬물에 넣어 냉장고에 하룻밤 재워두면 오미자의 붉은색이 그대로 우러난 화사한 색감의 오미자차로 변신한다. 오미자차를 만든다고 끓는 물에 우리면 떫은맛이 강해 마시기 어렵다.

풍성한 가을 제철해산물 중에 9월을 대표하는 것은 아무래도 대하가 아닐까 싶다. 새하얀 천일염 위에서 붉게 익어가는 대하가 가을과 가장 잘 어울리는 그림일 것 같다. 게나 새우 등의 껍질에는 아스타산틴이라는 색소가 있는데 평소에는 단백질과 결합하여 청, 녹, 자색 등의 다양한 색조를 띤다. 하지만 단백질과 아스타산틴의 결합력은 그리 강하지 않아 70℃ 정도만 가열해도 쉽게 끊어진다. 찌거나 삶으면 껍데기가 붉게 변화하는

대하는 우리 바다에서 나는 새우 가운데 몸집이 가장 큰 축에 든다.

것은 아스타산틴이 단백질과 분리되어 본래의 색을 나타내기 때문이다.

붉은색은 인간의 본능적인 식욕을 이끌어내는 가장 원초적인 색상이지 싶다. 가을이면 누구나 빨갛게 익어 촉촉한 육즙에 단맛이 살짝 배어나오는 대하소금구이를 한 번쯤 먹어보지 않을까. 천고마비의 계절이 시작되는 9월을 대표하는 해산물로 대하를 꼽은 첫 번째 이유다.

대하는 보리새웃과의 비교적 몸집이 큰 새우다. 대하라는 이름도 한자로 클 대(大), 새우 하(蝦) 자를 쓴다. 대하가 우리 바다에서 나는 새우 가운데 몸집이 가장 큰 축에 들지만 수명은 1년 남짓하다. 따뜻한 물을 좋아하는 대하는 해수의 온도가 높아지는 봄이 오면 서남해의 우리 연안으로 다가와 짝짓기와 산란을 한다. 이때가 대략 4~6월 무렵이다. 이 무렵의 대하는 완전 성체로서 큰 것은 20센티미터가 훌쩍 넘는데 산란성기인 오뉴월이 금어기다.

짝짓기와 산란을 끝낸 대하는 그로써 1년 남짓한 생을 마감한다. 그리고 알에서 깨어

식욕을 자극하는 붉은색에 촉촉하고 달큰한 맛이 매혹적인 대하소금구이.

난 새끼 대하들이 따뜻한 여름 바다에서 왕성한 먹이활동을 통해 몸집을 키운다. 8월이면 벌써 7~8센티미터, 9월이면 10센티미터 이상으로 훌쩍 자란다. 우리가 가을에 먹는 대하는 바로 이것, 봄에 새로 태어나 한여름 뜨거운 바다에서 자란 햇대하다. 바닷물이 차가워지는 11월경 다시 깊은 바다로 떠나기 전까지 대하는 계속 자란다. 크기로만 본다면 11월 먼바다로 떠나기 전의 대하가 으뜸이지만 9월 중순부터 10월 중순 사이에 잡히는 대하가 살이 부드럽고 가장 맛있다. 9월 대표 해산물로 대하를 꼽은 두 번째 이유다.

그런데 매해 대하 철이 오면 우리를 혼란스럽게 하는 짝퉁대하 논란이 재연된다. 상인들이 진짜 대하가 아닌 양식 흰다리새우에 대하라는 이름을 붙여 팔면서 생긴 혼란이다. 아마도 흰다리새우라는 이름이 전혀 먹음직스럽지 않고 오히려 혐오감을 줄 수 있다고 판단해 그렇게 부르기 시작했지 싶다.

흰다리새우는 중남미가 원산인데 국내에서 처음부터 이 새우를 들여와 양식했던 것은 아니다. 30여 년 전에는 진짜 대하를 키워서 팔았다. 가을이면 대하를 찾는 사람들이 많아지니 대하의 주산지인 서남해안 일대에서 자연스럽게 대하의 양식이 시도됐던 것이다. 자연산을 찾는 사람이 많은데 공급이 달리면 당연히 양식으로 눈을 돌리게 된다. 그래서 한때는 양식 대하와 자연산 대하가 공존하는 시기가 있었다. 이때는 살아 있는 양식 대하를 팔기도 했다.

하지만 대하는 흰점바이러스라는 질병에 아주 취약하다. 90년대 중반 어느 해가는 전국의 새우 양식장에 이 질병이 돌아 대하가 거의 전부 폐사한 적이 있다. 그래서 토종대하 대신 양식이 시도된 것이 중남미 원산의 흰다리새우다. 맛도 대하와 비슷하고 생김새도 유사해 대하 대신 선택된 종이다. 지금 대하라고 하는 양식 새우는 극히 일부를 제외하고 거의 전부 흰다리새우라고 보면 된다.

흰다리새우를 대하라고 속여 비싼 값에 판다면 그건 사기죄에 해당한다. 하지만 흰다리새우 양식 초기에는 그런 일이 있었을지 몰라도 지금은 그런 곳이 없다. 양식 흰다리새우는 자연산 대하의 거의 절반 값에 판다. 그러니 양식 흰다리새우를 대하라고 알고 샀더라도 속았다고 생각하지 않아도 될 것 같다. 그저 대하와 맛이 비슷한 새우를 싼값에 먹었다고 생각하면 맘이 편하다. 이런 혼란 탓에 흰다리새우를 왕새우라고 부르기로 했지만 아직은 생소한 이름이다 싶을 정도로 충분히 확산되지 않은 상황이다.

소비자들 입장에서 진짜 대하와 대하라는 이름의 흰다리새우를 구별하는 방법도 간단하다. 수족관에 살아 헤엄치는 놈들은 전부 흰다리새우, 어른 손바닥만 한 새우가 죽어 얼음에 재워져 있으면 진짜 대하라 생각하면 된다. 자연에서 자란 대하는 성질이 급해 그물에 잡히면 얼마 못 가 죽는다. 살려 오기가 대단히 힘든 해산물이다. 늦가을 성체로 자란 대하는 어쩌다 살아 있는 상태로 잡혀 오기도 한다. 하지만 이런 성체 산대하는 대하잡이 어부나 현지인이 아니면 구경하기조차 힘들다.

두 새우의 형태상 특징을 보고 구별하는 것도 그리 어렵지 않다. 대하와 흰다리새우의 가장 눈에 띄는 차이는 이마에 난 뿔의 길이다. 흰다리새우는 뿔이 짧은 데 비해 대하는 그 길이가 상당히 길어 입 주변의 앞다리까지 쭉 뻗어 있다. 그리고 두 번째는 눈의 모양을 보고도 구분할 수 있다. 흰다리새우는 눈이 완전히 뾰록 튀어나와 있다. 눈이 마치 몸 밖으로 나와 달려 있는 듯한 모습이다. 반면 대하는 약간 볼록하게 올라온 정도다.

자연산 대하와 양식 흰다리새우는 크기에서도 차이가 많다. 8월에 잡힌 어린 대하는 흰다리새우만 하거나 약간 큰 정도지만 생장 속도가 빨라 9월 이후에는 바로 눈에 띌 정도로 차이가 난다. 특히 10월 하순 이후에는 큰 새우라는 이름에 값할 만큼 자라 어른 손바닥만큼이나 한다. 이게 진짜 가을대하다. 성인들도 서너 마리만 먹으면 배가 찬다.

그러나 아쉽게도 진짜 자연산 대하는 어획량이 많지 않아 대부분 산지에서 소비된다. 대도시까지 올라올 물량이 없다. 도시민들이 먹음직스러운 대하를 제철밥상에 올리고 싶으면 산지 어민들이나 중개상들과 직거래를 하는 수밖에 없다. 우리는 안면도에서 직접 대하를 잡아 개인 블로그를 통해 홍보 판매하는 분과 직거래를 한다. 대하 철에 집안의 크고 작은 행사에 싱싱하고 탐스러운 대하를 올려 친지들의 눈과 입을 즐겁게 해줄 수 있는 것도 이런 직거래 덕분이다.

어차피 진짜 대하는 가격도 만만치 않으니 제철에 한 번쯤 먹을 요량이면 여행 삼아 대하 산지에 다녀오는 것도 괜찮다. 가족과 함께든, 아니면 친구나 애인과 함께든 맛난 것을 먹으러 어디론가 여행을 떠난다는 것도 큰 즐거움이니까. 그래도 가급적이면 축제 기간에는 대하 미식여행을 권하고 싶진 않다. 특히 주말이 낀 날에는 더욱 그렇다. 수많은 인파들 속에 끼여 푸대접 다 받고 황당한 가격에 초라한 대하를 먹어야 하는 최악의 여행이 될 수도 있기 때문이다.

수도권에서 제일 가까이 대하를 맛볼 수 있는 곳은 인천 소래포구와 연안부두 정도다. 지인들이나 가족들과 함께 몇 시간이면 다녀올 수 있는 거리다. 시간 여유가 조금 있다면 대하의 최대 산지인 충남 홍성의 남당항이나 태안의 안면도 백사장항을 다녀오는 것도 좋다. 제철 대하도 즐기고, 태안의 비경을 볼 수 있는 솔향기길이나 해변길, 노을길 등의 트래킹을 계획해보는 것이 현명하다.

진짜 자연산 대하는 아니더라도 식구들과 오순도순 둘러앉아 가을새우를 먹고 싶다면 양식 흰다리새우도 좋은 대안이다. 도시의 웬만한 시장에서도 양식 새우를 쉽게 살 수 있다. 재래시장이나 대형 마트에서도 가을이 되면 싱싱한 양식 새우를 판매한다. 살아 팔딱이는 싱싱한 새우를 머리 떼어내고 껍질 벗겨 깨끗한 접시에 초장과 함께 올려 회로 먹으면 보드랍고 달콤한 맛이 일품이다. 팬에 호일을 깔고 소금에 살짝 구워내면 푸짐하게 제철밥상을 장식할 수 있다. 이때 떼어낸 머리는 버리지 말고 다시 팬에 바싹 구워내면 바삭하고 고소한 맛이 어른들 맥주 안주로 그만이다.

초
가
을

국
민
생
선
·

전
어

9월이면 대하와 함께 가을철 국민횟감 전어도 쏟아져 나오기 시작한다. 예전에는 너무 흔해 그야말로 한 양동이에 천 원짜리 한두 장이면 족했던 생선이 전어다. 흔할 뿐 아니라 찾는 사람도 별로 없어 아예 대접을 받지도 못했다. 그런데 지금은 가을을 대표하는 국민횟감으로 신분이 격상됐다. 전어가 많이 잡히지 않는 해에는 1킬로그램에 2~3만 원을 호가하니 전어가 흔했던 시절을 아는 사람들은 격세지감을 느낄 만하다.

한때는 대접을 받지 못하던 생선이었으나 지금은 가을만 되면 수산시장에서 가장 많은 사람들이 북적대는 활어코너 주인공이다.

아무튼 가을의 전령이라 불러도 손색없을 전어는 청어과 어류로 따뜻한 물을 좋아하는 난류성 바닷물고기다. 그래서 주로 서남해에 서식한다. 최근에는 지구온난화의 영향으로 경북 울진 등 동해 남부 바다에서도 전어가 잡히기는 한다. 난류성 어류들은 대부분 바닷물의 온도가 급격히 떨어지는 겨울에는 연안의 얕은 바다에서 살아남을 수가 없다. 그래서 제주 남쪽 등 먼바다로 가서 겨울을 나고 다시 수온이 오르는 봄에 가까운 우리 바다를 찾는다. 이러한 어류의 생태를 계절회유라고 한다.

철 따라 바다를 바꿔가며 돌아다니는 어류의 회유는 먹이활동 및 산란과 밀접한 관계가 있다. 따뜻한 물을 찾아다니며 왕성한 먹이활동을 통해 몸에 영양을 축적하고 산란을 준비하는 것이다. 난류를 따라 먹이를 찾고 산란을 통해 종족 보존을 하는 대표적 어종인 전어의 산란시기는 대략 3~7월 사이다. 이 시기 가까운 우리 연안에 몰려와 군집생활을 하기 때문에 많이 잡을 수 있지만 오뉴월 두 달 동안은 금어기다. 그리고 이때의 전어는 살이 푸석거리고 맛이 없다.

사실 모든 생선의 진짜 맛은 지방이 좌우한다. EPA와 DHA 등 불포화지방산으로 구성된 생선의 지방은 맛과 영양에 결정적 영향을 미친다. 계절별로 지방 함유량에 큰 차이가 없는 생선들도 있지만 전어는 봄과 가을에 지방 함량이 3배가 넘게 차이가 난다. 국내 최초의 회박사 부경대 조영제 교수에 따르면 봄에는 전어 가식부위의 지방 함량이 3퍼센트이던 것이 가을에는 10퍼센트까지 올라간다고 한다. 무려 3배나 넘게 차이가 나는 것이다. 산란을 마치고 따뜻한 물속에서 왕성한 먹이활동을 통해 다시 기름과 살이 오르기 시작해 가을에 절정에 달하기 때문이다. 그래서 가을전어, 가을전어 하는 것이다.

그럼 전어의 지방이 잔뜩 올라 가장 맛있을 때는 언제일까? 여름이 채 끝나기도 전부터 부산의 명지포구에서 전어축제가 열리고 매스컴마다 가을전어 타령을 하니 소비자들로서는 참 혼란스럽기도 하다. 그러나 전어는 여름부터 맛이 드는 법이 없다. 폭염이 찾아든 해에는 전어의 먹이활동이 더 왕성해서 조금 일찍 맛이 들기는 하지만 9월 중순은 넘어서야 제대로 맛이 들기 시작한다. 집 나간 며느리가 돌아올 만큼 고소한 기름 냄새를 기대하려면 이때부터 10월 중하순까지에 먹어야 한다. 겨울을 나기 위해 먼바다로 떠나기 직전이 맛과 영양이 절정이겠지만 수온이 내려가면 뼈가 억세져 뼈째 먹기가 영 껄끄럽다.

전어는 계절뿐만 아니라 크기에 따라서도 지방 함량이 다르고 맛 또한 차이가 난다. 자연산 전어의 경우 부화한 지 만 1년 정도 되면 11센티미터 정도 자라고, 2년 16센티미

전어는 가식부위 지방 함량이 봄에 불과 3퍼센트 정도밖에 안 되다가 가을이 되면 무려 10퍼센트까지 올라간다.

터, 3년 18센티미터 정도 큰다고 한다. 이후에는 매해 2센티미터씩 자라는데 최대 체장은 26센티미터, 최대 수명은 7년으로 알려져 있다. 그런데 13센티미터짜리 전어의 경우 지방 함량이 5.42퍼센트, 2년 정도 자란 16센티미터짜리는 14.42퍼센트로 높아진다. 클수록 지방 함량이 높아 고소한 맛이 강해지는 것이다. 이런 근거로 본다면 대략 2년생 이상 된 것이라야 가을전어라는 이름값을 할 수 있지 않을까 싶다.

전어의 맛은 이처럼 계절과 크기에 따라 천차만별이다. 그런데 여기에다 잡히는 지역에 따라 맛이 다르다고 하는 사람들도 생겨났다. 서로 자기 앞바다에서 잡히는 전어가 가장 맛있다고 주장한다. 경남 창원에서는 진해만에서 잡히는 전어가 떡처럼 차지다 해서 떡전어라 부르고, 전남 여수와 광양 사람들은 광양만의 전어가 최고라 한다. 순천 사람들은 순천만의 전어를, 보성에서는 득량만과 여자만의 전어를 최고로 친다. 충남 서천과 보령에서도 그 지역 앞바다에서 나오는 전어가 맛있다고들 한다.

하지만 전어는 잡히는 장소보다 계절에 따른 맛 차이가 큰 생선이다. 물론 서식환경과 먹이에 따라 미묘한 맛 차이가 있을 수는 있다. 전어는 주로 플랑크톤과 유기물을 걸러 먹으므로 청정한 갯벌이 잘 발달한 곳에 서식하는 것이 맛과 영양에서 조금 나을 수는 있다. 괜히 떡전어가 맛있다, 광양만 전어가 맛있다, 하며 언성을 높일 일은 아니다. 그럴 바에는 어떻게 먹는 것이 더 맛있는 방법일까를 고민해보는 게 더 생산적이다.

전어는 주로 회나 회무침, 구이 등으로 먹는데 크기에 따라 먹는 방법을 조금씩 달리한다. 어린 전어를 뼈째 썰어 회로 먹고 큰 것은 구워서 먹는 게 일반적이다. 하지만 역

발상으로 큰 것을 포 떠서 세로로 길게 썰어 회로, 작은 것은 구워 먹으면 어떨까? 당연히 씨알이 작은 걸 뼈째 썰어 먹는 전어회보다 고소한 풍미가 높을 수밖에 없다. 또 전어 머리에 깨가 서 말이라는 말처럼 대가리 부위가 고소하고 맛있는데 너무 큰 것은 억세서 통째로 먹기가 불편하다. 직화로 잘 구워진 전어의 꼬리 부위를 잡고 통째로 씹어 먹어야 제대로 된 전어구이 맛이 난다.

전어는 대부분 횟집에 가서나 먹을 수 있다고 생각한다. 그러나 전어 요리를 제철밥상에 올리는 게 그리 어려운 일은 아니다. 집에서 전어를 회로 먹고 싶다고 하면 즉석에서 회를 떠서 판매한다. 전어와 같이 지방이 많은 생선은 간장이나 초장보다 쌈장이 더 맛 궁합이 좋다. 따라서 상추나 깻잎 등의 쌈채소와 편으로 썬 마늘, 어슷 썬 고추와 함께 내면 근사한 전어회 한 상 차림이 된다.

그리고 가정에서 밥상을 책임지고 있는 사람이라면 고등어나 갈치 등 생선구이 한 번 안 해본 사람이 없을 테니 전어구이는 누워서 떡 먹기일 것이다. 원래 전어는 숯불에 직화로 구어야 제대로 맛을 내지만 아파트 등의 공동주택에서 숯불을 쓰기는 어렵다. 그럴 때는 구이용으로 비늘과 지느러미를 제거하고 미리 손질해둔 전어에 칼집을 내고 소금을 뿌려 그릴에 구워내도 괜찮다. 그릴조차 이용하기 어렵다면 팬을 써도 된다. 달군

너무 크지 않은 전어를 구워서 통째로 씹어 먹어야
제대로 된 전어구이 맛이 난다.

팬에 기름을 조금 붓고 키친타월로 깨끗이 닦아낸 다음 전어를 구워내면 된다. 전어는 지방이 많은 생선이므로 자체의 기름만으로도 충분하다.

　전어를 뭔가 특별한 방식으로 먹고 싶다면 전어초절임을 추천한다. 시메사바라고 불리는 고등어초절임보다 맛이 한 수 위다. 집에서도 크게 어렵지 않게 해 먹을 수 있는 멋진 음식이다. 우선 포를 뜬 전어를 살이 위로 오게 한 후 소금을 잔뜩 뿌려 40~50분 정도 절여주자. 소금에 절인 전어는 물로 깨끗이 씻어낸 다음 키친타월로 물기를 제거한다. 이제 식초에 절여야 하는데 절임초는 식초와 정종의 비율을 8:2로 맞추어 만든다. 여기에 레몬, 양파, 대파, 마른 고추를 얇게 썰어서 전어와 함께 넣는다. 25분 정도 절여주면 꼬들꼬들한 식감에 등푸른생선의 비린내까지 잡아주어 아주 맛난 전어초절임이 된다.

밥

논밭에서 가을작물들이 자라고 바다에서 가을 제철생선들이 잡혀 올 시기가 되면 우리 몸도 차가운 음식보다는 따뜻한 음식을 찾게 된다. 여름 내내 차가운 음식들을 입에 달고 살았다면 9월부터는 따뜻한 밥과 뜨거운 찬으로 몸을 보할 일이다. 따뜻한 잡곡밥에 제철이 시작되는 가을해산물로 탕이나 찜을 해서 밥상에 올리면 근사한 가을밥상이 된다.

9월이 되면 동부나 풋콩의 속이 찼으니 한 줌씩 까서 밥을 짓는다. 풋풋하고 구수한 맛이 김이 오를 때부터 입맛을 다시게 한다. 텃밭농사라도 꼭 지어야만 9월의 풋콩들을 맛볼 수 있는 것은 아니다. 이 무렵 오가며 재래시장에 한 번씩 들러보면 알이 제법 찬 풋콩류를 깔아놓은 어르신들을 심심찮게 만날 수 있다.

가끔은 막 수확을 시작하는 연근과 밤을 넣어 밥을 짓기도 하고 아직 가지가 좋으니 가지밥도 한 번쯤 별미로 먹을 수 있다. 별미밥 양념장으로는 약 오른 풋고추양념장이 가을과 어울린다. 봄에 달래양념장이 있다면, 여름 가을에는 풋고추양념장이 있다. 아직 제철인 고추와 가지, 노각 등 끝물 여름채소들이 별미밥의 훌륭한 찬이 된다.

반찬

딱 이맘때만 먹을 수 있는 계절 김치 무청김치를 아시는가? 8월 말쯤 심은 김장무는 9월 중순 이후 두어 번 솎음 과정을 거치게 된다. 처음 솎은 것은 너무 연하고 부드러워 김치를 담그기엔 어울리지 않는다. 살짝 데쳐 나물로 무쳐 먹으면 딱 좋다.

그러나 두 번째부터는 김치 소재로도 아주 훌륭하다. 무청만 있는 것이 아니라 아이 손가락만 한 뿌리도 달렸지만 어린 무청 맛에 먹기 때문에 무청김치라는 이름이 붙었

다. 텃밭에 김장무를 심었다면 쉽게 구할 수 있고 재래시장에 가도 김장무 솎은 것들을 파는 어르신들을 만날 수 있다. 두어 단 사다가 무청김치 담그면 아삭하고 시원한 맛이 김장김치에 질린 입맛을 돌려놓는다.

점차 부드러워지는 가을 햇살을 닮아 껍질이 얇아진 가지로 가지소박이 담그면 여름보다 더 맛있다. 천 원짜리 두어 장 내고 노각을 사다가 채 썰어 무쳐놓으면 열 반찬 필요 없다. 9월까지는 싱싱한 노각을 맛볼 수 있다.

가을이 제철인 뿌리채소 중에 연근은 훌륭한 밑반찬 재료다. 달콤짭조름한 연근조림은 언제 내놔도 질리지 않는 건강한 밑반찬이다. 얇게 저민 연근을 끓는 물에 살짝 데쳐 유자청에 재워놓은 유자청연근절임도 가을밥상을 장식해줄 색다른 밑반찬이다. 듬뿍 배인 유자향과 아삭한 연근의 식감이 일품인데 냉장 보관하면서 오랫동안 가을밥상에 올릴 수 있다. 유자청만 있으면 연근 철에는 언제든 손쉽게 만들 수 있기도 하다.

국·탕

뜨거운 국물 생각만 해도 온몸에 땀이 솟더니 살갗에 와 닿는 공기가 선선해지면 어느새 따뜻한 국 한 그릇이 생각난다. 9월 중순만 되면 벌써 여름 내내 입에 달고 살았던 오이, 가지, 미역냉국에 선뜻 숟가락이 가질 않는다. 계절의 변화를 알아챈 몸이 본능적으로 차가운 음식을 거부하는 것이다.

그렇지만 9월은 제철 탕거리, 국거리가 많은 달이 아니다. 그러니 따뜻한 국물이 당길 때는 사철 먹을 수 있는 미역국이나 된장, 청국장찌개가 먼저 떠오르게 된다. 아니면 묵은지 한 포기 꺼내 돼지고기 듬뿍 넣은 김치찌개도 칼칼하고 구수하니 맛있다.

가끔은 박스째 구입한 하지감자 남은 거 몇 알 까서 감잣국을 끓이기도 한다. 멸치다시마육수 내서 집간장으로 간을 해 끓인 감잣국은 단순하면서도 속이 편안한 국물음식이다. 때론 여기에 거피한 들깨가루를 넣어 걸쭉하게 끓이기도 한다. 고소하면서 속을 부드럽게 풀어준다.

9월 하순이면 조금씩 나오는 아욱과 근대도 좋은 국거리다. 육수 내서 된장만 풀어 끓여도 맛있는데 쇠고기라도 넉넉히 넣으면 더할 나위 없다. 먹고 남은 근대나 아욱국에는 찬밥을 넣어 죽처럼 끓여 먹어도 별미다. 여름에 산란한 조개들의 살이 아직 오르지 않았을 때니 모시조개아욱국을 먹고 싶어도 참고 기다려야 한다.

제철식재료로 만든 제철음식		
땅	가을연근	연잎밥
		연잎수육
		연근조림
		연근전
	토란	쇠고기토란국
		생들깨토란국
		알토란조림
		토란대육개장
		토란대묵나물
	캠벨 포도	포도잼
		포도식초
	오미자	오미자차
		오미자진액
바다	가을대하	대하소금구이
		대하회
		대하튀김
	전어	전어회
		전어회무침
		전어구이
		전어초절임

9월 밥상이 풍성해지는 기타 식재료	아빠의 9월 밥상	
풋고추, 가지, 풋콩, 아욱, 근대, 어린 김장무, 햇밤, 고등어, 갈치, 수꽃게	밥	풋콩이나 동부밥, 연근과 햇밤을 넣은 영양밥, 가지밥, 아욱죽이나 근대죽
	반찬	어린 김장무로 담근 무청김치, 솎은 김장무를 슬쩍 데쳐 들기름에 무친 나물, 가지김치와 노각무침, 유자청연근절임, 고등어초절임
	국/탕	아욱국, 근대국, 청국장이나 된장찌개, 묵은지김치찌개

10월의

들과

바다

10월은 가을이 깊어가는 달이다. 절기로는 이슬이 차가워지는 한로와 서리가 내리기 시작하는 상강이 10월에 있다. 원래 절기란 게 고대 중국 주(周)나라 화북지방의 기후를 기준으로 정한 것이어서 우리 기후와 조금 차이는 있다. 하지만 강원 산간지방에서는 실제로 10월부터 서리가 내리기도 한다. 10월 말 이후에는 중부지방에도 된서리가 내리기 시작한다.

이렇게 된서리가 내리기 시작하면 더 이상 한데서 작물을 재배할 수 없다. 비교적 저온에서도 잘 견디는 무, 배추야 기온이 영하로 떨어질 때까지 자라지만 나머지 작물들

아삭한 식감에 풋풋한 단맛이 나는 풋대추는 딱 이맘때만 먹을 수 있다.

은 살짝 서리가 내릴 정도만 돼도 잎이 다 얼어 죽는다. 이때가 되면 한여름 뜨거운 햇살을 받고 자란 논밭의 곡식과 채소들을 모두 수확해야 한다. 그래서 우리 땅의 가을은 온갖 햇곡식과 고구마, 토란, 우엉, 야콘, 마 등 뿌리채소로 넘쳐난다.

뿌리채소뿐만 아니라 아욱과 쑥갓 같은 잎채소들도 한 해 마지막 맛을 뽐낼 때가 이 무렵이다. 텃밭에 심은 상추는 서리가 오기 직전까지 먹을 수 있다. 꽃대 올리기 전 쑥갓과 마지막 텃밭 상추는 최고의 가을쌈채소다. 간장 양념으로 조물조물 함께 겉절이를 해도 맛 궁합이 좋다. 가을아욱은 문 걸어 잠그고 먹는다고 했던가. 따가운 가을 햇살을 받고 맛이 오를 대로 오른 아욱 한 줌 사다가 모시조개된장국에 넣으면 입이 호강을 한다. 불린 쌀을 넣고 아욱죽을 끓이면 입맛 없는 가족들에게 최고의 식사가 된다.

텃밭의 김장무, 배추도 쑥쑥 커서 이맘때면 하나씩 뽑아다 먹어도 될 만큼 제법 자라 있다. 시장에도 싱싱한 가을무, 배추가 깔리기 시작한다. 단단한 가을무로는 무엇을 해도 맛있다. 쇠고기 조금 넣고 무국을 끓여도 달달한 감칠맛이 으뜸이고 깍두기를 조금 담가 먹어도 가을 김치로 그만이다. 채칼로 쓱쓱 밀어 벌겋게 버무린 무생채 한 접시만 있어도 밥 한 끼 뚝딱이다.

논밭의 곡식뿐 아니라 봄에 꽃을 피워 여름내 자기 몸집을 불린 과일의 맛도 10월에 만개한다. 우리와 가장 친숙한 국민과일인 사과와 배도 10월 중순까지 나무에 달려 숙성시키면 최고의 맛을 낸다. 아이들 볼처럼 말캉한 홍시는 초순부터 나오고, 씨 없는 감으로 유명한 청도의 반시와 어른 주먹만이나 한 지리산 일대의 대봉시 등이 속속 출하된다.

보은과 경산이 주산지인 대추는 중순 무렵부터 빨갛게 익는다. 보은의 대추는 성인의 엄지손가락만큼이나 큰데 당도도 높아 생과로 먹으면 아주 맛있다. 완전히 익지 않은 풋대추 생과도 아삭하고 달달하니 맛있다. 대추가 익어가는 아주 짧은 시기에만 먹을 수 있는 별미다. 이 무렵 재래시장은 맛있는 과일 천국이다.

10월은 지상의 작물들뿐만 아니라 바다의 다양한 해산물들도 살이 올라 영그는 달이다. 특히 수온이 올라가는 봄에 우리 연안을 찾았다가 다시 겨울을 대비해 제주 남쪽 바다로 이동하는 난류성 어종들의 맛이 가장 좋을 때다. 봄부터 연안에서 활동하며 산란을 마치고 다시 왕성한 먹이활동을 통해 겨울을 준비해왔기 때문이다.

우선 오징어가 10월부터 11월까지 제대로 철을 맞는다. 겨울철 알에서 깨어난 오징어

부드럽고 통통한 뻘낙지와 시원한 동아박을 넣어 함께 끓인 연포탕은 제법 냉기가 느껴지는 가을 기후와 잘 어울린다.

들은 동서해로 나누어 북상하면서 빠르게 성장해 가을이면 완전 성체가 된다. 여름오징어와 비교할 수 없을 만큼 자랐고 살도 두툼하다. 10월이면 따뜻한 바다를 찾아 다시 제주 남쪽 바다를 향하는데 이 무렵에는 울릉도를 비롯한 경상남북도 앞바다에서 주로 잡힌다. 여름의 어린 오징어가 주로 횟감이라면 가을오징어는 말려서 간식으로 먹거나 반찬용으로 제격이다. 꾸덕꾸덕 말린 가을 반건오징어는 살집이 두툼해서 먹을 게 많은 데다 구워서 간식으로 먹거나 매콤하게 볶아서 반찬으로 내놓으면 젓가락이 멈추지 않을 만큼 맛나다.

오징어와 같은 두족류인 낙지도 가을이 제철이다. 머리가 다리에 붙은 생물을 두족류(頭足類)라 부르는데 문어, 낙지, 오징어, 주꾸미 등이 여기에 속한다. 같은 두족류지만 봄에는 주꾸미가 맛있고, 가을에는 낙지가 제맛을 낸다. 서남해안의 청정한 갯벌에서 서식하는 뻘낙지는 강추위가 몰려오는 11월까지 잡는다. 목포의 세발낙지와 더불어 무안의 뻘낙지가 유명하다. 부드러운 뻘낙지로 시원하게 끓인 연포탕과 매콤한 낙지볶음이 제법 냉기가 느껴지는 이 가을과 잘 어울린다.

국민생선이라 부르는 고등어도 가을이 제철이다. 고등어는 대략 봄부터 초여름 사이에 산란을 하는데 산란 후 왕성한 먹이활동으로 살과 기름이 많이 올랐기 때문이다. 고등어도 꽃게나 전어 등과 같이 따뜻한 물을 좋아하는 난류성 어류여서 겨울에는 제주 남쪽의 먼바다로 나간다. 우리 바다에서는 고등어와 망치고등어가 주로 잡히고, 노르웨이에서 수입하는 고등어는 대서양고등어라 부르는 것이다. 서로 종이 조금 다르다. 우리 바다에서 잡히는 고등어는 제철이 가을부터 겨울까지고, 망치고등어는 여름에 맛있다. 생고등어 한 손 사서 얼큰한 조림으로 내놓고, 자반고등어 노릇하게 구워 올리면 근사한 제철밥상이 된다.

가을이 제철이라 하는 갈치도 꽃게처럼 제철이 1년에 두 번 있다. 산란 직전인 초여름과 먼바다로 빠질 무렵인 가을이 제철이다. 갈치는 보통 6~8월 사이에 산란을 한다. 산란성기는 칠팔월로 본다. 따라서 갈치가 본격적으로 포란을 시작할 무렵인 오뉴월이 갈치의 첫 번째 제철이다. 서남해에서는 풋호박이 나올 무렵 갈치가 제일 맛있다고들 하는데 대략 이즈음이다. 또 한 번의 제철은 가을인데 여름 산란을 마친 갈치의 살이 다시 오르는 시기다. 겨울을 나기 위해 우리 연안에서 왕성한 먹이활동을 한 갈치의 맛이 오르고 수온이 내려가면서 살이 단단해지는 시기가 바로 10월 무렵이다.

10월은 멀리 태평양까지 나가 제 몸을 키운 연어가 돌아오는 달이기도 하다. 주로 강원도 양양의 남대천에서 방류한 연어들이 북태평양 일대에서 서식하다가 수천 킬로미터를 돌아 4~5년 만에 산란을 위해 다시 남대천을 찾는 것이다. 남대천으로 회귀하는 자연산 연어는 운동량이 많아 노르웨이산 수입 연어보다 육질이 단단하고 맛도 담백하다. 국내 수입 연어의 대부분은 노르웨이산으로 전량 양식한 것이다. 양식 연어는 고영양의 사료를 먹고 운동량이 적다 보니 지방이 많이 껴서 고소하고 부드러운 맛을 낸다. 우리나라에서 수입 양식 연어 대신 자연산 연어를 먹을 수 있는 때는 10월 중하순부터 11월 초순까지 짧은 기간뿐이다.

가을이 더 깊어지면 따듯한 물을 좋아하는 생선이 먼바다로 떠나기 시작하는 대신 겨울생선이 하나둘 연안으로 찾아든다. 도루묵이 산란을 위해 동해 연안으로 몰려오기 시작할 때가 이 무렵이다. 산란을 준비하기 시작할 무렵의 도루묵은 회로 먹어도 좋은 평을 받을 만큼 살과 지방이 풍부하다. 방어도 제주 남쪽 먼바다로 빠지기 전에 난류를 타고 조금씩 남

습도와 일교차가 적당한 해에는 가을 산의 고급 식재료 송이(위쪽)와 능이(아래쪽)를 비교적 저렴한 가격에 맛볼 수 있는 달이다.

하하는데 동해 남부와 제주 모슬포 인근 바다에서 본격적이 가을방어 조업이 시작된다. 이래저래 우리 연안에 맛있는 해산물들이 그득할 때가 이 무렵이다.

　가을 산은 제 몸 깊은 곳에 최고급 식재료를 준비한다. 여름버섯이 완전히 자취를 감춘 10월의 산에는 능이, 표고, 송이 등의 가을버섯이 마지막으로 올라온다. 표고야 이제 재배한 것이 주를 이루지만 능이와 송이는 전적으로 아직 우리 산이 내주는 것만 먹을 수 있다. 9월 말부터 본격적으로 올라오는 깊은 산의 능이와 송이는 공급이 워낙 달려 가격이 하늘을 찌른다. 그나마 낮밤의 일교차가 높고 적절한 습기가 유지되는 해에는 주머니가 조금 얇아도 가을 산의 고급 식재료를 맛볼 수는 있게 된다.

10월의 논은 이미 벼가 익어 고개를 숙이고 있다. 초순이 조금 지나면서부터 추수를 시작해 늦벼라도 10월 하순까지는 마치게 된다. 올벼라고 하는 조생종 벼는 이미 추석 무렵에 수확해 햅쌀로 출하된다. 명절 제사상에는 으레 햅쌀밥을 지어 올리고 덕분에 이때부터 살아 있는 자손들도 햅쌀밥을 먹게 된다. 기름이 자르르한 햅쌀밥에 잘 익은 김치만 척 얹으면 다른 반찬이 없어도 꿀맛이다.

헌데 우리는 윤기가 자르르 흐르는 흰쌀밥의 유혹을 포기한 지가 좀 됐다. 매일 먹는 밥을 비타민과 각종 무기질 등이 풍부한 쌀겨와 쌀눈을 모두 깎아낸 백미로 지어서는 안 되겠다는 판단 때문이다. 애초에는 완전 현미로 시작했지만 너무 깔깔해서 밥 먹는 게 고통스럽다는 가족들의 의견을 받아들여 한동안 절반만 깎아낸 5분도미를 먹기도 했다. 대형 마트에 가서 5분도미를 보름 정도 먹을 양만큼만 바로바로 도정해서 밥을 지으니 햅쌀이 아니라 묵은쌀도 꽤 먹을 만하다. 물론 현미에 어느 정도 익숙해진 지금은 현미 전용 압력밥솥도 새로 장만하고 다시 현미로 돌아왔다.

속껍질이 그대로 붙은 현미와 찰현미, 약간의 흑미 그리고 매번 제철잡곡들을 고루 섞어 밥을 지으니 우리 집 밥이 그리 맛있는 색깔은 아니다. 윤기 흐르는 흰색이 아니라 들어가는 잡곡의 종류에 따라 색깔이 조금씩 달라진다. 흑미가 조금 많이 들어가는 날에는 밥이 까맣고 수수를 넣은 날에는 옅은 붉은색을 띈다. 묵밥이나 물회와 함께 먹기 위해 기장이나 조를 듬뿍 넣은 밥은 그래도 노란색의 밥이 식욕을 돋운다. 메조나 차조밥을 지을 때 외에 늘 들어가는 검정콩도 그나마 식감을 돋우는 컬러이기는 하다.

우리가 밥 지을 때 빠지지 않고 넣는 잡곡은 생으로 먹는 완두콩이나 강낭콩, 동부를 제외하고 거의 가을이 제철이다. 완두콩은 4월에 심어 6월이면 벌써 수확이 가능한데 완전히 여물지 않을 때 따서 밥에 넣어 먹기도 하고 제철채소 샐러드에 삶은 완두를 넣어도 맛있다. 동부는 한여름부터 덜 여문 것을 따서 밥에 넣어 먹는데 구수한 향이 각별하다.

가을이 제철인 기장이나 조, 수수, 팥, 콩, 녹두 등은 따가운 가을볕을 받아 완전히 여문 10월 무렵 수확한다. 모두 밥에 넣어 먹을 수 있는 잡곡임과 동시에 독립적인 음식의 재료가 되기도 한다. 갓 수확한 햇녹두를 갈아서 들기름을 넉넉히 두른 팬에 돼지고기나 묵은지를 토핑으로 얹어 부쳐내면 고소한 맛이 그만인 녹두빈대떡이 된다. 그리고 팥은 잘 삶아 찐빵의 소로, 떡에는 고물로, 구수한 팥죽의 원재료가 된다. 콩나물과 숙주나물도 콩과 녹두가 있어야 기를 수 있다. 쌀이 귀하던 시절 잡곡이란 하찮은 이름으로 불렸지만 지금은 쌀보다 더 귀한 것이 잡곡이다.

도시 소비자들로서야 우리 땅에 제철식재료가 차고 넘쳐 마음이 한없이 풍요로운 달이지만 10월의 농촌은 조막손이라도 빌려야 할 만큼 바쁘다. 논밭의 곡물을 수확해야

따가운 가을볕에 기장과 조, 수수, 팥, 콩, 녹두와 같은 곡식들이 여문다.

마지막으로 솎은 김장무와 갓, 순무 등을 섞어 김치를 담그면 이 맛 저 맛 골라 먹는 재미가 쏠쏠하다.

할 뿐 아니라 된서리가 오기 전에 고구마, 토란, 야콘을 캐야 하고 고추, 가지, 호박 등도 가을걷이를 해야 한다. 된서리가 내리고 나면 모든 작물의 잎과 줄기가 얼어 더 이상 먹을 수 없다. 땅속에 깊이 들어 냉해를 입지 않을 것 같은 고구마도 된서리를 맞고 나면 저장성이 떨어져 미리 캐서 저장해야 한다.

고구마는 식물명이기도 함과 동시에 덩이뿌리도 고구마라 부른다. 이 식물에서 우리 인간이 식용으로 쓰는 것은 덩이뿌리와 잎을 지탱하고 있는 잎자루다. 농촌에서는 고구마를 캐면서 잎자루도 함께 딴다. 잎자루에서 잎을 떼어내고 일일이 껍질을 벗겨 삶아 말리면 겨우내 먹을 수 있는 훌륭한 묵나물이 된다. 고구마잎자루는 넝쿨이 무성해지는 한여름부터 따서 먹을 수 있는데 여름의 연한 잎자루는 주로 생으로 나물이나 김치를 담가 먹는다. 고구마를 캐면서 따낸 것이 이렇게 겨울을 위한 훌륭한 식재료로 변신하는 것이다.

10월 서리 오기 전 캐내야 하는 작물은 고구마 말고도 야콘이 있다. 둘 다 비슷하게 생긴 덩이뿌리를 먹는데 고구마는 잎자루를, 야콘은 잎을 먹는다. 야콘 잎은 묵나물이 아니라 덖어서 차로 우려 마신다. 서리 오기 전 캐서 잘 숙성시킨 야콘은 한겨울 과일 대신 먹을 수 있을 만큼 달큰한 맛과 아삭한 식감이 좋다.

우리나라에서는 1980년대 중반 일본에서 도입해서 재배가 시작됐는데 최근 건강 식재료에 대한 관심이 높아지면서 찾는 사람이 많다. 실제로 야콘에는 이눌린과 폴리페놀, 프락토올리고당이 많이 들어 있어 당뇨와 동맥경화 예방에 많은 도움이 된다고 한다. 생으로 먹거나 무생채처럼 채를 썰어 무쳐 먹기도 하는데 소금과 설탕, 식초로 장아찌를 담가도 아삭한 맛이 일품이다. 고구마나 야콘은 줄기가 있는 채로 서리를 맞으면 덩이뿌리의 저장성이 떨어지고 잎과 잎자루를 버리게 되니 10월의 농부는 게을러질 수가 없다.

10월에 제철을 맞는 식재료가 어디 이뿐이랴. 초순에는 마지막으로 솎은 김장무와 알타리, 갓, 순무 등이 시장에 쏟아져 나온다. 모두 제 밭에서 길러 어르신들이 몸소 이고 지고 나온 채소들이다. 아직 다 자라지 못한 어린 채소들이기 때문에 이것들로 김치를 해놓으면 질기지 않고 아삭하니 맛있다. 우리는 무와 갓, 순무 어린 것들을 함께 섞어 김치를 담그는데 맛이 조금씩 다른 채소들이 섞여 골라 먹는 재미가 좋다. 모두 10월 우리 땅이 주는 보물 같은 식재료들이다.

내겐 영원한 소울 푸드, 절임 고추찌개

10월 중순 이후 시장에 나가면 서리가 내리기 전 급하게 수확한 끝물 고추를 이고 나와 좌판을 벌여놓은 어르신들을 많이 볼 수 있다. 서리를 맞고 밭에서 말라비틀어지게 내버려둘 수 없어서 훑듯이 따낸 고추들이다. 좌판에 늘어놓은 것뿐 아니라 이 무렵 웬만한 채소가게에는 다 있다. 이 끝물 고추가 소금물이나 간장에 절였다가 이듬해 시장에 다시 노지 고추가 나올 때까지 먹게 될 고추절임의 주인공이다.

이 끝물 고추는 보통 지역에 따라 4근이나 6근의 관 단위로 판매되는데 가격도 매우 헐하다. 이때 넉넉히 사다가 간장이나 소금물로 절여놓으면 이듬해 여름까지 맛있게 먹을 수 있다. 간장에 절인 고추는 짭짤하고 매콤한 맛이 느끼한 고기 맛을 잡아줘 고기와 찰떡궁합이다. 소금물에 절인 고추는 양념에 무쳐 밥반찬으로 먹거나 동치미를 담글 때 쓰고 겨울철 잘게 다져 고추찌개를 끓이면 이 또한 밥도둑이다.

내 유년의 밥상에도 겨울이면 고추찌개가 떨어지지 않고 올랐다. 어머니는 식구 중 누군가 감기 기운이 있거나 반찬이 별로 없을 때 소금물에 절인 고추를 잘게 썰고 고춧가루와 다진 파, 마늘, 들기름을 넣어 자글자글 끓여내셨다. 우리는 그저 고추찌개라 불렀다. 소금물에 절여 삭힌 고추로 끓이는데 아주 제대로 밥도둑이었다. 매콤하면

크기도 익기도 들쑥날쑥한 끝물 고추로 이듬해 풋고추가 나올 때까지 먹을 장아찌를 담근다.

서 들기름의 구수한 냄새가 진동하는 고추찌개로 밥을 쓱쓱 비비면 다른 반찬이 필요 없었다. 그러니 어릴 적 맛에 대한 내 그리움의 맨 앞에 이 고추찌개가 자리한다.

나이 들어 분가하고 새로 이룬 우리 식구들도 다행히 고추찌개를 매우 좋아한다. 입맛은 아무래도 대물림을 하는 모양이다. 그래서 매해 이맘때면 끝물 고추를 잔뜩 사서 간장이나 소금물에 절여놓는다. 소금물에 절일 고추는 고추찌개가 적당히 매운맛을 내도록 청양고추와 조선고추를 절반씩 섞어 담근다. 그리고 간장절임은 조선고추를 써서 너무 맵지 않도록 담가야 매운 것을 못 먹는 아이들도 친해질 수 있다.

고추찌개용 소금물고추절임은 두 번 삭히는 과정을 거친다. 처음은 찝찔한 정도의 염도로 일주일 정도 삭혀 뻣뻣한 과육을 부드럽게 해주고, 두 번째는 진한 농도의 소금물로 삭힌다. 그러면 고추가 너무 질기고 뻣뻣하지 않아 맛있게 먹을 수 있다. 이 때 두 번째 염도는 물과 소금의 비율을 4:1 정도로 하면 적당하다.

우리 집에서는 이보다 조금 싱겁게 담근다. 그런데 싱겁게 담그면 오래 보관할 경우 고추가 무르거나 상해서 역한 냄새가 날 수도 있으므로 조심해야 한다. 싱겁게 담근 것은 가급적 빨리 먹어 치우는 것이 좋다. 아니면 채소절임 전용용기를 이용해 누름틀로 완

내 유년의 밥상에 고추찌개는 빠지지 않고 올랐다.

페트병에 잔뜩 고추를 절여놓으면 저장성과 이동성이 높아져 장기 보관과 선물하기에 좋다.

전히 눌러 진공 상태를 유지하면 맛이 변하지 않고 오래 두고 먹을 수 있다.

깨끗이 세척해서 건조시킨 생수병 등의 페트병도 좋은 대안이 된다. 우리는 2리터짜리 생수병을 이용해 고추절임을 하는데 보관과 저장성이 매우 좋다. 장물이 끝까지 차서 따로 눌러놓을 필요도 없고 상온에 아무렇게나 던져놔도 이듬해 여름까지는 맛이 변하지 않는다. 늦가을 끝물 고추로 장아찌를 담가 이듬해 노지 고추가 나올 때까지 먹는 것이다.

2리터 생수병에 고추를 꽉꽉 채워 넣기가 시간도 많이 걸리고 조금 번거롭기는 하다. 일일이 하나씩 넣어가며 중간중간 생수병을 바닥에 탁탁 쳐서 가급적 빈 공간이 없도록 해줘야 하기 때문이다. 이렇게 담았을 경우 고추 크기에 따라 조금씩 차이가 있기는 하지만 한 병에 대략 75~85개 정도를 넣을 수 있다. 말이 칠팔십 개지 꽤 오래 두고 먹을 수 있는 양이다.

넣는 건 그렇다 치고 생수병 작은 구멍으로 어떻게 고추를 꺼내 먹을까? 생수병에 고추를 절인다고 하면 으레 받는 질문이 "그걸 어떻게 빼서 먹어요?"다. 위에 있는 몇 개는 몰라도 밑에 있는 고추까지 하나씩 젓가락으로 꺼내 먹기는 불가능하다. 하지만 그리 복잡하고 어렵게 생각할 것도 없다. 어차피 생수병을 다시 사용할 것이 아니므로 중간을 툭 잘라서 적당한 용기에 쏟아 부으면 된다. 다만 먼저 장물을 다 따라놓은 다음 잘라야 한다는 것을 잊지 마시라.

꼭 생수병에 담지 않더라도 고추를 절일 때 깨끗이 씻어 물기를 날린 고추의 꼭지를 적당히 잘라내면 용기를 효율적으로 쓸 수 있다. 음식점처럼 대량으로 담글 때는 어렵겠지만 많은 양이 아닐 때는 0.5~1센티미터만 남겨놓고 가위로 잘라내면 편하다. 같은 용기라도 더 많은 고추가 들어갈 뿐만 아니라 밥상에 올릴 때에도 보기가 좋다. 뭐 반듯한 것보다는 식재료가 원형 그대로를 유지해야 먹음직스럽다는 생각을 지니고 있다면 별 수 없지만.

소금물에 고추를 절일 때는 염도만 알맞게 맞추면 되지만 간장절임의 경우는 장물의 재료와 배합비에 따라 다양한 맛을 내게 된다. 그러다 보니 서로 최고라고 주장하는 레시피가 난무한다. 뭐 우리 집도 지난 몇 년 동안 고추간장절임을 담그면서 가족들 입맛에 맞는 레시피는 하나 있다. 입맛이란 게 워낙 천차만별이라 모든 이들의 입맛에 다 맞을지는 몰라도 한 번쯤 먹어본 사람들이 모두 엄지손가락을 들어주니 맛이 없지는 않은 모양이다.

우리는 고추간장절임을 할 때 살균 및 맛의 어우러짐을 위한 과정인 장물 끓이기를 하지 않는다. 대신 물을 넣지 않고 소주를 사용한다. 소주를 넣으면 잡균의 번식을 막아주고 고추가 무르지도 않는다. 삭힐 장물은 양조간장2 : 소주1 : 식초1 : 설탕0.5~0.7의 비율이면 적당하다. 설탕이나 식초는 가족의 입맛에 따라 조금씩 가감하면 된다. 꼭지를 잘라내고 깨끗이 씻어 물기를 말린 고추에 포크 등을 이용해 가볍게 구멍을 낸 다음 생수병에 차곡차곡 담아 장물을 부어주면 끝이다.

이렇게 페트병을 이용해 고추를 절여놓으면 저장성뿐만 아니라 이동성도 좋아진다. 가족이나 지인들과 야외 삼겹살 파티에 들고 가면 인기 상한가를 누린다. 고마운 이들에게 가벼운 선물을 할 때도 좋다. 적당한 크기의 상자에 넣고 깔끔하게 포장해서 건네주면 며칠 후 꼭 고맙다는 전화를 받는다. 정말 맛있다고. 하기야 이렇게 정성이 깃든 선물만큼 상대를 감동시킬 게 어디 있으랴.

우리 땅이 크고 넓지는 않지만 북부와 남부지방의 기온차가 꽤 난다. 중북부 산간지방에서는 10월 중순 무렵 서리가 내리기 전 고구마를 캔다. 고구마 최대 산지인 경기 여주와 전남 무안에서도 보통 중순부터 말경까지 고구마를 캔다. 고구마는 캐자마자 햇볕에 말리고, 일정 기간 후숙을 해야만 전분이 당질로 변해 맛있어진다. 가을이 깊어가고 겨울로 접어들면 더욱 맛있어지는 게 고구마다. 따라서 10월부터 늦겨울까지가 고구마의 제철이라 할 수 있다.

자색고구마와 속노랑고구마, 호박고구마 등이 구이나 생식으로 적합한 물고구마류에 든다.

현재 국내에서 재배되는 고구마의 품종만 100여 종에 이른다. 그러니 일반 소비자가 고구마 품종을 일일이 구분해가며 사 먹기가 어렵다. 그렇다 해도 용도에 따라 밤고구마와 물고구마 정도는 구분해서 사야 한다. 밤고구마와 물고구마는 보통 전분의 함량에 따라 구분하는데 23~25퍼센트 정도면 밤고구마라 하고, 18~19퍼센트면 물고구마라 부른다. 전분이 많은 밤고구마는 분질성, 상대적으로 전분보다 수분이 많은 물고구마는 점질성 고구마다.

물고구마 품종으로는 속노랑고구마, 호박고구마, 자색고구마 등이 있다. 물고구마류는 말 그대로 수분이 많아 생식이나 샐러드, 혹은 구이에 알맞다. 반면 밤고구마는 밥에 넣어 먹거나 쪄서 먹어야 포실포실 맛있다. 고구마밥을 한답시고 물고구마를 넣었다가는 고구마죽이 되기 일쑤고, 밤고구마를 구워놓으면 퍽퍽해서 먹기 어렵다. 과거에는 주로 쪄서 먹는 것이 일반적이어서 밤고구마 재배가 많았고, 오늘날에는 생식이나 군고구마를 선호해서 물고구마를 많이 심는다.

모든 작물들이 그렇지만 고구마는 땅속에서 자라기 때문에 토양의 영향을 많이 받는다. 밤고구마 품종이라도 물기가 많은 땅에서 자라면 물고구마가 되고, 물고구마라도 건조한 땅에서 재배하면 밤고구마처럼 된다. 그래서 남한강 주변의 모래땅인 여주에서는 밤고구마를 주로 심고, 드넓은 황토밭을 자랑하는 전남 무안에서는 물고구마 재배가 많다.

한반도의 기후에 맞게 다양한 품종으로 개량된 고구마의 원산지는 중앙아메리카의 유카탄반도와 남미 베네수엘라 오로노코강 인근으로 추정하고 있다. 우리나라에는 1763년 조선통신정사로 일본에 갔던 조엄 선생이 쓰시마에서 고구마를 들여온 것이 최초다. 조선 후기 굶주림에 허덕이던 백성들을 위한 구황작물로 들여온 것이다. 조엄 선생의 목민관 정신을 기리는 공덕비가 지금도 부산 범어사

국내에서는 잘 피지 않는 고구마꽃을 보면 고구마가 왜 메꽃과에 속하는지 알 수 있다.

에 있다.

온대와 열대지방에서 두루 자라는 메꽃과의 고구마는 병충해도 적고 단위면적당 생산량도 일반 곡물보다 많아 구황작물로는 안성맞춤이었다. 따라서 당시에는 고구마를 밥에 넣어 먹거나 쪄서 주식처럼 먹었을 것이다. 먹을 게 달리 없었을 시기였으니 고구마로라도 굶주림을 면할 수 있었으면 다행이지 않았을까 싶다. 지금도 열대 아시아나 아프리카에서는 고구마를 주식으로 이용하는 지역이 많다.

이런 현상은 식량 사정이 여의치 않았던 60~70년대까지 지속됐다. 그러다 식량 사정이 좋아지자 우리 국민들의 1인당 고구마 섭취량이 눈에 띄게 줄어들었다. 구황작물로서의 이미지가 강해서였을 것이다. 90년도까지 급감하다가 다시 서서히 증가하기 시작하는데 고구마를 구황작물이 아니라 건강기능성 성분이 많은 건강 식재료로 인식되면서부터다. 하지만 더 이상 고구마가 우리에게 주식으로 인식되지는 않는다. 고구마밥은 이제 추억의 음식일 뿐이고 주로 생식이나 샐러드, 혹은 군고구마로 소비된다.

고구마가 건강 식재료로 각광을 받게 된 데에는 다 그만한 이유가 있다. 고구마는 덩이뿌리와 잎자루 모두에 영양이 풍부한 알칼리성 건강 식재료로 알려져 있다. 우선 덩이뿌리인 고구마에는 탄수화물을 비롯해 단백질, 지방, 비타민, 미네랄, 식이섬유 등이 고루 들어 있다. 비타민 A, B, C의 함량도 높은데 고구마의 비타민 C는 전분질에 쌓여 있어 익혀 먹어도 70~80퍼센트는 파괴되지 않는다. 또한 고구마의 아미노산 성분 중 어

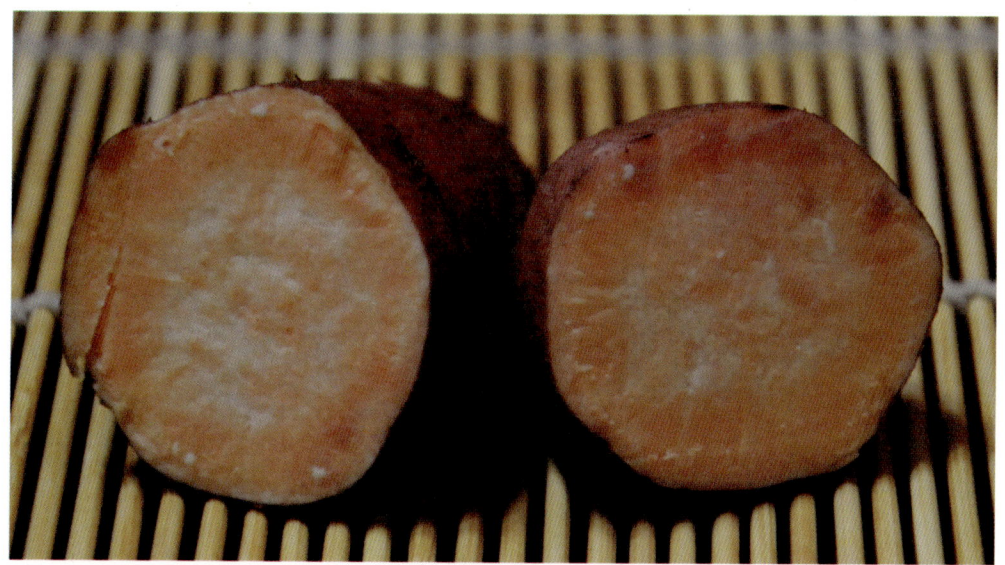

고구마의 색깔은 색소성분에 따라 달라지는데 안토시아닌이 많이 들어 있으면 보라색을, 베타카로틴이 많으면 주황색을 띈다.

린이 성장 발육에 도움을 주는 라이신이 쌀이나 옥수수보다 많다고 한다.

　각종 성인병과 비만에 시달리는 현대인들에게 고구마의 건강기능성 성분으로 더욱 주목받는 것은 색소성분과 풍부한 식이섬유, 칼륨 등의 무기질이다. 고구마의 색깔은 베타카로틴과 안토시아닌이라는 색소성분에 따라 달라진다. 이 색소성분들은 항산화기능을 하는 것으로서 베타카로틴이 많으면 주황색을 띄고, 안토시아닌이 많이 들어 있으면 보라색을 띄는 자색고구마가 된다. 칼륨은 우리 몸의 나트륨을 배출해서 혈압 유지에 도움을 주고, 풍부한 식이섬유는 변비 예방과 다이어트에 도움이 된다. 특히 고구마는 당지수가 낮아 당뇨병 환자들에게도 도움이 되는 것으로 알려져 있다.

　각종 식품첨가물과 설탕이 잔뜩 들어간 빵이나 과자보다 맛이 조금 단순하기는 해도 순수 천연 간식거리로 고구마만큼 훌륭한 식재료가 또 어디 있을까 싶다. 그러니 겨울철 우리 집 간식 1호는 군고구마다. 쪄보기도 하고 생고구마샐러드를 만들어내기도 해봤지만 군고구마만큼 인기가 없었다. 그렇다고 이삼일에 한 번씩 장시간 직화로 고구마를 구울 수 없어서 간편하게 압력 팬을 이용한다. 압력 팬에 물을 넣지 않고 익히면 직화로 구운 효과를 내면서도 촉촉한 것이 맛있다.

　고구마는 굽건 찌건 잘 익은 김장김치나 시원한 동치미와 찰떡궁합이다. 호호 불어가며 군고구마 한 입 먹고 동치미무를 우적우적 씹으면 그 맛이 각별하게 어울린다. 살얼음 둥둥 뜬 시원한 국물도 김이 모락모락 나는 군고구마와 그렇게 잘 어울릴 수 없다. 동치미는 군고구마와 맛 궁합이 좋을 뿐만 아니라 소화에도 도움을 준다. 무에는 전분의 소화를 돕는 디아스타제라는 소화효소가 풍부하게 들어 있다. 고구마를 급하게 먹을 경우 속이 더부룩하거나 트림이 나오는데 동치미를 함께 먹으면 이런 현상을 막을 수 있다. 겨울철 군고구마를 소화 걱정 없이 맛있게 먹으려면 김장 때 넉넉하게 동치미를 담글 일이다.

　굽거나 찌는 데는 알이 무작정 크거나 아주 잔 것보다는 어른 손바닥 절반 정도의 기름하고 통통한 고구마가 알맞다. 익히는 데 시간이 많이 걸리지 않을 뿐만 아니라 먹기도 좋아서다. 그렇다고 귀한 식재료를 알맞은 크기의 것만 골라내고 버릴 수는 없다. 너무 잘거나 캐는 과정에 상처가 난, 이른바 상품성이 없는 고구마들도 조금만 바지런을 떨면 겨울 별미로 재탄생을 한다.

　지인들과 함께 일구는 강화농장에도 가을이면 어김없이 고구마를 캐는데 이때 굽거나 쪄서 먹기 좋은 크기의 고구마들만 따로 선별한다. 나머지는 별도로 모아서 물로 여

고구마전분을 내서 쑨 묵은 탱탱한 질감이 도토리나 청포묵이 따라올 수 없다.

러 번 깨끗이 씻은 다음 읍내에 있는 방앗간으로 들고 간다. 방앗간에서 고구마를 통째로 곱게 갈아 물과 잘 섞어둔다. 그러면 전분만 가라앉는데 이것이 오리지널 고구마전분이다.

각종 찜 등의 음식을 걸쭉하게 하거나 반죽에 찰기를 더하기 위해 전분이 쓰이지만 우리는 이걸로 가끔 고구마묵을 쑤어 먹는다. 고구마전분보다 6~7배 정도의 물을 붓고 중불에서 약불로 옮겨가며 계속 저어주면 고구마묵이 된다. 찰기가 높아 도토리나 청포묵을 쑬 때보다 힘이 들기는 하지만 다른 묵들이 범접하지 못할 만큼 탱탱한 탄력이 좋고 맛은 담백하다.

고구마묵은 먹기 좋은 크기로 썰어 그냥 양념장만 슬쩍 뿌려놓아도 좋고 메조나 기장을 넣어 지은 밥에 송송 썬 김장김치와 함께 양념간장에 쓱쓱 비비면 꿀맛이다. 추운 겨울 뜨거운 국물이 그리울 때는 멸치와 다시마로 낸 육수에 메조밥을 말고 손가락 길이로 단정하게 썬 묵과 송송 썬 김장김치를 얹으면 훌륭한 묵국밥이 된다. 김치는 송송 썰어 참기름과 깨소금, 다진 파 등을 넣어 무쳐 얹으면 더 좋다. 레스토랑의 비주얼을 원한다면 정갈하게 부쳐서 썬 달걀지단과 실고추를 살짝 얹어주자.

　잔챙이 고구마들은 빼대기를 만들어놓으면 심심풀이 간식으로도 그만이다. 고구마를 쪄서 겨울 햇볕에 말린 것을 고구마빼대기라 하는데 반건조한 것보다 약간 더 말리면 된다. 단맛이 농축돼서 달콤한 데다 제법 씹는 맛이 있어서 긴긴 겨울밤에 꺼내놓으면 자꾸만 손이 간다. 통영이나 진주 등 경남지방에서는 이 빼대기를 가지고 죽을 쑤기도 한다. 고구마빼대기를 다시 삶아 곱게 갈고 미리 불려놓은 차조나 찰기장을 넣어 끓인다. 간혹 푹 삶은 팥을 넣기도 하는데 달콤하고 구수한 맛이 일품이다. 입안에서 미끈거리는 빼대기의 식감에 서걱서걱 씹히는 팥, 똘똘 굴러다니는 차조의 식감도 재밌다.

10월이 풍요로운 건 과수마다 주렁주렁 매달려 농익어가는 과일 덕분이기도 하다. 말캉한 홍시는 초순부터 시장에 쫙 깔리고 중순이 되면 사과, 배 맛이 절정에 달한다. 추석 대목을 겨냥한 조생종 가을과일들은 이미 9월부터 수확을 했지만 맛과 영양이 가장 좋을 때는 10월 중순 무렵이다. 그리고 10월 말이 되면 남부지방의 단감이 쏟아져 나와 가을의 풍요를 더한다.

저온저장 기술이 발달한 요즘에는 배나 사과, 단감을 사철 먹을 수 있다. 홍시도 급속 냉동시켜 여름철 감셔벗으로 인기 상한가다. 제철에 먹는 과일만큼 맛있을 수는 없지만 아쉬운 대로 먹을 만하다. 그런데 10월 중순 딱 한때만 생과로 먹을 수 있는 과일이 하나 있다. 바로 유년의 풋풋한 기억들을 담고 있는 생대추다.

대추는 과육의 단단함이 가시고 단맛이 돌기 시작하는 추석 무렵부터 풋대추로 먹을 수 있다. 아직 맛이 다 차지는 않았지만 싱그러운 맛으로 먹는다. 빨갛게 익어 맛이 완전히 들고 과육이 물러지기 전까지 생과로 먹을 수 있으니 대략 10월 중순 언저리까지가 한계다. 쉬이 물러 생과로 저장이 어려운 까닭에 다 익은 대추는 바로 따서 말려 저장했다가 음식과 한약재로 쓰인다.

작고 빈한한 산골 마을에서 나고 자란 내게 그래도 가을의 작은 풍요를 실감케 해줬던 과일은 대추와 밤밖에 없다. 가을을 상징하는 사과와 배 그리고 감은 명절, 혹은 제사상에 오른 뒤에나 맛볼 수 있었다. 그나마 우리 집 뒤꼍에 아주 커다란 왕밤나무가 한 그루 있어서 가을이면 질리도록 먹을 수 있었다. 아람이 벌 무렵 비바람이라도 한 번

몰아친 다음 날 새벽에는 주머니가 감당을 못 해 작은 소쿠리 하나 들고 젖은 풀숲을 뒤져 알밤을 주웠다. 남이 먼저 주워 갈까 봐 동이 트기 무섭게 달려 나가 어린아이 주먹만큼이나 한 아람을 하나 주우면 얼마나 마음이 뿌듯하던지. 이렇게 주워 온 튼실한 알밤은 제사상에도 올라가고 밤밥으로 우리 밥상에 오르기도 했다. 때로는 찐 밤으로 배고픈 우리 형제들에게 간식거리가 되기도 했다.

집 주변에 대추나무도 몇 그루 있었는데 너무 어린 나무여서 겨우 대추 몇 알 구경할 정도였다. 바깥마당 끄트머리에 우리들의 놀이기구로 반질반질해진 고목이 하나 있었다. 아버지 말씀으로는 벼락을 맞은 대추나무라 했다. 동네에서 그래도 제일 오래되고 큰 대추나무였는데 어느 해 여름 벼락이 쳐서 고사했단다. 당연히 가시도 열매도 없이 어린 우리 형제들이 올라타고 노는 장난감이 됐다. 저물어가는 마당에 우두커니 기대어 들일 나갔던 어른들을 기다리도록 든든한 친구가 돼주기도 했다.

달달하고 아삭한 생대추에 대한 갈증을 그나마 풀어준 건 한 집 건너 이웃에 있던 커다란 대추나무였다. 초가을이면 벌써 커질 대로 커진 대추가 가지에 빼곡하게 달려 어린 우리를 유혹했다. 문제는 대추나무의 주인인 이웃 어르신이었다. 동네 어른들 사이에서도 놀부영감이라고 불릴 만큼 욕심 많고 사나웠다. 그때만 해도 오가며 대추 한두 개 따먹는 것 정도는 그냥 눈감아주는 인정이 있었는데 그것조차 용인이 안 되는 분이었던

것 같다. 대추가 익어갈 무렵이면 집 가까운 밭일을 하면서 누가 대추에 손을 대지나 않나 하고 눈에 불을 켰던 기억이 생생하니까.

그러나 언제나 틈은 있는 법이다. 매일 대추나무 언저리의 밭에만 할 일이 있는 것은 아니므로. 우리는 용케도 그 틈을 잘 알아차렸다. 대문을 잠그고 멀리 출타라도 하는 눈치면 지나가는 척 슬쩍 다가가 아래쪽 가지에 달린 대추를 한 움큼 따 넣고는 유유히 돌아왔다. 가을이라 해봤자 달달한 먹을거리가 귀했던 시절, 먼지만 옷에 쓰윽 닦아 입에 넣는 생대추는 어찌 그리 달고 싱그럽던지. 단단한 씨가 씹히지 않도록 적당한 강도로 깨물어 씨는 후욱 뱉어버리고 아작아작 씹으면 아삭한 과육과 흥건한 과즙이 주인에게 붙잡혀 대추나무에 묶이는 굴욕을 감내할 만큼 매혹적이었다.

이제 어른이 돼서도 가을이면 그 많은 과일 중에 유독 생대추의 맛이 그립다. 유년의 달콤하고 풋풋한 기억들까지 먹는 맛이다. 그러니 10월이 되면 대추 주산지인 경북 경산이나 충남 보은에 한 번쯤 다녀와야 직성이 풀린다. 특히 보은 대추는 어른 엄지손가락만큼이나 크고 달다. 사람이 많이 몰리는 대추축제 기간을 피해 앞뒤로 찾아가면 언제든 맛난 생대추를 먹을 수 있다. 사정이 여의치 않아 직접 산지를 찾지 못하는 해에는 아는 농가에 부탁해 살짝 풋 익은 대추를 두어 번쯤 주문해 먹어야 가을이 간다.

10월 중순 무렵까지 딱 한때만 생과로 먹을 수 있는 과일이 바로 대추다.
어른이 돼서도 생대추 맛이 그리워 매년 가을이면 보은이나 경산 대추 한 번 먹어줘야 갈증이 풀린다.

아내는 대봉시, 나는 단감

대추와 함께 이 무렵이면 빼놓지 않고 주문에 들어가는 것이 감이다. 아내가 어른 주먹만큼이나 하는 대봉시를 워낙 좋아해서다. 대봉시는 주로 지리산 산골이나 악양, 하동 인근의 것을 제일로 치는데 바로 딴 것은 떫어서 못 먹는다. 떫은맛이 사라지도록 기다리든지 아니면 인위적으로 떫은맛을 제거해야만 먹을 수 있다.

대봉시, 청도반시, 상주둥시 등이 떫은맛을 내는 것은 물에 잘 녹는 타닌 성분 때문이다. 감의 타닌 성분이 우리의 침과 결합해서 입의 점막을 자극하면 불쾌하고 깔깔한 느낌을 주는 것이 떫은맛의 정체다. 따라서 수용성의 타닌을 물에 녹지 않는 불용성 타닌으로 바꿔줘야 떫은맛을 느끼지 않게 된다. 이 과정을 탈삽이라 하는데 드라이아이스나 사과와 함께 밀봉해두거나 알코올 성분의 소주를 분무해서 역시 밀봉해놓으면 된다. 상온에 오래 두어도 탈삽 과정이 진행되기는 하지만 시간이 많이 걸려 감이 상할 수도 있다.

우리는 주로 사과 두어 개를 감과 함께 넣어 밀봉 숙성시키는 방법을 이용한다. 드라이아이스를 이용하는 것보다 다소 오랜 시간이 걸리기는 하지만 안전하고 위생적이기 때문이다. 사과와 함께 넣어두면 대략 일주일 정도 후부터 하나둘씩 말랑말랑 숙성이 된다. 아내는 이때부터 일터에 나가면서 하나, 들어오면서 하나씩 집어다 먹는다. 친정에 있는 커다란 감나무 덕분에 어릴 때부터 달콤한 홍시 맛에 익숙해져서일 것이다.

감을 한 박스 주문해서 숙성시키다 보면 처음에는 한두 개씩 말캉하게 익어가서 하나씩 꺼내다 먹기에 딱 알맞다. 하지만 나중에는 한꺼번에 익어버려 먹는 속도가 따라

나는 아삭한 식감의 단감을 좋아하는데 아내는 부드럽고 단맛의 대봉시를 선호한다.

가지 못한다. 이럴 때 우리는 하나씩 지퍼팩에 넣어 냉동실 구석에 처박아둔다. 이듬해 여름 아이스홍시나 감셔벗으로 우리 가족의 입을 황홀하게 해줄 때까지.

아내는 홍시나 곶감을 좋아하지만 나는 단감이 더 좋다. 아내가 주로 홍시나 곶감을 좋아하는 것은 아마도 부드러운 식감과 단맛 때문이 아닐까 싶다. 실제로 홍시나 곶감 으로 먹는 대봉시, 청도반시, 상주둥시 등의 떫은 감들이 단감보다 당도가 훨씬 높다. 나 라고 과일의 단맛을 싫어하지는 않으나 홍시를 한 번 먹으려면 손과 입에 끈적거리는 과육이 묻는 번거로움이 싫을 뿐이다. 또 홍시처럼 물컹거리는 식감보다 단감의 아삭한 식감을 더 선호해서일 수도 있다.

그러니 감 철이 되면 우리 집에는 악양에서 대봉시가 두어 번, 고흥에서 단감이 두어 상자 들어온다. 20킬로그램이나 되는 무거운 감 상자를 힘들게 메고 오는 택배기사들에

때론 떫은 감 껍질을 벗겨 이렇게 매달아놓고 하나씩 떼어 먹기도 한다.

게 캔커피라도 하나 들려줘야 미안함이 조금 가실 정도다. 아내가 좋아하는 대봉시 일부는 미리 껍질을 벗겨 베란다에 건조시켜 곶감을 만들기도 하는데 미처 곶감이 되기도 전에 어느 틈엔가 자취를 감추고 만다. 내가 좋아하는 단감은 후식으로, 때론 샐러드로 밥상에 오르기도 하는데 오이피클 대신 아삭한 감피클을 담가 먹기도 한다.

국
민
생
선
에
서
　
고
급
　
어
종
으
로
,
　
갈
치

날이 선선해지기 시작하면 여름에는 거들떠도 안 봤던 뜨겁고 칼칼한 국물음식이 당기
게 된다. 우리 몸이 계절에 따라 차갑거나 뜨거운 음식을 찾는 것은 지극히 자연스러운
반응이다. 여름에는 몸의 열기를 내려 무더위를 이겨내려 함이고 추운 겨울에는 몸을
따뜻하게 보호하려는 본능인 것이다. 단맛이나 짠맛에 중독된 경우를 제외하고 이런 자

얼음물 속에서 포장 대기 중인 제주 은갈치

연스러운 본능에 따라 음식을 선택하는 것이 최선이다. 다만 한여름이라고 너무 차가운 음식만 찾으면 장에 탈이 생길 수 있으므로 때때로 따뜻한 음식으로 보호해줘야 한다.

청양고추와 매운 고춧가루를 적당히 풀어 칼칼하게 조리한 갈치조림은 하루가 다르게 기온이 내려가는 계절에 우리 몸이 찾는 음식이다. 갈치는 따뜻한 물을 좋아하는 난류성 어종으로 봄이면 쿠로시오난류를 타고 우리 서남해로 몰려왔다가 겨울이 시작될 무렵에 다시 남쪽 먼바다로 빠진다. 봄에 우리 연안으로 다가와 산란을 준비하고 한여름에 산란한 후 겨울이면 다시 수온이 연안보다 높은 먼바다로 빠지는 것이다.

따라서 가을부터 우리 연안에서는 겨울을 나기 위해 탱탱하게 살이 오른 갈치들이 잡힌다. 연안의 수온이 내려가는 가을에는 한여름에 잡힌 갈치보다 살이 단단해지고 한껏 맛이 난다. 서남해의 멀지 않은 바다에서 조업도 활발히 이루어져 연중 갈치 값이 가장 많이 내려갈 때기도 하다. 물론 근자에는 갈치 자원의 고갈로 금갈치라 불릴 만큼 귀한 몸이 됐는데 그래도 두툼하고 고소한 갈치구이와 칼칼한 갈치조림을 잊을 수 없다면 가을이 그나마 가장 적당한 시기다.

그런데 많은 사람들이 헷갈려하는 게 갈치의 종류다. 심지어 나름대로 생선을 잘 안다는 사람들조차 은갈치와 먹갈치가 서로 다르다고 이야기한다. 하지만 우리 바다에서 갈치는 모두 농어목 갈칫과의 갈치 한 종이다. 은갈치와 먹갈치로 구분해서 부르는 것은 조업방식의 차이에 따른 몸의 빛깔 때문이다. 은갈치는 채낚기라 하여 낚싯바늘로

싱싱한 목포 먹갈치. 낚시로 잡아 은빛이 그대로 살아 있는 것은 은갈치, 그물에 잡혀 은빛이 벗겨진 것이 먹갈치다.

잡은 탓에 살아 있는 것처럼 깨끗하고 은빛이 난다. 반면 먹갈치는 그물로 한꺼번에 잡아 상처를 입거나 은빛 색소가 벗겨져 거뭇거뭇해 보여서 그렇게 부른다.

표준명이 먹갈치라는 생선이 있어서 혼란을 부추긴 측면도 있다. 하지만 학자들이 이야기하는 먹갈치는 농어목 등가시칫과의 생선으로 우리가 흔히 접하는 갈치와는 전혀 다른 종이다. 잡히는 양도 아주 적어 산업적 가치도 떨어지고 어쩌다 잡히면 잡어 취급을 받아 어묵 재료로 쓰인다.

이렇게 같은 갈치를 은갈치와 먹갈치로 구분하게 만드는 은빛 비늘은 사실 비늘이 아니다. 갈치는 우리가 보통 접하는 물고기와 달리 비늘이 없다. 은빛으로 반짝이는 건 구아닌이라는 유기염기다. 분말 형태의 구아닌이 비늘 대신 온몸을 감싸 몸을 보호한다. 구아닌은 립스틱 등의 색조화장품에도 쓰이고 모조 진주를 만들 때도 쓰인다. 그런데 구아닌에는 약간의 독성이 있다. 많이 먹거나 민감한 사람의 경우 복통을 불러일으킬 수도 있다. 하지만 일반적인 경우는 큰 문제가 없다. 조리할 때 표면의 은빛 색소를 잘 긁어내면 갈치국이나 조림 등의 음식이 깨끗하기는 하다.

그렇다면 은갈치와 먹갈치 중 어느 것이 더 맛있을까? 한마디로 은갈치건 먹갈치건 다 맛있다. 은갈치가 먹갈치보다 맛이 꼭 더 뛰어난 것은 아니다. 물론 낚시로 바로 잡아 당일에 팔린 은갈치는 신선도가 뛰어나고 맛도 좋다. 하지만 당일 팔리지 못한 은갈치는 먹갈치보다 신선해 보이기는 해도 오랜 시간 제대로 보관하지 않으면 선도와 맛이 떨어지게 된다.

반면 먹갈치는 그물에 잡힐 때 이미 은빛 색소가 다 벗겨져 볼품이 없고 선도 또한 형편없어 보인다. 하지만 잡히자마자 바로 급랭을 하거나 얼음에 채워 오기 때문에 먹갈치도 선도의 문제는 없다. 가격이 은갈치보다 한참 싸지만 먹갈치가 더 맛있다는 사람들도 많다.

그리고 갈치는 이제 더 이상 예전처럼 언제나 먹을 수 있는 값싼 대중적 생선이 아니다. 주로 제주에서 나는 신선한 은갈치는 주머니 얇은 서민들로서는 밥상에 한 번 올리기가 부담스러울 정도로 금값이다. 그래서 우리 집에서도 제철에 물때가 좋아 어획량이 많아진 날 목포 어판장에서 적당한 크기의 갈치를 직구한다.

갈치도 크기에 따라서 값이 천양지차다. 조림이나 구이를 해놓으면 입이 쩍 벌어질 정도로 큰 특대나 대 크기의 갈치는 바로 아랫단계의 중대 갈치보다 같은 무게라도 보통 두 배 이상 비싸다. 그러니 일반 가정에서 식구들 먹이기에는 중대 사이즈의 갈치가 가격 대비 만족도가 높다. 중대 사이즈의 갈치만 해도 잘만 골라 사면 대자 갈치 버금가게 먹을 게 많다. 중소 사이즈는 사실 조금 어정쩡하고 이보다 작은 소 사이즈의 갈치는 풀치라고는 부르는데 값은 헐하지만 사실 먹을 게 별로 없다. 대신 작은 갈치들은 꾸덕꾸덕 말리면 살이 풀어지지 않고 단단해지므로 짭짤하게 간장에 조려놓으면 훌륭한 밑반찬이 된다.

　목포 어판장에서 신선한 먹갈치가 올라오면 우리가 제일 먼저 해 먹는 게 갈치국이다. 갓 잡은 제주 은갈치는 회로 먹어도 맛있지만 먹갈치를 가지고 갈치회를 뜰 수는 없다. 대신 선도가 좋은 먹갈치는 국을 끓여도 비린내가 나지 않기 때문에 가장 신선한 상태일 때 갈치국을 끓이는 것이다. 제주 향토음식인 갈치국은 얼갈이배추와 늙은호박을 함께 넣어 끓이는데 청양고추로 매운맛을 곁들이면 칼칼하고 구수한 것이 해장으로도 으뜸이다.

매운 고춧가루를 적당히 풀어 칼칼하게 조리한 갈치조림은 기온이 내려가는 계절에 우리 몸이 요구하는 음식이다.

나머지 갈치는 대가리와 내장을 떼어낸 다음 먹기 좋은 크기로 잘라 한두 끼 먹을 만큼씩 지퍼백에 나누어 담아 냉동실로 직행한다. 모든 생선이 그렇지만 갈치도 국이나 조림을 여러 번 끓이면 비린내가 난다. 특히 양념이 많이 들어가지 않는 맑은탕은 딱 한 번 먹을 것만 그때그때 조리해야 맛을 잃지 않는다. 그러니 한두 끼 먹을 정도씩만 소분해 냉동 보관해야 해동할 때 한꺼번에 녹였다가 다시 얼리는 번거로움을 줄일 수 있다.

이렇게 소분해서 냉동실로 들어간 갈치는 입맛 없는 날 우리 집 제철밥상을 풍성하게 해주는 메인 요리로 재탄생한다. 사실 요리라고 해봤자 천일염 솔솔 뿌려 노릇하게 굽거나 가을무 큼지막하게 썰어 넣고 매콤달콤 조린 것이 전부지만 잃은 입맛을 되돌려놓기에 부드럽고 고소한 갈치 살만 한 것이 없다. 아이들의 젓가락도 연신 갈치로 향하고 등뼈까지 들고 살을 쪽쪽 발라 먹을 만큼 인기가 많은 생선이다.

그
흔
하
던

고
등
어
는

다
어
디
로

갔
을
까
?

바다에 생명을 깃들여 사는 수많은 물고기 중에 고등어만큼 우리에게 친숙한 생선도 없지 싶다. 우리가 유독 고등어와 친숙하게 느껴지는 것은 우리 국민의 유전적 입맛을 좌우할 만큼 오래전부터 밥상에 자주 올라왔기 때문일 게다. 이미 조선 초기의 『세종실록지리지』, 『동국여지승람』 등에 우리 바다 고등어의 분포에 관한 기록들이 보인다. 조선 후기 정약전 선생은 『자산어보』에서 고등어를 등에 무늬가 있다는 의미의 벽문어(碧紋魚)라 부르고 속명을 오늘날과 같은 고등어라 부른다 하였다. 나아가 지금의 전문가들도 놀랄 만큼 고등어에 대한 정확한 생태 기록을 남겼다. 고등어는 아주 오래전부터 우리 선조들이 중요하게 여기는 생선이었고 훌륭한 단백질 공급원이었던 것이다.

　군이 옛 기록까지 들추지 않더라도 음식과 밥상에 관한 우리의 기억 속에 고등어는 꼭 들어 있다. 경기 북부의 빈한한 산골에서 태어나고 자란 내게도 고등어에 대한 애잔한 추억이 있으니 대도시나 바닷가가 고향인 사람들이야 더 말해 뭣하랴. 동물성 단백질 공급원으로 소나 돼지고기는 제삿날이나 어른들 생신에나 볼 수 있는 아주 특별한 식재료였지만 고등어는 그래도 어쩌다 한 번씩은 맛볼 수 있는 '남의 살'이었다. 어머니가 장에 다녀오신 날 자반고등어가 손에 들려 있으면 아버지는 아궁이의 군불을 화로에 담아 고등어를 구우셨다. 짭조름하면서도 고소한 자반고등어 굽는 냄새에 어린 우리들은 홀린 듯 밥상으로 모여들었다.

　그러다 80년대 중반 군대에 다녀와서 복학을 하고 나니 막걸리 집마다 '고갈비'라는 낯선 메뉴가 하나씩 늘어 있었다. 서울의 종로3가 뒷골목에는 고갈비 하나만을 막걸리

짭조름하면서도 고소한 고등어 굽는 냄새에 어린 우리들은 홀리듯 밥상으로 모여들었다.

안주로 내는 전문점들도 여럿 몰려 있었다. 웬 고갈비냐고 했더니 자반고등어구이란다. 아마도 주머니가 얇은 젊은 층을 겨냥해 소나 돼지갈비 대신 흔하고 값싼 자반고등어를 구워서 고갈비라는 이름을 붙였지 싶다. 큼지막한 자반고등어에 등뼈가 그대로 붙어 있으니 고갈비라는 이름이 아예 틀린 것은 아니다.

　하지만 맛이야 어디 소갈비, 돼지갈비에 견주겠는가. 그래도 갓 구워 뜨거울 때는 고등어의 배릿한 맛과 생선 지방의 고소한 맛, 천일염의 짠맛이 어우러져 먹어줄 만했다. 하지만 막걸리 안주를 여럿 시킬 수 없어 아껴 먹다 보면 금세 식어버리는데 이건 영 막걸리 안주로 파이였다. 입안에 비린내가 덕지덕지 묻어나 술맛을 돋우는 안주가 아니라 되레 막걸리로 그 비린 맛을 씻어내야 했다. 그래도 고갈비 안주만 있는 술자리면 어떠랴. 호기로운 젊음이 있고 심장에는 뜨거운 피가 끓고 있는데.

　고등어가 이렇게 우리네 삶에 깊숙이 자리할 수 있었던 것은 무엇보다 우리 바다의 고등어 자원이 풍부했기 때문이다. 난류성 어종인 고등어는 제주 남쪽 따뜻한 바다에서 겨울을 나고 봄이 되면 서서히 북상하면서 사오월경 제주 연안 일대에서 산란을 한다. 그리고 날이 더 따뜻해지면 쿠로시오난류를 타고 동해와 서해로 나뉘어 올라온다. 먹이의 양과 해류의 수온에 따라 동서해로 나뉘는 무리의 크기가 다르긴 하지만 전체적으로는 넉넉한 고등어가 잡혀 우리 밥상에 가장 많이 오를 수 있었던 것이다.

　고등어가 대표적 국민생선 반열에 오를 수 있었던 또 다른 이유는 풍부한 영양소에 있다. 고등어에는 질 좋은 동물성 단백질과 지방뿐만 아니라 무기질도 풍부하다. 특히 고등어의 지방에는 DHA와 EPA 같은 고도불포화지방산이 많이 들어 있다. DHA는 다 아는 것처럼 두뇌 활동을 활발하게 하고, EPA는 혈중 콜레스테롤을 낮춰 심혈관 계통 성인병 예방에 도움이 된다. 또한 고등어의 단백질을 구성하는 아미노산들 중 가장 잘 알려진 타우린은 혈압과 혈중 콜레스테롤을 낮추고 간 기능을 높이며 천식과 시력 보호에도 도움이 되는 웰빙 아미노산이다.

각종 영양이 풍부하고 우리 바다에 자원이 넘쳐 국민생선의 반열에 올랐던 고등어지만 이제는 씨알 좋은 것은 찾아보기 힘들 정도가 됐다.

이렇게 자원이 풍부한 데다 맛과 영양이 뛰어나 오랫동안 국민생선 1위 자리를 내놓지 않던 고등어의 어획량이 최근 몇 해 동안 급격하게 줄어들고 있다. 전체 어획량뿐만 아니라 예전에 흔하던 전장 40~50센티미터 이상의 큼지막한 고등어를 찾아보기 힘들게 됐다. 전문가들은 지구온난화의 영향으로 고등어를 먹이로 하는 참다랑어의 증가와 마구잡이 어획으로 인한 자원 감소 등 여러 이유를 내놓지만 가장 큰 이유는 아무래도 어린 고등어까지 싹쓸이하는 무분별한 어획에 있지 않을까 싶다. 지금처럼 산란기 친어 보호를 느슨하게 하고 연안으로 몰려드는 어린 고등어의 어획을 규제하지 않으면 머지않아 국내산 고등어는 더 이상 흔하고 값싼 국민생선이 아니라 갈치나 병어처럼 금값을 줘야 먹을 수 있게 될 것이다.

상황이 이렇다 보니 우리나라는 매해 많은 양의 고등어를 노르웨이와 영국, 아일랜드 등에서의 수입에 의존하고 있다. 이들 나라에서 수입하는 고등어는 우리 바다의 고등어와 유전적 형질이 조금 다른 것으로 대서양고등어라 불린다. 등에 있는 녹청색 물결무늬가 국내산 고등어보다 크고 선명할 뿐 아니라 대서양에서 북극해까지 회유하며 조금 더 찬 물에 살기 때문에 지방도 더 많아 고소하다.

물론 대서양고등어든 아니면 국내산 고등어든 지방의 양은 계절에 따라 큰 차이를 보인다. 대서양고등어라도 산란 직후에는 지방이 모두 빠져 맛과 영양이 떨어진다. 대서양고등어의 제철은 산란기가 국내산 고등어보다 약간 이른 시기에 시작돼 늦여름인 8월부터 11월까지로 본다. 반대로 국내산 고등어도 제철인 가을, 겨울에는 수입 대서양고등어만큼이나 지방이 많아 고소한 맛이 최상에 달한다. 그러니 한여름에 고등어를 먹으려면 수입 대서양고등어를, 가을부터는 국내산 고등어를 찾을 일이다.

국내산 고등어를 이야기하면서 빼놓을 수 없는 게 바로 망치고등어라는 종이다. 일반

고등어와 마찬가지로 농어목 고등어과로 분류되는 생선인데 배 부위에 청흑색의 반점이 찍혀 있어 쉽게 구별할 수 있다. 이 때문에 일부 지방에서는 망치고등어를 점고등어, 혹은 점백이라고도 부른다. 일반 고등어보다 조금 더 따뜻한 물을 좋아해 주로 제주 인근이나 남해안 일대에서 잡힌다. 고등어 종류 중 맛이 가장 떨어져 망치고등어를 따로 잡지는 않지만 여름부터 가을까지 고등어잡이 어선에 일반 고등어와 함께 잡혀 시장에도 구분 없이 유통된다. 맛있는 제철 고등어를 찾는다면 앞으로 고등어를 사더라도 혹시 망치고등어가 섞여 있지 않은지 신경을 조금 쓸 일이다.

우리 바다의 다양한 제철생선을 잘 몰라 그저 친숙한 고등어, 갈치, 조기가 생선의 전부인 줄 알고 사다 먹었던 때가 있었다. 고등어가 물리면 한 번씩 갈치구이나 조림이 밥상에 오르곤 했다. 조기는 영광에서 멀지 않은 고창이 처가인 관계로 알맞게 간이 된 것을 보내와 따로 사지 않아도 입맛 없을 때 한 번씩 구워 먹을 정도는 됐다. 아마 당시 우리 집에서 먹는 바닷물고기 중 고등어의 비율이 절반은 넘지 않았을까 싶다.

하지만 지금은 고등어에 대한 의존도가 한참 줄었다. 계절별로 삼면을 둘러싼 바다에서 맛깔난 생선들이 많이 나니 굳이 철도 아닐 때 고등어를 사 먹을 일이 줄어든 것이다. 그래도 고등어에 지방이 잔뜩 올라 고소한 맛이 절정에 이르는 늦가을이나 겨울에는 제주나 목포에서 생고등어 몇 번은 주문해야 한다. 보글보글 끓으며 침샘 자극하는 묵은지고등어조림도 해먹어야 하고, 천일염 슬쩍 뿌려 냉장고에 재워놨다가 고소하고 슴슴한 고등어구이도 제철밥상에 올려야 하니까. 이도저도 귀찮고 제철이 아닐 때 고등어가 당기면 근처 시장이나 마트에서 간고등어 한 손 사다가 구우면 끝이다. 어차피 간고등어는 냉동 제철 고등어를 해동해서 소금 간을 한 것이니까.

가을무를 넉넉히 넣고 조려내면 어떤 때는 주인공인 고등어보다 무가 더 맛날 때가 있다.

가을의 미각을 자극하는 색깔은 무엇일까? 단연 붉은색이지 싶다. 찜통에서, 혹은 하얀 소금 위에서 익어가는 꽃게와 새우의 빨간 색깔이 입맛을 자극한다. 평생 단 한 번의 산란을 위해 모천을 찾는 연어의 붉은 살색도 그렇다. 모두 아스타산틴이라는 색소성분이 만들어내는 가을 제철식재료의 색깔들이다. 가을이 깊어가며 붉게 물드는 단풍과도 아주 잘 어울린다.

연어의 제철이 가을이라 하면 고개를 갸우뚱거리는 사람들이 많다. 마트에 가면 사철

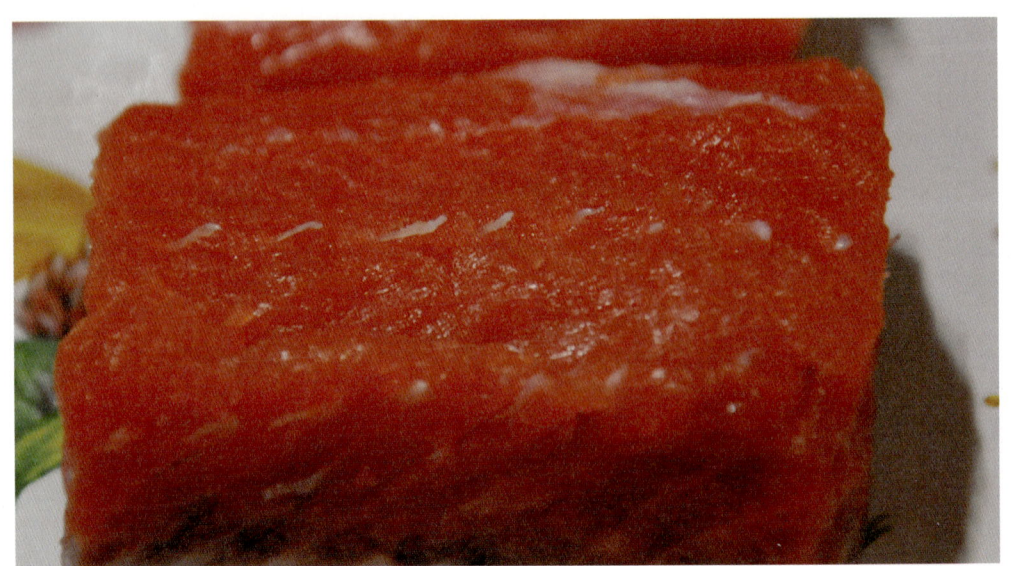

연어의 신선하고 붉은 속살은 가을의 미각을 한껏 자극한다.

볼 수 있는 게 연어인데 무슨 제철이 따로 있냐는 거다. 하지만 그것은 양식 연어 이야기일 뿐이다. 우리나라에는 주로 노르웨이산 양식 연어가 수입되는데 양식에는 제철이 있을 리 없다. 가두리에 가둬놓고 영양 많은 사료로 키워 언제든 출하할 수 있는데 무슨 제철이 있을까.

하지만 자연산은 다르다. 인간이 인위적으로 생장을 좌우할 수 없기 때문에 맛과 영양이 절정에 이르는 시기가 따로 있다. 연어도 예외가 아니다. 청정한 계곡이 온통 단풍으로 붉게 빛날 때 연어가 산란을 위해 제가 태어난 하천을 찾는다. 모천으로 진입하기 직전 인근 바다에서 마지막 산란을 준비할 때가 바로 제철이다.

해마다 가을이 깊어 단풍이 곱게 물들면 양양의 남대천과 영덕의 오십천 주변의 바다로 다 자란 연어들이 몰려든다. 3~5년 전 남대천과 오십천에서 인공 부화시켜 방류한 연어들이다. 이 연어들이 모천회귀본능에 따라 평생 딱 한 번의 산란을 위해 제가 태어난 남대천, 오십천으로 돌아오는 것이다.

인공 부화되어 3~4개월 정도 민물 계곡에서 자란 연어의 치어는 5센티미터 정도 자라면 바다로 나가 멀리 북태평양까지 헤엄쳐 간다. 그곳에서 새우 등의 갑각류와 소형 어류를 먹이로 성장한다. 태어난 지 3~5년쯤 되면 알을 낳을 수 있는 성숙어가 되어 다시 수천 킬로미터를 돌아 우리 바다로 되돌아온다. 연어가 왜 그리고 어떻게 정확히 자기가 태어난 하천으로 돌아오는지 아직 확실히 규명되지는 않았다. 다만 수천 킬로미터나 떨어진 바다에서 자기가 왔던 길을 되짚어 모천으로 돌아오는 연어의 본능이 경이롭고 신기할 뿐이다.

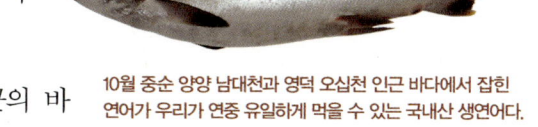

10월 중순 양양 남대천과 영덕 오십천 인근 바다에서 잡힌 연어가 우리가 연중 유일하게 먹을 수 있는 국내산 생연어다.

이때 양양 남대천과 영덕 오십천 인근의 바다에서 연어 조업이 가능하다. 일단 계곡으로 진입하면 더 이상 일반인이 연어를 잡을 수 없다. 그리고 연어는 민물로 진입하는 순간부터 일체의 먹이활동을 하지 않는다. 당연히 맛과 영양이 점점 떨어진다. 살이 푸석거려 식감도 아주 떨어진다. 이맘때 민물로 들어서기 직전 푸른 동해에서 포획한 연어가 우리 국민이 자연산 연어를 가장 맛있게 먹을 수 있는 유일한 기회다.

지방이 많아 녹진하고 고소한 맛을 내는 연어는 많은 사람들의 사랑을 받는 고급 식재료다. 하지만 나는 연어의 녹진한 기름 맛을 별로 즐기지 않는 편이다. 더구나 피오르드 해안의 청정한 바다에서 자란 줄만 알았던 노르웨이산 연어의 양식 실태를 알고부터는 더 그렇다.

비좁은 양식장에 많은 연어를 키우다 보면 '바다 이'라는 기생충에 감염돼 연어가 떼죽음을 당하기도 한다. 이를 막기 위해 연어에게 디플루벤주론이라는 맹독성 물질을 섞은 사료를 먹인단다. 우리나라에서도 농약의 살충성분으로 많이 쓰는 물질이다. EU에서는 양식 어류에 금지하고 있는 성분인데 노르웨이는 EU 가입국이 아니라서 이를 허가하고 있다. 프랑스 국영방송에도 이런 내용이 방영되어 충격을 줬고 국내 모 케이블TV에서도 문제점을 방영했었다. 한정된 양식장에서 많은 이익을 내려는 인간의 욕심이 만들어낸 필연적 비극이다. 노르웨이 당국은 수출하는 연어에서 이 물질이 한 번도 검출되지 않았다 항변하지만 양식 과정의 찝찝함이 연어로 가는 젓가락을 멈추게 한다.

하지만 산란을 위해 민물로 올라가기 직전 포획한 자연산 연어의 경우는 조금 다르다. 부화할 때를 제외하고는 인간의 손길 없이 스스로 자란 놈들이다. 남대천이나 오십천에서 태어나 멀리 북태평양까지 갔다가 3~5년 동안 자연의 보살핌만 받았다. 북태평양 깊은 바다에서 소형 갑각류나 어류를 잡아먹으며 성어로 자라 다시 모천으로 돌아온 것들이다.

먹이를 찾아, 혹은 산란을 위해 수천 킬로미터를 빠르게 헤엄쳐 다니다 보니 양식 연어처럼 기름이 오를 수 없다. 대신 근육이 발달하고 살은 탱탱하다. 녹진한 기름 맛은 없지만 담백하고 깔끔한 맛이 대신한다. 본래 연어의 가장 자연스러운 맛이다. 양식 연어와는 우리에 가둬놓고 곡물사료로 키운 소와 방목해 키운 쇠고기 맛만큼이나 차이가 난다.

난 이런 식재료 고유의 맛이 좋다. 그래서 이맘때면 으레 동해에서 자연산 연어를 구입해 먹는다. 그 크기만도 70~80센티미터에 이르는 대형 어류라 집에서 손질하기가 여간 힘들지 않지만 제철 연어의 맛이 그 모든 고생을 보답해준다. 나와 내 가족의 입이 즐거운데 어떤 고생인들 마다하랴.

동해에서 직접 구입한 자연산 연어는 보통 손질하지 않고 통째로 온다. 배를 갈라 내장과 핏물을 제거하고 비늘 또한 깨끗이 벗겨내야 한다. 그리고 세 장이나 다섯 장 뜨기로 포를 떠서 껍질을 벗겨내면 1차 손질이 끝난다.

하지만 손질이 끝났다고 해서 바로 회로 먹을 수는 없다. 연어는 고래회충이라 부르는 아니사키스 감염 위험이 매우 높은 어류다. 아니사키스라는 기생충은 평소 연어의 내장

구운 연어 살을 화이트소스에 살짝 굴려내면 아이들이 가장 좋아한다.

에 있다가 연어가 죽으면 살과 근육으로 파고든다. 최종 숙주가 고래여서 고래회충이라는 이름이 붙었지만 새우, 오징어, 연어, 고등어 등 거의 모든 어류가 중간 숙주다. 아니사키스는 살아 있는 생선의 내장에 있다가 죽으면 살과 근육으로 파고든다. 따라서 연어는 물론이고 횟감용 생선은 죽기 전에 반드시 피를 빼고 내장을 제거해야 한다. 그렇지 않은 연어를 회로 바로 먹을 경우 이 기생충에 감염될 위험이 크다.

다행히 아니사키스는 70도 이상의 열로 익히거나 영하 20도 이하로 냉동하면 바로 죽는다. 이 때문에 생연어를 회로 먹으려면 1차 냉동 과정을 거쳐야 하는 것이다. 손질한 연어를 비닐 랩으로 꽁꽁 감아 공기가 통하지 않도록 한 다음 지퍼백에 넣어 이삼일 정도 냉동하면 된다. 회로 먹을 때는 하루 전쯤 냉장실로 이동하여 자연 해동해야 제맛이 난다.

소분해서 냉동실로 들어간 연어는 필요할 때마다 맛깔난 요리로 변신한다. 자연 해동시켜 쓱쓱 썰어서 회로 먹어도 맛있고, 소금과 후춧가루만 솔솔 뿌려 구워도 일품이다. 시간 여유가 있으면 조금 공을 들이기도 한다. 팬에 살짝 구운 연어를 화이트소스에 굴려 내면 아이들이 제일 좋아한다. 데친 브로콜리와 당근, 양송이 등의 채소를 곁들이면 레스토랑 부럽지 않다. 눈으로도 먹지만 영양의 밸런스도 뛰어나다.

연어는 회나 구이로 먹는 살 말고도 먹을 수 있는 부위가 많다. 연어 대가리는 포를

잘 손질한 연어알은 영롱한 빛깔의 예쁜 식재료로 변신한다.

뜨고 남은 뼈와 함께 매운탕을 끓여도 맛있지만 소금과 후추를 뿌려 직화에 구운 구이
에는 따라오지 못한다. 아이들 밥반찬으로도, 어른들 술안주로도 최고다. 워낙 덩치가
크다 보니 아가미살만 따로 떼어 구워놓으면 젓가락이 아우성이다. 함께 구운 통마늘과
케이퍼를 곁들이면 금상첨화다.

　고단백의 연어알도 포기할 수 없는 식재료다. 연어알은 투명하고 질긴 알집에 쌓여 있
기 때문에 뜨거운 물을 부어 일일이 알집을 제거해줘야 한다. 번거롭고 품이 많이 드는
작업이지만 잘 손질해놓으면 영롱한 빛깔의 예쁜 식재료로 변신한다. 초밥으로 얹어서
도 먹고 연어샐러드에 올려놓으면 자태가 환상이다. 때론 간장과 정종, 설탕에 재어 그
냥 떠먹어도 맛있다.

밥

우리의 산과 들, 바다 어디라 할 것 없이 제철식재료가 풍성한 10월에는 제철밥상도 더욱 풍성하고 다양해질 수밖에 없다. 갓 도정해 윤기 자르르한 햅쌀에 콩, 수수, 기장 등의 잡곡을 번갈아 넉넉히 넣어서 지은 따뜻한 밥은 생각만으로도 입안에 군침이 돌게 한다. 갓 지은 햅쌀밥에는 특별한 찬이 없어도 부족한 느낌이 들지 않는다. 가을무깍두기나 무청김치, 무생채 등 가을과 어울리는 김치 한둘만 있어도 알찬 밥상이 된다.

가을은 귀하기는 해도 자연산 송이와 표고가 제철인 때다. 가을 별미밥으로 버섯밥이 빠질 수 없다. 송이야 해마다 금값이라 쉽게 지를 만한 식재료는 아니다. 그래도 기상 조건이 잘 맞는 해에는 사랑하는 가족들을 위해 지갑을 한 번 열 정도의 가격대를 형성하

가을 산의 보물, 송이를 넉넉히 얹어 솔향 가득한 송이밥을 짓는다.

기도 한다. 이럴 때 햇쌀에 송이를 듬뿍 얹어 솔향기 물씬한 송이밥의 호사를 누려보는 것도 괜찮다. 향이 어찌나 짙은지 밥을 짓는 내내 집안은 깊은 가을 산 솔숲이 된다.

봄과 가을이 제철인 표고는 막 수확한 은행이나 밤과 함께 영양밥을 지으면 딱 좋다. 이 무렵에는 깊은 산에서 자연산 표고도 나온다. 꼭 자연산이 아니더라도 전남 장흥에서는 솔숲에 참나무 표고목을 이용해 자연산에 가깝게 재배하는 표고버섯도 있다. 시설재배 표고보다 월등한 향과 맛으로 표고영양밥의 풍미를 한껏 높여주는 식재료다. 끝물 매운 고추를 슬쩍 찌고 다져서 만든 고추양념장은 이런 버섯밥에도 잘 어울린다.

반찬

김장무와 배추가 한창 자라 김칫거리로 손색이 없다. 크고 단단한 가을무 두어 개 사다가 깍두기를 담가놓으면 며칠 김치 걱정 없다. 채칼로 북북 밀어서 매콤하고 삼삼하게 무생채로 조리해도 밥도둑이다. 시원한 국거리로도 제격이고 고등어와 갈치, 도루묵 등 제철생선 조림에 안 들어가면 서운하다. 여기에 김장무나 알타리, 갓 등을 솎아 담근 부들부들한 무청김치가 있으면 금상첨화다.

우엉과 연근, 야콘, 토란 등 무기질과 식이섬유가 풍부한 뿌리채소들도 한창 제철이다. 우엉을 조려 밑반찬으로 내놓고 내친김에 별미 우엉김치도 담가보자. 가을부터 이듬해 봄까지 제철인 연근도 조림으로 전으로 우리의 가을밥상을 풍성하게 해준다. 야콘은 장아찌로 담가놓으면 오랫동안 아삭하고 시원한 밑반찬으로 즐길 수 있다.

국·탕

10월은 국, 탕거리가 풍부한 달이다. 중순만 지나면 가을무가 맛이 완전히 들어 뭘 해도 맛있다. 감칠맛 나는 쇠고기무국을 끓여도 맛있고, 그냥 집간장으로 간한 무국을 끓여도 들큰하고 시원하다. 이 무렵 김장배추도 쌈채로, 겉절이로, 국거리로 요긴한 식재료다. 다시마멸치육수에 된장 삼삼하게 풀어 배춧국을 끓이면 구수한 맛이 일품이다. 늦가을 꽃을 피우기 전까지 아욱도 가을 국거리로 최고다.

가을 논밭의 국거리로만 서운하다면 바다와 강으로 눈을 돌려보자. 살이 꽉 들어찬 수꽃게와 민물게의 제왕 참게가 맛이 절정일 때다. 구수한 참게매운탕이나 꽃게탕이 밥상 한가운데 놓이면 황제의 밥상이 부럽지 않다.

전어와 대하도 10월에 맛이 한층 깊어지고 고등어와 갈치는 날이 갈수록 살이 단단

구수하고 시원한 참게매운탕이 밥상 가운데 턱하니 놓이면 어떤 밥상이 더 부러우랴.

해진다. 제철생선 조림으로 구이로 번갈아 한 번씩만 올려도 한 달이 후딱 지나간다. 10월의 바다에는 어찌 이리 맛난 해산물들이 많은지.

어쩌다 한 번 주머니가 허락하면 깊은 산의 귀한 선물 능이와 송이로 가족들의 눈과 입을 즐겁게 해보자. 송이보다 상대적으로 가격이 헐한 능이를 넣고 능이닭백숙을 한 솥 끓이면 청명한 가을 몸보신에 이만한 음식도 없다. 능이에는 단백질 분해 효소가 듬뿍 들어 있어 오래 묵은 토종닭도 연육제를 넣은 것처럼 부드러워진다.

제철식재료로 만든 제철음식		
땅	가을 논밭의 보석 같은 식재료들(벼, 수수, 기장, 콩, 팥, 녹두, 가을무와 배추, 야콘)	햇조밥과 수수밥
		가을무배추겉절이
		야콘생채
		녹두빈대떡
	끝물고추	끝물고추소금절임
		끝물고추간장장아찌
		절임고추찌개
	고구마	군(찐)고구마
		고구마밥
		고구마샐러드
		고구마묵
	생대추와 감	생대추
		단감샐러드와 단감피클
바다	갈치	갈치조림
		갈치소금구이
		갈치국
	고등어	가을무고등어조림
		자반고등어구이
	연어	연어회
		연어스테이크
		연어대가리구이
		연어매운탕

10월 밥상이 풍성해지는 기타 식재료	아빠의 10월 밥상	
고구마, 야콘, 마, 토란, 우엉, 쑥갓, 가을상추, 아욱과 근대, 송이, 능이, 표고, 가을오징어, 낙지, 고등어와 갈치, 참게	밥	햅쌀잡곡밥, 송이밥, 표고와 은행, 밤을 넣은 표고영양밥, 고구마밥, 능이백숙
	반찬	무생채, 가을무깍두기, 우엉조림과 우엉김치, 연근조림, 야콘장아찌, 오징어볶음
	국/탕	쇠고기뭇국, 배추된장국, 아욱국, 참게매운탕, 꽃게탕, 오징어뭇국

11월

11월은 가을이 깊어 겨울로 접어드는 달이다. 음력절기로는 겨울의 시작을 알리는 입동(立冬)과 눈이 내리기 시작한다는 소설(小雪)이 끼여 있는 달이다. 대략 11월 초중순에 입동, 중하순에 소설이 있다. 하루가 다르게 해가 짧아지고 마지막 가을빛이 스산해진다. 하지만 우리나라의 겨울이 본격적으로 시작될 때는 12월 초순이나 지나야 한다. 남부지방의 경우는 12월 중순 이후에나 본격적인 추위가 다가온다.

이 시기가 되면 농촌의 가을걷이는 모두 끝나고 무, 배추, 갓, 쪽파, 대파 등 김장용 채소들만 밭에 남는다. 월동해서 이듬해 봄에 수확할 밀이나 보리, 마늘, 양파 등은 움이 터서 손가락 한 매듭만큼이나 자란 상태에서 겨울을 기다린다. 기온이 조금씩 떨어져 영하로까지 내려갈 낌새가 있으면 추위에 강한 배추와 월동작물을 제외하고 모든 밭작물을 수확해야 한다.

물론 이는 우리나라의 중북부지방에 국한된 이야기다. 남부 해안지대와 제주 등 한겨울에도 영하권 기온이 드문 지역에서는 겨울부터 이른 봄까지 우리 밥상에 오를 밭작물들이 한창 자라고 있다. 겨울배추와 무, 당근, 양배추, 콜라비 등 겨울밥상을 빛내줄 신선한 노지 채소들이 그것이다. 또한 진도와 해남 등에서는 김장채소를 수확하고 난 자리에 봄동을 심어 자라기 시작하고 이삼월에 수확하는 조생종 양파가 한창 커간다. 가을에 파종해서 겨울 수확을 앞둔 신안의 섬초, 남해의 남해초, 포항의 포항초 등도 밭에 푸르름을 더한다. 결코 넓지 않은 땅덩이지만 우리 국토의 남쪽은 겨울에도 밭작물 재배가 가능한 것이다.

가을이 깊어가면 밭작물뿐만 아니라 온대성 과일도 수확을 마쳐야 한다. 과수 농가에서는 가을과일의 대명사인 사과, 배의 수확을 모두 마쳤으니 제일 맛난 사과, 배를 만날 때가 11월이다. 아삭하고 시원한 배와 새콤달콤한 사과가 제철밥상의 후식으로 오르기에 제격이다. 껍질만 벗겨 바로 먹는 단감과 청도의 반시, 상주의 둥시, 하동의 대봉시 등의 수확이 절정을 지나고 있다. 청도와 상주 등 감 주산지에서는 11월부터 수확을 끝

늦가을 무렵 고흥과 거제 등에서는 샛노랗게 익은 유자의 본격적인 수확이 이루어진다.

낸 감으로 감말랭이와 곶감 건조 작업이 한창일 때다. 좀 더 남쪽의 고흥과 거제 등 해안지방에서는 11월 말까지 단감의 수확이 이루어진다.

그리고 제주에서는 이달부터 조생귤 수확이 본격적으로 이루어진다. 비타민 C와 베타카로틴 등의 건강기능성 성분이 풍부해 차가운 계절에 어울리는 과일이다. 특유의 신맛 때문에 생과로는 먹지 않으나 차나 청으로 만들면 향이 좋은 모과와 유자도 11월이 제철이다. 시장에 나가 누렇게 익은 모과로 차를 담가 모과 향 그윽한 한 잔의 차로 만추의 정취를 느낄 수 있다. 고흥과 거제 등 유자의 주산지에서도 유자 수확을 시작한다. 누렇게 익은 모과는 차를 담고, 샛노란 유자로는 청을 담가 1년을 준비할 때다.

과일과 작물의 수확이 끝나고 논밭이 겨울의 기나긴 휴식에 들어가는 11월은 우리 연안에서 난류성 어종들이 한류성 어종들로 철 바꿈을 하는 달이다. 12월 있을 산란을 위해 도루묵이 동해 연안으로 몰려들고 도치, 삼세기, 물메기, 꼼치 등의 한류성 물고기들도 얕은 바다로 붙는다.

정착성 어종인 가자밋과의 어류도 겨울 산란을 앞두고 한창 맛이 오르는 달이기도 하다. 우리가 흔히 도다리라고 부르는 문치가자미가 제일 맛있을 때가 지금이다. 다들 문치가자미의 제철을 봄으로 부르지만, 실상 맛과 영양이 가장 뛰어날 때는 늦가을 무렵이다. 봄에 산란을 마친 문치가자미는 지방이 빠지고 살이 푸석거려 횟감으로는 마뜩치

산란을 위해 남쪽 바다로 이동하는 오징어는 이맘때 살이 제일 실해서 두툼한 살이 제대로 씹는 맛을 느낄 수 있다.

않다. 쑥과 함께 도다리쑥국이나 끓이면 모를까.

　고등어와 갈치, 오징어, 꽃게, 방어 등 난류성 어종들은 따뜻한 제주 남쪽 바다에서 월동하기 위해 마지막 남하를 서두르는 달이기도 하다. 난류성 어류는 봄에 북상하는 것보다 늦가을부터 초겨울 사이에 남하하는 것이 맛있다. 11월은 가까운 바다에서 난류성 어종들을 잡을 수 있는 마지막 기회다. 겨울이 가까울수록 잡히는 양은 적지만 맛은 그만큼 뛰어나다.

　산란을 위해 제주 남쪽 바다로 이동하는 오징어는 지금이 제일 살이 많을 때다. 살이 어찌나 두툼한지 제대로 씹는 맛을 느낄 수 있다. 오징어볶음, 숙회 등 반찬이나 안주용으로 제격이다. 반건오징어나 마른오징어도 지금 잡히는 것을 최고로 친다. 이 시기에는 울릉도를 포함한 경북 일대 바다에서 많이 잡힌다. 꽃게도 겨울을 나기 위해 먼바다로 떠나기 전 진도 등의 서남해 연안에서 더러 잡히는데 살이 꽉 차서 그 어느 때보다 맛이 뛰어나다. 가을 수꽃게뿐만 아니라 여름 산란을 마친 암꽃게도 다시 통통하게 살이 붙는다. 제주 모슬포 앞바다는 더 남쪽으로 이동하는 방어들의 1차 집결지인데 11월부터 본격적인 제철 방어잡이가 시작된다.

388

　날이 차가워지면 패류도 다시 맛이 든다. 겨울이 다가오면 가장 맛있어지는 해산물 가운데 하나가 굴이다. 굴은 바닷물이 차가워질수록 더 맛을 낸다. 국내 양식 굴의 최대 산지인 경남 통영에서는 이미 10월부터 굴 경매가 시작된다. 11월은 김장철이기도 한데 굴은 김장과 찰떡궁합이다. 생굴과 삶은 돼지고기를 김장소와 함께 절인 배추에 싸서 먹으면 그야말로 이달에 만날 수 있는 최상의 맛 중 하나다.

　바지락, 가무락, 백합조개 등이 여름 산란을 끝내고 다시 살이 두툼하게 오르는 달이다. 패류의 여왕 백합조개는 1월이 절정기인데 이미 맛이 충분히 들었다. 그리고 부산 낙동강 하류의 명지에서는 명주조개 채취가 한창이다. 표준명이 개량조개이지만 낙동강 하구 명지에서 많이 난다 하여 명지조개, 명주조개라 불린다. 담백하면서도 농후한 맛이 일품이다.

　순천만, 여자만 청정갯벌에서 잡히는 벌교 참꼬막도 이달부터 본격적으로 채취된다. 우리가 어물전에서 흔히 볼 수 있는 꼬막은 새꼬막으로, 참꼬막에 비해 성숙 기간이 짧아 가격이 싼 대신 참꼬막보다 맛이 떨어진다. 참꼬막은 11월부터 1월까지가 제철이다.

날이 푸근한 남부지방이나 대도시에서는 보통 11월 말이나 12월 초순 무렵에 김장을 한다. 경기 북부나 강원지방에서는 11월 말만 해도 기온이 영하로 떨어지니 김장 시기가 보름쯤은 빠르다. 그래도 보통 11월 중순은 돼야 본격 김장철이라 할 수 있다. 무는 기온이 영하로 떨어지기 전에 뽑아놔야 하지만 배추는 영하 3~4도까지는 견딜 수 있다. 12월 김장도 늦지는 않다. 가정에서 손쉽게 김장을 할 수 있도록 해주는 절임배추가 대략

소김장을 위한 총각무를 9월 말쯤 따로 심어 11월 중순경 총각김치를 담근다.

12월 중순까지 판매되니 김장철은 딱 이때까지다.

그런데 총각김치를 담그는 알타리무는 기온이 영하로 떨어지기 전에 수확을 해야 한다. 수확시기가 늦으면 냉해를 입거나 무에 심이 생겨 김치를 담가도 먹기가 나쁘고 맛이 없다. 그때가 10월 말경부터 11월 중순 이전이다. 본격적인 김장철이 오기 전에 총각김치 먼저 담가야 한겨울에 맛있게 먹을 수 있는 것이다. 잔잔한 크기의 통무로 담가 숙성기간이 오래 걸리는 동치미를 이때 함께 담그기도 한다. 김장 전에 이렇게 총각김치나 동치미를 담그는 것을 작은 김장이란 의미의 소김장이라 부른다. 총각김치나 동치미를 미리 담가두면 김장 때 일이 줄어서 좋다.

우리도 꼭 소김장을 해야 한다는 강박관념에서가 아니라 한겨울에 먹는 총각김치 맛에 반해 김장 전에 총각김치를 담근다. 알타리무는 보통 50일쯤 길렀을 때 가장 맛이 좋다. 그래서 우리는 9월 말쯤 심어서 11월 중순쯤 수확하는 알타리무로 총각김치를 담근다. 이 무렵의 알타리무가 무청의 길이도 적당하고 무도 아삭하니 맛있다.

식구들이 총각김치를 좋아하고 한겨울에 맛있게 먹을 수는 있지만 무턱대고 많이 담그지는 않는다. 김장 배추김치에 비해 맛이 빨리 변하기 때문에 맛이 들었을 때 얼른 먹어 치워야 하기 때문이다. 4인 가족 기준으로 12리터짜리 김치통으로 한 통 담그면 한동안 맛있게 먹을 수 있다. 국물도 잘박하게 담근 시원하고 아삭한 식감의 총각김치가 배추김치와는 또 다른 매력을 준다.

소김장 무렵에 총각김치와 함께 우리가 잊지 않고 담그는 게 동치미다. 소김장이라고 해서 총각김치와 동치미를 함께 담그는 것이 아니라 그저 시간 날 때 하루는 총각김치, 하루는 동치미 식이다. 한꺼번에 모든 걸 하려면 일이지만 시간 여유가 있을 때 조금씩 하면 즐거움이다. 맛있다를 연발하며 동치미를 먹어줄 가족을 생각하면 동치미 담그는 번거로움쯤이야 별것 아니다.

단맛이 오롯이 든 가을무동치미는 여름동치미보다 부재료가 단순하다. 맛있는 무와 쪽파, 마늘, 생강, 양파, 배만 있으면 된다. 여기에 소금물에 잘 삭힌 청양고추 한 줌 넣어주면 그 칼칼한 맛이 시원한 맛을 한층 높여준다. 삭힌 고추가 안 들어가면 이상하게도 내가 생각하는 동치미 맛이 안 난다. 삭힌 고추 한 줌이 동치미와 함께 숙성되면서 동치미 맛을 오묘하게 끌어올리는 것이다.

가을무동치미는 담그는 법도 별로 어렵지 않다. 우선 무를 잘 골라야 하는데 매끈하고 너무 크지 않은 것이 좋다. 물론 큰 무는 길이로 반 잘라 담그면 된다. 무는 청이 있

가을무동치미는 무가 워낙 맛있으니 부재료도 단순하다.

던 부분과 꼬리를 잘라내고 깨끗이 씻어 물기를 말린다. 함께 넣을 마늘과 생강은 통으로, 양파와 배는 적당한 크기로 잘라 베주머니에 넣어 용기 밑에 깐다. 그 위에 무를 차곡차곡 올리고 쪽파와 절인 고추를 얹는다. 쪽파는 가지런히 잎 부분으로 묶어주면 깔끔하다. 그리고 마지막으로 짭짤하다 싶은 염도의 소금물을 넣어주면 동치미 담그기 끝이다.

이렇게 담근 동치미는 20일 이상 상온에서 숙성시켜야 제맛이 난다. 11월의 기온도 동치미의 발효 숙성에 알맞아 볕이 안 드는 베란다에 놓아두면 된다. 적당히 익은 맛이 나면 냉장 숙성을 하는데 이 과정을 거쳐야 무 속 깊이까지 맛이 든다. 겉은 익었는데 속은 간도 안 들고 매운맛이 나는 것은 충분한 숙성 과정을 거치지 않았기 때문이다. 번거로운 것 같지만 때를 놓치지 않고 베란다에서 냉장고로 동치미 통을 옮겨 넣기만 하면 되는 일이다. 그리고 스스로 익어 맛을 낼 때까지 충분히 기다린다.

소김장 때 담가놓은 동치미는 한겨울에 진가를 발휘한다. 뜨겁고 걸쭉한 겨울밥상에 잡맛 없이 시원한 동치미 한 대접 올리면 금상첨화다. 동치미의 시원한 맛이 입안을 개운하게 닦아주니 뭘 먹어도 그 맛이 새록새록 살아난다. 칼바람이 씽씽 부는 겨울날 따뜻한 실내에서 먹는 동치미도 각별하다. 긴긴 겨울밤 속이 출출할 때 국수 한 움큼 삶아 동치미국물에 말아도 좋고, 뜨거운 군고구마와 함께라면 더욱 좋다. 호호 불어가며 먹는 군고구마와 동치미만큼 궁합이 잘 맞는 음식도 없을 것이다.

소김장 무렵 기회가 닿으면 빼놓지 않는 것이 쪽파김치다. 김장용으로 종근을 심어 재배한 쪽파도 11월이 넘어가면 잎 끝이 노랗게 말라간다. 일종의 노화현상인 것이다. 그전에 쪽파를 뽑아 김치를 담가야 질기지 않고 제맛이 난다. 우리도 강화농장의 쪽파가 넉넉하면 그걸 뽑아다 담그고, 회원들 김장에 넣을 양밖에 안 나올 때는 재래시장에서 사서 담근다. 쪽파는 뿌리 부분이 가느다란 것이 순한 맛을 낸다. 뿌리가 굵은 것은 도마에 대고 칼로 한 번 힘껏 눌러주면 적당히 으깨지면서 김치를 담갔을 때 간과 맛이 속까지 밴다.

쪽파김치는 새우젓과 멸치액젓으로 간을 해야 제맛이 난다. 고춧가루도 조금 넉넉히 넣어야 좋다. 여기에 매실액이나 설탕을 조금 넣어 단맛을 낸다. 다진 마늘은 조금 넣어도 되지만 없으면 안 넣어도 괜찮다. 그리고 쑤어 식혀놓은 찹쌀풀을 넣고 골고루 버무려주면 된다. 쪽파를 따로 절이지 않기 때문에 자기 입맛보다 조금 짠 듯 양념을 해야 익었을 때 간이 맞다.

이렇게 담근 쪽파김치는 버무려서 바로 먹어도 맛있다. 뜨거운 밥에 쪽파 한 가닥 척 얹으면 이 또한 밥도둑이다. 알싸한 파 맛이 거북스러우면 충분히 익혀서 먹으면 된다.

홍탁삼합에는 푹 익힌 쪽파김치가 어떤 묵은지보다 잘 어울린다.

우리는 무쳐서 바로 몇 번 먹고 나머지는 상온에서 아예 푹 익혀서 먹는다. 쉬어 꼬부라지도록 놔뒀다가 냉장 보관하면서 두고두고 먹는다. 일단 냉장고에 들어가면 맛이 쉬 변하지 않기 때문에 생각날 때마다 조금씩 오래 두고 먹을 수 있다.

아예 푹 익힌 쪽파김치는 뜨거운 밥에 얹어 밥반찬으로 제격이지만 더 빛을 발할 때는 고기를 먹을 때다. 우리 집은 삼겹살 등 구운 고기의 추방을 선언한 지 꽤 됐다. 가급적 직화나 팬에 굽기보다는 삶거나 쪄서 먹는다. 하지만 입이 간사해서 어쩌다 한 번씩은 삼겹살구이를 안 먹을 수가 없다. 고기를 구우며 잘 익은 쪽파김치가 없으면 어찌 뭔가 하나 빠진 듯 허전하다. 그리고 겨울이 되면 제철 홍어도 한 번씩 먹어줘야 하는데 홍탁삼합에 묵은지 대신 쪽파김치를 넣으면 그 맛이 환상이다.

사과와 배, 대추 등 가을과일들의 수확이 모두 끝나는 11월 말이 되면 남녘에서 유자의 수확이 시작된다. 유자나무는 감귤속의 식물 중 내한성이 비교적 강하지만 전남의 고흥과 장흥, 완도 그리고 경남의 거제, 통영 등 섬이나 바닷가에서 잘 자라고 많이 재배된다. 그러다 보니 중부 내륙의 추운 지방 출신인 내가 유자와 친해진 것이 불과 몇 년 되

샛노랗게 익어가는 유자가 마치 녹색 주단에 금가루를 뿌려놓은 듯 아름답다.

지 않는다. 신맛이 강해 생과로는 먹을 수 없고 설탕과 함께 유자청을 담가 차로 향과 맛을 즐기는 식재료인 데다 매실청이나 오미자청처럼 많이 알려진 것이 아니어서 가까워질 기회가 없었던 것 같다.

식재료로서 유자에 관심을 갖게 된 계기는 어느 해 꽤 격식 있는 한정식집에서 유자청드레싱을 얹은 샐러드를 맛보고 나서부터였다. 싱싱한 채소 샐러드에 얹는 드레싱은 원재료의 맛에 상큼함을 더해주려고 새콤달콤한 맛의 과일을 넣는데 이날 먹은 샐러드에서는 은은한 유자 향이 일품이었다. 사과나 키위, 오렌지 등 대중적인 드레싱 과일 대신 유자청을 넣은 것이다. 유자는 원래 그 향과 맛이 강해 다른 식재료의 맛을 가리기 십상인데 적당히 넣으면 이렇게 매혹적인 향과 맛의 샐러드가 될 수 있구나 싶었다.

초겨울이면 으레 고흥에서 직접 유자를 사서 유자청을 잔뜩 담그는 것은 아마도 그 샐러드를 먹은 해부터였던 것 같다. 유자의 그 새콤쌉싸름한 향에 반해 해마다 빼놓지 않고 1년 먹을 유자청을 담가왔던 것이다. 유자는 껍질과 과육이 치밀한 편이 아니어서 무게가 많이 나가지 않는다. 10킬로그램 한 박스를 구입해 청을 담그면 대략 8리터짜리 유리병 한 병 반 정도의 양이 나온다. 그만한 양이면 우리 네 식구가 겨우내 생각날 때마다 차로 마시고 이런저런 샐러드드레싱으로 쓰기에 부족함이 없다.

그런데 유자 10킬로그램을 청으로 담그는 작업이 그리 만만치는 않다. 매실이나 오미자 등의 과일은 그냥 깨끗이 씻어서 물기를 말린 다음 설탕과 함께 켜켜이 담그면 그만이지만 유자는 일일이 얇게 채를 썰고 씨를 빼가며 담가야 하기 때문이다. 혼자 하려면 씻어 물기를 닦아내고 채를 썰어 담그는 데까지 서너 시간은 족히 잡아야 한다. 건강하고 맛난 음식으로 만들어져 가족들이 즐겁게 먹으리란 상상이라도 하지 않으면 참 팍팍한 작업이다.

늦가을 무렵에 유자청을 10킬로그램쯤 담그면 1년 내내 차로, 음식의 소스로 넉넉히 쓸 수 있다.

유자처럼 수분이 많은 과일로 청을 담글 경우 보통 동량의 설탕을 넣지만 유자만큼은 우리는 30~40퍼센트 정도의 설탕만 넣는다. 설탕을 넣는 이유는 삼투압의 차이에 의해 과육세포 안에 있는 즙을 추출하고 부패나 변질을 막기 위한 것이다. 그런데 다행히 유자의 제철이 초겨울 무렵이어서 설탕을 조금 덜 넣어도 이듬해 여름이 되기 전까지는 베란다에서도 직사광선만 받지 않으면 변질되지 않는다. 날이 더워지면 적당한 용기에 덜어서 냉장 보관하면 된다. 그리고 통으로 담그지 않고 일일이 채를 썰어 세포를 파괴해주기 때문에 유자즙의 추출은 걱정하지 않아도 된다.

이렇게 유자 10킬로그램쯤으로 유자청을 담가놓으면 이듬해 다시 유자 철이 돌아올 때까지 차로, 또는 여러 음식의 소스로 아주 요긴하게 쓰인다. 아들은 몸이 피곤하거나 감기 기운이 있다 싶으면 스스로 유자청을 한두 술 듬뿍 퍼서 컵에 넣고 뜨거운 물을 부어 마신다. 우려낸 물만 마시는 게 아니라 새콤쌉쌀해서 조금 거북스러울 법도 하건만 밑에 가라앉은 유자까지 살뜰하게 건져 먹는다. 그러면서 겨울에는 유자차만 한 것도 없다고 한마디 던진다.

자신의 증상에 맞는 감기약이 아닌 이상 유자차 한 잔에 당장 감기가 떨어질 리는 없지만 유자가 감기의 예방과 치료에 도움이 되는 것은 사실이다. 유자에는 비타민 C가 많기로 정평 있는 레몬보다 비타민 C가 3배나 많이 들어 있다. 또한 유자에는 새콤한 맛의 구연산이 4퍼센트나 들어 있어 몸의 피로를 풀어주고 소화액의 분비를 돕는다. 모든 질병이 다 그렇지만 감기도 피로물질이 쌓여 면역력이 떨어질 때 잘 걸린다. 피로를 풀어주고 면역력을 강화시키는 성분들이 다량 함유된 유자차를 마시고 몸이 가뿐해진 것 같은 느낌을 갖는다면 그보다 좋은 일이 어디 있으랴.

깨끗이 씻어 물기를 날린 유자를 껍질과 알맹이까지 가지런히 채를 썰어 설탕과 함께 버무려 넣는다.

아들만큼은 아니지만 다른 가족들도 몸이 힘들거나 감기 기운이 있다 싶으면 유자차를 찾는다. 진한 유자 향을 뿜어내는 뜨거운 차 한 잔이 몸에 위안을 준다고 느끼기 때문이다. 그러나 우리가 유자청을 더 애용하는 데는 샐러드드레싱이다. 은은한 향과 맛이 좋을 뿐만 아니라 유자청만 있으면 쉽게 만들 수 있어 편리하기 때문이다. 특히 가열로 인한 비타민 C의 파괴를 최소화할 수 있어 더욱 좋은 쓰임새가 아닐까 싶다.

우리는 계절에 관계없이 양배추샐러드를 참 많이 먹는 편이다. 얇게 채 썬 양배추에 닭가슴살을 삶아 결대로 찢어 얹으면 고른 영양을 섭취할 수 있을 뿐만 아니라 적당히 포만감을 주기 때문이다. 이 양배추닭가슴살샐러드에 유자청을 넣은 드레싱만 한 것이 없다. 바쁠 때는 그저 올리브유에 발사믹식초만 잘 섞어 끼얹기도 하지만 유자청드레싱을 쓰면 그 맛과 향이 한층 업그레이드돼서 가족들의 손길이 더 자주 간다.

유자청드레싱이라 해서 특별한 건 없다. 일반 드레싱 재료에 단맛을 내는 설탕이나 꿀 대신 유자청을 넣고, 유자청은 신맛이 강하므로 식초나 레몬즙을 조금 적게 넣을 뿐이다. 원재료를 달리해도 매일 똑같은 드레싱은 식상하므로 두어 가지 드레싱 레시피에 익숙해져 번갈아 만들어 먹으면 좋다. 우리도 사과가 있을 때는 사과와 양파, 당근을 유자청과 함께 갈아 만들고, 이런 재료들이 없을 때는 마요네즈에 유자청을 섞어 간단히 만든다. 대략 다음과 같은 비율로 섞어 블랜더나 믹서에 갈아주면 입맛에 맞는다.

1. 과일 유자청드레싱: 사과 1/4쪽, 양파 1/8쪽, 당근 한 조각(당근은 드레싱의 색깔만 내준다 싶을 정도면 된다), 유자청 2큰술, 양조간장 3큰술, 식물성 기름 3큰술, 식초나 레몬즙 2큰술, 생수 2큰술
2. 마요네즈 유자청드레싱: 유자청 2큰술, 마요네즈 5큰술, 식초나 레몬즙 2큰술, 소금 1작은술(단맛이 모자라면 꿀이나 올리고당 1큰술 정도 넣으면 적당하다)

연근 철에는 유자청의 쓰임새가 하나 더 늘어난다. 살짝 데쳐 얇게 썬 연근을 유자청에 재웠다 먹으면 달콤새콤 아삭하게 씹히는 연근의 맛이 각별하다. 모양을 내려면 유자 껍질만 아주 얇게 채를 썰어 따로 유자청을 담그면 좋다. 껍질과 속을 함께 담근 유자청을 곱게 갈아서 재워놓아도 괜찮다. 유자와 연근도 철이 비슷하니 겨우내 우리 집 밥상에 자주 올라오는 음식이다.

11월은 우리나라 전역에서 김장이 시작되는 달이다. 기온이 상대적으로 높은 대도시나 남부지방에서는 조금 늦고, 경기 북부와 강원지방에서는 11월 초순부터 김장을 한다. 별로 크지 않은 땅덩이지만 기후에 따라 작물의 생장은 물론 김장도 한 달 가까이 차이를 보인다. 그러니 식재료의 제철을 정하는 기준도 지역에 따라 약간씩 차이가 있을 수밖에 없다.

　11월부터 시작되는 김장과 굴은 떼려야 뗄 수 없는 관계로 엮여 있다. 대부분의 가정에서 김장을 하며 깐 굴 사는 걸 잊지 않는다. 우리도 김장 때면 으레 삶은 돼지고기와 굴을 빼놓지 않는다. 절인 배추에 편육 한 점, 굴, 김칫소를 얹어서 먹는 가정식 보쌈의 맛을 어떻게 빼놓을 수 있을까. 그것도 김장 때가 아니면 쉬 맛볼 수 없으니 더욱 귀한 맛이다. 굴을 좋아하는 집에서는 아예 김칫소에 굴을 함께 넣어 버무리기도 한다.

　김장철에 굴이 더 각광을 받는 것은 굴의 제철과도 연관이 깊다. 굴은 보통 바닷물이 따뜻해지는 오뉴월에 산란과 방정을 한다. 그런데 굴은 산란시기가 되면 밀리톡신이라는 독성을 가지게 된다. 맹독은 아니지만 많이 먹을 경우 복통과 설사를 동반할 수 있다. 산란을 마치고 나면 맛과 영양도 뚝 떨어지니 굳이 이때 굴을 찾을 이유가 없다. 또한 이때부터 가을까지는 따뜻해진 바닷물에

김장철이 다가오면 굴도 제철을 맞아 맛과 영양이 한껏 높아진다.

비브리오균을 비롯해 살모넬라, 유해 대장균 등이 많아져 생굴은 가급적 먹지 않는 것이 좋다.

서양에서도 알파벳 R자가 들어간 9월부터 이듬해 4월까지 굴을 먹는다고 한다. 5월부터 8월까지는 굴을 먹지 않는 것이다. 그러나 유럽과 기후 조건이 조금 다른 우리나라에서는 보통 바닷물이 조금씩 차가워지는 10월부터 굴을 먹기 시작한다. 국내 최대의 양식 굴 산지인 통영에서도 10월 중순 이후 굴의 첫 경매가 시작된다. 그래서 이듬해 3월까지 통영의 양식 굴이 출하된다. 국내에서는 굴의 제철이 산란 후 다시 맛과 영양이 풍부해지는 시기가 11월부터 이듬해 3월까지다.

그런데 통영보다 조금 북쪽에 있는 충남 서산과 태안반도 일대에서는 굴이 제일 맛있어지는 시기가 4월이라고 한다. 아무래도 통영보다는 바닷물이 차가워 산란시기가 조금 늦어질 수 있는데 산란 직전의 굴 맛이 최고조로 올라 그러지 않을까 싶다. 아무튼 굴은 찬바람이 불면서 먹기 시작해 기온이 다시 오를 때까지 제철밥상에 올릴 수 있는 식재료로 보면 맞다.

겨울이 제철인 굴은 추운 계절을 이겨낼 수 있는 영양도 풍부한 식재료다. 서양에서는 굴을 흔히 바다의 우유라 하는데 뽀얀 속살과 풍부한 영양 덕분에 그런 호칭을 얻지 않았을까 싶다. 실제로 굴에는 질 좋은 단백질을 비롯해 비타민 A와 B1, B2, B12는 물론

굴은 질 좋은 단백질과 비타민, 철분, 칼슘, 아연 등의 미네랄이 풍부한 자연식품이다.

철분, 칼슘, 아연 등의 미네랄이 많이 들어 있다.

특히 타우린과 글리코겐도 많이 함유하고 있어 각종 성인병에 도움이 되는 데다 칼로리까지 낮으니 높은 열량의 음식을 먹고 사는 현대인들에게 참 좋은 식품이 아닐 수 없다. 굴에 풍부한 아연 성분이 남성호르몬 테스토스테론의 생성 및 활동을 촉진한다 하여 최고의 보양식품으로 치기도 한다. 그러나 카사노바가 되려는 사람이 아니고서야 뭐 그리 큰 의미를 둘 바는 아니다.

풍부한 영양과 맛으로 세계인의 입맛을 사로잡은 시판 굴은 대부분 양식으로 보면 맞다. 국내에서도 자연산 굴이 일부 나오기는 하지만 그 양이 많지 않아 산업적 의미가 크지 않다. 그리고 패류는 양식이라고 해도 양식 어류와 달리 자연산에 가깝다. 정기적으로 사료를 주지 않아도 되고 감염과 질병을 막기 위해 항생제를 투여하지 않아도 된다. 그저 종패를 뿌리거나 종패가 붙을 수 있는 조가비 등을 바다에 놓아두면 된다. 그러면 바다와 펄이 알아서 굴이나 조개 등의 패류를 키운다. 양식 굴이 자연산 굴과 크게 다르지 않은 이유다. 미각이 특별히 예민하거나 꼭 자연산이어야만 하는 게 아니라면 굳이 비싸고 귀한 자연산 굴을 찾을 것은 아니다.

양식 굴도 양식방법 및 양식지역의 바다환경에 따라 맛에서 조금씩 차이가 있다. 지금 국내에서 가장 많이 시도되고 있는 양식방법은 수하식(垂下式)이다. 튼튼하고 기다란 줄에 굴의 종패가 붙을 수 있도록 가리비나 굴 껍질을 매달아 바다에 고정시켜놓는 양식법이다. 그러면 굴의 유생이 조가비에 붙어 치패로 변태를 하고 거기서 자라는 것이다. 보통 굴의 산란기 이전인 봄에 굴 양식용 줄을 설치하고 충분히 성장한 이듬해 가을부터 채취를 시작한다.

수하식 굴 양식방법은 국내 최대의 굴 산지인 통영 등 남해안부터 충남 서산 등 서해안지방까지 두루 시도되고 있다. 양식 굴들의 대부분이 수하식으로 길러져 출하된다. 그런데 조수간만의 차가 크지 않은 남해의 굴은 1년 내내 물속에 잠겨서 자란다. 반면 조수간만의 차가 큰 서해의 굴은 하루의 절반을 물 밖에서 지내게 된다. 그러니 자연 남해에서 자란 것은 통통하게 크고, 서해에서 하루에 반만 자란 것은 작고 단단할 수밖에 없다. 서해 것이 맛과 향이 진한 이유다.

남, 서해의 굴은 크기나 맛에서 차이가 날 뿐만 아니라 몸통 가장자리에 붙어 있는 물날개도 서해 것이 더 발달해 있다. 아마도 하루의 절반을 햇볕에 노출된 채로 살아야 하는 극한환경 탓이 아닐까 싶다. 굴은 몸통이 미끈해서 양념이 잘 묻지 않는데 물날개가 잘 발달해 있으면 양념이 고루 배이게 된다. 굴에 천일염을 뿌려 발효 숙성시킨 뒤 갖은 양념에 무치는 어리굴젓이 서산을 중심으로 발달하게 된 것도 서해 굴의 이런 특성 때문에 가능했던 것이다.

서해안지방에서는 한때 밀물과 썰물이 교차하는 조간지대에 넙적한 돌멩이를 적당한 간격으로 놓아 굴이 붙어 자라도록 한 투석식(投石式) 양식방법도 있었다. 자연산 굴이 조간지대의 바위에 붙어 자라는 것을 보고 착안하게 된 옛 방식이다. 자연산에 가장 가까운 굴 양식인 셈이다. 하지만 이제 투석식으로 양식한 굴은 많지 않다. 다른 양식방법에 비해 산출량이 적고 굴의 제철인 겨울에 바다에 직접 나가 굴을 따야 하는 고된 노동을 동반하기 때문이다.

그리고 최근에 새롭게 굴 양식방법으로 각광받고 있는 것이 입망식(入網式)이다. 그물보자기 속에 종패라 부르는 새끼 굴을 넣고 일정한 깊이로 걸어놓아 키우는 방식이다. 깊은 물속에 완전히 잠기게 하는 수하식보다 높게 그물망을 고정시켜놓음으로써 하루 두 번씩 공기 중에 노출된다. 상대적으로 조수간만의 차가 작은 남해에서 서해처럼 하루 두 번 외기에 노출시키며 굴을 키우는 것이다.

망에 새끼 굴을 넣고 일정한 높이로 걸어놓아
하루 두 번씩 공기에 노출되도록 해서 양식하는 방식이 입망식이다.

망에 넣어 낱개로 2년 동안 키운 굴이라 크기가 고르고 살이 통통하게 쪘다.
(사진 제공: 굴 키우는 남자 최성진 님_ http://www.oysterfarmer.co.kr)

 이렇게 키우는 굴들은 아무래도 늘 깊은 물속에 잠겨 있는 수하식 양식 굴보다 자라는 속도가 느리다. 공기에 노출된 시간에는 굴이 뚜껑을 꼭 닫은 채 먹이활동을 할 수 없기 때문이다. 성장 속도가 더딘 대신 맛과 향은 수하식 굴보다 더 깊고 진한 편이다. 또한 육지로부터 더 멀리 떨어진 바다에서 양식을 하기 때문에 육지의 오염에 영향을 덜 받고 배설물 분해도 빨라 친환경적이라고 한다.

 굴을 키우는 방식에 따라 굴의 맛과 향이 아주 큰 차이를 내는 것은 아니다. 오히려 양식방식보다는 어디서 양식을 하느냐가 더 큰 차이를 가져온다. 바다환경에 따라 먹이의 내용이 달라지기 때문이다. 갯벌이 잘 발달한 서해와 청정해역인 남해에서 키운 굴의 맛이 서로 조금씩 다른 까닭이 여기에 있다.

하지만 좀 더 나은 식재료를 선택해야 할 때는 양식방식도 따지게 된다. 물론 어떤 음식을 만들 것인가에 따라 선택을 달리하지만 찜이나 구이 등 통굴이나 각굴이 필요할 땐 주저 없이 수하식보다는 입망식 굴을 고르게 된다. 일단 같은 바다라도 육지에서 멀리 떨어진 곳에서 양식할 뿐만 아니라 맛과 향이 더 풍부하게 느껴지기 때문이다. 특히 수하식 굴과는 달리 서로 붙어 자라지 않고 낱개로 키운 개체 굴이어서 모양이나 크기가 균일하고 깨끗하다. 그러니 조금 비싸더라도 좋은 식재료가 필요할 때는 굳이 입망식 양식굴을 택하게 되는 것이다.

이렇게 껍질을 까지 않은 각굴은 그저 굽거나 쪄서 먹으면 된다. 일반 가정에서는 구이보다 찜을 추천한다. 불을 피울 만한 공간이 있더라도 불 위에서 굴이 익는 동안 껍질이 튀어 화상의 위험이 있기 때문이다. 그리고 굴구이는 굴 내부의 수분이 날아가 짠맛이 높아지기 때문에 굴 특유의 단맛이 가려진다. 반면 높은 온도의 수증기로 찌는 방식은 불을 피우는 번거로움이 없을 뿐만 아니라 맛과 향이 잘 보존돼 가정에서 굴의 참맛을 느끼기에 손색이 없다. 우리도 겨울이면 10킬로그램 단위의 박스로 주문해 커다란 찜기에 쪄서 가족들이 올망졸망 둘러앉아 껍질 벌린 굴 까먹기를 즐긴다. 서너 번은 해야 겨울이 간다.

굴국이나 무침, 물회, 전 등의 음식에는 각굴보다 껍질을 벗기고 깨끗이 세척한 생굴이 알맞다. 익히지 않은 굴은 껍질을 열기 너무 어렵다. 괜히 까보겠다고 칼을 들고 나섰다가는 자칫 손을 다치기 일쑤다. 우리는 매생이굴국이나 물회, 혹은 생굴로 먹을 때는 서남해안의 갯벌에서 자란 것을 주문한다. 자연산이나 양식을 특별히 구분하지 않지만 특별한 자리에는 해남의 마갈마을에서 향이 좋은 자연산 굴을 구입한다. 굴전은 조금 사이즈가 있는 굴이라야 하기 때문에 통영에서 키운 양식 굴도 좋다.

굴전은 사이즈가 있는 굴이라야 하기 때문에 통영 양식 굴도 훌륭하다.

도루묵은 우리 동해를 비롯해 러시아, 일본, 캄차카반도 등 북서태평양에 두루 서식하는 냉수성 어종이다. 먹이로는 새우나 작은 오징어, 해초 등을 가리지 않는 잡식성이다. 평소에는 수심 200~400미터의 깊은 모래질 바닥에서 산다. 그러다 가을이 깊어가면 서서히 해조류가 무성한 수심 10미터 안팎의 얕은 연안으로 몰려들기 시작한다. 초겨울 산란을 위해서다.

연안으로 몰려온 도루묵 떼는 왕성한 먹이활동을 하며 산란을 준비해서 12월부터 본격적으로 알을 낳기 시작한다. 이 무렵의 도루묵은 살보다 알 맛에 먹는데 알이 완전 성숙되는 산란 직전까지 가면 질기고 맛이 떨어진다. 포란을 시작할 무렵의 알도루묵이 제일이다. 따라서 알이 들어차기 시작하는 11월부터 12월 초순까지가 알도루묵의 제철이다. 초겨울이면 최북단 강원 고성에서 경북 울진까지 동해안의 모든 연안에서 도루묵을 볼 수 있다. 경북보다는 고성, 속초, 주문진 등 동해 북부에서 많이 난다.

도루묵은 이런 생태보다 그 어원에 대해 더 많이 알려진 생선이다. 이른바 임진왜란 때 피란을 갔던 선조 임금의 이야기다. 피란지 의주에서 먹은 묵어라는 물고기에 은어라는 이름을 하사했는데 궁에 돌아와서 먹어보니 맛이 없어서 다시 묵어라 부르라 해서 도루묵이 됐다는 것이 골자다. 도루묵 철만 되면 온갖 매스컴과 인터넷에 이런 이야기가 떠도니 한 번쯤은 들어보았을 것이다.

하지만 제법 그럴싸하게 들리기는 해도 별 근거는 없는 이야기다. 14대 임금 선조가 한양에서 의주까지 피란을 가는 동선이 주로 서해 쪽이다. 그런데 도루묵은 서해에는

가을이 깊어가면 수심이 낮은 동해 연안으로 도루묵이 몰려든다.

없고 동해에서 난다. 그렇다 보니 선조가 동해 쪽 함경도 피란지에서 먹었다는 이야기도 하는데 함경도 피란은 어떤 기록에도 없다. 그저 항간에 떠도는 설화일 뿐이다.

설사 선조 임금 도루묵 어원설이 사실이라고 해도 맛이 없어서 도로 묵어라 한 것에는 동의할 수 없다. 산해진미 가운데 놓인 도루묵이 선조의 입맛에는 안 들었을지 몰라도 도루묵은 참 맛있는 생선이다. 비린내와 같은 생선 특유의 잡내가 하나 없고 순백색의 살은 한없이 부드럽다. 거기다 입안에서 톡톡 터지는 고소한 알까지 배고 있으니 초겨울 무렵 제일 맛난 생선 중 하나이지 싶다.

도루묵을 조리해서 내놓는 가장 흔한 방식이 찌개나 조림, 구이다. 한창 제철인 가을 무와 대파, 청양고추를 넉넉하게 넣고 국물을 잘박하게 잡아서 찌개를 끓이면 무와 대파의 시원한 단맛에 도루묵의 깔끔한 감칠맛까지 어우러져 일품이다. 부드러운 살은 씹을 것도 없이 넘어가고

구중궁궐 산해진미에 쌓인 도루묵이 선조의 입맛에 안 들었겠지만 도루묵은 참 맛있는 생선이다.

진득한 점액에 쌓인 알이 톡톡 터지며 입에서 아우성을 친다. 조림은 주로 꾸덕꾸덕 말린 도루묵을 쓰는데 살이 조금 단단해지고 알의 점액질도 줄어 미끈거리는 점액질을 싫어하는 사람들에게도 거부감이 없다. 참숯에 천일염 숭숭 뿌린 도루묵을 올려 구워도 일품인데 가정에서는 그릴이나 오븐을 이용해도 맛난 도루묵구이가 된다.

동해안 지방에서는 도루묵회도 많이 먹는다. 흰살생선의 깔끔한 맛에 불포화지방산도 풍부해서 고소한 맛까지 더했다. 작은 것은 뼈째 썰고 씨알이 좋은 것은 포를 떠서 먹는다. 도루묵회는 알을 배기 전 10월까지 잡힌 것이나 수도루묵이 알맞다. 11월부터는 살보다 알이 많아 회로 썰기에 적합지 않다. 짧은 시기 동안 먹을 수 있는 별미다.

도루묵 주산지에서는 도루묵식해도 즐겨 먹는다. 식해는 우리가 마시는 식혜와는 전혀 다른 음식으로 가자미나 명태, 횟대, 오징어, 도루묵 등을 이용해서 발효시킨 음식이다. 살짝 말린 도루묵과 무, 조밥, 고춧가루, 다진 마늘과 생강, 엿기름을 고루 버무려 잘 삭혀서 만든다. 새콤하게 익으면 탄수화물의 단맛과 도루묵의 감칠맛이 어우러져 한번 맛들이면 계속 찾게 된다.

농작물뿐만 아니라 수산물도 종종 해거리를 한다. 도루묵이 한 해 많이 나면 이듬해는 구경하기가 어렵다. 그런데 묘하게도 최근 몇 년 동안 줄곧 도루묵 풍년이다. 워낙 많이 잡혀 가격이 폭락하니 소비자는 웃어도 어민들은 울상이다. 겨울이면 도루묵과 양미리를 잡아 생계를 유지하는 어민들이 스스로 조업량을 줄이고 조업금지 요일도 정해 자구책에 나서야 할

알도루묵은 저 톡톡 터지는 알 맛에 먹는다.

정도다. 제철에 저렴한 알배기도루묵을 밥상에 올리면 함께 사는 세상 어민들에게도 도움이 된다.

동해안이 도루묵으로 북적일 때 양미리도 제철을 맞는다. 둘 다 동해의 대표적 초겨울생선들이다. 그런데 동해안의 양미리는 실제 양미리가 아니다. 백령도 인근 바다에서 많이 잡히는 까나리가 바로 동해에서 부르는 양미리라는 물고기다. 서로 같은 종이다. 서해에서는 어린 까나리를 잡아 젓갈을 담고, 동해에서는 알밴 성체를 잡아 굽거나 찌개로 조리해 먹는 것이다.

겨울에 동해안을 찾은 사람들은 한 번쯤 항구마다 깔린 좌판에서 양미리 즉석구이를 먹어본 적이 있을 것이다. 양미리도 차가운 물을 좋아해 겨울부터 봄 사이에 산란을

하는데 찬바람이 불면 동해 연안으로 바짝 붙어 산란을 준비한다. 그래서 겨울에 잡힌 양미리는 배에 알을 가득 품고 있다. 도루묵과 마찬가지로 알 반 살 반인 시기다.

그런데 양미리의 알은 도루묵의 알과 맛이 조금 다르다. 도루묵은 점액질에 쌓여 톡톡 터지는 고소함이 특징인데 양미리의 알은 씹을 것도 없이 부드럽게 목을 타고 넘어간다. 선도가 좋은 생것을 구워 먹으면 부드럽고 크리미한 맛이 입에 가득 찬다. 양미리는 생으로 굽거나 살짝 말려 조려 먹으면 가장 맛있다.

방어처럼 따뜻한 물을 좋아해 계절마다 먼바다와 가까운 연안을 오가는 난류성 어종을 이야기하자면 쿠로시오난류라는 해류를 언급하지 않을 수 없다. 쿠로시오난류는 필리핀 남동쪽 바다에서 시작해 타이완 동쪽 바다를 거쳐 북상하는 해류다. 그러다 일본의 오키나와 앞바다에서 갈라져 나온 지류가 동해로는 동한난류, 서해로는 황해난류를 만든다. 이 난류는 여름에는 북한 앞바다까지 북상했다가 날이 추워지면 다시 남하해 남태평양으로 빠진다.

고등어, 갈치, 방어, 삼치, 대하, 꽃게 등 우리 바다의 많은 물고기들이 이 따뜻한 해류를 따라 이동하며 살아간다. 이 난류들을 따라 봄이면 우리 연안으로 붙었다가 늦가을 연안의 수온이 내려갈 때 다시 난류를 따라 먼바다로 빠지는 것이다. 우리 바다 어류들의 제철을 이야기하면서 쿠로시오난류를 빼놓을 수 없는 이유다.

쿠로시오난류를 타고 이동하는 우리 바다의 진귀한 식재료 중의 하나가 방어다. 방어는 대형 회유성 물고기로 다 자라면 1.2미터까지

쿠로시오난류를 타고 계절회유를 하는 우리 바다의 대형 물고기, 방어.

이른다. 방어의 산란은 보통 2~6월까지인데 산란성기는 사오월이다. 따라서 봄에 산란을 마친 방어는 여름 무렵 살이 물러지고 맛도 한없이 떨어진다. 그러다 찬바람이 불면 다시 이듬해 산란을 위해 살이 통통히 오른다. 늦가을부터 산란 직전인 한겨울까지가 방어의 제철인 것도 방어의 산란시기와 맞물려 있다. 여름방어는 개도 안 먹는다는 바닷가 속담은 그래서 생겼다.

따뜻한 물을 따라 우리 동해와 멀리 남태평양을 오가는 방어가 늦가을부터 모이는 중간 기착지가 모슬포 앞바다다. 모슬포항에서 어선을 타고 한 시간쯤 나가면 우리 국토의 최남단 마라도와 가파도가 있다. 이 마라도 가파도 앞바다가 11월부터 이듬해 1월까지 방어가 머무는 곳이다. 해저 동굴도 많고 깊은 여가 잘 발달해 있어 상어 등의 천적으로부터 몸을 피할 수 있고 자리돔 등의 먹이도 풍부하기 때문이다. 방어는 두세 달 이곳에 머물다가 겨울이 깊어가면 남태평양으로 흩어진다.

계절에 따라 이동하며 살아가는 물고기다 보니 이동하는 길목에 동해 남부의 경북 앞바다와 남해 등에서도 방어가 심심찮게 잡힌다. 그러나 제일 많이 한 시기에 집중적으

방어가 한 철 모슬포 경제를 좌우할 정도니 마라도 앞바다는 가을이 깊어가면 방어잡이 배로 북적인다.

로 어획되는 곳은 역시 모슬포 앞바다다. 그래서 모슬포 남자들은 방어 철이 되기를 가슴 설레며 기다린다. 대물 방어가 선사하는 짜릿한 손맛을 잊을 수 없어서다. 거기다 겨울이면 붉은살생선을 선호하는 일본인들이 제철 방어를 먹으러 제주를 찾을 만큼 귀한 취급을 받아 돈이 제법 된다. 방어가 겨울 한 철 모슬포의 경제를 좌우할 정도다. 농사를 짓거나 장사를 하던 사람들도 겨울이면 방어를 잡으러 바다로 나간다.

다른 지역에서는 방어를 그물로 잡지만 모슬포에서는 방어를 살려 오기 위해 낚시를 이용한다. 방어는 고등어, 오징어, 자리돔 등의 소형 어류를 잘 먹어 낚시 미끼로 이들 생선을 이용한다. 덩치가 작은 자리돔 미끼에는 60~70센티미터 급의 중형 방어가, 오징어 미끼에는 80센티미터 이상의 대방어가 주로 낚인다. 자리돔을 미끼로 쓰는 어선은 동이 트기 전부터 바다로 나가 자리돔을 잡고, 오징어 미끼는 미리 사둔 오징어를 구입해 쓴다. 남태평양의 거센 파도와 싸우며 자리돔과 오징어를 미끼로 방어를 낚아 올리는 것이다.

횟감으로는 우럭이라 부르는 조피볼락이나 넙치, 농어, 돔 등의 흰살생선을 선호하는

우리 국민은 방어와 같은 붉은살생선에 익숙지 않다. 특히 펄떡펄떡 뛰는 물고기를 바로 잡아 활어회의 탱탱한 회 맛을 즐기는 탓에 방어와 같은 붉은살생선의 선어회를 가까이하지 않았던 것도 사실이다. 흰살생선의 활어회는 맛이 담백하고 씹는 맛이 뛰어나고 붉은살생선의 선어회는 살이 물러 씹는 맛은 떨어지지만 감칠맛이 농후하다. 그래서 흰살생선의 활어회를 선호하는 한국인들은 씹는 맛으로 회를 먹고, 붉은살생선의 선어회를 좋아하는 일본인들은 혀에 느껴지는 생선 살의 맛으로 먹는다고 한다.

하지만 제철 방어는 활어회가 아닌 선어회라도 육질의 탄력이 좋아 탱글탱글 씹는 맛도 아주 좋다. 지방이 잔뜩 올라 고소한 맛에 붉은살생선 특유의 감칠맛도 좋고 거기다 탱탱한 살을 씹는 맛도 좋으니 회를 먹는 사람이라면 좋아하지 않을 수가 없다. 한국식 활어회와 일본식 선어회의 장점을 모두 가지고 있는 것이 바로 제철 방어회다.

방어와 삼치, 대구 같은 대형 어종들은 클수록 맛이 좋다. 아직 자연산 방어에 익숙지 않은 사람들은 겨울이면 동네 횟집 수조에 어김없이 등장하는 30~40센티미터 급 어린 방어들만 봐왔을 것이다. 횟집 수조에서 헤엄치는 어린 방어들은 모조리 양식산이다. 영양이 넘치는 사료를 맘껏 먹고 자란 방어들이니 철을 가리지 않고 기름이 차 있을 테지만 너른 바다를 맘껏 유영하던 자연산 대방어의 차지고 고소한 감칠맛을 따라오지 못한다. 제철 방어를 한 번 맛보려면 가급적 80센티미터 이상의 대방어를 먹어야 하는 이유다.

요즘은 자연산 대방어의 맛이 꽤 알려져 꼭 제주에 가지 않더라도 제철 대방어 맛을

기름이 잔뜩 올라 고소한 맛에 붉은살생선 특유의 감칠맛이 절정인 제철 대방어회

기름이 자르르 흐르는 배꼽살을 한 점 입에 넣으면 고소한 감칠맛이 입안에서 아우성이다.

볼 수 있다. 모슬포 방어 중매인들이 택배로 방어를 판매해 전국 어디서나 어렵지 않게 제철 방어를 식탁에 올릴 수 있는 것이다. 대부분 전화 주문을 하면 바로 포를 떠서, 혹은 피만 빼서 원하는 방식대로 보내준다. 공항이 가까울 경우 항공 수화물로 받을 수도 있다. 당일 오전까지 모슬포 앞바다서 유영하던 대방어를 저녁에 항공편으로 받게 되는 것이다.

다만 대방어는 워낙 사이즈가 크고, 그런 만큼 가격도 만만치 않다. 따라서 식구가 단출한 가정에서 대방어를 한 마리 통째로 주문하기가 쉽지 않다. 가격이 문제가 되지 않는다 해도 그 큰 방어를 쟁여놓고 몇 날 며칠 방어회만 먹고 살 수는 없지 않은가. 이럴 때는 제철에 큼지막한 놈으로 한 마리 주문해서 가까운 이웃들과 나눔을 하던지 친지들을 초대해 방어 파티를 한 번 여는 것도 좋은 방법이다.

우리도 겨울이 되면 두어 번쯤 모슬포에서 방어를 주문해 먹는다. 시간 여유가 조금 있을 때면 즉살해서 아가미를 찔러 피만 뺀 채로 보내달라고 한다. 거의 1미터에 육박하는 대형 방어를 손질하기에 적합하지 않은 가정 부엌이고 회 뜨기에 익숙지도 않지만 포를 떠서 올려 보낸 것보다 맛나게 먹을 수 있으니 그런 부담쯤이야 달게 감수한다. 서툴게나마 다섯 장 뜨기로 포를 뜨고 그 자리에서 부위별로 회를 썰어 먹는 호사가 힘든 일을 마다하지 않게 하는 원동력인 것이다.

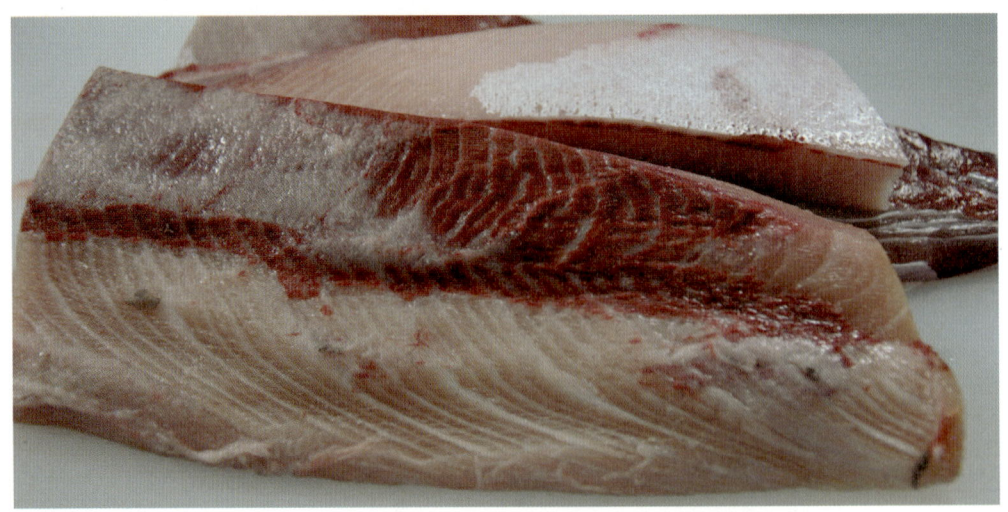

부위별로 구분해 해동지와 랩, 지퍼백으로 꽁꽁 감싼 다음 김치냉장고에 보관하면서 선어회로 먹는다.

　이렇게 제주에서 방어가 올라오는 날은 그야말로 우리 집 잔칫날이다. 지방이 적은 등살은 두툼하게 썰어 쫀득한 식감으로 먹고, 기름이 자르르 흐르는 뱃살은 고소한 감칠맛이 입안에서 아우성이다. 몇 점 안 나오는 아가미살도 한 점씩 나눠 먹고 운동량이 많은 꼬리 쪽 붉은 살은 탱글한 식감이 웬만한 흰살생선 저리 가라다. 지방이 많은 붉은살생선이니 초고추장보다는 생와사비간장이 소스로 딱이다. 집된장에 고춧가루, 다진 파, 마늘, 참기름 한 방울 툭 떨어뜨린 된장 소스도 잘 어울린다. 회가 물리면 고슬하게 지어 적당히 식힌 밥으로 초밥을 쥐어 넉넉한 사이즈의 회 한 점 올린 방어초밥이 제격이다. 정종 한 잔 곁들여 가족끼리 두런두런 맛있게 먹다 보면 겨울밤이 짧다.

　이렇게 한 번 거하게 먹고 나머지는 부위별로 구분해 해동지로 잘 감싼 다음 지퍼백에 넣어 김치냉장고에 보관한다. 그러면 이삼일은 선어회로 맛있게 먹을 수 있다. 생각날 때마다 한 덩어리씩 꺼내 한 점씩 썰어 먹으면 된다. 때론 이것을 들고 본가나 처가로 배달 서비스를 가기도 한다. 소박한 어르신들은 자식이 썰어주는 대방어회 한 점에도 감격해 하신다. 자식 입장에서야 맛나게 드시는 부모님 모습을 보는 것만으로도 감사할 일이다.

대물 삼치에 맛들이면 • 작은 삼치에 눈길도 안 준다

직장인들이 붐비는 뒷골목에 빼놓지 않고 있는 식당이 생선구이집이다. 생선이 육류보다 건강에 좋다는 인식이 퍼지기 시작하면서 생선구이집이 우후죽순으로 생겨났고 점심이면 발 디딜 틈 없이 붐볐다. 생선을 굽는 비릿하면서도 고소한 냄새가 지나가던 이들의 발길을 붙잡기에 충분했다. 생선구이집 어느 곳이나 빠지지 않는 메뉴가 고등어 크기의 삼치구이다. 부드럽고 담백한 맛에 싫어하는 사람들이 많지 않기 때문이다.

이렇게 생선구이집이나 대도시 재래시장 어물전을 통해서 삼치를 아는 사람들은 삼치가 1미터까지 자라는 대형 어종이라는 사실을 모른다. 산지에서는 고시삼치라고 낮춰

삼치도 대구나 방어처럼 커야 맛있는 생선으로 1미터를 훌쩍 넘는 대삼치라야 제맛을 낸다.

부르는 고작 30~40센티미터 크기의 삼치나 보고 먹어왔기 때문이다. 삼치는 성장이 매우 빠른 생선으로 1년이면 50센티미터 이상 자란다. 그러니 우리가 대도시 생선구이집에서 먹은 삼치는 모조리 1년 미만의 어린 생선이었던 것이다.

삼치도 방어와 마찬가지로 커야 제맛이 나는 생선이다. 대도시에서 구이로나 먹었던 어린 것들은 그야말로 풋내가 난다. 풋내도 안 가신 어린 삼치, 그것도 그물로 한꺼번에 잡아 냉동했던 삼치구이로는 삼치의 본맛을 알 수 없다. 크기가 70~80센티미터 정도는 되고 건장한 남성의 팔뚝만큼이나 두툼한 것이라야 삼치 본연의 맛을 낸다. 이 정도 크기의 삼치를 굽거나 찌면 하얀 속살은 한없이 부드럽다. 잔가시도 없는 게 살집이 얼마나 많은지 한 토막만 먹어도 배가 부르다. 가을부터 봄까지 이어지는 제철에는 지방이 많아져 고소한 맛까지 더해진다.

이런 대물 삼치들이 제일 많이 잡히는 곳이 전남 고흥의 나로도부터 거문도까지 이어지는 서남쪽 바다다. 제주 모슬포 앞바다에서도 많이 잡히는데 방어잡이 시즌이 끝나는 2월부터 삼치를 잡는다. 계절과 해류에 따라 여수와 완도, 청산도 앞바다에서도 삼치가 나고, 봄과 가을에는 경북 등 동남쪽 앞바다에서 잡히기도 한다. 봄에 산란을 하러 연안에 붙거나 가을 무렵 다시 남쪽 먼바다로 내려가면서 잡히는 삼치들이다.

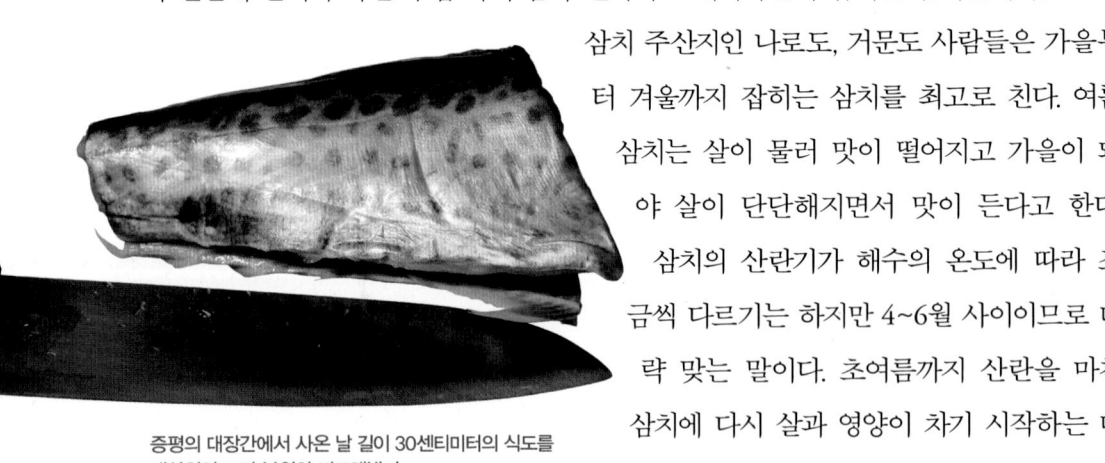

삼치 주산지인 나로도, 거문도 사람들은 가을부터 겨울까지 잡히는 삼치를 최고로 친다. 여름 삼치는 살이 물러 맛이 떨어지고 가을이 돼야 살이 단단해지면서 맛이 든다고 한다. 삼치의 산란기가 해수의 온도에 따라 조금씩 다르기는 하지만 4~6월 사이이므로 대략 맞는 말이다. 초여름까지 산란을 마친 삼치에 다시 살과 영양이 차기 시작하는 때가 가을이다. 그리고 이듬해 봄 본격적인 포란을 시작하기 전까지 맛과 영양이 최고조에 이른 제철인 것이다.

증평의 대장간에서 사온 날 길이 30센티미터의 식도를 대삼치의 꼬리 부위와 비교해봤다.

거문도나 모슬포 앞바다의 삼치 조업은 주로 채낚기를 이용한다. 가짜 미끼를 매단 대낚시 서너 대를 어선에 걸고 빠른 속도로 바다를 내달려 대물 삼치가 물기를 기다리는 방식이다. 바닷속 수십 미터를 유영하던 커다란 삼치들이 재빨리 도망가는 가짜 미끼를 진짜 먹이인 줄 알고 쏜살같이 달려와 물면 배의 속도를 줄이거나 멈춰서 낚싯줄을 감아 올려 잡는다. 자망이나 정치망 등의 그물을 이용하기도 하지만 그물에 걸린 물고기는 상처를 입거나 선도가 떨어지기 때문에 채낚기로 잡은 삼치를 최고로 친다.

빠른 속도로 대양을 유영하는 삼치의 특성을 이용해 채낚기로 잡은 삼치는 바로 얼음에 묻어 저장한다. 살이 무르고 지방이 상대적으로 많은 등푸른생선답게 삼치도 빠르게 부패하기 때문에 바로 얼음에 묻어놔야 횟감으로 쓸 수 있다. 삼치를 횟감으로 쓴다고 하면 생소하게 여길 독자들도 많겠지만 여수, 순천, 고흥 등 전남 동부권에서는 삼치 선어회를 즐긴다. 채낚시로 바로 잡아 얼음에 재워둔 신선한 삼치를 두툼하게 썰어 막장에 찍어 먹는다. 여수에서는 김에 묵은지와 회를 함께 싸서 먹기도 한다.

나로도 인근의 해안지방에서 즐겨 먹는 삼치회가 다른 지방으로 확산되지 않은 이유는 단순하다. 흰살생선의 탱탱한 활어회를 즐기는 우리의 회 문화 탓이다. 삼치는 흰살생선이기는 하지만 살이 아주 물러 부드러운 질감을 제공한다. 씹는 맛을 우선으로 아는 사람들이 먹으면 물컹거리는 것이 도대체 뭔 맛에 먹는지 모를 것이다. 삼치회의 보드라운 질감 속에 감춰진 고소한 맛을 모르는 타 지방 사람들에게 매력이 있을 리 없다.

또 하나는 횟감으로 가능한 신선한 대물 삼치가 귀하기 때문이다. 70년대 중후반까지만 해도 나로도는 삼치 파시로 이름을 날리던 섬이었다. 삼치 철을 맞으면 나로도 항구가 수백 척의 삼치잡이 어선으로 북적거렸다고 한다. 하지만 이젠 그런 풍경을 어디서도 찾아볼 수 없다. 그 흔하던 대물 삼치는 이제 귀하디귀한 보물 삼치가 됐다. 30~40센티미터 정도의 어린 삼치마저 깡그리 잡아들이니 대물로 성장할 삼치가 사라진 것이다.

대형 삼치가 이렇게 귀한 몸이 되다 보니 삼치회는 산지나 가야 맛볼 수 있는 현실이다. 삼치는 살이 물러 신선한 대형 삼치라야 횟감으로 쓸 수 있다. 서남해 쪽 항구도시에 가면 제철에는 그나마 구이나 찜, 조림으로 쓸 수 있는 대형 삼치를 구경할 수 있다. 울진, 죽변, 포항 등 동남해 인근에서도 봄가을에 대형 삼치를 볼 수 있다. 귀한 만큼 값이 만만치는 않지만 대물 삼치의 맛을 아는 사람들이 꾸준히 찾는다.

대물 삼치구이는 두툼한 하얀 살집에 잡내 하나 없이 담백 고소하다.

우리도 몇 해 전 가을 죽변에서 올라온 신선한 대물 삼치를 맛볼 기회가 있었다. 배를 가르고 깨끗이 손질해서 억센 등뼈만 칼집을 내서 택배로 보내왔는데 삼치가 그리 큰 생선인 줄 처음 알았다. 기껏해야 구이로 쓰이는 고등어 크기의 삼치만 봐왔으니 놀라는 것도 무리가 아니었다. 택배를 받은 날 저녁 바로 한 토막 구워서 맛을 봤는데 생선구이집의 삼치구이와는 비교할 수 없는 맛이었다. 두 툼한 하얀 살집이 얼마나 보드랍고 잡내 하나 없이 담백하던지 그 맛에 홀딱 반해버렸다. 오랜 기간 냉동을 하는 바람에 수분이 다 빠져 구워놓으면 젓가락에 힘을 줘야 들어가는 그런 삼치와는 격이 달랐다. 그 이후론 냉동 작은 삼치구이에는 눈길도 안 주게 된다.

제철에나 맛볼 수 있는 대형 삼치는 어떻게 조리해도 맛있다. 천일염을 솔솔 뿌려 구이로 담백한 맛을 즐길 수도 있고, 된장 소스를 뿌려 쪄내면 된장의 풍미와 부드러운 살의 조화가 좋다. 무나 감자, 양파, 또는 얼갈이배추 우거지, 곤드레나물 등 제철채소를 듬뿍 깔고 갖은 양념에 조려도 훌륭한 제철생선 조림이 된다. 봄삼치는 얼갈이배추 삶은 것, 또는 곤드레나물을 깔고, 가을삼치는 한창 제철인 무

가을무나 얼갈이배추 우거지, 곤드레나물 등 제철채소를 듬뿍 깔고 갖은 양념에 조리면 훌륭한 제철 대삼치조림이 된다.

를 주로 까는 게 우리 집 식 삼치조림이다. 사실 이런 생선 조림은 정작 주재료인 생선보다 밑에 깔아 양념이 잘 배인 채소들이 더 맛날 수도 있다. 대물 삼치의 맛이 궁금한 독자들은 남해에서는 9월부터 12월까지, 동해에서는 산란 전 사오월에 찾아보시라.

밥

논밭과 바다가 철 바꿈을 하는 달에는 새로 시작되는 제철식재료와 아직 제철인 식재료가 혼재해 제철밥상이 더욱 풍성해지는 법이다. 그러나 우리의 주식인 밥을 지을 식재료는 11월에도 큰 변화가 없다. 묵은 것이 햇것으로 바뀔 뿐이다. 11월부터 묵은 곡식은 시장에서 완전히 사라지고 본격적으로 햇곡식이 유통된다.

이미 추석 무렵부터 출하되기 시작한 쌀은 햇것 아니면 팔리지도 않는다. 묵은쌀은 밥 지을 용도 대신 빵이나 과자, 혹은 떡을 해 먹는 데 쓰인다. 햅쌀로 기름이 자르르한 밥을 지어 먹다가 다시 묵은쌀로 돌아가기가 쉽지 않다. 주식인 쌀뿐만 아니라 수수나 기장, 조 등의 잡곡도 11월에는 추수와 탈곡이 끝나 시장에 나오게 된다. 이렇게 막 수확

굴과 무가 제철을 맞으면 굴과 무 외에도 대추나 밤, 은행 등을 넣어 밥을 지을 일이다.

해서 도정한 햅쌀에 수수나 기장, 불린 검정콩을 넣어 잡곡밥을 지으면 특별한 반찬이 없어도 먹을 수 있을 만큼 구수하고 맛있다.

11월이면 우리 집 밥상에 본격적으로 등장하기 시작하는 것이 무밥이다. 무가 어찌나 단지 너무 질지 않게 밥을 지어 양념장에 비벼놓으면 그야말로 꿀맛이다. 일부러 살짝 눌려서 숭늉을 끓여도 들큰하고 구수한 맛이 일품이다. 여유가 있는 날은 은행과 편으로 썬 대추, 굵직하게 채 썬 무, 굴을 넣고 굴영양밥을 짓는다. 입과 몸이 호강을 하는 날이다. 냄비나 돌솥에 지은 굴영양밥이 제철 쪽파 송송 썰어 넣은 양념간장과 만나면 김치 외에 뭔 반찬이 더 필요하랴 싶다.

반찬 /

11월은 모든 노지 채소들이 자취를 감추는 달이다. 대신 김장무, 배추가 가장 흔하고 맛이 제일 좋을 때다. 풋풋한 김치가 먹고 싶으면 조금씩 사다가 깍두기나 막김치를 담그면 될 일이다. 총각무도 한창 좋을 때니 겨울 김장이 아니더라도 당장 먹을 총각김치를 담가도 시원하고 아삭하니 맛있다.

이 무렵 샛노란 속이 꽉 들어찬 김장배추로는 뭘 해도 맛있다. 살짝 절이거나 그냥 결대로 죽죽 찢어 채 썬 무와 함께 겉절이를 하면 상큼한 밥도둑이 된다. 가을비가 추적추적 내리는 날에는 고소한 무전, 배추전이 그만이다. 밀가루나 부침가루 묽게 풀어 기름 살짝 두르고 팬에 부쳐내면 된다. 9월에 종근을 심은 쪽파도 한창 맛이 들었을 때다. 멸치육젓 넉넉히 넣어 파김치도 담그고, 여름철 산란 후 다시 맛이 들어가는 바지락 살

동치미나 총각김치, 쪽파김치는 주재료가 10~11월에 절정이므로 이 시기에 미리 담가야 겨우내 맛있게 먹을 수 있다.

만 발라 파전을 부치면 꿀맛이다.

　연근과 우엉 같은 뿌리채소도 아직 제철이니 늦가을 밑반찬거리로 이만한 것도 없다. 연근은 넉넉히 사서 조림을 하거나 유자청 샐러드로 밥상에 오른다. 우엉도 짭짤하게 조려내기도 하지만 고추장멸치볶음에 함께 넣으면 맛과 영양을 함께 잡을 수 있다. 우엉을 납작하게 어슷 썰어 끓는 물에 익혀낸 다음 고추장양념에 볶다가 마지막에 멸치를 넣고 양념이 배도록 휘리릭 볶아주면 된다.

국·탕

11월 제철밥상에 올릴 최고의 국거리는 역시 가을무, 배추다. 간장 간만 해서 뭇국을 끓여도 시원하니 맛있고, 제철을 맞은 굴을 넣고 끓이면 환상이다. 아들이 해산물보다 육류를 좋아해서 가끔은 쇠고기뭇국을 끓이기도 한다. 달달한 김장배추는 된장을 살짝 풀어 배추된장국으로 끓이면 구수한 맛이 일품이다.

　무는 국과 탕의 주재료뿐만 아니라 각종 제철해산물 조림의 부재료로도 쓰임새가 훌륭하다. 한창 제철인 고등어나 갈치조림에 가을무가 빠질 수 없다. 어떤 때는 갈치나 고등어 같은 주연보다 조연인 무가 더 맛있게 느껴지기도 한다. 알배기도루묵매운탕이나 조림에도 역시 무가 들어가야 시원하고 맛나다.

　슬슬 찬바람이 불면 얼큰하고 뜨거운 국물음식을 자꾸 찾게 된다. 이런 날은 표고와 느타리, 새송이버섯, 팽이버섯 등을 넉넉히 넣고 얼큰하게 버섯매운탕을 끓인다. 초겨울 싸늘한 기온에도 버섯매운탕 한 그릇이면 온몸이 훈훈하다. 속에도 부담이 없고 참 편한 음식이다.

　가을부터 시작된 토란국도 이 무렵 우리 집 밥상에 자주 오른다. 쇠고기만 넣어 맑게 끓이기도 하고 생들깨를 갈거나 들깨가루를 넣어 걸쭉하게 끓이기도 한다. 속을 부드럽게 어루만지며 따뜻하게 데워주는 것이 하루가 다르게 싸늘해져가는 날씨에 이만큼 어울리는 음식도 드물다. 봄이 돼서 날씨가 다시 풀릴 때까지 우리 집 밥상에 심심치 않게 오를 국거리다.

		제철식재료로 만든 제철음식
땅	**김장무와 총각무, 쪽파**	김장 전 미리 담그는 동치미
		총각김치
		쪽파김치
	유자	유자청
		유자청 드레싱
		유자차
바다	**굴**	돼지고기와 굴, 김칫소를 절인 배추에 싸 먹는 가정식 보쌈
		굴찜이나 굴구이
		굴물회
		굴무국
		굴전
	알배기도루묵과 양미리	알도루묵찌개
		가을무 듬뿍 넣은 도루묵조림
		도루묵소금구이
		도루묵식혜
		양미리구이, 양미리조림
	모슬포 대방어	대방어 선어회
		방어초밥
		방어매운탕
	대물 삼치	막장이나 묵은지와 곁들인 삼치회
		대물 삼치구이
		대물 삼치조림

11월 밥상이 풍성해지는 기타 식재료	**아빠의 11월 밥상**	
김장무와 배추, 고구마, 우엉, 야콘, 단감, 모과, 유자, 오징어, 갈치, 고등어, 바지락·명주조개·꼬막 등의 패류, 용가자미, 문치가자미	밥	굴밥과 무밥, 굴과 무, 은행 등을 함께 넣은 굴영양밥, 햇곡식으로 지은 잡곡밥
	반찬	무배추겉절이, 무전, 배추전, 우엉조림, 우엉멸치볶음, 연근조림과 유자청 샐러드, 소김장 때 담가놓은 쪽파김치, 총각김치, 가자미조림, 단감피클, 고등어나 갈치조림
	국/탕	무굴국, 쇠고기뭇국, 배추된장국, 버섯매운탕, 쇠고기와 생들깨를 넣은 토란국

12월의

들과

바다

바야흐로 진짜배기 겨울이 시작되는 달이다. 해마다 다르기는 하지만 12월 초순이 지나고 나면 스산하게나마 남아 있던 가을빛은 완전히 사라진다. 아침에 들에 나가면 하얗게 된서리가 끼는 날이 계속되고 중부지방에 첫눈이 내리는 때도 이즈음이다. 음력 절기로는 12월 중순 무렵에 눈이 가장 많다는 대설(大雪)이 끼여 있지만 우리 땅의 진짜 대설은 이듬해 1월에나 볼 수 있다. 첫눈이 내리고 본격적인 추위가 시작되는 달이 12월이다.

사계가 명확한 우리나라에서 겨울은 땅이 쉬는 철이다. 논밭의 모든 작물은 수확이 끝나고 이듬해 봄 새로운 작물을 품기 위해 땅도 쉬어야 한다. 그렇다고 모든 땅이 다 휴지기를 갖는 것은 아니다. 늦가을 파종한 마늘과 양파, 쪽파가 싹만 내민 채 땅속에서 봄을 기다린다. 드물기는 하지만 밀과 보리는 혹한에도 얼어 죽지 않고 한데서 겨울을 난다. 그리고 해류의 영향으로 겨울작물 재배가 가능한 남부 도서와 해안지방에서는 초봄에 수확할 무, 배추, 당근, 시금치, 양배추 등으로 밭이 아직 싱싱하다.

12월 제주의 밭은 양배추와 월동무, 배추, 마늘, 당근 등의 작물로 아직도 녹색이다.

그러나 이런 작물들은 이듬해 1월 이후에나 출하 가능한 것들이다. 한겨울과 초봄에 출하할 것들이기 때문에 12월은 노지에서 자라 수확 가능한 제철작물이 없다. 기후가 상대적으로 온화한 남부지방에서는 무, 배추를 뽑지 않고 놔뒀다 겨울에 수확하기도 하니 노지 수확 작물이 아무것도 없는 달이라고 하기가 조금 애매하기는 하다. 하지만 이제는 지난 가을 수확해서 저장해뒀던 작물들을 먹어야 할 차례다. 무와 배추, 고구마, 늙은호박, 당근 등 가을에 수확하여 저장한 작물들을 가장 맛있게 먹을 수 있는 달이다. 무, 배추는 아직 싱싱하고 고구마와 야콘, 늙은호박은 저장 과정에서 숙성이 돼 단맛이 한창 올랐다.

새콤달콤 입안을 개운하게 해주는 조생종 감귤이 12월에 절정을 맞는다.

봄과 여름에 걸쳐 말려놓았던 묵나물을 이제 하나씩 꺼내 먹기 시작하는 달이기도 하다. 시장에도 애호박과 가지, 토란대 등의 작물을 손질해 말려놓은 묵나물이 선을 보이기 시작한다. 곤드레, 참취, 부지깽이나물 등 지역별 특산 묵나물도 부지기수다. 참취나 곤드레나물은 물에 충분히 불려 들기름과 집간장으로 볶아놓아도 맛있지만 나물밥을 해도 별미다. 묵나물은 초겨울부터 풀기 시작해 정월 대보름이 끼여 있는 2월까지가 제철이다.

초겨울 후식으로는 야콘이 제격이다. 아열대성 작물인 야콘은 겨울에 오래 저장해두고 먹기가 참 어렵다. 아삭하고 시원 달큰한 맛이 초겨울 간식이나 샐러드에 알맞다. 감귤도 겨울에는 빼놓을 수 없는 제철과일이다. 후식용은 물론 심심풀이 간식으로도 제격이다. 11월부터 제주의 조생종 감귤을 수확하기 시작해 12월에 절정을 맞는다. 새콤달콤한 맛이 입안을 개운하게 해줄 뿐만 아니라 한두 개 까먹다 보면 허기도 풀어줘 겨울 여행에 빠지지 않는 것이 감귤이다.

논밭의 작물들은 당장 수확할 것이 없지만 수온이 떨어진 바다가 해조류를 넉넉히 내주기 시작한다. 물미역과 파래가 제철을 맞고 매생이, 감태는 이때부터 한껏 자라기

여러 가닥의 실을 펼쳐놓은 모양으로 자라는 세발나물은 겨울 한 철 논밭의 싱싱한 푸성귀들을 대신할 건강 식재료다.

시작해 1월 중순 이후부터 본격 채취한다. 한여름 고수온에서는 생존하지 못하고 물이 차가워지는 겨울부터 자라는 해초들이다. 논밭의 푸성귀들이 자취를 감춘 사이 차가워 진 바다가 녹조류, 갈조류의 싱싱한 해초들을 내주는 것이다.

바닷속에서뿐만 아니라 바다와 인접한 갯가에서도 짙은 녹색의 겨울나물이 나온다. 여러 가닥의 굵은 실을 펼쳐놓은 모양으로 자라는 세발나물이 그것이다. 갯벌 근처에 자생해 갯나물이라고 부른다. 원래는 서남해안의 갯벌 근처에서 자생해 봄에 먹을 수 있는 나물인데 몇 해 전 해남의 한 마을에서 재배에 성공했다. 별도의 난방을 하지 않고 비가림 비닐집에서 키워 12월부터 출하를 하니 겨울 제철나물이라 해도 손색이 없다. 이듬해 5월경 꽃이 피기 전까지 먹을 수 있다. 녹황색 제철채소가 부족할 때 세발나물이 훌륭한 대안이 될 수 있다.

본격적으로 차가워진 바닷물이 논밭의 채소를 대신할 해초를 길러내고 갯가에 세발나물이 자라날 때 우리 바다에는 한류성 어종들이 하나 둘 연안을 찾는다. 고등어, 갈치, 꽃게, 전어, 방어 등의 난류성 바다 생물들은 모두 먼바다로 떠났다. 거문도, 추자도, 제주 남쪽 바다에서 한껏 맛 오른 난류성 어류들이 잡히기는 하지만 방어를 제외하고는 그 어획량이 점점 적어진다. 난류성 어류들의 제철이 끝나고 있는 것이다. 한류성 어종이면서도 늦가을부터 도착한 도루묵은 12월이 되면 산란성기를 맞는다. 산란에 임박한 알은 이미 색깔도 변하고 딱딱해져 익혀놓으면 마치 고무를 씹는 것같이 질경거린다.

알배기도루묵의 제철도 어느새 지나간 것이다.

　대신 동해에는 차가운 연안에서 산란을 하러 도치가 다가온다. 12월부터 겨울 맛의 백미 대게도 조업을 시작하지만 아직 살이 다 오르지 않았다. 두어 달은 더 기다려야 맛과 영양이 한껏 오른 대게의 철이다. 한때 겨울이면 우리의 동해를 가득 메웠던 명태는 이제 찾아볼 수가 없다. 지구온난화의 영향으로 동해의 수온이 높아진 탓도 있지만 치어를 마구 잡아 최고의 안주라며 노가리라는 이름을 붙여 팔았던 잘못이 크다. 덕분에 이제 우리는 우리의 겨울밥상에서 떼어놓을 수 없는 명태를 러시아나 일본으로부터의 수입에 의존할 수밖에 없게 됐다.

　꽁치의 제철은 아니지만 포항의 명물 꽁치과메기도 이때부터 본격 제철을 맞는다. 과메기의 제철은 12월부터 2월 중순까지라 할 수 있다. 과메기는 이제 동해 남부의 해안가에서나 먹는 향토음식이 아니다. 전국적으로 명성이 알려져 한여름에도 먹을 수 있다. 그러나 차가운 바닷바람에 자연 건조한 과메기는 이때만 구경할 수 있다. 이 시기를 지나면 실외 덕장에서 과메기를 건조시킬 수 없다. 계절과 관계없이 나오는 과메기는 모두 실내에서 인공적으로 건조한 것들이다. 나도 과메기를 꽤 좋아하고 다양하게 조리해서 제철밥상에 올리지만 제대로 된 덕장에서 자연 건조한 과메기를 먹어본 이후로는 꼭 그것만 고집하게 된다. 제철 자연 건조 과메기는 맛의 품격이 다르다.

　동서남해를 막론하고 겨울은 조업이 많지 않은 어한기에 해당한다. 봄가을처럼 어종이 다양하지 않은 데다 거친 겨울 바다가 좀처럼 조업을 허락하지 않기 때문이다. 특히 명태가 사라진 동해는 더 심하다. 대게나 물가자미, 용가자미, 문어 등을 제외하고는 잡히는 물고기가 그리 많지 않다.

　그나마 서남해는 동해보다 사정이 조금 나은 편이다. 겨울철 산란을 위해 우리가 흔히 곰치나 물메기라 부르는 꼼치와 삼세기가 찾아오기 때문이다. 살이 흐물거려 뭔 맛에 먹나 싶은 꼼치는 시원한 맛에 맑은탕으로 제격이고 삼세기는 한겨울 최고의 매운탕감이다. 차가운 바다에서 살이 단단해진 아귀도 이때부터 제철이 시작된다.

결혼 20년 만에 이룬 김장 독립의 꿈

시골에 본가를 두고 대도시에 분가해 살고 있는 사람들은 쌀과 잡곡 등의 곡식은 물론 장과 김장도 본가에 의존하는 경우가 흔하다. 시골 본가에서 부모를 모시고 있는 형제가 너그럽거나 형제애가 남다를 경우 더욱 그렇다. 시골 부모가 대도시 자식에게 아무리 뭘 실어 보내고 싶어도 모시고 있는 자식이 눈치를 주면 직접 지은 농작물이라도 나누어 주기 어려운 것이다.

지금 생각하면 참 고맙고 미안하고 부끄럽지만 나도 결혼 20년, 나이 오십이 넘도록 받기만 하고 살아왔다. 쌀이 떨어질 때가 되면 쌀 가져갈 때 안 됐냐는 형님의 전화를 받았다. 내려갈 때마다 내 차의 트렁크에는 우리 네 식구가 한동안은 먹고 사는 데 걱정 없을 만큼 먹을거리들이 차곡차곡 실려 있었다.

된장, 간장, 고추장은 물론 참기름, 들기름도 한 병씩 꼭 들어 있었고, 하다못해 참깨를 들들 볶아 곱게 빻은 깨소금도 한 봉지 끼여 있었다. 철철이 감자, 고구마가 우리 집으로 실려 왔고, 어머니는 본가에서 먹을 김치를 담글 때마다 작은아들인 우리 것도 잊지 않고 담그셨다. 봄여름에는 시원한 열무와 얼갈이김치를, 무가 맛난 가을에는 알타리와 깍두기, 동치미를 한 통씩 차에 싣고 와야 했다. 한겨울에는 내가 좋아한다고 나박김치도 두어 번은 담가 내 손에 들려주셨다.

이 무렵의 김장도 예외가 아니었다. 본가 김장을 담그실 때 꼭 작은아들네 것까지 한꺼번에 담그셨다. 우리 내외는 맞벌이를 한다는 평계로 김장 전날 밤 늦게나 내려가 그저 돕는 시늉만을 하고 살았다. 이듬해 김장 때까지 먹을 배추김치와 총각김치, 깍두기,

동치미, 비늘김치 등 온갖 김장 종류를 다 담그시면서도 단 한 번 귀찮아하는 모습을 보이지 않으셨다. 어떤 해에는 돕는 시늉마저 못 하고 혼자서 김장을 가지러 가도 탓을 하지 않으셨다. 돌이켜보면 어머니께나 형님 내외분께 염치를 모르고 살아온 시절이었다.

그러다 어느 해 어머니께서 대상포진으로 몹시 고생을 하셨다. 어머니가 대상포진 때문에 힘들어하신다는 연락을 받고 내려가서야 난 비로소 어머니의 본모습을 보게 됐다. 푸근한 자식 사랑으로 숨겨오신 어머니의 본모습은 아, 이제 왜소하고 초라해진 할머니셨다. 내 눈은 뭐 하고 있었기에 그때까지 늙고 힘없어진 어머니의 모습을 보지 못했을까. 어머니가 아니라 자식인 내가 맛난 것을 해드릴 때가 지난 것을 왜 깨닫지 못하고 있었을까. 참으로 감사하면서도 죄송스럽고 부끄러운 일이었다.

이때 이후로는 본가에서 식재료를 일절 받지 않는다. 쌀은 수매해서 형님 살림에 보태시라 하고, 김장을 비롯한 계절 김치도 모두 직접 담그기로 했다. 물론 어쩌다가 참기름이나 들기름 한 병, 맛있는 어머니표 고추장 작은 단지 하나가 차에 실려 올라오기는 한다. 그러나 우리 가족이 먹을 식재료는 이제 직접 텃밭에서 키운 작물이나 다른 농가로부터 구매해서 쓰는 것을 원칙으로 하고 있다. 결혼 후 완전 분가해서 20년 동안 일방적으로 받기만 한 것도 분에 넘치는 일이었으니.

어머니의 수고로움으로부터 완전한 김장 독립은 바로 이듬해부터 계획, 실천되었다. 이듬해 봄 지난 1년 동안 경험한 강화농장에 나와 비슷한 처지에 있는 절친 둘을 불러들였다. 1년 동안 주말에 텃밭농사를 지어 제철작물로 밥상을 차리고 김장도 공동으로 담그자는 데 합의를 했다. 봄부터 여름까지는 매주, 혹은 격주로 다니며 쌈채소와 참취, 곤드레 등의 작물을 재배하고 따다 먹는 재미가 여간 쏠쏠한 게 아니었다. 둘은 시골 출신이고 하나만 도시내기였지만 직접 밭작물을 길러 밥상에 올리는 일은 모두 처음이었으니까.

본격적인 김장 농사는 아직 여름이 다 물러나지 않은 8월 말부터 시작이다. 전업농부가 아닌 관계로 겨우 한 달에 몇 번 오가면서 상추며 열무, 아욱, 오이 등을 재배하고 방치해둔 밭에 온갖 풀들이 어른 무릎만큼이나 크고 무성하게 자랐을 때다. 우리 셋은 풀들을 일일이 뽑거나 낫으로 베어 한바탕 풀과의 전쟁을 치르고 한 삽 한 삽 뒤집어엎은 후 괭이로 골라 밭을 만들었다. 어찌 됐든 내 손으로 키운 무, 배추로 본가로부터의 김장 독립을 멋지게 성공시키겠다는 간절한 마음이 없었다면 그 뙤약볕에서 밭을 만들며 구슬땀을 흘리지는 못했을 것이다.

장년의 세 남자가 서울부터 강화까지 주말마다 한 번씩 두어 번 오가는 사이 어설프게나마 김장채소밭이 만들어졌다. 왕초보 농군들이 삽과 괭이만으로 일군 밭이었으니 진짜 농사꾼들의 눈에 어설프지 않을 수 없었겠지. 하지만 밭이 조금 삐뚤삐뚤 어설퍼 보이면 어떠랴. 세 집 김장할 만큼 작물을 심을 수 있으면 됐지. 우린 그곳에 무와 배추, 알타리, 쪽파, 홍갓 등 김장에 필요한 채소들을 고루 심었다. 세 집 김장한다면서 배추는 300포기, 무는 200여 개 수확할 수 있도록 통도 크게 질렀다. 물론 농사가 안 돼 수확할 것이 모자랄 경우나 주변과 나눔 할 경우까지 고려한 결과였다.

그러나 정작 문제는 김장채소의 파종이 아니라 재배였다. 김장채소는 보통 늦여름부터 70~90일 이상 가꿔야 하는데 초기 활착과 성장이 중요한 시기에 지속적으로 풀과 벌레, 물과의 전쟁을 치러야 한다. 매일 농장에 갈 수 있는 처지도 아니고 농약과 화학비료, 비닐멀칭을 일체 배제키로 했지만 잡초와 해충들에 고통스러워하는 작물들을 볼 때마다 살충제와 검정비닐이 왜 그리 절실하던지. 나풀나풀 예쁜 몸짓으로 봄소식을 알려주던 노랑나비, 흰나비도 텃밭 현실에서는 그저 배추의 천적인 애벌레로만 다가왔다. 늦가을이 되면서부터는 배추에 웬 진딧물이 그리 달라붙던지.

초보 텃밭농부 셋이 어설프게나마 김장밭을 일구고 가꾸니 한 달 후에는 제법 모양이 잡혔다.

벌레와 잡초뿐 아니라 우리를 더욱 곤란하게 만든 건 작물의 성장에 필요한 물이었다. 무나 배추는 자랄 때 충분한 물을 공급해주어야 하는데 그해 가을 유달리 가뭄이 깊었다. 별수 없이 비교적 시간 여유가 있었던 내가 물 주기 전담 맨을 자처했다. 주 중에 한 번, 주말에 한 번, 일주일에 두 번씩 강화를 오가며 무, 배추에 넉넉하게 물을 주고 해충은 일일이 손으로 잡아냈다.

말이 일주일에 두 번이지 김장채소의 파종으로부터 수확 때까지 90일 동안 무려 50회 가까이 강화를 오가야 했다. 당시 승용차를 새로 구입해서 연비가 비교적 높은 때였지만 강화까지 왕복 100킬로미터에 달한지라 한 번 갈 때마다 2만 원씩을 도로에 퍼부었던 셈이

다. 세 집 김장을 하고도 남을 돈이었다. 내가 직접 기른 무, 배추로 첫 김장 독립을 이루 겠다는 조금은 아둔하다 싶을 고집이 없었으면 중도에 포기했을지도 모를 일이었다.

작물은 주인의 발자국 소리를 듣고 자란다 했던가. 기름 값 아까운 줄 모르고 열심 히 강화를 오간 초보농부의 열정 덕분에 무, 배추는 물론 갓과 쪽파도 제법 그럴싸하게 자라났다. 그중에서도 무는 전업농부가 기른 무가 부럽지 않을 만큼 크고 튼실하게 컸다. 늦가을 밭에 물 주러 가면서 하나씩 뽑아 낫으로 대충 껍질만 벗겨 먹는 무가 얼마나 달고 맛있던지. 물론 사람의 손길이 더 많이 가야 제대로 성장하는 배추는 무만큼의 볼품은 없고 속이 꽉 찬 것은 아니지만 그럭저럭 김장할 정도는 됐다. 쪽파와 홍갓도 세 집 김장하기에 부족함이 없었다.

우리는 그해 11월 마지막 주말을 디데이로 정했다. 금요일 오후에 농장에 들어가 배추를 다듬어 절이고 배추가 절여지는 동안 김장 속을 준비하기로 했다. 배추가 절여지는 토요일 오후부터 씻고 속을 넣을 참이었다. 대략 일요일 오전에는 김장을 마칠 수 있도록 일정을 짠 것이다. 11월 말에 접어들면서 날이 갑자기 추워져 배추는 일주일 전에 미리 뽑아둔 터였다. 배추가 무보다 냉해에 강한 작물이지만 기온이 섭씨 영하 4도 이하로 내려가면 얼기 시작하기 때문이다. 웬만한 날씨에는 얼지 않는 홍갓을 제외하고 무와 배추, 쪽파는 미리 뽑아 다듬어 씻기만 하면 바로 김장에 들어갈 수 있게 준비를 해두었다.

하지만 첫 김장이 그리 쉬우랴. 더구나 한 집 김장도 아니고 세 집의 공동 김장인 데다 김장 경험이 없는 남자들만 가기로 했으니 책임을 맡은 내 어깨가 무거워지는 것은 당연했다. 아내들은 모두 부르지 않고 남자들만 김장을 하기로 한 것은 입이 많아지면 배가 산으로 올라갈 수도 있거니와 무엇보다 강화농장의 잠자리가 여의치 않았기 때문이었다. 허름한 농가가 있지만 난방이 어려운 데다 세 부부가 2박3일 동안 함께 지내기에는 조금 공간이 모자랐다. 김장하다 힘들면 남자들이야 아무 데서나 잠시 눈을 붙일 수 있겠으나 남편 친구들 틈바구니에 있는 서로 초면의 아내들이야 어디 그럴 수 있으랴.

어쨌든 김장 일정은 정해졌고 제일 긴장하고 바빠진 건 나였다. 우선 나름으로 유명하다는 레시피를 참고하고 본가 어머니의 자문을 받아 우리만의 최종 레시피를 만들었다. 공동으로 기른 김장채소 외에 마늘과 양파, 생강, 소금, 고춧가루, 젓갈 등 김장에 필요한 나머지 재료들도 하나씩 준비를 해갔다. 마늘과 양파, 생강 등의 양념채소들은 이웃 도시농부들이 직접 기른 것으로 구매를 하고, 소금은 2년 이상 간수를 뺀 것으로 준비를 했다. 새우젓과 생새우는 강화 인근 포구에서 구하고, 액젓은 그냥 대기업 제품의 멸치액젓을 쓰기로 했다. 고춧가루도 초가을 미리 예약을 해 믿을 만한 태양초 고춧가루를 받아둔 터였다.

동치미와 총각김치는 미리 담가뒀고 나는 김장을 하면서 따로 비늘김치를 담그기로

432

했다. 주로 경기 이북지방에서 해 먹던 비늘김치는 물고기 비늘처럼 사선으로 칼집을 넣어 담근다 해서 붙은 이름이다. 국물이 자작할 정도로 담가 한겨울 살얼음이 서걱서걱한 비늘김치의 시원한 맛은 먹어본 사람만 그 진가를 안다. 본가의 어머니께서도 한동안 담그지 않으셨는데 직접 김장을 하려니 옛 맛이 그리워졌다. 다시 어머니께 부탁은 할 수 없어도 직접 하는 김장에 비늘김치 한 통 더 담그는 것이야 뭐 어려운 일도 아니니까.

장년의 세 남자가 농가에 도착하면서부터 부산을 떤 덕분에 김장은 착착 진행됐다. 세 사람 모두 성정이 거칠거나 모나지 않은 데다 이제 그럴 나이도 지났기 때문에 2박3일 공동 김장에 걸림돌은 없었다. 물론 액젓을 더 넣어야 한다, 그만 넣자는 등 작은 의견 충돌이 없었던 것은 아니지만 각자 맛을 보고 다수결로 결정하면 그만이었다. 무, 배추를 절이고 양념채소들을 손질해 김치 속을 만들고 속을 넣는 일까지 일사천리로 진행돼 일요일 오전 각자 준비해 온 김치통을 꽉꽉 채워 집으로 돌아올 수 있었다.

세 남자의 첫 김장을 사진으로 남겼어야 했는데
양념 묻은 고무장갑을 벗기가 번거로워 겨우 이런 물증밖에 없다.

세 집의 가장이 난생처음으로 직접 기른 작물로 김장까지 우여곡절 끝에 마쳤지만 정작 더 중요한 것은 가족의 입맛에 맞느냐였다. 한 집은 그야말로 평생 손에 물 한 번 묻이지 않았던 가장이니 직접 채소를 길러 김장을 해 온 것만으로도 대견하고 고마워할 것이었다. 하지만 다른 한 집은 그동안 주변에 음식 맛으로 소문난 처가에서 김치를 가져다 먹어 입맛이 상당히 까다로운 터였다. 나는 아내와 두 아이의 입맛에 맞아야 할 뿐 아니라 본가의 어머니로부터도 김치 맛을 인정받아야 했다. 그래야 어머니가 김장 때마다 작은아들네 김장 걱정을 하지 않으실 테니.

김장을 하면서 나름으로 자신이 없었던 것은 아니지만 두 집 가족들의 평가가 어떨지 조금 긴장이 됐던 것은 사실이었다. 다행히 한 집은 남편이 직접 김장을 해 왔다는 사실만으로도 감격해했고, 수준 높은 김치에 길들여졌던 다른 한 집도 아내가 만족해했다는 후문이었다. 남편이 해주는 음식이라면 무조건 맛있게 먹어주는 우리 집은 뭐 특별히 언급할 것도 없이 그저 대만족 분위기였다.

이렇게 세 남자의 김장 독립에 대한 열정은 가족들의 격려와 지원을 바탕으로 감사와 신뢰로 끝을 맺었다. 나는 김치 맛에 대한 본가 어머니의 인정으로 마침표를 찍어야 할 순간이 됐다. 김장이란 충분히 익혀서 겨우내 먹는 음식이다. 요즘처럼 김치냉장고가 집집마다 보급된 시대에는 다음 김장 때까지 먹기도 한다. 따라서 어머니로부터도 충분히 숙성된 상태에서 맛에 대한 평가가 필요했다.

그해 어머니에게 잘 익은 김장김치를 가져가 맛을 봐주십사 부탁을 드렸던 것은 한 달여 가까이 지난 다음이었다. 요즘은 대부분 김치냉장고의 발효숙성 기능을 이용하지만 나는 아직까지도 내 감각을 더 믿는다. 김장을 할 무렵에는 실외의 평균기온이 김치의 발효에 가장 알맞을 때다. 따라서 우리는 김장을 해서 베란다에 일주일가량 두고 발효를 시킨다. 냄새와 맛으로 적당히 익었다고 생각되면 바로 김치냉장고에 보관을 한다. 김치냉장고의 보관 기능은 더 이상 발효가 진행되지 않도록 하는 것이지만 발효가 바로 멈추는 것은 아니다. 저온에서 마지막 발효가 일어나고 맛이 서로 어우러지는 숙성 과정이 진행된다.

"배추가 조금 억세고 질기기는 하지만 잘 담갔다. 우리 김치보다 더 맛있겠다."

작은아들이 싸 온 김치 맛을 보시고 잔뜩 긴장해 있는 내게 건넨 첫마디였다. 당신이 직접 담그신 김장보다 더 맛있겠다고 하신 것은 내겐 최상의 칭찬이었다. 이제 하산해도 괜찮겠다는 말씀으로 들렸다. 비로소 어머니로부터의 완벽한 김장 독립을 인정받은 것이다.

　김장 독립을 선언한 해부터는 지금까지 철철이 계절 김치는 물론 각종 장아찌와 김장을 직접 담가 먹는다. 이듬해 본가에서 가져다 먹던 장까지 담갔으니 모름지기 완전한 독립을 이룬 셈이다. 그렇다고 지금까지 세 집이 공동 김장을 하는 것은 아니다. 그리고 이제는 재배가 까다로운 배추까지 직접 길러 김장을 하지는 않는다. 생장 과정에 비교적 손길이 덜 가도 되는 무와 쪽파, 갓만 기르고 강원도 횡성이나 원주에서 유기농으로 배추를 재배하는 농가로부터 절임배추를 사다 김장을 한다. 배추를 절이고 씻는 과정만 생략해도 김장의 절반은 거저먹는 것이나 다름없으니 크게 힘들이지 않고 하루저녁이면 뚝딱 해치운다.

　몇 해 동안의 경험이 쌓여 이제는 김치 명인들의 레시피를 뒤지거나 색다른 김장을 하느라 애쓰지도 않는다. 그동안 이것저것 실험적으로 시도해봤지만 어머니가 담갔던 본가의 김치만큼 맛있는 김치도 없었다. 그래서 겨울에 바로 먹을 김치는 새우젓과 멸치 액젓으로 감칠맛을 살리고, 이듬해 김장 때까지 먹을 묵은지는 새우젓만 살짝 넣어 시원하고 깔끔하게 담근다. 오래 저장하는 것일수록 양념이 적어야 신선한 맛이 유지되기 때문이다. 본격 김장에 앞서 알타리김치와 동치미를 소김장으로 넉넉히 담그고, 김장 때 배추김치와 비늘김치까지 담그고 나면 1년 동안은 김치 걱정 없이 살 수 있다. 계절마다 제철채소로 담그는 열무김치, 오이소박이, 양파김치, 양배추김치야 먹고 싶을 때 휘리릭 한 통 담가버리면 되니까.

제주 감귤은 겨울철 우리 땅의 유일한 제철과일이다. 물론 아직 12월이니 지난가을 수확한 사과와 배가 맛있을 때고, 남부지방에서는 12월 초순까지 단감을 따는 곳이 있다. 어른 주먹보다 큰 장두감도 한창 말랑말랑하게 숙성돼 단맛이 절정에 이른다. 중순 무렵에는 햇곶감도 서서히 출하되기 시작한다. 이렇게 가을 제철과일들이 아직 맛있는 때이기는 하지만 12월부터 시작해서 겨우내 제철이라 할 만한 대표 과일은 감귤을 꼽지 않을 수 없다.

감귤은 대표적 겨울 제철과일일 뿐만 아니라 싸고, 먹기 쉽고, 영양도 많은 매력 덩어리다. 제철에는 천 원짜리 몇 장 들고 나가면 새콤하고 맛난 감귤을 실컷 먹을 만큼 사올 수 있다. 매해 약간씩 변동이 있기는 하지만 3~4만 원이면 좋은 땅에서 친환경으로 기른 질 좋은 감귤 10킬로그램들이 한 박스를 제주에서 직접 구매할 수도 있다.

감귤이 값싸고 맛만 좋았다면 겨울 제철과일의 제왕으로 우뚝 서기 어려웠을 것이다. 영양학적 측면에서 대단히 빼어난 식재료일 뿐 아니라 강력한 항산화, 항암물질을 다량 함유한 과일이어서 가능했을 것이다. 감귤에 비타민 C가 많은 줄은 누구나 알고 있다. 또 탄수화물, 칼슘, 철분 그리고 비타민 B1, B2, 비타민 A가 풍부하게 들어 있다. 감귤에 과당의 형태로 존재하는 탄수화물이야 우리가 늘 먹는 밥으로도 섭취할 수 있지만 다른 무기염류는 밥만 먹어서는 충분한 양을 섭취할 수 없다. 과일이나 다른 채소들을 통해 보충해줘야 한다. 땅이 쉬는 겨울에는 감귤만 한 과일이나 채소도 없다.

감귤에는 베타클립토키산틴이라는 노란색 색소성분이 다량 함유되어 있다. 이 성분은 특이하게도 비슷한 색깔의 오렌지나 레몬에는 들어 있지 않다고 한다. 베타클립토키산틴은 간의 건강에 특히 좋은 성분이다. 간에 염증을 일으키는 활성산소를 제거하여 간암의 예방 및 치료에 도움을 준다니 간 기능에 자신이 없는 사람들이 귀 기울일 만하다.

또한 감귤을 주황색으로 만드는 색소성분인 플라보노이드도 주목을 받고 있다. 감귤의 플라보노이드 성분 중에는 헤스페리딘과 나린진이라는 색소가 포함되어 있다. 이 중 헤스페리딘은 자외선으로부터 우리 피부를 보호하고 콜레스테롤 수치를 낮추는 성분이다. 나아가 우리 간에서 중성지방과 콜레스테롤 합성을 억제하여 동맥경화를 예방해주기도 한다. 또 감귤에 함유된 펙틴이라는 성분은 강력한 항암작용을 하는 것으로 알려져 있다. 특히 전립선암에 좋은 것으로 실험 결과 입증되었다고 한다.

한겨울에는 딱히 우리 땅에서 나는 제철과일이 없어서기도 하지만 감귤의 이런 놀라운 효능을 알고부터는 마트에 가도 다른 과일에는 눈길이 잘 돌려지지 않는다. 가끔 딸기나 바나나, 혹은 요리용 아보카드 정도를 장바구니에 담을 뿐이다. 제철이 아닌 과일은 신선도가 떨어질 뿐 아니라 맛과 영양이 제철에 비해 못하기 때문이다. 하물며 장시간 배를 이용해 운송하느라 각종 선도유지제로 떡칠한 수입 과일을 비싼 돈을 주고 사서 먹을 수는 없지 않은가.

감귤을 주황색으로 만드는 색소성분 플라보노이드는 강력한 항산화, 항암물질로 주목받고 있다.

대신 감귤은 겨우내 우리 집에서 떨어지지 않는다. 오랜 기간 단골을 맺고 있는 제주 은파농장에서 박스 단위로 주문해 언제든 먹을 수 있도록 해놓는다. 이 집 감귤은 당도와 산도의 비율이 절묘해 그저 달기만 해서 싱겁지도 않고 시기만 해서 얼굴 찌푸리게 되는 때가 없다. 한 입 베어 물면 새콤한 단맛이 입안에 철철 흐른다. 그러니 우리 식구들은 이 농장 감귤만 있으면 겨울에 다른 과일을 찾을 일이 거의 없다.

식탁에 몇 개 올려놓으면 아내나 아이들이 오가며 입이 심심할 때 하나씩 까서 먹기도 하고 일터나 학교에 가면서 하나씩 들고 나가기도 한다. 멀리 여행이라도 가는 때에는 이 집 감귤이 필수 아이템이다. 우리 부부가 여행을 가는 차량 뒷좌석에 한 봉지 가득 놓여 있기도 하고 동아리나 학과 수련회를 가는 아이의 가방에 잔뜩 들어 있기도 한다. 아내나 아이들이나 겨울에는 그저 값싼 감귤 하나로 만족해주니 고마울 따름이다.

아이들은 아직 익숙하지 않지만 우리 부부는 감귤을 껍질째 먹는다. 물론 껍질째 먹

깨끗이 씻은 감귤 껍질을 절반만 벗겨내고 그대로 먹는다.

는 감귤은 친환경으로 키우고 껍질에 광택제 등을 바르지 않은 것이라야 한다. 이런 감귤은 흐르는 물에 깨끗이 씻어 그대로 먹으면 된다. 우리 몸에 좋은 여러 영양성분과 소위 파이토케미컬이라 부르는 항암, 항산화성분이 과육보다 껍질에 더 많으니 굳이 껍질을 벗겨 먹을 일이 아니다.

더구나 감귤의 과피는 포도나 배, 감 껍질처럼 먹기 거북스럽지도 않다. 씹기 곤란할 만큼 질기지도 않다. 다만 과육에 비해 단맛이 적고 향이 강해 껍질만 따로 먹기는 쉽지 않다. 과육과 껍질을 함께 먹으면 그런대로 맛이 참신하다. 이마저도 어렵다면 껍질을 절반만 벗겨서 과육과 함께 먹어보자. 껍질과 과육의 맛이 절묘하게 어우러져 한번 맛들이면 계속 먹게 된다.

친환경으로 잘 키운 감귤은 아직 입맛이 성숙되지 않은 아이들이 까 내는 껍질도 그냥 음식물쓰레기로 버리기는 아깝다. 우린 이걸 모았다가 가늘게 채를 썰어 신선한 채소와 함께 샐러드에 섞어 먹기도 하고, 바싹 말려서 차를 끓여 마시기도 한다. 때론 잘게 썰어 말린 것을 쌀뜨물 EM발효액을 만들 때 함께 넣기도 한다. 쌀뜨물 EM발효액은 설거지뿐만 아니라 해충기피제, 혹은 방향제로 쓰기도 하는데 귤껍질을 말려 함께 넣으면 은은한 감귤 향이 마음까지 상큼하게 해준다. 한방에서는 말린 귤껍질을 진피(陳皮)라 하는데 소화를 돕거나 가래를 삭이는 데 쓰인다.

값싸고 맛도 좋은 데다 건강에도 도움이 되는 감귤의 제일 큰 단점은 저장성이 떨어진다는 점이다. 수분이 많아 냉장 보관을 하더라도 얼마 가질 못하니 제철 외에는 먹을 수 없다. 이렇게 겨울에만 감귤을 먹어야 하는 게 아쉽다면 감귤고추장을 담가 먹는 방법도 있다. 감귤고추장은 냉장고에 보관하여 1년 내내 먹을 수 있다. 비빔밥이나 각종 나물 무침에 상큼한 감귤 향을 더해주고, 잼 대신 빵에 발라 먹어도 아주 잘 어울린다.

전통고추장을 한 번이라도 담가본 사람이라면 감귤고추장 담그기도 크게 어렵지 않다. 우선 감귤을 깨끗이 씻어 꼭지 부분만 떼어내고 껍질째 믹서에 갈아놓는다. 그리고 은근한 단맛을 위해 조청을 넣고 뭉근한 불에 조려 물기를 날려준다. 조청과 함께 조린 감귤 원액에 찹쌀풀과 매실효소, 매실주, 고춧가루, 된장을 넣고 잘 저어가며 섞어준다. 햇살에 발효시킬 것이 아니라 냉장 숙성하여 바로 먹을 고추장이기 때문에 메주가루 대신 된장을 믹서에 갈아 넣는 것이다. 그리고 간은 천일염으로 하면 되는데 우선 원래 넣어야 할 양의 3분의 2 정도만 넣는다. 고추장 맛을 내도록 구색을 갖춰 모든 재료들을 다 넣었으면 잘 섞이도록 충분히 저어준다. 고추장의 농도는 나무주걱을 꽂아 넘어지지 않을 정도면 적당하다.

알맹이는 물론 껍질까지 함께 갈아 감귤고추장을 담그면 잼이나 소스로 1년 내내 먹을 수 있다.

완성된 감귤고추장은 적당한 용기에 넣고 남은 소금으로 완전히 덮어준다. 그리고 냉장고에서 보름 정도 숙성시키면 재료들의 맛이 잘 어우러져 꽤 먹을 만해진다. 이때 고추장 단지 입구는 한지를 덮고 고무줄로 싸매면 냉장고 안에서도 수분이 증발돼 고추장에 물기가 생기지 않아 좋다. 물론 너무 오래 그리 두면 바싹 마를 수도 있으므로 적당한 시기에 밀폐된 용기에 넣어 보관해야 오래 먹을 수 있다.

온 땅이 꽁꽁 얼어붙은 겨울에 나는 유일한 제철과일 감귤은 종류도 많다. 그중에서 우리가 주로 먹는 감귤은 대부분 온주밀감으로, 현재 제주에서 나는 감귤류의 98퍼센트를 차지하고 있다. 이 온주밀감도 품종의 개량과 시설재배를 통해 이른 가을부터 딸 수 있는 감귤을 극조생 귤이라 부른다. 11월부터는 조생 귤이 나오고 보통 12월부터 이듬해 1월까지는 일반 감귤을 수확한다. 극조생 귤은 그야말로 감귤이 나오지 않는 시기에 희소성의 가치를 높이려 한 것으로 사실 별맛이 없다. 조생 귤 정도는 돼야 비로소 단맛과 신맛의 조화가 좋은 감귤 맛을 낸다.

1월 이후부터 4월 초순까지는 늦게 수확하는 만감류의 귤들이 나오는데 주로 오렌지와 교잡한 품종들이다. 우리가 익히 알고 있는 한라봉이나 청견, 진지향, 천혜향, 레드향, 황금향 등 그 종류도 다양하다. 모두 과육의 맛과 향, 당도 등을 높인 감귤과 오렌지 교잡종으로 일반 감귤보다는 귀하고 값도 비싸다. 그나마 일반인들에게 익숙한 것이 한라봉인데 감귤 철이 지나 다음 제철과일이 나올 때까지 징검다리 역할을 톡톡히 해준다.

한라봉, 천혜향, 레드향 등의 만감류 귤들은 오렌지 교잡종들로 맛과 향, 당도가 일반 감귤보다 월등히 높다.

차가운 겨울바람이 빚어낸 맛, 구룡포 과메기

겨울 구룡포엔 과메기가 지천이다. 찬바람이 불어 늦가을에서 초겨울로 접어드는 길목
인 11월 말경이 되면 호미곶에서 구룡포 중심부에 이르는 해안도로 곳곳에 과메기 덕장
이 들어선다. 바닷가뿐만 아니라 빨랫줄을 걸 수 있는 정도의 공간이라면 어디든지 배
가른 꽁치가 널린다. 뒷골목 한적한 가정집 앞마당에도 과메기가 익어간다. 구룡포항 너
른 공터에는 겨울 한 철 과메기 특설매장이 마련되고, 인근 수산물이 모이는 포항의 죽
도시장에도 과메기가 넘쳐난다.

이 무렵 구룡포에는 빨랫줄을 걸 수 있는 공간만 있으면 어디든 배 가른 꽁치가 내걸린다.

본격적인 겨울로 접어드는 12월 대표적인 제철해산물로 과메기를 꼽은 것도 이런 과메기 열풍 때문이다. 겨울과메기 열풍은 이제 포항을 넘어 전국으로까지 확산되었다. 그리고 겨울만 아니라 사철 손쉽게 구해 먹을 수 있는 식재료가 되었다. 하지만 해풍에 자연 건조한 진짜 과메기는 겨울에만 먹을 수 있다. 그것도 12월부터 2월 초순에 가장 맛있는 과메기를 만날 수 있다. 이때를 제외하고는 실내에서 열풍기를 돌려 말리는 것인데 과메기를 좋아하는 하지만 별로 눈길이 안 간다.

우리가 요즘 과메기라 부르는 것은 꽁치를 꾸덕꾸덕 말린 것이다. 단순 건조가 아니라 밤에는 얼고 낮에는 녹는 과정을 되풀이하며 얼말린 식품이다. 그런데 원래 과메기는 동, 서해를 막론하고 우리 연안에서 많이 잡혔던 청어로 만들었다. 냉수성 어종인 청어가 황해 냉수괴의 세력이 서해 연안까지 미쳤던 시기에는 동해 청어보다 더 큰 청어가 황해도 해주, 경기는 물론 전라 남단의 해안에서까지 많이 잡혔다고 한다.

우리 바다의 주력 어종으로 흔하게 잡혔던 청어는 말린 상태로 보부상들의 등에 실려 경향 각지로 팔려 나갔다. 냉장 시설이 전무하고, 모든 유통을 우마나 보부상의 등짐에

경북 영덕의 창포리마을 인근에서는 아직 청어과메기의 명맥이 이어지고 있다.

의존했던 시절, 생선을 소비자에게 전달하기 위해서는 소금에 절이거나 건조시키는 방법밖에 달리 도리가 없었을 것이다.

청어 말리기는 우리 산야에 널리 퍼져 있던 싸리나무로 관목(貫目), 즉 눈을 꿰어 너는 방법이 주로 사용되었다. 과메기의 어원은 여기서 나온 것으로 추정하고 있다. 눈을 꿰어 말린 청어를 관목청어라 부르다 관메기, 과메기로 변이된 것이다.

청어가 우리 바다에서 늘 많이 잡혔던 것은 아니다. 조선시대에도 청어 어획량은 부침이 많았던 것으로 알려진다. 19세기 말부터는 청어가 주로 동해, 특히 영일만 인근 바다에서 잡혔다고 한다. 일제강점기에는 전국 유통량의 70퍼센트 정도가 영일만 인근산인 것으로 기록되어 있다. 과메기의 주산지가 영일만 인근의 구룡포인 것은 청어가 주로 이 일대에서 많이 잡혔던 것과 밀접한 관계가 있다. 물론 과메기 발효 건조의 3대 조건인 온도와 습도 그리고 해풍이 최적이기 때문이기도 하다.

하지만 60년대 말부터는 우리의 동해에서조차 청어가 자취를 감추기 시작했다. 남획과 바다오염, 그리고 지구온난화에 따른 바닷물의 온도 상승으로 대표적 냉수성 어종인 청어가 우리 바다를 떠났던 것이다. 겨울이면 속초, 고성 등 동해 북쪽 바다에 북적이던 명태가 돌연 사라진 것처럼.

청어가 떠나면서 청어과메기도 보기 어려워졌다. 어떤 해에는 청어가 많이 잡혀 청어과메기가 더러 나오기도 하지만 지금은 경북 영덕의 창포리마을 인근에서만 겨우 청어과메기의 명맥이 이어지고 있다. 포항, 영덕, 경주 부근의 초가집 부엌 봉창에 매달아 아침저녁으로 아궁이에 때는 솔가지의 연기로 훈증되면서 겨우내 발효 건조된 과메기 맛은 이제 더 이상 우리가 맛볼 수 있는 것이 아니다.

이렇게 우리 바다에서 청어가 사라지고 나서 꽁치가 그 자리를 대신했다. 꽁치 역시 냉수성 어종으로 국내산 꽁치가 넘쳐나던 시기가 있었지만 이마저 그리 오래가지는 못했다. 대신 지금은 거의 전량 러시아 캄차카반도나 일본 홋카이도 인근 바다에서 잡아 급랭한 꽁치를 수입해서 쓴다. 우리의 겨울철 대표적인 해산 먹거리 가운데 하나인 과메기가 수입 꽁치를 원재료로 쓴다는 게 조금 슬프기는 하지만 바다환경의 변화로 인한 어쩔 수 없는 현상이니 누굴 탓하랴. 그나마 아직 꽁치가 서식하기 좋은 청정바다가 있음을 감사하게 생각해야 할 게 아닌가 싶다.

어떤 음식이든 그 부침은 식재료의 산출과 깊은 연관이 있다. 청어가 안 나 청어과메기가 침체하면 대신 많이 잡히는 꽁치과메기가 부상하는 것이다. 더욱이 꽁치과메기는 맛이 좋을뿐더러 숙성 건조 기간도 청어보다 짧다. 이제 그 맛이 전국적으로 알려져 사시사철 대량으로 소비되는 시대에 이만한 이점이 어디 있을까.

꽁치과메기가 청어과메기를 본격 대신한 시기는 대략 60년대 말부터라고 알려져 있다. 그렇다고 꽁치과메기가 이때 처음 우리의 밥상과 술상에 오르기 시작한 것은 아니다. 포항 인근에서 자란 많은 이들이 이미 그 이전에도 꽁치과메기를 먹어보았던 유년의 기억을 증언하고 있다. 특히 일제강점기인 1918년 발행된 〈소천소지〉(笑天笑地)에 우리가 흔히 과메기의 유래라고 알고 있는 과거 보러 가는 선비 이야기가 실려 있다. 이미 60년대 훨씬 이전부터 꽁치과메기가 있었음을 알 수 있다.

"동해안 지방에 살던 한 선비가 겨울철 한양으로 과거를 보러 가기 위해 해안가를 걸어가고 있는데, 민가는 보이지 않고 배는 고파왔다. 해변을 낀 언덕 위 나뭇가지에 고기 한 마리가 눈이 꿰어 죽어 있었다. 이것을 찢어 먹었더니 너무나 맛이 좋았다. 과거를 보고 내려온 그 선비는 집에서 겨울마다 생선 중 청어나 꽁치를 그 방법대로 말려 먹었다."

12월의 대표적인 제철먹거리로 소개하기는 하지만 과메기 맛에 대해서는 호불호가 엇갈린다. 어서 겨울이 와 과메기를 먹을 수 있기를 기다리는 이가 있는가 하면, 과메기 소리만 들어도 손사래를 치는 사람도 적지 않다. 맛있고 없고를 가르는 기준은 본디 자기에게 익숙하냐 아니냐의 차이일 뿐이다. 어린 시절부터 축적되어온 식습관의 차이가 맛에 대한 호감, 비호감을 가르는 것이다. 나는 모르는데 다른 많은 사람들은 아는 맛이라면, 그 맛에 대한 도전도 아름답지 않을까 싶다. 선입견을 버리고 몇 번 먹다 보면 자연스레 그 맛에 익숙해지는 것이 인간이다.

더구나 과메기는 삭힌 홍어처럼 호불호가 극단적으로 갈리는 강렬한 맛은 아니다. 물론 건조나 유통 과정에서 문제가 있는 경우 기름이 산패하여 역한 맛을 내는 경우도 있다. 생선 특유의 비릿한 맛과 발효 건조 탓에 조금 콤콤한 맛이 난다. 살이 연해 씹을 때 약간 물컹거리는 느낌이 없지 않다. 그러나 과메기는 씹을수록 구수한 맛의 여운이 입안을 감돈다. 비릿함과 콤콤함 그리고 구수한 맛이 3박자를 이루어 과메기 맛이 완성되는 것이다.

꽁치과메기는 맛뿐만 아니라 영양가도 아주 높다. 고등어, 방어, 전갱이와 함께 4대 등

비릿함과 콤콤함 그리고 고소한 맛이 3박자를 이뤄 과메기 맛이 완성된다.

푸른생선에 들어간다. 당연히 꽁치에는 DHA가 많이 들어 있어 고혈압, 동맥경화 등 성인병을 예방하며 학습능력도 높여준다. 또 항산화성분인 비타민 E와 셀레늄(Se)은 물론 꽁치의 붉은 살에는 비타민 B12가 풍부하게 함유되어 악성빈혈을 막아주기도 한다. 이렇게 풍부한 영양성분은 건조 발효하는 과정을 통해 더 많아진다고 하니 성인병을 걱정하는 어른들은 물론 공부하는 아이들에게도 자주 먹일 일이다.

그러나 아무리 몸에 좋은 과메기라도 어쩌다 한두 번 먹어준다고 해서 당장 우리 몸에 변화가 생기지는 않는다. 적어도 몸을 생각한다면, 제철 건강식을 꾸준히 식단에 올리는 지혜와 음식을 대하는 건강한 태도가 필요하다. 땅이 협소하고 물류가 잘 발달한 우리나라에서는 언제든 전화 한 통이면 제철 특산물들을 가정에서 받아볼 수 있다. 어쩌다 과메기 전문식당을 찾을 것이 아니라 일주일에 한 번씩은 우리 밥상에 과메기를 올려보는 것도 좋은 방법이다.

꽁치를 손질하지 않고 바닷물에 세척하여 바로 건조 숙성시키는 것을 통과메기라 부르고 배를 가르고 내장을 빼내서 말린 것은 편과메기라 한다. 통과메기는 보통 보름 이상씩 통째로 숙성시키기 때문에 내장의 고소한 즙이 살에 스며들어 제대로 된 과메기 맛을 낸다. 하지만 내장을 들어내고 손질을 해야 하는 번거로움과 그 과정에서 나는 비린내 때문에 일반 가정에서는 통과메기를 손질해 먹기가 쉽지 않다.

반면 편과메기는 기본 손질이 되어 있어 언제든 밥상에 올릴 수 있다. 대형 마트에 가면 한 끼 먹을 분량씩 아예 편과메기 껍질을 벗기고 먹기 좋게 잘라서 판매하기도 한다. 하지만 이건 별로 추천하고 싶지 않다. 손질하고 포장하는 과정에서 값이 올라갈 뿐만 아니라 필요 이상의 자원이 낭비된다. 현지에서는 두름 단위(1두름은 20마리)로 저렴하게 주문할 수 있고, 껍질만 벗겨 먹기 좋게 자르는 수고만 하면 된다.

껍질 벗기기도 쉬워서 키친타월로 대가리 쪽 껍질을 조심스럽게 쥔 채 꼬리 쪽으로 쭉 벗겨내면 된다. 그리고 황태포처럼 먹기 좋은 길이로 죽죽 찢어내면 그만이다. 기름이 많아 찢기 불편하면 가위로 듬성듬성 잘라내도 괜찮다. 내 음식을 먹어줄 가족을 위해 그 정도의 수고와 번거로움은 감수할 수 있지 않을까?

과메기를 맛있게 먹는 방법도 유별난 것은 없다. 그저 먹기 좋은 크기로 자른 과메기를 커다란 접시 가운데에 담고 과메기와 함께 싸서 먹을 부재료들을 접시 둘레에 가지런히 돌려 담아서 내면 된다. 부재료에는 날김, 물미역 등의 해조류와 배춧속, 청고추, 마늘, 미나리, 쪽파 등의 채소면 충분하다. 겨울이 제철인 햇김에 과메기를 올리고 물미역과 마늘, 청양고추 한 쪽씩 넣어 초장에 찍어 먹으면, 이만한 영양식도 없다. 샛노란 제철 속배추도 과메기와 아주 잘 어울린다. 입에 한가득 넣고 우적우적 씹으면 고소한 맛이 입안을 가득 메운다. 가끔 부부가 마주앉아 시리도록 차가운 소주로 입을 헹궈가며 먹는 과메기는 겨울 맛의 정점이라 해도 과언이 아니다.

냉장고에 있는 물미역이나 쪽파, 마늘만 있어도 과메기 먹기에 족하다.

과메기 맛이 부담스럽거나 처음 먹는 아이들을 위해서는 간단한 회무침으로 입맛을 들여보는 것도 좋다. 새콤달콤한 초장과 해초, 다양한 채소 맛이 어우러져 비릿한 맛에 민감한 사람들도 부담 없이 먹을 수 있다. 살짝 구운 김에 따뜻한 밥 한 술, 회무침 한 젓가락 올려 싸주면 아이들도 잘 받아먹는다.

과메기회무침 재료도 과메기쌈 재료를 그대로 쓰면 된다. 우선 먹기 좋은 크기로 찢거나 썬 과메기와 물미역, 청홍고추, 미나리, 오이 등을 손질해 볼에 담는다. 여기에 다진 마늘, 고추장, 설탕, 식초를 식성에 맞게 넣고 살살 무쳐주면 끝이다. 설탕 대신 매실발효액, 일반 식초 대신 막걸리식초를 넣으면 단맛, 신맛을 한층 업그레이드할 수 있다. 이것저것 귀찮고 구하기 어려우면 빙초산이 들어가지 않은 시판 초장을 써도 무방하다.

새콤달콤 회무침은 과메기가 처음인 사람들도 부담스러워하지 않는다.

　과메기가 어울리지 않는 아침밥상에는 과메기구이도 제몫을 한다. 워낙 기름진 까닭에 프라이팬에 기름을 두르지 않고 굽는다. 꽁지만 가위로 잘라내 약불에 살짝 구워놓으면 꽁치구이보다 고소하고 맛있다. 구운 과메기를 먹기 좋은 크기로 잘라 생와사비간장에 살짝 찍어 먹으면 밥반찬으로도 손색이 없다. 과메기는 이렇게 겨우내 우리 집 밥상과 술상을 윤택하게 해주는 고마운 식재료다.

신혼 초 어느 해 겨울인가 고창 처가에 갔다가 처가 식구들의 꼬막 먹는 광경을 보고 살짝 놀란 적이 있다. 밤이 깊어 출출할 시간이 되자 처형 중 한 분이 참꼬막을 한 솥 삶아 오더니 솥째 놓고 빙 둘러앉아 까서 먹는 것이었다. 몇몇은 숟가락을 이용하고, 또 몇몇은 10원짜리 동전을 꼬막 뒷꼭지 사이에 넣고 살짝 비틀어 껍질을 잘들도 벗겨낸다. 중부 내륙에서 자라 꼬막이라야 겨우 1년에 몇 번, 그것도 새꼬막을 찬으로나 구경했던 나로서는 새로운 경험이었다. 꼬막을 저렇게 간식으로도 먹는구나 싶었다.

벌교 여자만에서 나오는 참꼬막. 짭조름하고 쫄깃한 맛에 배부른 줄 모르고 까먹게 된다.

나도 끼어들어 하나 까서 먹어보니 짭조름하고 쫄깃한 맛이 제법이었다. 저 많은 걸 언제 다 먹나 싶었는데 자꾸 손이 가 그예 바닥을 보이게 만드는 그런 맛이었다. 잘 삶은 참꼬막을 하나씩 까서 입에 넣다 보면 자연스레 조정래 선생의 걸작 『태백산맥』이야기가 나오게 마련이다. 다 성인들이기는 하지만 아직 신혼의 부부들 앞에서 망나니 염상구가 외서댁을 범하고 나서 '쫄깃한 꼬막 맛'을 되뇌던 장면은 차마 입 밖에 내지 못했다. 대신 빨치산 정하섭과 하룻밤을 보내고 난 소화가 아침밥상에 올릴 꼬막이 없어서 애태우던 이야기가 오갔다. 꿈에서조차 그리던 정인과 간절한 하룻밤을 보내고 가장 먼저 보여주고 싶은 맛이 바로 꼬막이었다.

"알맞게 잘 삶아진 꼬막은 껍질을 까면 몸체가 하나도 줄어들지 않고, 물기가 반드르르 돌게 마련이었다. 양념을 아무것도 하지 않은 그대로도 꼬막은 훌륭한 반찬 노릇을 했다. 간간하고, 쫄깃쫄깃하고, 알큰하기도 하고, 배릿하기도 한 그 맛은 술안주로도 제격이었다."

소설 『태백산맥』에서 조정래 선생은 꼬막 맛을 이렇게 표현했다. 여기서 꼬막이라고 한 것이 벌교의 '여자만(汝自灣)'에서 나오는 참꼬막이다. 고흥반도와 여수반도가 감싸는 벌교 앞바다 여자만은 국내 참꼬막의 주산지일 뿐 아니라 그 품질도 월등하다고 알려져 있다. 여자만 갯벌은 자갈과 모래가 섞이지 않고 완전한 진흙으로 돼 있다. 거기다 우리나라에서 상태가 가장 좋은 갯벌이라 할 만큼 청정한 지역이다. 참꼬막이 서식하기에 이만큼 좋은 환경도 없으니 벌교 참꼬막이 맛과 영양에서 뛰어난 것은 우연이 아닐 것이다.

벌교 하면 가장 먼저 연상되는 참꼬막은 꼬막조갯과로 분류되는데 국내에는 3종의 꼬막조갯과 조개들이 서식한다. 참꼬막이 그중 하나인데 새꼬막과 흔히 피조개라 부르는 피꼬막도 꼬막조갯과에 속한다. 꼬막조갯과의 조개류는 특이하게도 다른 조개류에 없는 헤모글로빈을 가지고 있다. 대부분의 연체동물이 혈액 속에 구리를 함유한 헤모시아닌을 가지고 산소를 운반하는데 꼬막조갯과의 조개들은 철을 함유한 헤모글로빈을 이용한다. 그래서 같은 조개임에도 붉은 피가 흐르는 것이

참꼬막은 찬바람이 불면서부터 맛이 들기 시작해 12월부터 이듬해 2월까지가 절정이다.

다. 그중에서도 피꼬막은 조가비를 벌리면 붉은 피가 뚝뚝 떨어질 만큼 많은 피를 가지고 있다. 그래서 이름도 피꼬막, 혹은 피조개로 불리는 것이다.

아무튼 이 꼬막조갯과의 참꼬막은 찬바람이 불면서부터 맛과 영양이 극대화된다. 겨울이 제철이라는 의미다. 여름에 산란을 마치고 펄 속의 유기물을 걸러 먹으며 다시 살을 찌워 겨울에 비로소 제철을 맞는 것이다. 가을이 끝나는 11월부터 다시 알을 품기 시작하는 이듬해 3월까지가 제철이다. 하지만 현지인들은 12월부터 이듬해 2월까지 한겨울에 먹는 꼬막 맛이 최고라고 입을 모은다. 한해가 저물어가는 12월이 참꼬막 제철의 시작인 것이다.

처가에서 참꼬막에 제대로 맛을 들인 이후로는 겨울이 오면 꼭 참꼬막 생각이 난다. 살기에 바빠 매해 꼬박꼬박 챙겨 먹지는 못하지만 기회가 닿으면 한 번쯤 별식으로 참꼬막을 주문해서 먹는다. 그나마 최근에는 벌교 참꼬막이 전국적으로 알려지고 산출량도 줄어들어 값이 천정부지니 참꼬막 한 번 제대로 먹기가 쉽지 않다. 꽤 큰 출혈을 각오해야만 주문 전화를 누를 수 있다.

큰 맘 먹고 어렵사리 주문한 꼬막은 아이스박스에 담겨 산 채로 집까지 배달된다. 하루 두 차례씩 간조 때마다 외기에 노출되는 환경에서 자라는 탓에 꼬막은 겨울에는 뭍에서도 열흘쯤 살아 있다. 하지만 장시간 바닷물 속에서 먹이활동을 하지 못하고 한꺼번에 박스에 담겨 덜컹거리는 차에 실려 이리저리로 옮겨 다니는 것은 꼬막으로서도 극

참꼬막이 비싸다고 투덜거릴 일은 아니다.
겨울 찬바람을 온몸에 맞으며 갯벌을 기어야 하는 고된 노동이 참꼬막에 고스란히 들어 있다.

한의 생존환경이다. 이 스트레스가 꼬막의 살을 내리고 맛도 떨어지게 할 것임은 자명한 일이다. 그러니 꼬막이 산 채로 왔다고 좋아하지만 말고 캐서 오래되지 않은 꼬막을 주문해 오래 보관하지 말고 바로 먹을 일이다.

벌교에 가면 꼬막전이나 무침, 부침 등 꼬막을 가지고 다양한 음식을 꼬막정식이라는 이름으로 내지만 참꼬막의 진짜 맛은 역시 살짝 삶아서 그대로 까먹을 때 나온다. 그래서 벌교에서 참꼬막이 도착하면 우리도 다른 조리방법을 고려하지 않는다. 그저 물에 담가 여러 번 비벼주며 조가비에 묻은 펄을 깨끗이 씻어내고 끓는 소금물에 살짝 익혀서 먹는다. 참꼬막을 삶는 방법도 여러 주장이 있지만 물에 소금 한 스푼 넣어 펄펄 끓인 물에 참꼬막을 넣고 열기가 골고루 전달되도록 한 방향으로 저어주다가 꼬막이 입을 벌릴 때쯤 바로 건져내는 게 정석이다. 꼬막이 뚜껑을 다 벌리면 맛과 향이 모두 빠져나가므로 한두 개쯤 뚜껑이 벌어지는 순간이 최적의 타이밍이다.

담수가 조금이라도 들어가 귀한 참꼬막의 맛을 해친다고 생각하는 사람들은 아예 삶지 않고 무수분으로 조리를 하기도 한다. 무쇠솥 등 고르게 열전달을 해주는 용기에 깨끗이 씻은 참꼬막을 넣고 쪄내는 방식이다. 조가비에 묻은 물기와 참꼬막이 품고 있는 수분만으로 꼬막을 익혀내는 것이다. 참꼬막의 농후한 맛과 향을 그대로 살릴 수 있는 조리법이다.

꼬막을 삶을 때 조가비가 다 벌어질 정도로 놔두면 맛과 향이 함께 빠져나간다.

한겨울 남도 맛의 진수라지만 주머니가 가벼울 땐 그저 그림의 떡일 뿐이다. 이럴 땐 같은 꼬막조개류의 새꼬막도 좋은 대안이다. 참꼬막처럼 깊고 농후한 맛을 내지는 못하지만 담백한 맛에 거부감 없이 먹을 수 있다. 영양도 참꼬막에 비해 뒤지지 않은 데다 가격이 한참 저렴하다는 장점까지 지녔다. 깊어가는 겨울밤 신선한 새꼬막 한 사발 삶아서 가족끼리 두런두런 까먹는 풍경도 정겹다. 적당히 삶은 새꼬막의 한쪽 조가비를 떼어내고 양념간장을 살짝 올리면 짭조름하니 제철밥반찬으로도 잘 어울린다.

우리와 친숙한 식용 바닷물고기 중에 숭어만큼 제철이 혼란스러운 것도 없다. 비단 오늘날만의 이야기가 아니라 예전부터 숭어의 제철과 관련된 속담이 지역마다 다른 걸 보면 우리 선조들도 숭어의 제철에 대해 서로 다르게 생각했던 것 같다. '여름숭어는 개도 안 먹는다.'는 말이 있는가 하면 '5월 농어, 6월 숭어, 사철 준치'라는 말도 있다. 한쪽은 숭어가 가장 맛없어 개도 안 먹는 철이 여름이라 하고, 한쪽은 숭어를 최고의 여름생선이라 주장하는 말이다. 이런 혼란의 발단은 우리 바다에 서식하는 숭어의 종류와 지역마다 달리 부르는 이름에서 시작된 측면이 크다.

　우리 바다에는 오래전부터 숭어목 숭엇과의 생선으로 숭어와 가숭어, 등줄숭어 등 3종이 서식하는 것으로 알려져 있다. 이 중에서 우리에게 식용으로 익숙한 생선은 숭어

수족관에서 헤엄치는 숭어를 뜰채로 건져냈다. 숭어의 눈은 기름눈꺼풀이 발달해 백태가 낀 것처럼 보인다.

와 가숭어다. 등줄숭어는 이 두 생선에 비해 크기도 작고 많이 잡히지도 않아 별로 알려져 있지 않다. 문제는 숭어와 가숭어가 같은 숭엇과 생선일 뿐 아니라 생태도 유사하지만 산란시기가 달라 제철이 완전히 틀리다는 데서 발생한다.

우선 숭어는 산란기가 10월부터 이듬해 2월 사이다. 주산란기는 10월부터 두 달 동안으로 주로 늦가을에 산란을 한다고 보면 된다. 산란기 숭어는 깊은 바다로 이동을 하는 것으로 알려졌는데 이듬해 봄에 다시 연안으로 돌아온다. 이때부터 숭어가 돌아오는 길목에서 본격적인 숭어잡이가 시작되는데 이즈음부터 가을까지가 제철이다. 봄부터 초여름 무렵까지 숭어가 많이 잡히는 부산 가덕도와 전남 해남, 진도에서는 보리가 필 무렵에 맛이 가장 좋다고 하며 보리숭어라고 부른다.

반면 가숭어는 숭어보다 날씬 미끈하고 다 자라면 1미터에 달할 만큼 큰 생선이다. 생김새는 숭어와 크게 다르지 않아 혼동하기 쉬운데 눈의 색깔을 보면 쉽게 구분할 수 있다. 가숭어의 눈은 노란 테두리가 확연한 반면 숭어는 노란 테두리가 없다. 또한 숭어는 겨울부터 봄까지 기름눈꺼풀이 발달해서 눈에 백태가 낀 것처럼 허옇게 변한다. 반투명한 기름눈꺼풀로 뒤덮인 것은 숭어, 노란 테두리를 가진 것은 가숭어라고 생각하면 구분이 쉽다.

아무튼 가숭어는 산란기가 늦봄부터 초여름 사이다. 바닷물이 따뜻해져 가는 오뉴월에 집중 산란을 하니 여름에는 산란 직후라 기름이 쏙 빠져 살은 푸석거리고 아무 맛도 없을 때다. 그러니 여름에는 개도 안 먹는다는 생선이 바로 가숭어다. 대신 겨울에는 고소하고 쫄깃한 맛이 돔과 같은 고급 횟감 못지않다. 거기다 돔류와는 비교할 수 없을 만큼 가격이 착하니 겨울철 국민횟감으로 가숭어만 한 것도 없다.

겨울 한 철 횟감으로 고급 어종에 버금갈 정도로 맛이 좋은 데다 생장도 빨라 가숭어 양식은 활발히 진행되고 있다. 찬바람이 불면 본격적으로 대도시 횟집 수족관을 유유히 헤엄치는 가숭어들은 전부 양식이다. 양식이라도 이 시기에는 자연산 못잖게 맛있는 횟감이 가숭어다. 양식 덕분에 또 다른 국민횟감인 광어나 우럭보다 훨씬 저렴한 가격에 기름지고 고소한 숭어회를 맘껏 먹을 수 있다.

그런데 가숭어 양식이 대량으로 이루어지는 지역을 중심으로 언제부턴지 가숭어를 참숭어라 부르고 있다. 아마도 가숭어라 부르면 숭어보다 못하다는 선입견을 줄까 봐 '참' 자를 붙여 참숭어라 부를 터이다. 그리고 진짜 숭어는 개숭어라 부르며 홀대한다. 반면 숭어가 많이 잡히는 지역에서는 안 그래도 될 것 같건만 굳이 숭어를 참숭어로 부른다.

한겨울 가숭어는 기름지고 고소한 맛에다 정갈하고 고운 때깔마저 참돔에 뒤지지 않는다.

이쯤 되면 소비자들의 혼란은 극에 이른다. 뭐가 진짜 숭어고 참숭어인지, 개숭어는
또 뭔지. 그러나 표준명 참숭어는 없다. 홀대해도 되는 개숭어도 없다. 그저 숭어와 가숭
어만 있을 뿐이다. 그리고 가숭어가 그냥 숭어보다 맛이 못하거나 떨어지는 생선이 아니
다. 둘 다 제철에는 기름지고 고소하며 차진 식감이 좋은 횟감 생선인 것이다.

어쨌든 겨울에 한껏 맛이 올랐던 가숭어도 봄이 되면 급작스레 맛이 떨어진다. 살에
서 펄 냄새가 나 회로 먹기에 참 거북스럽다. 특히 조금이라도 오염된 갯벌에 서식하는
가숭어는 봄부터 먹을 생각을 하지 않는 것이 좋다. 대신 이때부터 겨울을 먼바다에서 보낸
숭어가 연안으로 돌아오는데 산란 후 다시 살과 맛이 들어가는 시기다. 그러니 가숭어
철이 지나 맛이 떨어지면 제철이 시작되는 숭어로 바꾸어 먹으면 될 일이다.

숭어나 가숭어나 펄을 흡입해 그 안에 있는 작은 새우 등 요각류나 갑각류를 먹고 사
는 생선이다. 그러다 보니 펄이 오염된 곳에서 잡힌 것들은 제철에도 펄 냄새가 날 수밖
에 없다. 펄이 청정한 지역에 서식하는 것들만 제철의 기름지고 달큰한 숭어회 맛, 색깔
을 내게 되는 것이다. 예전에는 영산강 하구의 영암 인근에서 잡힌 숭어를 최고로 쳤으
나 영산강 하구언이 생긴 후부터는 이마저 한때의 영화로 잊히게 되었다. 대신 지금은
무안 도리포의 겨울가숭어를 최고의 숭어로 친다. 굳이 도리포가 아니더라도 서남해 청

정지역에서 잡힌 겨울가숭어는 잡내 없이 훌륭한 맛을 낸다.

그래서 한겨울 뜬금없이 맛있는 숭어회가 당길 때는 멀리 목포나 도리포에 숭어 주문을 넣는다. 비늘 제거하고 포를 떠서 보내주니 껍질을 벗겨 먹기 좋게 썰어내기만 하면 된다. 서남해 산지에서 서울까지 배송되는 동안 하루쯤 숙성된 숭어회가 쫀득하고 차진 식감에 기름져 고소한 맛이 일품이다. 이렇게 기름진 제철 숭어회는 초장보다 막장, 또는 생와사비간장이 잘 어울린다.

겨울가숭어 철이 끝나고 나서도 숭어가 먹고 싶으면 해남으로 눈길을 돌린다. 해남과 진도 사이에 울돌목이라는 작은 해협이 있는데 조류가 마치 거친 강처럼 흐르는 곳에서 숭어가 잡힌다. 바닷물이 들어오거나 나갈 때 거센 소용돌이를 일으키는 조류를 거슬러 오르는 기운 넘치는 숭어를 뜰채로 잡는 것이다. 바라보고만 있어도 현기증이 일 정도로 거센 물살인데 현지인들은 아무렇지도 않게 잠자코 기다리다가 숭어가 올라오면 잽싸게 뜰채를 물속에 집어넣었다가 들어 올린다. 가끔 실수도 하지만 어른 팔뚝만 한 숭어가 한두 마리는 꼭 들었다. 서너 마리가 펄떡일 때도 있다.

거센 조류가 흐르는 바다에 재빠르게 뜰채를 넣었다 건진 순간 서너 마리의 숭어가 펄떡인다.

여기서 잡히는 숭어는 특별히 맛있다고 한다. 거친 물살을 견디며 살아야 하기 때문에 온몸에 근육이 잘 발달해서 탱탱한 식감이 다른 지역의 숭어보다 회 맛이 뛰어나다고 입을 모은다. 하지만 내 둔한 미각으로는 울돌목 숭어가 부산 가덕도 등의 다른 바다에서 잡힌 숭어와 맛에서 의미 있는 차이가 있다고 느끼지 못한다. 아주 특별한 절대미각을 갖추지 않은 이상 맛의 작은 차이를 다 구분해낼 수 있는 사람은 없다. 그저 더 맛있다고 여기며 먹으면 만족감이 더 크게 되니 그것만으로도 행복한 덤이 아닐까 싶다.

아무튼 겨울가숭어든, 보리이삭 필 무렵의 울돌목 숭어든 회를 먹고자 주문하는 것이기 때문에 포를 뜨고 남은 서덜은 보내지 말라고 한다. 서울에서 가까운 강화만 해도 숭어찜부터 탕까지 숭어로 만든 다양한 음식이 있지만 우린 아직 숭어회에 만족하고 있다. 가족들의 계절밥상에 올릴 제철횟감으로 숭어만 한 것이 없기 때문이다. 옛날 임금에게 진상했다던 영암의 어란이나 대동강 숭어국은 기회가 닿을 때 별미로 한 번 즐기면 될 일이다.

밥

12월은 우리 땅에 겨울이 찾아와 논밭에서 바로 수확한 싱싱한 식재료가 귀해지는 시기다. 그러나 가을에 수확한 햇곡식이 한창 맛이 좋고 무, 배추가 넘쳐나는 달이다. 햅쌀로 밥을 지으면 윤기가 자르르 흐르고 각종 콩과 수수, 기장, 조 등을 넣은 잡곡밥은 구수한 맛이 일품이다. 굴은 물론 홍합 등 패류가 점점 맛이 차니 굴밥, 홍합밥이 밥상에 오르는 빈도가 잦아진다.

동짓날에는 해팥을 푹 삶아 1년에 한 번 팥죽이 밥상에 오르기도 한다. 팥을 삶을 때는 처음 끓어오른 물을 따라 버려야 한다. 팥의 사포닌 성분이 우러난 물로 배탈이나 설사의 원인이 될 수 있다. 그리고 다시 물을 부어 푹 삶는데 팥알 하나 건져 손으로 눌러봐서 완전히 으깨질 정도가 돼야 한다. 푹 삶은 팥은 곱게 갈고 멥쌀가루를 익반죽해서 만든 경단과 함께 끓이면 된다. 소금만 조금 넣어 살짝 간을 맞추고 시원한 동치미와 함께 먹으면 별미다.

경단 대신 생칼국수면을 준비해서 팥칼국수 밥상을 차려도 훌륭하다. 면은 먼저 다른 냄비에 살짝 삶아 팥죽과 함께 넣고 끓여야 맛이 깔끔하다. 구수한 국내산 해팥으로 직접 끓인 팥죽과 팥칼국수, 비록 동짓날 주변 한두 끼이기는 하지만 한 겨울 집밥으로 이만한 별미가 또 어디 있을까 싶다.

차게 해서 먹어도 맛있는 동짓날 팥죽과 팥칼국수

반찬

대부분의 농촌 가정에서는 입동과 소설 사이에 김장을 담근다. 기온이 상대적으로 높

생굴과 삶은 돼지고기를 김장소와 함께 절인 배추에 싸서 먹으면 힘든 김장의 피로가 싹 달아난다.

은 대도시에서는 이보다 조금 늦은 소설 이후 12월 초 사이가 김장철이다. 농촌이건 도시건 김장을 하고 나면 한동안 반찬 걱정이 필요 없다. 김장소와 절인 배추 조금씩 남겨 끼니마다 올려도 질리지 않는다. 한창 맛이 들어가는 생굴과 삶은 돼지고기를 김장소와 함께 절인 배추에 싸서 먹으면 그야말로 이달에 만날 수 있는 최상의 맛이 아닐까 싶다.

또한 싱싱한 가을무, 배추로 바로 무친 겉절이가 입맛을 돋우는 달이다. 채 썬 무를 소금에 살짝 절였다가 들기름과 소금으로 간해서 볶아낸 무나물도 빼놓을 수 없는 계절반찬이다. 예전에는 참 손이 안 가는 게 무나물이었는데 요즘은 부드럽고 들기름의 구수한 냄새가 폴폴 나는 무나물 같은 것이 입맛에 맞는다. 자극적인 것보다 담백한 맛을 좋아하는 건 역시 나이 탓인가 보다.

이제 막 제철로 접어드는 물미역과 파래도 겨우내 우리 입맛을 돋우는 훌륭한 찬거리다. 물김도 이때부터 채취가 시작되지만 김 양식장이 많이 있는 서남해안 인근을 제외하고는 구하기가 어렵다는 것이 흠이다. 대신 물미역과 파래는 대형 마트는 물론 내륙의 소도시 재래시장에서도 쉽게

물미역을 끓는 물에 넣어 한 번만 뒤적여주고 색깔이 변할 때 바로 꺼내야 한다.

458

구할 수 있다. 그것도 아주 저렴해서 천 원짜리 한두 장이면 네 식구가 두어 끼 먹을 수 있는 양이다. 파래는 달콤새콤 초무침이나 전으로 초겨울 입맛을 돋운다.

　12월에 나오는 물미역은 모두 서남해에서 양식한 것들이다. 양식 미역은 어민들에게 미안한 마음을 가질 만큼 헐값이지만 영양도 자연산 돌미역에 떨어지는 것이 아니니 주머니 얇은 서민들에게 고맙기만 한 식재료다. 찬거리가 없는 날 시장에 들러 물미역 한 줄기만 사 와도 바다 향 그윽한 풍성한 밥상을 차릴 수 있다. 싱싱한 물미역을 물에 바락바락 문질러 두어 번 씻은 다음 새콤달콤 무쳐놓으면 젓가락이 절로 간다. 멸치육젓 슬쩍 올려 밥을 싸 먹어도 별미다. 생미역의 갯맛이 거북한 사람들은 살짝 데쳐 바로 꺼내서 물에 헹궈 먹으면 된다.

<h2 style="text-align:center">국·탕</h2>

찬바람이 씽씽 부는 겨울엔 역시 뜨거운 국물음식이 잘 어울린다. 김장무, 배추는 겨우내 좋은 국거리고, 토란국, 미역국도 한 번씩 겨울밥상에 오른다. 아들은 해콩으로 담근 청국장찌개에 얼굴을 박고 먹고, 청국장이 질색인 딸은 그나마 구수하게 된장찌개를 끓여주면 좋아한다. 새로 한 김장김치는 이제 겨우 맛이 들어가니 묵은지 남은 게 있으면 돼지고기 숭덩숭덩 썰어 넣고 김치찌개를 끓여도 계절과 어울린다.

　매번 먹는 국거리, 탕거리에 질리면 새로 철이 시작되는 바닷물고기로 눈을 돌려보자. 삼세기, 꼼치가 우리 연안을 찾고, 간재미와 아귀의 맛이 들어간다. 매운탕의 최고봉 삼세기 몇 마리 사서 얼큰하게 끓여놓으면 12월 꽁꽁 언 몸과 마음을 확 풀어준다. 살이 흐물거려 호불호가 갈리기는 하지만 꼼치맑은탕이나 물메기맑은탕은 시원하고 담백한 맛이 그만이다. 아귀탕도 간재미매운탕도 다 그리워지는 겨울이다.

제철식재료로 만든 제철음식		
땅	**김장**	배추김치
		깍두기
		비늘김치
		소김장 때 안 담갔다면 동치미와 총각김치
	감귤	한겨울 최고의 건강 간식
		감귤고추장
		감귤식초
바다	**구룡포 과메기**	생과메기
		과메기회무침
		과메기구이
	벌교 참꼬막과 새꼬막	삶은꼬막
		꼬막무침과 꼬막전
	한겨울 가숭어	숭어회
		숭어초밥

12월 밥상이 풍성해지는 기타 식재료	아빠의 12월 밥상	
무, 배추, 고구마, 야콘, 당근, 늙은호박, 토란, 우엉, 애호박과 토란대 · 가지를 비롯한 각종 묵나물, 물미역과 파래, 세발나물, 꽁치, 물메기, 도치, 양미리, 가자미, 아귀, 간재미	밥	햅쌀 잡곡밥, 굴밥이나 홍합밥, 팥죽과 팥칼국수, 무밥, 콩나물밥
	반찬	무생채, 무나물, 김장김치, 물미역무침, 파래무침과 파래전, 세발나물무침
	국/탕	뭇국, 배춧국, 김치찌개, 청국장찌개, 된장찌개, 삼세기매운탕, 물메기맑 은탕, 간재미매운탕, 아귀찜

농부가 세상을 바꾼다

귀농총서
guidebook

숨쉬는 양념·밥상

쉽고 편하게 해 먹는 자연양념과 제철밥

장영란 지음·김광화 사진 | 대국판 344쪽 | 올 컬러

자연양념과 제철밥으로 늘 건강한 우리 집 밥상!

저자는 양념부터 만들자고 말한다. 있는 재료로도 당장 끼니 챙기기 어려운데 양념을 만들라니 까마득하게 느껴질 수 있겠다. 하지만 양념이란 게 복잡하게 지지고 볶을 것 없이 단순하게 해도 맛있다. '숨 쉬는 양념'은 아주 쉬우면서도 우리 몸에 좋은 양념 만들기를 소개한다. 또한 우리 땅에서 나는 쌀과 잡곡, 감자 등을 이용해 사철 맛난 '제철밥'을 만들어 먹는 노하우를 담았다. "장영란 선생의 손맛에는 삶이 있다. 귀농생활을 통해 터득한 그의 맛은 단아하다. 품위가 있다. 어떤 화려한 밥상도 흉내 낼 수 없다. 15년, 진솔한 시간의 힘이다. 아직도 도라지나물, 호두밥, 애호박오가리나물, 잣비지 등 그의 맛에 두근두근 심장이 뛰었던 기억을 잊지 못한다. 사람의 마음을 움직이는 맛은 세상에 그리 흔하지 않다._ 박미향(한겨레신문 음식담당기자)

농사꾼 장영란의 자연달력 제철밥상

장영란 지음·김정현 그림 | 360쪽 | 올 컬러

2008년 정농회 선정도서

24절기 자연 흐름에 맞춘 자급자족 밥상

이 책은 단지 먹을거리만 소개하고 있는 것이 아니다. 절기에 맞춰 자연의 흐름을 이해하기 쉽게 보여주는 훌륭한 자연교과서라 할 수 있다. 절기마다 피고 지는 꽃, 찾아오는 새들의 울음소리와 다양한 동물들과 벌레들의 활동, 그에 맞춰 진행되는 농사일들, 그리고 먹을거리에 관한 이야기들이 재미있고 잔잔하게 전개된다. 저자는 자연을 구경만 하는 관객의 입장이 아니라 자연 속에서 자연과 하나 되어 자연을 말하는 태도를 일관되게 취한다. 독자들은 이 책을 통해 자연 속으로 흔쾌하게 빨려 들어가는 즐거움을 맛볼 수 있을 것이다. "먹을거리가 넘쳐나지만 제대로 먹고 살기는 오히려 힘든 세상이다. 아이 어른 할 것 없이 면역력이 떨어지고 있다. 면역력이란 다른 말로 몸의 자급능력이라 할 수 있다. 몸의 자급능력은 하루아침에 얻어지는 게 아니라 꾸준히 먹을거리를 자급해나갈 때 얻을 수 있다."_지은이의 말 중에서

약이 되는 잡초음식 숲과 들을 접시에 담다

변현단 지음·안경자 그림 | 국판 320쪽 | 올 컬러

2010년 문화관광부 우수교양도서

약이 되고 찬도 되는 50가지 잡초음식의 향연장!

매일 먹는 밥상에 비상이 걸렸다! 화학재료의 남용으로 우리 밥상이 위험 수위에 오른 지는 이미 오래. 하지만 건강한 밥상으로 바꾸는 일도 만만치는 않다. 이제 인스턴트 음식과 매식에서 벗어나 철 따라 즐길 수 있는 자연산 식물에 눈을 돌려보자. 잡초음식을 상용하여 병도 고치고 건강도 찾은 저자의 생생한 경험담이 그만의 독특한 농철학과 함께 소개된다. 석유가 점령한 우리 밥상의 심각성을 경고하는 1부에 이어, 2부는 우리 산야에 나는 자연산 풀을 일상에서 건강한 먹을거리로 즐길 수 있는 여러 가지 조리법을 소개한다. 풀이나 뿌리뿐 아니라 꽃잎까지 다양하게 활용하여 식탁의 그린지수를 높여본다.

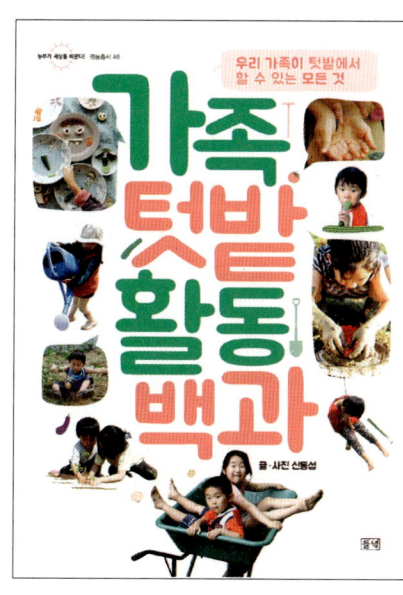

가족텃밭 활동백과

우리 가족이 텃밭에서 할 수 있는 모든 것

신동섭 글·사진 | 국판 384쪽 | 올 컬러

이 책만 있으면 도시토박이 엄마아빠들도 텃밭이 두렵지 않다!

모든 아이들이 밭일이나 야외활동을 좋아하는 건 아니다. 여름엔 덥고, 비가 오면 젖고, 풀에 쓸리면 아프고, 벌레에 물리면 따가우니까. 엄마아빠도 처음 엔 아이들을 위한 체험교육 때문에 텃밭을 시작하지만, 어느새 '경작본능'이 앞서는 탓에 밭을 돌보느라 바빠진다. 아이들은 자연스레 호미 대신 게임기를 손에 든다.

자연체험활동을 하러 모처럼 나왔는데 집에 가자며 보채는 아이들 때문에 당황스러웠던 '경작본능' 부모, ㄱ자를 보고 낫은 떠올려도 낫질은 해본 적 없는 '도시토박이' 부모, 어린 시절 먹었던 화전이나 봄나물의 맛을 아이들에게 알려주고 싶은 '미각본능' 부모를 위해 텃밭에서 아이들과 함께 잘 기르고, 놀고, 먹기 위한 모든 것을 이 한 권에 담았다.

가이아의 정원

텃밭에서 뒷산까지, 퍼머컬처 생태디자인

토비 헤멘웨이 지음·이해성, 이은주 옮김 | 대국판 501쪽 | 올 컬러

2011년 노틸러스 북어워드 금상 수상작

정원의 개념을 송두리째 바꿔놓은 책!

사람의 손길이 닿지 않아도 풍요로운 자연. 숲이나 들판은 아무도 '조성'하지 않았는데 아름답기 그지없다. 그런데 우리는 왜 텃밭이나 정원을 가꾸느라 끝없는 노동을 해야 하는가?

퍼머컬처 원리에 기초한 '자연과 더불어 일하는 정원' 만들기. 작은 땅뙈기만 있으면 끝! 농촌뿐 아니라 도시나 교외에 사는 사람들도 얼마든지 진짜 자연처럼 작동하는 생태정원의 즐거움을 누릴 수 있다.

"이 책에서 소개하고 있는 생태정원 만들기는 생태사회를 꿈꾸는 개인이 비교적 쉽게 실천할 수 있는 방법 중 하나다. 관상식물이나 잔디밭 대신 생태정원을 가꿈으로써 우리는 환경을 파괴하는 영농 생산물을 덜 사 먹을 수 있으며, 건강을 증진시키고, 아름다운 풍광을 감상하고, 다른 생물들과 교감할 수 있다."_ 옮긴이의 말 중에서

유기농 채소 기르기 텃밭백과

박원만 지음 | 사륙배판 576쪽 | 올 컬러

2009년 정농회 선정도서

10년 동안 직접 기르며 쓴 유기농 채소 텃밭일지

초보자들이 자신의 밭 상황과 책 내용을 비교해보면서 농사지을 수 있도록 친절하고 상세하게 텃밭농사의 전 과정을 담은 책이다. 씨뿌리기부터 싹트는 모습, 밭 만들기, 자라는 모습, 병든 모습, 수확하는 모양까지 직접 찍은 사진을 1,400여 장 실었다. 이 책의 미덕은 작물이 병충해에 피해를 입었을 때 어떤 모습이 되는지, 피해를 예방하려면 어떻게 해야 하는지 등을 일일이 기록하고 사진으로 직접 보여준다는 데 있다. 전국서점 자연과학 분야에서 베스트셀러 자리를 놓치지 않을 만큼 귀농인과 도시농부들에게 가장 인기가 많은 책이다.

"실험실을 잠시 자연으로 옮겨 이 책을 완성했습니다. 실험이 잘 안 될 때는 1년을 기다려 다시 파종하고 식물이 자라는 모습을 기록했습니다. 만약 이 일이 생계였다면 이런 식의 관찰자적인 농사는 짓지 못했을 겁니다. 평생 직업으로 농사를 짓는 농부들에게는 부끄러운 일이지요."_ 지은이의 말 중에서